21世纪日本宋元史研究译丛

近藤一成 主编

另一种

士人

金元时代的华北
社会与科举制度

[日]饭山知保 著　邹笛 译

ZHEJIANG UNIVERSITY PRESS
浙江大学出版社

图书在版编目（CIP）数据

　　另一种士人：金元时代的华北社会与科举制度 /（日）饭山知保著，邹笛译. — 杭州：浙江大学出版社，2021.1
（2024.7重印）
　　ISBN 978-7-308-20826-0

　　Ⅰ.①另… Ⅱ.①饭… ②邹… Ⅲ.①知识分子－研究－华北地区－辽宋金元时代 Ⅳ.①D693.71

　　中国版本图书馆CIP数据核字（2020）第239113号

　　版权声明：本著作物由饭山知保授权浙江大学出版社有限责任公司出版、发行中文简体字版
　　浙江省版权局著作权合同登记图字：11-2020-458号

另一种士人：金元时代的华北社会与科举制度
[日] 饭山知保　著　邹　笛　译

策 划 人	王海燕　　陈丽霞
责任编辑	谢　焕
责任校对	黄梦瑶
封面设计	云水文化
出版发行	浙江大学出版社
	（杭州天目山路148号　邮政编码：310007）
	（网址：http://www.zjupress.com）
排　　版	浙江时代出版服务有限公司
印　　刷	杭州钱江彩色印务有限公司
开　　本	880mm×1230mm　1/32
印　　张	16.375
字　　数	364千
版 印 次	2021年1月第1版　2024年7月第4次印刷
书　　号	ISBN 978-7-308-20826-0
定　　价	88.00元

总　序

　　日本的宋代史研究的发展受到唐宋变革论的影响极大。其中，内藤湖南将唐代贵族政治向宋代君主独裁政治的转变定义为中国近世的开端，宫崎市定将内藤的定义运用至社会经济史领域，提出了唐宋变革论。特别是，宫崎在其关于各历史时期的个案研究论文的基础上，从自身的观点出发，完成了描述涵盖各个时代的中国通史的撰写宏业，而他的研究起始点就是他的本科毕业论文《南宋末的宰相贾似道》（《南宋末の宰相賈似道》）以及《鄂州之役前后》（《鄂州の役前後》）等有关宋元交替时期的研究。由此显示出，日本的宋元史研究在日本的中国史叙述中具有转折点的特殊意义。其后，宫崎在其著作集出版之际，曾就最初选择宋末元初为研究对象的缘由回忆说，"是因为对素朴民族（游牧）与文明社会（农耕）之间的对立感兴趣"。

　　唐宋变革论，后来与历史分期论产生共鸣，相互呼应，成为二战后在中国史研究中争论的主要课题之一。但是，这一研究潮流在经历若干阶段的发展之后，时至今日已经发生了极大的变化。20 世纪 50 年代至 60 年代，围绕着宋代是中国近世的开端（文化史观[1]与京都学派[2]），还是中世的开端（唯物史观与历研派[3]）这个问题，学者之间展开了激烈的论争，然而无论哪一种观点，都具有以一国史观点的发展史观[4]为基本，以唐宋为分期的共通性，这一阶段的代表性成果是 1970 年前后出版的多卷本《岩波讲座世界历史》第 I 期中有关东亚世界的数卷。80年代中期出现了"北宋、南宋交替期中国社会发生大变化"（韩明士《官绅与乡绅》）的观点，虽然引发了赞成、否定两方的争论，但是"宋元明转型论"等在究竟如何分期的问题上，并没有得出明确的结论。不久，在日本学界，历史分期问题逐渐不再成为研究的重点。2000 年前后出版的《岩波讲座世界历史》第 II 期的编辑方针，反映了 80 年代以后的学界潮流，即脱离以王朝交替为单位的断代史性的叙述。

　　历史分期论争的兴盛与衰退，反映了中国史研究在时间轴上的视角转变；在空间轴上也存在着变化，那就是脱离以往的将中国史视为中国本土历史的叙述方法，而将中国史作为欧亚大陆东部国家史的一部分加以描述的观点。当然，日本的中国史研究，在 19 世纪引进德国实证主义文献研究之初，就一直重视中国与欧亚大陆草原游牧社会的交往，将其视为中国历史发展中的重要因素，并且通过以分布于沙漠中的绿洲都市国家为研究对象的丝绸之路研究等，较多地论述了其与中亚史的关联。但是，现今的将中国史作为欧亚大陆东部国家史的一部分叙述的尝试，不是基

---

[1]　这里所说的文化史观，相对于社会经济史的唯物史观而言，是将政治、文化及社会的状况作为分析重点的史观。
[2]　以京都大学为中心的研究者群体。
[3]　属于历史学研究会的研究者群体，以东京大学出身者居多。
[4]　以一个国家（nation state）为单位，从发展阶段的视角，认识其国历史的历史观。近年来，此概念作为相对于全球史等的历史观被使用。

于中国与草原地带或绿洲沙漠地带的交往史的视角，而是以亚洲的干燥游牧社会与亚洲的湿润农耕社会之间的斗争、交往、融合的观点，基于中国作为欧亚大陆东部国家之一的视角叙述中国史。从这一观点来看，大清帝国就成为最后的带有浓厚欧亚大陆中部国家元素的中国王朝。

与其他王朝相比，处于与辽、西夏、金、元等北方民族国家的极端紧张关系之中，甚至无法维持册封体制的宋朝，反而不得不更强烈地感受到中华意识，以强大的经济力为基础，构筑精湛的文化。此外，宋朝的海商活跃在东亚海域及东南亚各地，扩大了其影响范围，在大航海时代之前，就将中国与海洋世界连接了起来。可以说，宋代在中国史上占有了独特的地位。

在此次浙江大学出版社出版的"21世纪日本宋元史研究译丛"中，各位著者虽以自由的立场论及各自的课题研究，但这些研究成果也都是以上述日本宋元史研究潮流为背景的。期待各位的真挚的批评和指正。

近藤一成

2020年12月于日本镰仓

目 录

绪　论

"落后"的烙印

生活于明末清初的顾炎武（1613—1682年），在当时政治混乱和王朝交替的动荡中游走于各地，寻求改善世道的途径。他的代表作《天下郡国利病书》及《日知录》，集他对当时整个社会的尖锐批判与提议之大成，对后世产生了深远的影响。

《日知录》卷十七中，收录有一篇题为《北卷》的著名议论，指出了明代科举中应举者的地域差别：

> 今制科场分南卷、北卷、中卷，此调停之术，而非造就之方。夫北人自宋时即云：京东西、河北、河东、陕西五路举人，拙于文辞声律。况又更金元兵革之乱，文学一事，不及南人久矣。今南人教小学，先令属对，犹是唐宋以来相传旧法。北人全不为此。故求其习比偶调平仄者，千室之邑几无一二人。而八股之外，一无所通者，比比也。愚幼时，四书本经俱读全注，后见庸师窳生，欲速其成，多为删抹。而

北方则有全不读者。（于槐野《与郑少潭提学书》言："关中士不读朱注，不看大全、性理、通鉴诸书。"当嘉靖之时已如此。）欲令如前代之人，参伍诸家之注疏而通其得失，固数百年不得一人，且不知十三经注疏为何物也。间有一二五经刻本，亦多脱文误字，而人亦不能辨。此古书善本，绝不至于北方，而蔡虚斋、林次崖诸经学训诂之儒，皆出于南方也。故今日北方有二患：一曰地荒，二曰人荒。非大有为之君作而新之，不免于"无田甫田，维莠骄骄"之叹。[1] 汉成帝元延元年七月，诏内郡国举方正能直言极谏者各一人，北边二十二郡，举勇猛知兵法者各一人。此古人因地取才，而不限以一科之法也。宋敏求尝建言："河北、陕西、河东士子，性朴茂，而辞藻不工，故登第者少，请令转运使择荐有行艺材武者特官之。使人材参用，而士有可进之路。"其亦汉人之意也与。[2]

顾炎武这段论述的背景，正是此文开篇所提到的明代科举中特有的"南北卷"制度。

自明初开始，从科举考试的进士及第人数看，"南人"便明显比"北人"占优势，而到了洪武三十年（1397年）二月的会试，竟至及第者五十二人全部为"南人"的地步。所谓"南人"，大致是指出生于12—13世纪处于南宋统治下的地区（现浙江、江西、江苏、福建，以及四川、湖北、湖南、广东诸省）之人，而与之相对的"北人"，则是指出生于同时代女真所建金国统治下的地区（现河北、山东、山西、陕西诸省）之人。这也就是说，科举制度虽然秉持给予人人平等的出仕机会之原则，实际上却在考试中出现了不该出现的南北地区之间的悬殊；而也正是因此，这一"南北榜"事件促使朝廷开始讨论扭转南北地域差别现象的举措，制定"南北卷"便是这场讨论的结果。该制度根据出生地区，将应试者分为三部分（"北卷"施行于直隶、山西、陕西、河南、山东；"中卷"施行于长江以北的南直隶、广西、云南、贵州、四川；而"南卷"则施行于长江以南的南直隶、浙江、江西、福建、湖广、广东诸省），分别设置合格名额。从结果来说，这一制度相当于将一定的出仕机会分配给了北人。

　　有研究指出，南北卷制度出现的背景，不单单是纯粹的扭转地域差别的尝试，更交织着各种政治意图。[3]但无论如何，自此之后，有明一朝"出生于学术上较为落后地区的北人，受到制度的特别照顾，以此获得科举合格机会"的构想一直存续。而这却又势必导致包括顾炎武在内的"南人"应举者们的强烈不满，成为另一亟须改革的社会问题。在这样的背景下，顾炎武写下这篇《北卷》，除了痛陈北人学术素养之欠缺和批判这一社会现状，更进一步考察了历史背景，将"落后"之背景追溯至两汉及北宋时代，指出北人本就是不适合科举应试之人，因而真正需要改变的是北人任官这一途径本身。从某种意义上说，他的这个提议几乎否定了科举制度的根源，借此强调根本性制度改革迫在眉睫。

　　当然，顾炎武本人是出生于江苏昆山的南人，对北人存有的偏见或不满情绪很可能影响了他的观点本身，这一点我们无法否认。但不可忽视的是，他常年与北人交游，晚年更隐居于陕西华阴，他对于北方学术氛围的丰富体验，也为他的议论增加了一定的客观性。而事实上，北方人在科举制度中处于"落后"地位的形象，在后世的研究中也得到了充分证明。

　　顾炎武逝世约两百年后出生的桑原骘藏，在他的论文《历史上所见的南北中国》[4]中，率先对所谓"南北问题"，即中国本部（China proper）[5]历史上南北地区之间的经济、文化差异，以及人口分布差别等问题进行了考察，将宋代以来科举考试中的及第人数作为文化优越性的指标，以详尽具体的数字为根据，指出了南方学子在进士及第人数上占绝对优势的事实，极具说服力地揭示了南方在文化上的优越性。他同时还指出，宋代以来的著名学者中，出生于南方的人占绝大部分，以此对南北文化差异进行了分析。时代稍晚的何炳棣，虽未明确指出与桑原氏研究的直接联系，却在其代表性著作《明清社会史论》[6]中推进了这一观点，从庞杂的史料中搜寻线索，通过考察科举及第问题，指出了社会身份的流动及其与身份制度的关系，明确了科举及第者出生地的地区分化现象。继其之后，郝若贝（Robert M. Hartwell）从经济、人口、农业、行政区划等多方面讨论了自唐至明的中国本部的社会变动，在他的著名论文《750—1550年中国的人口、政治与社会转型》[7]中，也同样言及了科举及第者的南北地域差异，并认为这是经济中心偏向南方的典型表现。在宋代以后中国本部的经济、人口、文化活动的中心移至南方的大背景下，这些先行研究将北方人在科举中力不从心的形象衬托得更为明显，使之几乎成为定论。

　　而另一方面，科举应试中的南北分化现象，不仅关系到"南北问题"，更涉及中国本部历史上的另一重要论题，即众所周知的内藤湖南与他的"唐宋变革论"学说。同样在中国本部南北之间的各种差异和分化的大背景下，内藤湖南关注唐宋之际中国本部所发生的经济、政治及文化上的变革，由此得出了影响深远的时代划分之结论。内藤所倡导的唐宋之际的社会变革，正是以科举制度的确立，以及新的社会领导层的出现为契机的，而这一学说在日本国内外影响极其深远，几乎成为常识。

中国本部科举制度确立的历史意义

科举制度的渊源可以追溯至隋文帝开皇十八年（598 年），然而旧有的门阀贵族式微，科举及第者跻身高官的事例逐渐增加，应举者的裙带关系也开始扩大，则是在唐代后期至五代之后。[8] 在接下来的北宋时期，自太祖、太宗朝至英宗朝，科举都被奉为官僚任用的正途，受到多方维护，直至著名的王安石改革的实施。其结果是最终确立了延续至后世的科举制度的基本框架——先后经解试、省试、殿试三次考试，且以糊名法、誊录法等保证公平性，以及三年一贡之制，并推崇科举科目中进士科的独尊地位等等。11 世纪中叶科举考试制度的确立，是保证地方知识人层中官僚辈出的基盘，就地方社会而言，则促使了作为领导层左右地方社会一举一动的所谓"士人层"（地方士人、local literati）的普遍出现。

毋庸赘言，以上述内藤湖南的"唐宋变革论"的提倡为契机，统治集团由门阀贵族向科举官僚的转换，以及随之而来的社会变动，成为中国本部历史研究中的重要课题。而带来这些变动的主体"士人层"乃是研究 20 世纪之前的中国本部的关键，而这也已成为学界共识。

科举秉持平等地给予所有人荣达机会的理念，而相应的儒学修养，不仅是参加考试的必需条件，也是传统的且能够带来现实利益的知识，更标志着社会地位，这自然使得进士及第成为众人关注的焦点，理所当然地促成了应举人数的年年增加。事实上，据推测，早在北宋后期，全国每次参加科举的人数，保守估计也多达 79000 人。[9] 另外，北宋末至南宋时期，在以江南为中心的中国本部南方，科举制度不断渗透，应举人数以远远超过正规官职待补数量之势迅速增长。因朝廷或地方官试图妥善地将之笼络进统治体系中，史料中被称为"士人""士子"的这些官学生、科举应举者受到诸多优待，在役法及诉讼中享有特权，或至少就结果而言，不露痕迹地享受了特别照顾。[10] 在这样的情况下，"士人"之称逐渐成为社会地位的标志，这种趋势促使南宋中晚期全国科举应举人数达到 40 万至 60 万人。[11] 不单如此，应举人数显著增加的趋势，正好遇到印刷技术革新之潮，经书注释及科举参考书的出版呈现出雨后春笋之势，更为后来的学子提供了良好的备考环境。[12] 在这样的大环境中，出版活动成为媒介，所谓与"士"之身份相称的兴趣和情操也随之发展而普及开来。[13] 这里所说"士人层"，就是现代研究者对这些随着科举制度的确立而逐渐形成的新的地方知识人的总称。

地方士人一方面积极参加科举考试，另一方面，他们对在家乡的社会活动，以及自身地位的维护和提高也更加关心，具体表现为通过积极资助公共事业的建设等途径，使自己的社会地位更具正统性，或是通过缔结姻亲关系，加深相互之间的关系。[14] 与此相似的是，他们致力于弘扬自己所居地区的历史文化传统，以著述地方志或各种文章的形式保存并继承这些传统，这对后世的学术传承及地方认识都产生了很大影响。[15] 而此时，新儒学（道学）就为他们的这些学术动向提供了思想精神上的支撑。也即是说，凭借优秀的德行引领世风走向的人，未必一定是中央政府官员，而扎根于自己家乡，对社会进行精神引导，亦是有识之士的重要职责之一。南宋统治下江南地区书院和私塾的盛行，正是这种思潮扩大的一种表现。[16] 这些士人层引领了南宋社会乃至 20 世纪之前的中国本部的社会动向，而士人层"地方化"倾向的增加（localist turn），一直被当作决定这些引导者的性质的重要因素。

　　近年来，美国学界提出了打破王朝史（断代史）的界限，重新讨论上述社会变动的所谓"宋元明转型"（The Song-Yuan-Ming Transition）论。持此论的研究者们，尽管观点各不相同，但就对士人层的认识而言，诸说皆有共通之处，即虽历经王朝更迭，士人们仍坚持着对上述社会地位的不懈追求，他们成了江南社会的中流砥柱。[17]

　　明清时期，官学生身份成为参加科举考试必需的条件，至此，科举考试各个阶段中取得合格成绩，以及官学生身份本身，都使学子得以享有出仕机会及各种特权，可以说其具备了正式社会身份的功能。在这种情况下，学习复杂烦琐的儒学经典成为传统，在富裕阶层代代相承，而主要作为官职获取（科举及第）手段的儒学素养的权威，也以信仰（文昌帝君信仰等）或戏剧、社会活动（惜字社、文会等）为媒介，为一般民众所熟知。许多家庭一旦经济上有所富余，便敦促子弟读书习文，如此形成了以科举为核心的士人层的再生产结构。[18] 换言之，科举已经超越了单纯的官僚任用制度及出仕途径的概念范畴，自宋代至明清时代，渐渐具备了社会整合系统的功能，其纽带正是凭借儒学素养实现的出仕。学者将为这种系统所整合的社会，称为"科举社会"。[19]

处于认知空白领域的北方（华北）社会

如上所述，对科举制度及其社会影响的相关研究已有丰富积累，成为贯穿中国本部历史研究的潮流之一。但与此同时，关于就科举成绩而言明显居于下风的北方社会的情况及其历史的研究，却仍停留在对经济或是"文化"劣势的概括上，历来少有研究者对其做过实质性阐述。北方传承的史料，尤其是文献史料数量稀少，全然无法与南方相提并论，这一事实也造成了研究的局限性。其结果是，我们对于北方社会的认识，与桑原骘藏、郝若贝等人的数据分析，甚至是与当年顾炎武的北人观相比，可以说并无多少进步。对比前文所述南方社会相关研究中令人瞩目的进展，不禁让人想到，现有的对于中国本部历史的认知，很可能有很大部分的空缺。

笔者在论述中虽使用了"北方"一词，但实际上该地区更多地被称为"华北"，[20]一般而言指淮河以北的地区。就本书所关注的时代而言，靖康之变（1127 年）后，金与南宋以淮河与大散关一线为界互相对峙，在蒙元实现再度统一之前，中国本部迎来了 150 年之久的南北对峙时代。正如上文所述，在中国本部的历史上，这一时期至关重要，因为南方地区，尤其是位于其中心的江南地区，在经济、人口等方面都实现了进一步的长足发展，其中南宋时期的江南社会尤为引人注目，因而出现了上文中列举的大量针对士人层的研究成果。然而也正如上文中提到的，对于女真、蒙古统治华北的时期，也即是"金元时期"的华北社会的认知，比起对同时期江南的认知而言，显得十分单薄。[21]

即便在相同的时间维度中，处在南宋统治下的江南与同时期的华北，也可以说是情况迥异。华北地区存在着多种方言，而汉语又同时公私通行；由"中国"或"中原"历史及文化传统衬托出的"中华"文明观（同样富有多样性）极具核心影响力。南宋统治下的江南，几乎没有能够相互彰显彼此多样性的其他文化传统存在，而同时期的华北则与之形成鲜明对比，女真、蒙古等北方民族及其文化、语言大规模涌入，长期与当地固有的语言文化接触并共存。而另一方面，女真、蒙古虽接受业已存在的中原王朝的统治机构，并将之施行于华北当地，同时却也始终在不同程度上保持自己原有的传统习俗、政治体制。尤其是在蒙古政权下，中国本部被囊括于广阔的蒙古帝国领土中，统治者熟知中亚乃至西方文化，能够以相对客观的立场看待中国本部的文化，这就意味着蒙古绝不仅仅是局限于中华王朝框架内的政权。近年来更有研究表明，在女真入主以前，早在唐末五代，华北地区就居住着沙陀、突厥、粟特等多族后裔，他们手握政权，给华北带来了非常多元化的气象。

考虑上述情况，我们有理由提出疑问：对于与南方历史进程全然不同的华北社会，仍以在南方发展至臻的"科举及第人数的多少"为相同社会标准进行考察，这样的出发点是否欠妥？进而言之，将南方所形成的社会结构理所当然地理解为中国本部历史上的必然形态，这样的立场又是否合理？

关于金元时期华北的科举研究

金代几乎由始至终，蒙元则在其后半期，都于华北实施了科举，同时代史料中也屡屡出现被称为"士人""士子"之人的踪迹。处在女真—蒙古统治下的多元氛围中，科举对华北社会产生了怎样的影响？明确这个问题，不仅仅是为了考察当时的华北社会，更是为了阐明：在中国本部历史中，应该如何定位女真及蒙古的统治。另外，本书在接下来的论述中，遵循该时期史料中的称呼以及先行研究的惯例，将当时华北当地的知识人阶层称为"士人层"。

接下来的各章中会有详细论述，因此在这里，笔者只简单回顾一下关于金元时期科举的先行研究概要。开金代科举研究之先河，且给出系统而精准的研究成果的，首先当属三上次男，他的研究厘清了金代科举制度沿革的脉络。[22] 继其之后，又有其他学者对金代科举做过探讨，[23] 关注的问题点主要集中于以下四方面：（1）科举制度沿革；（2）汉族士人通过科举参与政治的程度及其职责；（3）汉人科举官僚对金朝政治制度的完善；（4）经过科举考试之后女真人的"汉化"。这些研究大致勾勒出了一个研究框架，即汉族士人借由科举进入政界，对金朝政治及统治制度进行了完善和整理；而女真人也通过科举逐渐"汉化"。这个框架，主要分析女真人通过科举与汉人进行的文化及政治上的接触、碰撞与融合，大多是以两极对立的视点为前提的。[24]

与金代比起来，蒙元时代科举相关研究的数量明显更多。二战以前的初期研究，以对蒙元时代科举制度的研究为主。其后则有安部健夫的研究，探讨了蒙元时代初期华北士人对科举支持与否的路线对立，以及该情况与科举实施的关系；也有宫崎市定的成果，指出科举实施的背景，其实是蒙古人针对汉人进入政界的现实所做的保持自身地位的尝试；另外，姚大力则指出，科举的实施是蒙古人无法忽视其统治下逐渐壮大的汉人社会力量的结果。[25] 这些成果的出现说明，蒙元时代科举的研究，早已突破制度研究的框架，逐渐进入了与当时政治、社会状况有机结合的语境。

进入 20 世纪 80 年代，萧启庆多方搜集各种史料，从中整理出蒙元时代科举合格者的记录，发表了一系列研究成果[26]，标志着蒙元史研究迈入了新的阶段。另外，植松正通过阐明进士及第者的确可以身居高位的事实，推测科举实施的背景之一，是大德年间江南出现了官员不足的情况。[27] 较之此前多以蒙汉之间的民族势力争端为出发点的研究，植松氏将蒙元时代的科举放在当时的语境中进行探讨，提供了新的研究视角。进入 21 世纪以来，首次出现了以作为官僚、文人集团的蒙元时代科举官僚为对象的专著，论述范围上至出仕、升迁的情况，下至他们的学术活动。[28] 其中，萧启庆在上述自身研究的基础上，进一步考察北方民族出身者参加科举的情况，提出了以儒学素养为核心、吸纳多民族知识分子的"多族士人圈"概念。[29] 且作为该现象的背景，萧氏打破了单一的"汉化"概念的束缚，提出北方民族集团出身的士人们一面保持自己原有的语言、文化和自我认知，一面学习儒学，跻身士人层的"士人化"（literatization）概念。[30]

与此同时，近年来关注科举相关出版物及碑刻的研究，以及分析其出版、立石的经过及其社会影响、史料价值的研究，都有了飞跃性的发展。极具代表性的，例如宫纪子的诸研究，在实例分析的基础上明确了江南士人的保举制度，并以科举应试相关书籍的出版流通为切入点，考察了当时江南士人层的动向。[31] 再如樱井智美的研究，则从被允许带入科举考场的韵书的体裁及其出版经过入手，分析了民间对恢复科举的反应。[32] 另外，森田宪司也曾将关于蒙元时代科举的史料的情况，结合文献、碑刻一同进行了分析。[33]

整体而言，对蒙元时代科举的研究，从倾向于将科举作为蒙古人与汉人势力关系的表现，至 20 世纪 80 年代以后，逐渐转向以蒙古对中国本部的统治、科举制度在外族社会中的定位及其社会影响为重点，尤其是近年来从分析书籍、碑刻等新角度出发的研究方兴未艾。

除此以外，关于蒙元时代户计之一的"儒户"，以及出身其中的"儒人"，由于其选拔考试等同于科举，因而在研究科举与知识人的问题时，也显得十分重要，历来成果不少。如二战之前蒙思明的研究，[34] 就言及了儒人、儒户制度，将之作为蒙元对中国本部的支配，以及对知识人的监视、管理机构研究的一环，明确了其概略。20 世纪 70 年代以来，黄清连、萧启庆、大岛立子、李玠奭、太田弥一郎、牧野修二等又先后发表了关于儒户、儒人研究的专著，[35] 更加明确了儒户籍定的过程及其特权、修学规定、出仕途径等相关体系。

至 20 世纪 90 年代，森田宪司发表了一系列研究，他认为蒙元政权对于治下的宗教组织或掌管各职能的人，都分别以集团为单位进行掌握，并给予各个集团的代表人或管辖官厅一定的裁量集团内部或各集团之间案件的权力，由这种"集团主义"统治方针进行支配。[36] 由此，他进一步明确，对于蒙元政权而言，儒人、儒户是作为"官或吏，抑或其预备军团"[37] 的存在，而儒人与其他户计集团之间产生的纠纷，则由各自所属的管辖官厅以协议形式寻求解决方法的所谓"约会"制度来解决。另外，萧启庆致力于蒙元时代进士及第者事例的收集，围绕他们的出身家族、父祖之经历等各方面，得出了许多创见。[38]

如上所述，对金元时代科举的研究，肇始于以科举的制度沿革、实施情况为视点，考察作为征服者的女真、蒙古的统治政策与处于其统治下的原有居民（受到关注的主要是汉人）之间的关系，在上述过程中，科举制度运行的实态愈加清晰。其后，特别是针对蒙元时代的科举问题，研究的关注重点逐渐转向了北方民族应举，以及知识人对于恢复科举举措的反应等社会文化论点上。

我们将视点转回金元时期的华北地区，就会看到，正如上文中已经提到的，在关于该地的同时期史料中，被称为"士人"者屡屡出现，参加科举的例子也不胜枚举。乍看之下，这一现象似乎与南宋时代江南地区的社会状况几无差别。然而，实际上是否果真如此？如前所述，这一时期的华北与江南两地区，处在完全不同的背景之中。在此前提下，南宋统治下的士人层的增加及其特权的确立，是否可以直接照搬女真及蒙元统治下的华北？近年来，王昌伟关注关中地区"士"的存在形态、概念及其学术，对之进行了由北宋至清末的跨时段考察，并明确了金元时代关中地区的特征，即从前代起，他们与权贵士人家族及其文化之间的联系便发生了断裂，而在他们中间，又缺乏建立一种非政府的社会改善设施的意识。由此得出结论，该时期的关中士人与南方士人不同，有着一种强烈的中央志向（即将中央政府、国家、宫廷对地方社会的统治视为理所当然的思想倾向）。[39]

不过，上述各研究中的大多数，即便以科举应举者或是儒人为研究对象，仍或局限于江南地区，或以江南相关史料为主进行考察，就华北社会的情况而言，可以说对其认知几乎仍为空白领域。特别是其中试图通过科举来观察征服者与被征服者之间关系的研究，恐怕从一开始就受到南宋时期的江南或是明清社会先入为主的影响。

总之，深受"汉文化"浸染，将参加科举奉为人生信条，对科举实施持积极态度并且主动应举的"汉人"士人层，在当时的华北地区是否真实存在，抑或说，从社会地位及特权的角度而言，是否能将他们与同时期的南方士人层同等看待，这可以说是关于华北士人层的最基本问题，却至今尚未明确。不得不承认，相较对江南士人层的研究和近年来蒙元时代科举与知识人相关研究的急速发展，以及关于明清时代社会史研究的厚重积淀而言，其间的差距可谓不啻天渊。

然而一方面，无论是将中国本部置于欧亚史整体动向之中来理解，还是把重点放在非断代史的唐宋变革的实证上，唐宋以来处于北方民族统治下的华北，其社会结构经历了怎样的变化，以及这些变化对后世的中国本部的社会结构产生了怎样的影响，诸如这些重要问题，现有研究的认识明显不足。若就现状直言不讳，可以说对于中国本部 11 世纪以后的历史，我们或许只理解了一半。

本书的目的与结构

针对上文中分析的关于金元时代华北社会研究不充分的现象，可用史料的缺乏是一个普遍问题。然而正如先行研究中早就指出的，[40]20 世纪 80 年代以后各种史料的公开、出版，以及电子化进程的推进，使得史料不足的问题在很大程度上有所改善。

在此背景下，本书尽可能全面地搜集近年来公开的文献与碑刻等现存史料进行分析，聚焦于先后受女真、蒙古统治的华北地区的科举制度运作，以及人们对此的态度等课题，尝试在现有"科举社会""士人层"相关讨论的基础上对其进行考察。结论的目标，在于将该考察结果与上文所述"唐宋变革论"或"宋元明转型论"中描述的士人形象进行对照。这一视点，揭示了与发生于南方的以科举为纽带的社会结构之确立进行比较对照的必要性，能够明确同时代华北地区的部分社会形态，以及宋代以后中国本部历史中的金元时代的意义。

本书的构成，包括本绪论，以及接下来的正文部分前后两部共十五章，另有结论一章。关于各部、各章的内容，概述如下。

第一部 女真统治下的科举与社会

第一章 金代地方精英的经历——山西忻州定襄县

本章作为考察科举对金代华北地区的社会影响，以及该地士人层实际形象的导论，主要以具体案例研究的形式考察整个金代华北社会的样态。山西忻州定襄县拥有包括《定襄金石考》中所收碑刻在内的大量史料，其数量之多，在金代华北实属罕见。本章主要关注从北宋末到蒙古入侵的时期，对该时期内定襄县地方精英的动向作尽可能详细的分析。

第二章 金初华北科举与士人层——以天眷二年以前为对象

本章首先从女真的视角出发，明确金初华北地区实行的科举的意义，进而探讨世代居于华北的士人层对这一系列科举措施的反应，借此考察辽宋末，也即是金初的战乱对华北士人层产生的影响。

第三章 从科举与学校政策的变迁看金代士人层

本章将金代科举及学校制度的整顿与应用过程分为三个时期

进行考察，讨论各时期中士人层活动的特征与实际样态，进一步探讨金代科举与华北社会中士人层的扩大。

第四章 从杨业到元好问——10—13世纪晋北地区的科举渗透及其历史意义

本章首先分析10—13世纪晋北（山西北部）地区儒学修习传统的扩大与科举实施的关系，由此考察确立于北宋时期的科举逐渐渗透于社会的整个过程及其渗透的契机。

第五章 金代华北地方社会中女真人的定位与"女真儒士"

本章讨论了至今为止的研究一直单方面地将汉文化的同化力、先进性理解为金代华北地区女真人"汉化"的原因。本章通过具体分析儒学研习与科举的相互关系，对现有研究进行再探讨。

第六章 金代华北科举的应举人数

本章着眼于金代科举的各阶段中根据既定比例来确定合格人数的规则，考察从现存史料中可以得出的金代科举应举人数的变化。

第七章 金代地方吏员的中央升迁

本章以蒙元时代吏员出仕之盛行为前提，明确金代华北地区地方吏员向中央官衙升迁的实际情况，探讨由金至蒙元时代官制中吏员的立场的变化。

第二部 蒙元时期的华北社会与科举

第八章 蒙元统治下的忻州定襄县及其地方精英群体的变化

本章与第一部第一章一样以山西忻州定襄县为考察对象，分析蒙元的统治给该地地方精英的存在带来了怎样的变化，以此作为接下来进一步考察的基础。

第九章　蒙元时代华北地区官吏出仕倾向的变化

本章立足于关注蒙元时期与科举相关的各种出仕途径，通过收集、分析现存史料中痕迹尤为显著的山东、河北西部、奉元路各家系的出仕案例，明确蒙元一朝出仕途径的变化，以此探讨蒙元时期华北地区出仕途径的多样化，以及人们对此的反应。

第十章　作为新设出仕途径的科举制度

本章以第九章的结论为基础，考察1313年科举制度的重新实施，明确其在既有官僚选拔制度中的定位及其特质。

第十一章　蒙元统治下的华北地区应举人数

本章主要对现存史料进行分析，从中尽可能地推测蒙元时代华北地区科举考试中的应举人数。

第十二章　蒙元时代华北社会中士人的地位

本章将目光移向蒙元时代华北"士人"，关注他们在地方社会的扩张，从与金代的华北、南宋的江南士人层进行比较的角度，分析他们所拥有的特权及社会地位。

第十三章　稷山段氏的金元时代

本章关注在金元时期官员辈出、被誉为名门的稷山段氏一族，与其他同在汾水下游地区各家族的兴亡史进行对比分析，考察段氏一族先后在女真、蒙古统治下维持家族势力长盛不衰的原因。该分析结果与第八章、第九章中提及的金末元初华北地区士人层特质的变化紧密相关。

第十四章　《运使郭公复斋言行录》的编纂与某蒙元时代吏员出身官僚的形象

本章通过对历来未曾受到重视的言行录进行分析，明确了蒙元时期吏员出身官僚所抱有的作为文人官僚的自我认识。

第十五章　北方民族的儒学研习及其诱因

随着蒙古对中国本部统治的深化，迁居于华北地区的北方民族所面对的现实情况也有所变化。本章通过对该变化进行综合分析，考察蒙元时期迁居华北的北方民族的儒学研习情况及其诱因，最终明确他们"汉化"的本质。

如上文所述，本书将女真和蒙古统治华北的时期统称为"金元时期"。在需要进一步细分的情况下，将金国[41]在华北地区的存续时期（1127—1234 年）称为"金代"，金灭亡后华北地区处于蒙古统治下的时期（1234—1368 年）称为"蒙元时代"[42]。同样地，华北属于北宋领土的时期，本书称之为"北宋时代"，而华北部分地区隶属契丹的时期则称为"辽代"。

本书的大部分内容已经过公开发表，幸得各方不吝赐教。在口头报告的提问环节或论文投稿审查时，更多蒙指点，笔者在此深表感谢。现将已经投稿发表的论文列举如下：

①《金、元代华北社会中的地方精英——由碑刻所见的山西忻州定襄县》（《金元代華北社会における在地有力者—碑刻からみた山西忻州定襄県の場合—》），《史学杂志》（《史学雑誌》）第 112 卷第 4 号，2003 年。对应本书第一章、第八章。

②《金初华北地区的科举与士人层——以天眷二年以前为对象》（《金初華北における科挙と士人層—天眷二年以前を対象として—》），《中国——社会与文化》（《中国—社会と文化》）第 19 卷，2004 年。对应本书第三章。

③《金代汉地地方社会中女真人的形象与"女真儒士"》（《金代漢地在地社会における女真人の位相と「女真儒士」について》），《满族史研究》（《満族史研究》）第 4 卷，2005 年。

对应本书第五章。

　　④《蒙元支配与晋北地区地方精英层的变动——以山西忻州定襄县的事例为中心》，《元史论丛》第 10 辑，2005 年。对应本书第一章、第八章。

　　⑤《从科举与学校政策的变迁看金代士人层》（《科挙・学校政策の変遷からみた金代士人層》），《史学杂志》（《史学雑誌》），第 114 卷第 12 号，2005 年。对应本书第二章。

　　⑥《从杨业到元好问——10—13 世纪晋北地区科举渗透及其历史意义》（《楊業から元好問へ—十一～十三世紀晋北における科挙の浸透とその歴史的意義について—》），《东方学》（《東方学》）第 111 卷，2006 年。对应本书第四章。

　　⑦《金代地方吏员的中央升迁》（《金代地方吏員の中央昇転について》），福井重雅先生古稀・退官記念論集《古代东亚的社会与文化》（《古代東アジアの社会と文化》），汲古书院，2007 年。对应本书第七章。

　　⑧《金元代华北地区北方民族的儒学研习及其诱因——以蒙元时代华北屯驻军家族的事例为中心》（《金元代華北における北方民族の儒学習得とその契機—モンゴル時代華北駐屯軍所属家系の事例を中心に—》），《中国——社会与文化》（《中国—社会と文化》）第 22 卷，2007 年。对应本书第十五章。

　　⑨《女真、蒙古统治下华北科举应举人数》（《女真・モンゴル支配下華北の科挙受験者数について》），《史观》（《史観》）第 157 卷，2007 年。对应本书第六章、第十一章。

　　⑩《〈运使郭公复斋言行录〉的编纂与某蒙元时代吏员出身官僚的定位》（《〈運使郭公復斎言行録〉の編纂と或るモンゴ

ル時代吏員出身官僚の位相》），《东洋史研究》（《東洋史研究》）第 67 卷第 2 号，2008 年。对应本书第十四章。

⑪《稷山段氏的金元时代——11～14 世纪山西汾水下游地区"士人层"的存续与变化》（《稷山段氏の金元代——十一～十四世紀の山西汾水下流域における「士人層」の存続と変質について——》），宋代史研究会研究报告集第九集《宋代中国的相对化》（《宋代中国の相対化》），汲古书院，2009 年。对应本书第十三章。

在撰写本书时，笔者对上述论文进行了全面修正。其结果⑥第四章、⑧第十五章出现了与论文发表时几乎完全不同的结论。除此以外，①的考论中也重新将女真、蒙古统治分期进行讨论，并增补了新的史料，进行了大幅补充。另外，各论文发表后得到指正的错误之处，本书中最大限度地加以改正，并尽可能地修改了论点及措辞行文中的重复之处。

注释

1　原文为"无田甫田，维莠骄骄。无思远人，劳心忉忉。无田甫田，维莠桀桀。无思远人，劳心怛怛。婉兮娈兮，总角丱兮。未几见兮，突而弁兮"。其意为"向远方之人寄托相思，亦只不过是无处可诉，徒增心伤而已"（境武男：《诗经全释》（《詩経全釈》），境教授颂寿纪念会，1984 年，第 255 页）。原文之意本为劝诫人不要徒寄相思，而顾炎武引用此文，或许正是意图暗示，无论怎样优待北人，给予他们出仕的机会，他们也没有实力能够回应这份厚意，终究只是徒劳。

2　笔者得知顾炎武此论，是在拜读中砂明德的《江南——

中国文雅的源流》（《江南—中国文雅の源流—》，讲谈社，2002年）第二章"学术的市场"（学術の市場）开头部分（72-73页）之时，除此论之外，笔者也从该著作中受益匪浅。中砂氏引用这段议论，针对顾炎武指出的南北地区之间出版与书籍流通的诸多差异，基于丰富的事例进行了考察。另外，原文除了"王槐野……已如此"以外，另有两处注，只因都是史料引用，所以笔者在撰文时做了省略。

3　参见檀上宽：《明初科举改革的政治背景——关于南北卷的创设》（《明初科挙改革の政治的背景—南北卷の創設をめぐって—》），《东方学报》（《東方学報》）第58卷，1986年。

4　桑原骘藏：《历史上所见的南北中国》（《歴史上より観たる南北支那》），收入《白鸟博士还历纪念东洋史论丛》（《白鳥博士還暦記念東洋史論叢》），岩波书店，1925年。

5　众所周知，"中国"一词，在不同时代、不同地域，乃至不同研究者的论述中，其所指范围和语义都有异同，是一个极富可变性的概念，在历史研究中尤其不应随意使用。而China proper一词，直译为"中国本土"，笔者管见所及，这一用语多被用于描述清代以后的情况，因其时蒙古高原、西藏、新疆等地区与"中国本土"一同归于清朝皇帝统治之下，有时亦被归入"中国"之称的范围内。不过，在本书主要关注的12—14世纪，史料中出现的"中国"一词的内涵，不过是处于契丹治下的东北三省及蒙古高原南部曾偶尔被华北人描述为"中国"的一部分。参见古松崇志：《关于修端〈辩辽宋金正统〉——元代〈辽史〉〈金史〉〈宋史〉三史的编纂过程》（《脩端「辯遼宋金正統」をめぐって—元代における『遼史』『金史』『宋史』三史編纂の過程—》），

《东方学报》（《東方学報》（京都））第 75 卷，2003 年。因此，尽管作为翻译或略有欠妥之处，本书还是选择有意避开了"中国本土"这一直译，而代以"中国本部"之称。此外，如"地域"一词所示，这仅是一个地理上的概念，与清代至近代的历史研究中多被论及的"中华世界"不同，不包含地理概念以外的任何思想、语言、经济及其他文化活动等等层次丰富多样的事物，并非某种政治与文明圈之指代。

　　6　何炳棣（Ho Ping-ti）：《明清社会史论》（*The Ladder of Success in Imperial China : Aspects of Social Mobility 1368-1911*），哥伦比亚大学出版社，1962 年。

　　7　郝若贝（Robert M. Hartwell）：《750—1550 年中国的人口、政治与社会转型》（"Demographic, Political, and Social Transformations of China, 750-1550"），《哈佛亚洲研究杂志》（*Havard Journal of Asiatic Studies*）第 42 期第 2 号，1982 年。

　　8　参见青山定雄：《关于宋代华北官僚的谱系（1—3）》（《宋代における華北官僚の系譜について（その 1 ～ 3）》），《圣心女子大学论丛》（《聖心女子大学論叢》）第 21 卷，1963 年，第 25 卷，1965 年；《中央大学文学部纪要》（《中央大学文学部紀要》）第 45 卷，1967 年；松井秀一：《北宋初期官僚的一个典型——以石介及其谱系为中心》（《北宋初期官僚の一典型—石介とその系譜を中心に—》），《东洋学报》（《東洋学報》）第 51 卷第 1 号，1968 年；爱宕元：《五代宋初的新兴官僚——以临淄麻氏为中心》（《五代宋初の新興官僚—臨淄の麻氏を中心として—》），《唐代地域社会史研究》，京都大学出版会，1997 年，原载《史林》第 57 卷第 4 号，1974 年；金滢坤：《中

晚唐五代科举与社会变迁》，人民出版社，2009年。

9 参见贾志扬（John W. Chaffee）：《宋代科举》（*The Thorny Gates of Learning in Sung China: A Social History of Examination*），纽约州立大学，1995年，第35页。另外，关于考察北宋时期参加科举人数的研究中，较具代表性的有最多42万人之说（何忠礼：《南宋科举制度史》，人民出版社，2009年，第284页）、十几万人之说（张希清：《论宋代恩荫之滥》，《中日宋代研讨会中方论文选编》，河北大学出版社，1991年），以及最多二十几万之说〔近藤一成：《蔡京的科举、学校政策》（《蔡京の科举·学校政策》），《东洋史研究》（《東洋史研究》）第53卷第1号，1994年；《宋代科举社会的形成（平成十三年度东洋学讲座演讲要旨）》[《宋代科举社会の形成（平成十三年度春期東洋学講座講演要旨)》],《东洋学报》第83卷第2号，2000年〕等。

10 高桥芳郎：《宋代的士人身份》（《宋代の士人身分》），《宋—清身份法研究》（《宋—清身分法の研究》），北海道大学图书刊行会，2001年，原载《史林》第69卷第3号，1986年。

11 见注9贾志扬：《宋代科举》，第188页；何忠礼：《南宋科举制度史》，第285页。

12 参见注2中砂明德《江南——中国文雅的源流》，以及贾晋珠（Lucille Chia）：《逐利印刷：11—17世纪福建建阳的商业出版》[*Printing for Profit: The Commercial Publishers of Jianyang, Fujian (11th-17th Centuries)*],哈佛大学出版社，2003年。

13 参见中砂明德：《士大夫标准的形成——南宋时期》（《士大夫のノルム形成—南宋時代—》），《东洋史研究》第54卷第 3 号，1995 年。

14 参见韩明士（Robert Hymes）：《政治家与士绅：两宋江西抚州的地方精英》（*Statesmen and Gentlemen : The Elite of Fu-chou, Chiang-hsi, in Northern and Southern Sung*），剑桥大学出版社，1986 年；柏文莉（Beverly J. Bossler）：《宋代的血缘、地位与国家》[*Powerful Relations: Kinship, Status and The State in Sung China(960-1279)*]，哈佛大学出版社，1998 年。对于韩明士等人的学说，近年来也有研究指出其在史料选择和解读方面存在问题，参见包伟民：《精英们"地方化"了吗？——试论韩明士〈政治家与绅士〉与"地方史"研究方法》（《唐研究》第 11 期，2005 年）。此外，李锡熙（이석희）也曾利用大量墓志铭材料，分析南宋时期明州地方精英的动向，与韩明士研究所使用的抚州的情况进行了对比。他指出，地方精英在地方社会各个方面主导作用的加强（local activism），其背后有着地方官以及以其为媒介的中央政府的积极参与和大力支持，该时期国家（state）的存在感并没有出现减弱的趋势。参见李锡熙（Sukhee Lee）：《权力博弈：12-14 世纪中国的国家、精英与地方统治》（*Negotiated Power: The State and Elites in 12th-14th Century China*），哈佛大学出版社，2015 年。李锡熙的研究极具重要性，必将促进今后该课题的进一步发展以及新见解的出现。

15 参见包弼德（Peter K. Bol）：《地方史的兴起：南宋与元代婺州的历史、地理与文化》（"The Rise of Local History: History, Geography, and Culture in Southern Song and Yuan Wuzhou"），《哈佛亚洲研究杂志》第 61 期第 1 号，2001 年。另外，陈雯怡也探讨了书简及序文中出现的蒙元时代士人层的地

域认识及关系网，详见其所著《网络、群体与身份认同：元代士人的话语实践》（*Networks, Communities, and Identities: On the Discoursive of Yuan Literati*），哈佛大学 2007 年博士论文。

16 关于新儒学的动向及其社会影响，包弼德《历史上的理学》（*Neo-Confucianism in History*，哈佛大学出版社，2008 年）是最具综合性的研究成果。另外，陈雯怡《由官学到书院——从制度与理念的互动看宋代教育的演变》（联经出版公司，2004 年）关注南宋时期不断扩大的书院教育，以此考察士人层中新的社会理想的广泛普及，也是相关课题的重要研究。

17 史乐民（Paul Jakov Smith）、万志英（Richard von Glahn）编：《中国历史上的宋元明转型》（*The Song-Yuan-Ming Transition in Chinese History*），哈佛大学出版社，2003 年。

18 关于这个问题的考察，最详细的可举艾尔曼（Benjamin A. Elman）、亚历山大·伍德赛德（Alexander Woodside）等编：《中华帝国晚期的教育与社会》（*Education and Society in Late Imperial China,1600-1900*），加州大学出版社，1994 年；艾尔曼：《中华帝国晚期的科举文化史》（*A Cultural History of Civil Examinations in Late Imperial China*），加州大学出版社，2000 年。

19 参见近藤一成：《宋代中国科举社会研究》（《宋代中国科举社会の研究》），汲古书院，2009 年。

20 汉语圈中的"华北"，有时并不包括陕西与河南地区。本书中使用的"华北"，主要指 12—13 世纪处于女真统治下的中国本部的北半部分（与蒙元时期的汉语史料中被称为"汉地"的地区基本重合）。

21 与金元时期华北地区社会相关的先行研究，参见拙稿

《金、元代华北社会研究的现状与展望》（《金元代華北社会研究の現状と展望》）（《史滴》第 23 卷，2001 年），以及拙著《辽金史研究》（《遼金史研究》）（汲古书院，2010 年）中《日本宋史研究的现状与课题——以 20 世纪 80 年代以后为中心》（《日本宋史研究の現状と課題—一九八〇年以降を中心に—》）一章。近年来的研究中，仅列举与士人层没有直接关联的成果，就有围绕水利与农地开发问题的井黑忍的以下文章：《山西洪洞县水利碑考——金天眷二年都总管镇国定两县水碑的事例》（《山西洪洞県水利碑考—金天眷二年都総管鎮国定両県水碑の事例—》），《史林》第 87 卷第 1 号，2004 年；《蒙元时代关中地区的农地开发——以泾渠的整顿为中心》（《モンゴル時代関中における農地開発—涇渠の整備を中心として—》），《内亚研究》（《内陸アジア史研究》）第 19 卷，2004 年；《〈长安志图〉所见大元帝国的关中屯田经营》（《〈長安志図〉に見る大元ウルスの関中屯田経営》），《大谷大学史学论究》（《大谷大学史学論究》）第 11 卷，2005 年；《〈救荒活民类要〉所见蒙元时代的区田法——作为黑水城文书解读的参考资料》（《〈救荒活民類要〉に見るモンゴル時代の区田法—カラホト文書解読の参考資料として—》），《绿洲地区研究会报》（《オアシス地域研究会報》）第 5 卷第 1 号，2005 年；《蒙元时代区田法的技术性探讨》（《モンゴル時代区田法の技術的の検討》），《绿洲地域史论丛——黑河流域 2000 年的点描》（《オアシス地域史論叢—黒河流域二〇〇〇年の点描—》），松香堂，2007 年；《清浊灌溉方式的水环境问题对应能力——基于中国山西吕梁山脉南麓的历史事例》（《清濁灌漑方式が持つ水環境問題へ

の対応力—中国山西呂梁山脈南麗の歴史事例を基に—》),《史林》第92卷第1号,2009年;《区田法实施所见金、蒙元时代农业政策的一个侧面》(《区田法実施に見る金・モンゴル時代農業政策の一断面》),《东洋史研究》第67卷第4号,2009年;《中国山西省东南部的祈雨祭祀——关于天水农业地区水神信仰的历史学考察》(《中国山西省東南部における祈雨祭祀—天水農業地域の水神信仰に関する歴史学的考察》),《由文化交流而变化的各方面》(《文化交渉による変容の諸相》),关西大学文化交涉学教育研究据点,2010年。另有从学术思想角度进行考察的三浦秀一的《中国心学的分水岭——元朝知识人与儒道佛三教》(《中国心学の稜線—元朝の知識人と儒道仏三教—》)(研文出版,2003年)。前文注5古松崇志《关于修端〈辩辽宋金正统〉——元代〈辽史〉〈金史〉〈宋史〉三史的编纂过程》一文中,作者指出,在13世纪至14世纪的华北,有将辽金作为与北宋、南宋相等同的中华正统王朝的思想。另外,杜正贞以"社"的变迁为切入点,考察了山西泽州地区社会在宋至明清时期的变迁,参见其所著《村社传统与明清士绅》,上海辞书出版社,2007年。

22 三上次男:《金代科举制度及其政治侧面》(《金の科举制度とその政治的侧面》),《金史研究三・金代政治社会研究》(《金史研究 三 金代政治社会の研究》),中央公论美术出版社,1973年。原载《青山史学》第1卷,1970年。

23 赵冬晖:《金代科举年表考订》,《北方文物》1989年第2期;《金代科举制度下的士人》,《东北地方史研究》1990年第3期。都兴智:《金初女真人与辽宋儒士》,《辽宁师范大学学报（社科版）》，1991年第6期。周怀宇：《金朝科举制度考论》，《安徽师院社会科学学报》，1995年第4期。李玉年：《金代科举沿革初探》，《东南文化》，1998年第1期。王德朋：《金代汉族士人研究》，中国社会科学出版社，2006年。另外特别值得一提的是，薛瑞兆的《金代科举》（中国社会科学出版社，2004年）遍搜相关史料，对金代科举及第的事例加以整理，为其后的研究提供了极大便利。

24　在此背景中，近年来，包弼德、陈昭扬等针对金朝汉族士人的思想动向及参政态度等问题作过探讨，具体著作的列举，放在正文相关章节之中。

25　安部健夫：《元代知识人与科举》（《元代知識人と科挙》），《元代史研究》（《元代史の研究》），创文社，1972年；原载《史林》第42卷第6号，1959年。宫崎市定：《围绕元朝统治下蒙古官职的蒙汉关系》（《元朝治下の蒙古的官職をめぐる蒙漢関係》），《东洋史研究》第23卷第4号，1965年。姚大力：《元朝科举制度的行废及其社会背景》，《元史及北方民族史研究集刊》第6期，1982年。

26　关于萧启庆的研究成果，本书第二部第十五章中有详细说明。另可参见渡边健哉《关于近年来元代科举的研究》（《近年の元代科挙研究について》）（《集刊东洋学》第96卷，2006年）。除此以外，类似的事例收集相关尝试，还有楼占梅《伊滨集中的王徵士诗》（《史学汇刊》第12期，1983年），陈高华《两种〈三场文献〉中所见元代科举人名物录——兼说钱大昕〈元进士考〉》（《中国社会科学院历史研究所学刊》第1期，2001年）。

27　植松正：《元代江南的地方官任用》（《元代江南の地

方官任用について》），《元代江南政治社会史研究》，汲古书院，1997 年；原载《法制史研究》第 38 卷，1989 年。

28　桂栖鹏：《元代进士研究》，兰州大学出版社，2001 年。

29　萧启庆：《元代科举与菁英流动：以元统元年进士为中心》，《元朝史新论》，允晨文化实业股份有限公司，1999 年；原载《汉学研究》第 5 卷第 1 期，1987 年。

30　萧启庆：《论元代蒙古色目人的汉化与士人化》，《元代的族群文化与科举》，联经出版公司，2008 年；原载汪荣祖、林冠群主编的《胡人汉化与汉人胡化》，台湾中正大学台湾人文研究中心，2006 年，参见该著作第 57—58 页。

31　宫纪子：《程复心〈四书章图〉出版始末考——江南文人的保举》（《程復心〈四書章図〉出版始末攷—江南文人の保挙—》），《蒙元时代的出版文化》（《モンゴル時代の出版文化》），名古屋大学出版社，2005 年；原载《内亚语言研究》（《内陸アジア言語の研究》）第 16 卷，2001 年。《"对策"的对策——科举与出版》（《"対策"の対策—科挙と出版—》），同被收入上述著作《蒙元时代的出版文化》；原载《古典学的现在 5》（《古典学の現在》Ⅴ），文部科学省科学研究费补助金特定领域研究《古典学的重构》（《古典学の再構築》），2003 年。以上是宫氏的研究中直接以科举为考察课题的成果，除此之外，宫氏还有其他大量与蒙元时代的科举密切相关的研究。

32　樱井智美:《关于元代科举应试中的持入考场许可书——以〈文场备用排字礼部韵略〉为中心》（《元代科挙受験持込許可書をめぐって—〈文場備用排字礼部韻略〉を中心に—》），《中国近世社会的秩序形成》（《中国近世社会の秩序形成》），京都大学人文科学研究所，2004年。

33　森田宪司：《关于元朝的科举资料》（《元朝の科挙資料について》），《元代知识人与地域社会》（《元代知識人と地域社会》），汲古书院，2004年；原载《东方学报》第73卷，2001年。

34　蒙思明：《元代社会阶级制度》，哈佛燕京学社，1938年。笔者所用的是2006年的上海人民出版社再版版本。

35　黄清连：《元代户计制度研究》，《台湾大学文史丛刊》，1977年。牧野修二：《元代勾当官体系研究》（《元代勾当官の体系的研究》），大明馆，1979年；《元代的儒学教育——以教育课程为中心》（《元代の儒学教育—教育課程を中心として—》），《东洋史研究》第37卷，1979年；《关于元代庙学书院的规模》（《元代廟学書院の規模について》），《爱媛大学法文学部论集文学科编》第12卷，1979年。萧启庆：《元代的儒户：儒士地位演进史上的一章》，《东方文化》第16卷第1、2号，1978年。大岛立子：《关于元代的儒户》（《元代の儒戸について》），《中岛敏先生古稀纪念论集》（《中嶋敏先生古稀記念論集》）下卷，汲古书院，1981年。李玠奭：《关于元代儒户的一个考察——以户籍为中心》（《元代儒戸에대한一考察—戸籍을中心으로—》），《东洋史学研究》第17卷，1983年。太田弥一郎：《元代的儒户与儒籍》（《元代の儒戸と儒籍》），《东北大学东洋史论集5》，1992年。另外，牧野修二在2000年以后亦发表论著，在详细明确儒人、儒户选定过程的基础上指出，对他们的差役免除，是一个由最初的全户免除逐渐改为限定儒人本人，最终完全废除的过程。见牧野修二《关于蒙古帝国时代儒

人户的差发（差役）免除（上）（下）》[《エケ・モンゴル時代における儒人戸の差発（差役）免除について（上・下）》]，《近畿福祉大学纪要》（《近畿福祉大学紀要》）第 1 卷第 4 号、第 2 卷第 1 号，2000—2001 年。

36　森田宪司：《石刻与编纂史料——由至元三十一年七月崇奉儒学圣旨碑所见》（《石刻と編纂史料—至元三一年七月崇奉儒学聖旨碑の場合—》），《元代知识人与地域社会》；原载梅原郁编《中国近世的法制与社会》（《中国近世の法制と社会》），京都大学人文科学研究所，1993 年。《蒙元统治中国初期知识人政策的形成》（《モンゴルの中国支配初期における知識人政策の形成》），《元代知识人与地域社会》，汲古书院，2004 年。《〈大朝崇褒祖庙之记〉再考——丁酉年对“圣人之家”的优待》（《〈大朝崇襃祖廟之記〉再考—丁酉年における“聖人の家”への優免—》），在《奈良史学》第 12 卷、1994 年版基础上加以修正；《约会制度现场》（《約会の現場》），《元代知识人与地域社会》，原载梅原郁主编《前近代中国的刑罚》（《前近代中国の刑罰》），京都大学人文科学研究所，1996 年。另外，同样关于儒人的研究，还有围绕他们所属学校田产诉讼问题以及过程进行考察的池内功的《围绕元代石碑〈镇江路儒学复田记〉的诸问题》（《元代石碑〈鎮江路儒学復田記〉をめぐる諸問題について》），《关于东亚社会・文化结构异化过程的研究》（《東アジアにおける社会・文化構造の異化過程に関する研究》），1994—1995 年度科学研究费补助金一般研究（B）研究成果报告书（研究课题号：06451067），1995 年。

37　森田宪司：《石刻与编纂史料——由至元三十一年七月

崇奉儒学圣旨碑所见》，第 126 页。

38　关于萧启庆对蒙元时代进士及第者的研究，本书第二部第十五章中有所涉及，此外，渡边健哉《关于近年来的元代科举研究》（《集刊东洋学》第 96 卷，2006 年）中也有详细介绍。

39　王昌伟（Chang Woei Ong）：《中国历史上的关中文人》（*Men of Letters Within the Passes: Guanzhong Literati in Chinese History, 907-1911*），哈佛大学出版社，2008 年，第 129—131 页。

40　参见杉山正明《蒙古帝国与大元兀鲁思》（《モンゴル帝国と大元ウルス》）（京都大学出版会，2004 年）中"世界史的时代与研究的展望"（"世界史の時代と研究の展望"）部分。

41　按女真语，女真建国之初的正式国号为"大女真金国"（Amban Jušen Alčun Gurun），其后才称为"大金"。而所谓"金朝"之称，在实际的女真统治下，至少并不曾见于官方正式场合，因此本书亦不加使用。作为折衷之策，代之以"金国"之称。另外，关于金的国号问题，可参考古松崇志：《女真开国传说的形成——〈金史〉世纪的研究》（《女真開国伝説の形成—〈金史〉世紀の研究—》），《古典学的现在 5》，文部科学省科学研究费补助金特定领域研究"古典学的重构"，2003 年，193 页注 1。

42　最初由本田实信提出的"蒙元时代"，是在蒙古统治欧亚大陆各地的前提下，定位于欧亚史，乃至世界史中的概念 [参见本田实信：《蒙元时代史研究》（《モンゴル時代史研究》），东京大学出版会，1991 年，序文]。不过，自 1211 年成吉思汗进攻金国，至 1234 年窝阔台汗灭亡金国，华北地区一直处于女真、蒙古，或分别从属两政权的地方军阀的割据之下，蒙元时代具体从何时开始，目前意见并不统一。为求说明方便，本书权将

1234 年金国灭亡的时间节点作为蒙元时代的开始。另外，就蒙古对华北的统治而言，严格来说，在忽必烈政权定国号为"大元"的 1271 年 11 月以前，应称之为"蒙古帝国时期"，其后应称为"元代"。但本书中为避免繁杂的说明以及行文混乱，虽明知与词语本意及严格的时代区分略有不同，仍统一用语，称蒙古统治中国本部的时期为"蒙元时代"。

第一部

女真统治下的科举与社会

第一章

金代地方精英的经历

—— 以山西忻州定襄县为例

前言

关于金元时代华北士人层研究的最大阻碍，便是史料不足的
问题，而这也导致学界一度认为，对于华北地区，不可能进行与
江南社会同样的社会史研究。的确，提到关于华北地区的史料，
既没有《名公书判清明集》，也没有《同年登科录》，更缺少编
纂于同时代的地方志，连描述文人官僚在地方社会的交友关系的
文集也十分罕见。尽管如此，想要了解地方社会中人们对科举所
持的态度，却也并非全无可能。笔者在本书绪论中曾经提到，比
起江南地区，华北地区更多地保留了碑刻史料，若能将之与文献
史料进行结合，有时甚至可以进行比江南社会更加详细的考察。

因此，本章作为全书第一部的导论，将山西忻州定襄县作为
主要考察对象，因该地集中了包括《定襄金石考》[1]所收录诸碑
刻在内的大量相关史料，在整个金元时代都属罕见。本章以地方
精英的活动为线索，考察金代定襄县在不同时期的变化，以及女

真统治带给定襄县的影响，旨在为观察金代华北地区地方社会的时代特点提供一个新视角。

当然，定襄县这一极小地区的情况毕竟只是个例，不可能无条件地用来代表整个金代华北地区，而且定襄县留存大量史料的现象也只是例外，该地本身并非具有保存完整史料必然性的特别地区。但正如接下来的文章中将会详细阐述的，金代定襄县发生的各种情况，基本上与华北其他地区共通，因此通读本章内容之后，将能够理解金代华北社会所经历的历史过程的大致面貌。另外，如上所述，定襄区区小县，却为我们提供了绝无仅有的详细信息，我们从中获得的见解，对于理解接下来各章探讨的各区域的情况来说，也是重要的基础。

第一节　宋末金初的定襄县

定襄县隶属太原东北的忻州，其北部、东部及南部三面环山，平原地区有滹沱河、牧马河流经。据万历《定襄县志》[2]（以下简称《万历县志》）及雍正《定襄县志》[3]（以下简称《雍正县志》）记载，该地四季寒冷，土地贫瘠，居民大多生活贫困。[4]可以推测金元时期这种状况也基本相同。[5]

该地区在北宋年间靠近北宋与契丹国界，10世纪后半期，契丹、北宋两军来往不断，战火纷飞。但在澶渊之盟以后，这一地区再无军事冲突发生，基本维持了安定状态。相关史料记载中，除了地震等自然灾害以外，并没有特别值得关注的大事。出生于定襄县的人获得官位的例子也很少，除却后周至北宋初期活跃于对辽战争中的武将贺惟忠，基本再无值得称道之人。北宋年间，朝廷就地募兵，置广锐军、神锐军、神虎军于包括定襄县在内的宋辽边境地带，[6] 因此可以推测该地隶兵籍之人应该很多，同时也不难想象，在和平时期能够名留青史的军人，实在是少之又少。在这样的背景下，直到北宋末期，定襄县的相关史料中也不见科举参加者的身影，[7] 恐怕很难说科举制度受到了社会的广泛接纳。

北宋宣和七年（1125 年）年末，金军自云中南侵，包括定襄县在内的山西北部首当其冲，成为金军最早期的攻击目标。在金军攻势之下，当时的忻州知州贺权并未组织有效抵抗，便轻易投降了金军，金军不入城而过忻州，[8] 正因如此，至少就现有史料来看，包括定襄县在内，忻州一带并没有大规模战役或屠杀居民的事件发生。[9] 不过，就当时整个华北地区来看，这种情况毕竟只是例外。华北的大多数地区，在靖康之变中沦为战场，其后山东、河南、陕西等地，也在南宋与金的交战中兵连祸结。而且，同一山西地区之中，金军与北宋军进行正面交锋的太原以南地区，情况也与定襄县大不相同。例如，金军在攻陷汾州平遥县之后，在当地大肆屠杀，据说后来在县城中先后三次举行的黄箓醮（道家镇魂仪式）中，一共收集了约 4450 根遗骨。[10] 另外，潞州襄垣县在金国官吏赴任之后，仍多次遭受周边地区盗贼集团的袭击。[11]

定襄县虽然在相对稳定的状态中进入了金国统治范围，但毕竟处在改朝换代之际，自然难免受到相应影响。下文将围绕这一点，对金代定襄县的地方社会进行考察。

第二节　女真统治下的科举与定襄县地方精英

　　洪迈《夷坚志》开篇《孙九鼎》一文，以北宋政和癸巳年（1113年）的开封为舞台，描述了太学生孙九鼎与死去的亲属重逢的一则逸话。其内容真伪姑且不论，这则逸话的主人公，同时也是这段故事的讲述者孙九鼎，《中州集》中有其小传，乃是真实存在的人物，出生于定襄县。[12]《雍正县志》卷六《人物志》中，则更加详细地记载着他"字国镇，青石村人"，说明他出生于青石村（金元时代的青石里）。[13] 据《夷坚志·孙九鼎》记载，他在太学时并未学有所成，终究未成大器。不过其他史料表明，他并没有就此放弃寻求出仕机会。

　　天会七年（1129 年）秋，左副元帅宗翰以当时的西京大同府为据点驻扎，在他的主持下，蔚州举行了一场科举。关于此次科举，史料记载如下：

　　　　是秋，金国元帅府复试辽国及两河举人于蔚州。辽人试词赋，河北人试经义，始用契丹三岁之制。初乡荐，次府解，次省试，乃曰及第。时有士人不愿赴者，州县必根刷遣之。云中路察判张孝纯主文，得赵洞、孙九鼎诸人。九鼎，忻州人也。宣和间，尝游太学。陷金五年，[14] 始及第。[15]

　　此处出现的孙九鼎，以其经历来看，可以认定与《夷坚志》中的孙九鼎为同一人。记录同一场科举的《大金国志》卷五《太宗文烈皇帝》天会七年秋条有曰"忻州进士孙九鼎为魁"。[16] 关于他在蔚州参加科举的经过，史料中并未明确记载，虽然记录了

"时有士人不愿赴者,州县必根刷遣之",但必须考虑到,当时南宋史料对金国统治的残忍与严苛之描述未免有夸大其词之嫌,因此这一情况是否属实,尚须斟酌。特别是就孙九鼎而言,状元及第的结果,当是包含了他全力以赴的努力。而据《中州集》卷二《孙内翰九鼎》描述,孙九鼎的两个弟弟也在这场考试中与兄长一同进士及第。[17]另有其他史料表明,出生于同样隶属定襄县的大阳里的赵会,也在前一年,即天会六年在燕山举行的科举[18]中进士及第。[19]从这些事例中可知,即使在北宋末金初的动乱时期,定襄县也始终有人积极参加科举考试。实际上,定襄县南王里董氏一族成员董硕卿的墓志,也记录了他在北宋末金初的活动:

> 先君讳硕卿,世本定襄县南王里人也。自曾高已来,唯以淳信温润闻里。暨先君蔼然以文学成家,在亡宋日,幼习经义科,及归本朝,乃改举进士。春闱数四,每造殿庭,时与命违,不克禄位。[20]

从以上史料叙述中可以看到,董硕卿即便经历了王朝兴亡,对应举的热情仍然丝毫未减。也许对于当时定襄县的人,特别是应举者来说,只要科举制度仍然存在,即便改朝换代,他们与王朝本身的关系也不会有本质上的变化。

在下一章中还会详述,类似的情况在华北其他地区也时有发生,其中具有代表性的一个例子,是关于天会四年(1126 年)斡离不在真定举行的科举。[21]对此,《金史》中有如下记载:

> 斡离不既破真定，拘籍境内进士，试安国寺。……与诸
> 生对策，策问"上皇无道，少帝失信"。举人承风旨，极口
> 诋毁。承亮诣主文刘侍中曰："君父之罪，岂臣子所得言
> 耶！"长揖而出。刘为之动容，余悉放第。凡七十二人，遂
> 号七十二贤榜。[22]

这段史料的主旨，当然在于称赞褚承亮的气节，但另外值得
注意的一点是，除了褚承亮以外，参加考试的所有人都没有拒绝
进士及第的殊荣。这直接说明，如褚承亮一样对北宋尽忠而否定
金国科举的士人，其实只是少数。而且，就在褚承亮周围，亦有
门人，甚至是褚承亮的儿子在科举中进士及第，[23]这也表明，恐
怕褚承亮对于应举这件事本身并未抱有抵触情绪。

从这些事例来看，定襄县的情况在当时的华北，应当并不算
是特殊例子。

此后，定襄县人中，孙九鼎官至秘书少监，赵会官至中散大
夫·河北东路转运判官，赵会之弟，以及四个侄儿，都以恩荫受
官。[24]虽然董硕卿自己未能进士及第，但从上文提到的他的墓志
来看，他的三个儿子惟贞、惟时、惟明分别获得了奉训大夫·前
恩州历亭县丞、从仕郎、进义校尉·前清源县同监的官衔。其中，
从文阶来看，惟贞很可能是进士及第；惟时并无实职；惟明虽带
武职，但极有可能是由惟贞的恩荫，或者是进纳补官而得，下文
将会详细讨论。南王里董氏在金末以后再未出过官吏，但直到蒙
元时代，董氏仍然被乡里当作"衣冠世族"，[25]科举中的成功为
董氏一族带来的声望，由此可见一斑。

在这样的世风中，自然会出现试图培养子弟科举及第，以求

借此跻身新士人层的家族。下面要讨论的南王里周氏和砂里樊氏，就是其中的典型代表。

南王里周氏世代居于定襄县南王里，通过史料能够追溯的最早的祖先为周信（参照族谱图1），其玄孙周仙于大定十一年（1171

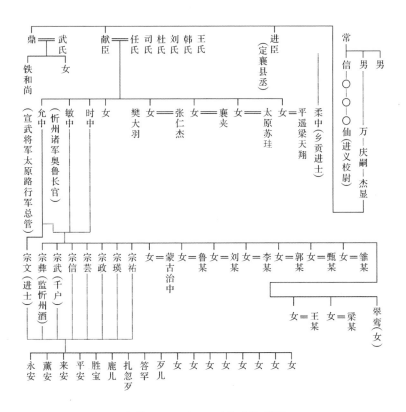

族谱图1　南王里周氏族谱图

出处：据《定襄金石考》卷一《故周公之墓铭》《阳曲令周君墓表》、卷二《故左副元帅权四川都元帅宣授征行千户周侯神道碑》所作。

年）以七十岁高龄获得赦恩，特授进义校尉，[26] 因此可以断定周
信为北宋时代人。不过，现有史料能够确认周氏一族出现读书人
的时间，仍是在金代中期以后。其人周庆嗣"通六经，教授乡里
者六七十年"[27]，虽无法确定他是否参加过科举，但从关于他的
描述中只字未提科举这一点来看，即便参加了，恐怕也只是多次
落第而已。南王里周氏出身的科举官僚第一人，乃是庆嗣之孙鼎
（也有史料记载为鼎臣）。关于周鼎科举及第之前的经历，史料
中有如下描述：

> 幼颖悟，未十岁，大父教之六经。应童子举。平阳宿儒
> 毕晋卿爱其风骨，谓当有所成，许之亲授赋学。年十六，即
> 辞家从之。又二年，取平阳解名，三赴廷试。贞祐乙亥，程
> 嘉善榜内及第，释褐征事郎五台主簿。[28]

自年幼时起就由祖父庆嗣教授六经，直至进士及第，周鼎的
人生可谓全部奉献给了科举。毫无疑问，能让子孙安心读书，为
科举全力以赴，自然需要相当的经济实力。

一方面，砂里樊氏的家族谱系（族谱图 2）虽然只能追溯到
金代中期，但可以确认其族中出现科举官僚，更在南王里周氏之
前。樊氏一族的首位科举官僚樊大有，据《定襄金石考》卷二《故
朝请大夫华亭县令樊公彰善碑》记载，应生于大定乙巳年（1185
年），受父亲厚望，自幼勤于读书，不到十岁就赴中都参加经童
科，并一举合格。弱冠之年遭父丧丁忧，除丧之后即开启了仕
途。[29] 值得一提的是，周鼎和樊大有参加的经童科，在当时是新
设科目，这就说明他们对于科举中新科目的设置反应迅速。而与

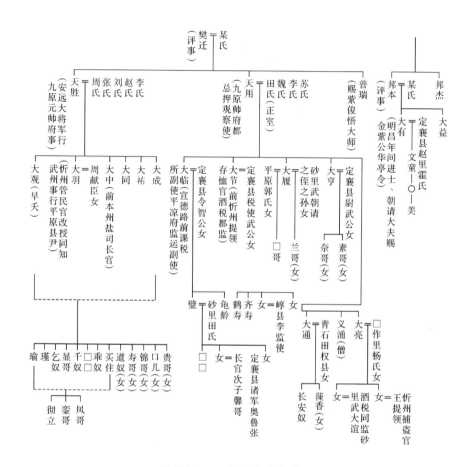

族谱图2　砂里樊氏族谱图

出处：据《定襄金石考》卷二《大朝故九原府都总押观察使樊公墓表》《故
朝请大夫华亭县令樊公彰善碑》《樊侯寿冢记》所作。

定襄县一样，当时华北其他地区的人对于经童科的设立也给予了一定程度的关心。例如在密州高密县郑公店，郭氏一族在修复东汉大司农郑弘庙后，于承安五年（1200年）出现了经童科合格者，此后，希求同样恩泽的郑公店及其周边村落的乡人蜂拥而至，至少有138人先后对该庙进行了重修。[30]

以南王里周氏与砂里樊氏为代表的新兴士人家族的扩大间接表明，至金代中期，科举是获得官位的重要手段之观念，在定襄县已经开始被广泛实践。

不过，并不能因此断言，有经济实力的家族都会致力于应举。在定襄以世代行医闻名的南董里高氏，向当地广教院寄赠香台的大阳里张氏，以石幢或墓表等形式留下谱系的南王里张氏、西霍里杨氏、长安里魏氏、东霍里霍氏等家族，都没有家族成员应举，甚至在族谱材料中连关于科举的只字片语都未曾出现过。[31] 虽然无法否认，这些家族可能是因为族人多次落第而有意回避了与科举的联系，但更合理的解释或许是，这暗示了在当时的社会，"经济上的富足必然与参加科举密不可分"这一观念并未成为广泛共识。例如芳兰里的郭郛（1116—1211年），虽在于西京举行的府试中多次合格，最终却未能进士及第，中年以后隐居五台山一带。[32] 这样的例子表明，定襄县人其实也清楚地知道，参加科举并不意味着能够轻易得到官职。

一方面，在海陵王南征、蒙金战争等大规模军事行动出现之时，金国屡次于一般庶民中征兵，名为"签军"，但由从军而最终获得官位的例子，除了金末地方官僚体制逐渐崩溃的特殊时期以外，一般并不见于史料。《定襄金石考》卷一《智氏先茔石幢》[承安二年（1197年）] 中记载，智福昇的第三子重□"从军征□，充里正数次"，从年代来看，此"从军"应当是从海陵王南征，但也并未与任官联系在一起。

第三节 地方精英的相互关系

上一节探讨了金代定襄县参加科举群体的扩大。随之而来的还有其他问题：这些家族之间相互有着怎样的关系？本节在此首先试图厘清婚姻关系的问题。上文中出现的族谱图 2 显示，经童科及第的樊大有娶了近邻赵里的女子为妻，而这一类同县家族之间通婚的例子，频繁见于《定襄金石考》所收录的碑刻中。以族谱图 3 所示东霍里霍氏在金代的家族源流为例，其中出生地明确的夫人均来自县内，以南王里尤多。这说明了霍氏家族交友关系之广泛，同时也表明，当时的定襄县以邻近各家族之间的通婚为主，极少有远赴他乡求娶妻室的情况。需要注意的一点是，有应举者出现的士人家族在选择姻亲时，未必只考虑与自身相同的士人家族。这当然可以理解为，比起是否为士人家族，定襄人在选择姻亲时更重视地理上的远近，但另一方面，应该说这种情况更多地体现了在当时的定襄县，儒学教育水平的高低，或是否应举并不是决定该家族社会地位的关键。

另外，当时定襄县精英之间的相互关系，也可见于开凿河渠的相关活动中。《定襄金石考》卷二《创开滹水渠堰记》，出自金末元初文坛翘楚元好问之手，是他接受该渠开凿者"州倅定襄李侯"委托而作的碑记，记录了从定襄县西北部的白村附近引滹沱河水，经横山里、由五台县建安口再次注入滹沱河的滹水渠的开凿过程。据记中所述，早在北宋年间，就有乡人对滹水渠的开

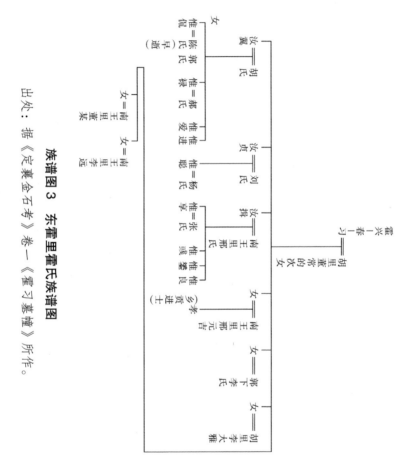

族谱图 3　东霍里霍氏族谱图

出处：据《定襄金石考》卷一《霍习基墓幢》所作。

凿做过多次尝试，然而却迟至蒙元时代的癸卯年（1243 年），这一夙愿才终于得以实现。[33] 其间，先是北宋时期丘村的尔朱仅奴[34] 因被疑为企图独吞利益，不得人协助而作罢；后来无畏庄的信武乔公[35] 于大定戊子年（1168 年）着手河渠开凿，却在日阳里发生纷争，工程再度受挫；承安年间（1196—1200 年），齐全羡虽得横山里"大家"的协助，最终仍未能完成开凿。以上三人可以说皆属于各自村落的望族，却都不得不先后放弃开凿工程。这也表明了在气候干燥的山西地区，围绕渠水的使用权，通常都有非常细致的划分和规定，[36] 而以改变这种习惯为前提来进行新渠开凿，实是极其困难之事。

一方面，潇水渠的事例在体现开凿渠水本身难度的同时，也向我们暗示了，想要调整与其他地方精英之间利害关系并获得其协助，又是何其困难之事。最终成功实现开凿的"州倅定襄李侯"，除了知道他讳子成，居于横山里，父广威在金国曾官至蠡州酒税使以外，再无更多细节。不过，他与之前未竟开凿之业的三人相比，有两点明显不同——一是他本人带州（或为忻州）通判之官职，二是金末元初的时代背景。虽然当时的官职在多大程度上代表了当事人的实权，尚有需要商榷之处，但从在蒙古统治下带官职一事来看，可以推测李子成应当是于金末归降蒙古之人。本书第二部第八章中会详细介绍，金末元初，定襄县率先归降蒙古的地方精英，以各自乡里为据点，形成鼎立之势。李子成成功实现了开凿事业，与他自身归附蒙古，获得了强有力的支持这一点是分不开的。

如上所述，金代定襄县的各精英家族，主要以婚姻关系为纽带，与其他家族建立友好关系，即便偶尔因复杂的利害关系而产生乡里之间的对立，也并不存在能够以绝对势力压倒对方的家族，总体来说基本始终维持着多个家族势力平衡的分立状态。

结语

本章围绕金代定襄县的地方精英进行了考察。北宋年间并未受到科举制度渗透的定襄县，在北宋末渐渐有人应举，河东地区进入女真统治下之后，这种趋势仍逐渐扩大，不少士人家族中都有人科举及第。这也就是说，该县士人层的存在逐渐稳定并非在北宋，而是在进入女真统治之后。另一方面，包括士人家族在内的地方精英之间的利害关系错综复杂，仅从滹水渠开凿之例来看，各家族所持有的影响力终究都是有限的。

在考察金代华北社会之际，以女真人为主的北方民族集团的动向十分重要。然而就目前能够掌握的材料来看，在当时的山西北部，除却太原府周边，以及隶属西京路的几个州县，猛安谋克几乎不存在，[37] 管见所及，关于女真人集团活动的具体事例无迹可寻。另外，金代北方民族集团与科举制度的相关问题，将在第五章中加以探讨。

从下一章起，将以本章探讨的定襄县的案例为基础，围绕女真统治下的科举社会，设定具体问题，逐一进行考察。

注释

1　1932 年由牛诚修编纂的《定襄金石考》，收录了以金元时代为中心的 87 种碑刻，皆是当时定襄县内尚存的，或是转录于县志中的，对于考察金元时代定襄县的情况而言十分有用。关于该书成书背景，可以想见的是，当时阎锡山将统率的司令部置于自己的出生地五台县（定襄县邻县）河边村，他的乡土化政策及其影响下的乡土意识，或许影响到了《定襄金石考》，这一点也表明，该书可谓是根植于特定地区、富有特性的史料。本章使用的是《石刻史料新编》第二辑第十三册（新文丰出版公司，1982 年）所收录的台湾"中央研究院"历史语言研究所傅司年图书馆藏民国二十一年（1932 年）定襄牛氏雪华馆排印本。另外，《定襄金石考》所收录的碑刻中，也有与其他金石资料集或文集中重复收录的篇目，但为避免书写的烦冗，本章仅将《定襄金石考》作为出处列举。

2　万历四十四年（1616 年）刻本。该刻本为生员刘国治受当时的知县王立爱之托，在编纂于万历七年（1579 年）的县志的基础上增修而成。该书共八卷，然管见所及，现存仅卷一至卷三。本章使用的是《明代孤本方志选》（中华全国图书馆文献微缩复制中心，2002 年）所收影印本。

3　雍正五年（1727 年），由当时的知县王会隆等人于康熙年间所修县志的基础上增修而成。本章中使用的是东洋文库所藏雍正五年刊光绪六年重刊本。

4　《万历县志》卷一《风俗》，《雍正县志》卷三《物产》。

5　《续夷坚志》卷四《王生冤报》中提到，"定襄邱村王胡，以陶瓦为业。明昌辛亥岁歉，与其子王生者就食山东"，描述了明昌辛亥年（1191 年）发生饥荒时，王氏父子为求食物远赴山东的故事。作者元好问出生于与定襄县毗邻的秀容县，他的描述与定襄县的实际情况相差应不会太远。

6　《续资治通鉴长编》卷五十四，咸平六年三月先是条：

"先是，自京师发禁旅戍河东，数不足，则取州兵材勇者补之，十不得四三。又行伍弗整，校长冗多。去岁以义军分隶州兵之籍，帅臣请增补如旧制。于是命西京左藏库副使张延禧乘传料简，得万三千余人，立为神锐二十四指挥、神武十指挥，常加训习焉。"《宋史》卷一百八十七《兵志一·禁军上》："神虎，咸平五年，选陕西州兵马立。六年，又料简河东州兵立，以西路河东兵之。指挥二十六。永兴六，凤翔、河中、忻、晋、威胜各二，太原、秦、延、鄜、华各一，潞州三。"

7　除了下文将会出现的孙九鼎、赵会、董硕卿的事例以外，还有《定襄金石考》卷一《普贤寺石香炉记》中"应进士举"的李大夫之子的记载，以上已是北宋时期定襄县的全部科举应举事例。

8　《三朝北盟会编》卷二十三·政宣上帙二十二·宣和七年十二月九日丙午条。

9　唯一的例外，是北宋末年太原将官曾召集兵士和太行山僧侣与金军对垒，发生了两万人以上规模的战役。《三朝北盟会编》卷五十一·靖康元年八月三日乙未条："初，太原城中有将官杨可发者，面有六字，号为杨麻胡。擦城出，欲招集人，解围到虞县。约有众千余，忽逻得三人，乃繁峙县东诸豪杰不肯顺番，差往探太原事者。可发遂随此三人至五台山北繁峙县东天延村，招军马四十余日，得二万余人，以五台山僧李善诺、杜太师为先锋，将到繁峙县东十里铁家岭，遇金人，大战至晚，众皆散去。可发却上五台山，副僧正真希投拜。可发去五台山，却入虞县。有众二千，遇粘罕大军至。可发自知其不可敌，乃倚壁而立，以枪自刺其腹而死。"黄宽重将这场战役作为抗金义军早期活动的

事例加以了考察，参见其著《南宋时代抗金的义军》，联经出版
公司，1988 年，第 34 页。

　　10　《山右石刻丛编》卷十九《清虚观葬枯骨碑》。

　　11　《山右石刻丛编》卷十九《襄垣县修城记》。

　　12　《中州集》卷二《孙内翰九鼎》。"九鼎字国镇，忻州
定襄人。"

　　13　《万历县志》卷一《地理志·丘墓·金》中，也有记载"孙
九鼎墓，青石村。九畴、九亿附葬"，表明孙九鼎之墓在青石里。

　　14　史料原文作"陷金五年"，但天会七年仅在金军进攻华
北三年之后，此处疑有错误。

　　15　《建炎以来系年要录》卷二十八·建炎三年九月是秋
条。关于金初科举的概要，参见三上次男：《金代科举制度及其
政治侧面》（《金の科挙制度とその政治的側面》），《金史研
究三·金代政治社会研究》（《金史研究三 金代政治社会の研
究》），中央公论美术出版社，1973 年。原载《青山史学》第 1
卷，1970 年，第 270—283 页。

　　16　《夷坚志·孙九鼎》文末亦有"在金国十余年，始状元
及第"之语，说明他在金国统治下进士及第。但"在金国十余年"
之说，与注 14 相同，时间记载明显有误。

　　17　《中州集》卷二《孙内翰九鼎》："九鼎字国镇，忻州
定襄。天会六年经义第一人。……弟九畴、亿，俱有时名。三人
同榜登科。"

　　18　同前注 15，三上次男《金代科举制度及其政治侧面》，
第 274—275 页。

　　19　《定襄金石考》卷一《故中散赵公之碣》。

20　《定襄金石考》卷一《乡贡进士董君墓志》。

21　同注 15、18，三上次男：《金代科举制度及其政治侧面》，第 272 页。

22　《金史》卷一百二十七《褚承亮传》。

23　参照《中州集》卷二十一《常山周昂》，《金史》卷一百二十七《褚承亮传》。

24　《中州集》卷二《孙内翰九鼎》，《定襄金石考》卷一《故中散赵公之碣》。

25　《定襄金石考》卷三《故邢氏节行之铭》："满年及冠，娶当里董氏。衣冠世族之后。"该铭立于至治二年（1322 年），乃出生于南王里的何满为颂扬其母邢氏的节行而立。

26　《定襄金石考》卷一《故周公之墓铭》："有曾孙□、玄孙仙，于大定十一年蒙赦恩，俱年七十已上，特授进义校尉。"

27　《定襄金石考》卷一《阳曲令周君墓表》："曾大父万，力田为业。大父庆嗣，字荣甫。通六经，教授乡里者六七十年。乡人尊之。"

28　《定襄金石考》卷一《阳曲令周君墓表》。

29　"公讳大有，字尧锡。……在大定乙巳岁□。始生，有异学，语能□章句。父评事邦本际之，诉然谓其弟邦杰曰：'此儿赋性聪敏，可使读书。异日光启吾门，必此子也。'□弟□之五岁，命入学，日记二千言。每讽诵试之，了无遗忘。时咸目神童称之。八岁，经子通熟，□明年，赴试于中都，□及第。既冠将仕，丁父忧。墓制既除，首任耀州司侯。"

30　《八琼室金石补正》卷一百二十七《重刊郑司农碑阴记》。

31　参见《定襄金石考》卷一《高公墓幢》《张福墓幢》《张

氏墓幢》《杨聚墓幢》《广教院香台记》《霍习墓幢》等。

32　参见《定襄金石考》卷一《进士郭息轩墓碑》。

33　"州倅定襄李侯介于教官刘浚明之深，以滹水新渠记为请曰……（滹沱河）去仆所居横山为不远，上世以来知水利为可兴，故常兴之。以由宋尔朱氏而下，凡三人。尔朱氏丘村人，有赐田百顷，因以雄吾乡，后家之。仅奴欲从忻口分支流为渠，乡之人以是家公为较固之计，莫有助之者，且姗哄之。因自沮而罢。大定戊子，无畏庄信武乔公，号十万乔氏者，度其财力，易于兴造，以渠为事。开及日阳里，农民以盗水致讼，有避罪而就死者。事出于暧昧，甲乙勾连无从。开释役夫散归，至以水田为讳。承安中，吾里齐全羡，率乡曲大家，按乔公古迹，欲终成之，而竟亦不成。仆不自揆度，以先广威，常与齐共事，思卒前业，赖县豪杰、乡父兄子弟协助之。历二年之久，仅有所立。盖经始于壬寅之八月，……又明年三月既望，合乡人预议及执役者，置酒张乐，以落之。……侯名子成。先广威，用承直郎荫当补官。州牒已上吏曹矣。新令限至朝请大夫，乃系班。广威诣登闻鼓院自陈，道陵从之。预供奉者四百二十人。仕至蠡州酒税使。"

34　详细情况不明。但《续夷坚志》卷四《蚩尤城》中有文曰"今定襄有尔都统者，自言上世有赐田百顷，至今以尔百顷自号"，可知至13世纪前半期，仍有子孙居住于定襄县。

35　此人详细情况亦不明。《雍正县志》卷八《艺文志·诗词》中有题为《挽乔千户信武》的元好问所作七言律诗，曰"高塚惊看石表新，空将事业望麒麟。燕辽部曲千夫长，楚汉风云百战身。赤羽有神留绝艺，素旗无诔记连姻。阴功未报天心在，累将重侯又几人"。仅由此诗，或可认为信武乔公是"燕辽"千夫长。然而同诗在《遗山先生文集》卷十二中，题名为《乔千户挽诗》，正如贺新辉在《元好问诗词集》（中国展望出版社，1987年）第 399 页中所指出的，这首挽诗的缅怀对象，是涿州定兴县出身的乔惟忠，元好问本人同时亦撰写了其神道碑（《遗山先生文集》卷二十九《千户乔公神道碑铭》），与信武乔公全然无关。

36　井黑忍的《山西洪洞县水利碑考——金天眷二年都总官镇国定两县水碑的事例》（《山西洪洞県水利碑考—金天眷二年都総官鎮国定両県水碑の事例—》）（《史林》第 87 卷第 1 号，2004 年）对发生在山西洪洞县的一起围绕渠水的诉讼进行了详细分析，就渠水相关权利关系的问题而言，意义十分重大。

37　关于金代华北地区的猛安谋克所在地，可参见三上次男《猛安谋克制度研究》（《猛安謀克制度の研究》），《金史研究一·金代女真社会研究（金史研究一 金代女真社会の研究）》第二篇，中央公论美术出版，1972 年。该篇原为收录于《金代女真研究》（《金代女真の研究》）（日满文化协会，1936 年）的同名论文，在原有基础上进行增补改订而成。另外，金初有几个奚人集团迁徙至山西，屯驻地在山西北部的云内州。《金史》卷二十四《地理志上·西京路》："云内州，下，开远军节度使。天会七年，徙奚第一、第三部来戍。"

第二章

金初华北科举与士人层

—— 以天眷二年以前为对象

前言

本书绪论中指出，科举制度在金代依然是官员任用的主要途径之一，同时代的南宋史料中出现的"士人"一词，同样也频现于华北地区的史料之中。但绪论中同样也提到，关于金代华北社会科举实施的具体情况，仍有诸多不明之处。造成这一问题的根本原因之一，可以说是学界对于自契丹、北宋末期至金初的士人层的认知之缺乏。大规模战乱、饥荒造成人口死亡，幸存者则大量南迁，在由此带来的人口骤减的大变动中，[1]曾参加契丹或北宋科举的华北士人层究竟发生了怎样的变化？这个问题可以说是考察女真统治下的华北士人层乃至华北社会的基础，其重要程度不言而喻。

金国在入侵华北之初，便以各种形式实施了科举。早在天眷元年（1138年），也就是金国尚未完成科举制度的调整，南北选科目尚未实现共通之前，金代科举制度的雏形就已经形成，其权威性也渗透了华北社会，可谓是金代科举的摇篮期。针对这一时期的科举，先行研究大多论及了其实施的时期与政治背景，[2]然而关于士人层动向的问题，却几乎没有触及。仅有的少数成果中尤其值得注目的是，包弼德从文化、精神思想的角度出发，探讨金代汉族士人，其研究可谓厚重。但包氏的研究重心仍在金代后期，关于金初的情况，只是在绪论中略有提及。[3]而且，若根据《金史》与《大金国志》中记载的列传，的确可以认定金代的汉人官僚中，出身于北宋以来各大家族之人屈指可数，但由此推断金初华北地区士人层的活动非常低调，则不免使人心生怀疑。换言之，前代官僚辈出的家族及其学术传统的存续或中断，是否一定与士人层整体的情况相契合？而以华北这一广袤的地区为考察对象时，无视其地域间的差别，将其一概而论，由此得出的结论是否妥当？进而言之，包氏的研究并未言及出生于原契丹领地的士人。考虑到他以文化、精神思想为立足点，加之涉及辽代士人思想的史料十分有限，他的判断确有其合理性，但同时这一立足点与史料不足的客观事实，也决定了其分析结论有一定的局限性。因此，尽管富有前瞻性与重要性，包氏的见解却未必完整充分。

基于研究现状，本章关注金初华北实施科举之际的原契丹、原北宋出身的士人层（以下根据史料，将前者称为"汉人"，后者称为"南人"）的动向，从金国的视点出发，考察各次科举相关情况，通过对有限史料的梳理，尽可能地明确宋末金初的战乱，以及由金国实施的科举给华北士人层带来的影响。另外，本章所探讨的时期，主要是从上文提到的金代科举的摇篮期，即金国初次实施科举之时起，到科举制度完善之后的天眷二年为止，时间跨度约 15 年。

第一节　金初华北地区的科举及其实施经过

就目前史料中能够确认的史实而言，金国最初的科举实施于
天会元年（1123 年），后来每年分别在平州、真定等地实施，
直至天会四年（1126 年）。[4] 不过，这几次科举都不过是在部分
地区实施，金初华北地区的首次真正意义上的科举，是在北宋灭
亡后的天会六年（1128 年）。关于这次科举，《三朝北盟会编》
引用的赵子砥的《燕云录》中，有如下描述。

> 至戊申正月，刘彦宗移文河北已得州、县、镇，搜索举
> 人，二月一日已前起发赴燕山就试，与免科差。于竹林寺作
> 试院，与北人同院异场引试。二月十七日引试北人，诗赋一
> 场，二十八日引试南人，作南朝法，试三场。……是时三
> 月二十七日开院，北人四百人，取六分，南人六千人，取
> 五百七十一人，并皆推恩。刘彦宗云："第一番进士，宽取
> 诱之。"[5]

这场科举是靖康之变后华北的第一场大规模科举，加之考虑
到它对后来金初华北地区的科举产生的影响，其意义可以说十分
重要。一手主持这场科举的刘彦宗，据称为唐代卢龙节度使刘怦
之后，六世仕辽，高官辈出，可谓名门，且刘彦宗自己也曾在辽
朝进士及第，于燕京归降金太祖麾下。后来，刘彦宗辅佐斡离
不（完颜宗望），主持其占领州县内的行政事务，天会六年，以
知枢密院事、汉军都统制的身份留驻燕京，参与金国经略华北的
计划。[6]

需要注意的一点是，这段史料中提到刘彦宗"移文河北已得州、县、镇，搜索举人"，说明金国并非坐等应举者前来，而是非常积极地进行搜寻。这种情况出现的背景，有必要考虑天会六年南人士人层的情况。

天会六年前两年，即北宋靖康元年（1126 年）为解试实行之年，因此该年八月，北宋于全国范围内实行了解试。按照常例，应于第二年春天举行省试、殿试，但当时发生靖康之变，北宋宣告灭亡。不过，这并不意味着科举的实行已经彻底被人抛诸脑后。靖康二年三月，张邦昌受命于金，在开封即位为帝，随即便采取了相应措施。对此，《三朝北盟会编》中有如下记录：

> 十七日丁未，张邦昌令尚书省榜施行事件。……开封国学及别试所，去年秋试得解，举首特与推恩。余并以今年八月锁院省试。应合特奏名人，并与免试。内曾经六举以上到省人，[7] 与补登仕郎；五举人，与补京府助教；四举上州文学；三举下州文学；两举诸路州助教。锡庆院[8] 试中，在学不系在学生免廷试推恩人、诸路解到武艺合格人等，并照元降指挥分等参酌推恩。[9]

即位后立即制订如此详细的政策，可见对于新政权来说，如何对待解试合格者的问题迫在眉睫。张邦昌在位仅 33 天便退位，而即位于南京应天府的南宋第一代皇帝高宗，则在登极诏书中宣示了比张邦昌更详细的政策。[10] 虽然高宗随即逃往江南，但在十二月停留于扬州时，向各路提刑司下令，命他们于各路转运司所在地实行类省试，以代替省试。次年，即建炎二年（1128 年）

八月，殿试于扬州举行，共计554人合格。即便在王朝更替的混乱时期，亦要全力以赴保证科举实施的南宋王朝的姿态，将科举所包含的王朝向心力，以及对科举所担负的维护正统性的希冀表露无遗。[11] 而另一方面，这也表明，即便是在王朝灭亡的动荡中，也仍然有大量士人对科举的实施翘首以盼。

作为推动华北经略的重要人物之一，刘彦宗身负重任，必须高效实现当地官员的补充，并安定金国统治，而他本人亦曾科举及第，自然知悉这种情况。因此我们有理由认为，他命诸县加以搜索的举人，很可能指的就是这些北宋时期的解试合格者。换言之，虽然历来研究都未曾涉及，但天会六年的科举，可以说实际上确是继承了北宋时期，尤其是靖康元年解试的结果而来。

前文所引《燕云录》中"第一番进士，宽取诱之"之语若非虚言，显然暗示着之后还有第二、第三次科举。然而就在这一年，刘彦宗病逝，而他身后的支持者斡离不，也死于前一年的天会五年，整个燕山地区已无人能够继承他们的遗志，科举的后续实施失去保障。不过，不管目的为何、形式怎样，金国以继承靖康元年解试的方式，举行了大规模的科举，选拔出及第进士，这一事实本身便足以给当时华北地区的士人层带来相当大的影响。

斡离不和刘彦宗死后，华北势力最大的人便要数盘踞云中的粘没喝（宗翰）。[12] 后来，粘没喝试图扩张自己的势力范围，金国对华北统治的重心也随之移到了山西。燕山科举的次年，即天会七年（1129年），第二次科举便很快在离粘没喝据点较近的蔚州举行。值得注意的是，这次科举的应举者，实际上也在金国掌控之中。[13] 这次科举实施的背景，或许包含了粘没喝为了扩张自己在华北的势力而试图左右官员任用的尝试，[14] 但对于应举者来说，实施者的意图并不重要，真正重要的是，蔚州科举仍按照与前一年燕山科举同样的方式举行，而应举者们也是如此理解的。

天会十年（1132 年）夏天，粘没喝于他的幕营地白水泊再次实施了科举。[15] 此次科举举行的场所、主考人、合格人数等细节皆不详，但有史料表明，天会十二年（1134 年）又实施过一次科举。[16] 尽管同样细节不详，但次年的天会十三年（1135 年），由金熙宗下诏再次实施科举，并开设了经童科。[17] 如上所述，天会七年以后的七年之内，金国先后四次实施科举，从中可以看出，在对新占领的华北地区的经略方针中，金国极为积极地利用了科举制度。

另一方面，天会八年（1130 年）年至天会十五年（1137 年），山东、河南、陕西地区处于刘豫政权统治之下，这些地区的科举的实施，又与金国的情况大不相同。对于受金国扶持，由一介官员一跃而成为皇帝的刘豫来说，他面临的最急迫的课题，就是如何掌握统治机构、对南宋宣战，并确立自己的侧近集团。模仿唐代三卫，设立三卫官等等行为，[18] 可以说是他试图稳固自己统治基础的措施之中的一环。阜昌四年（1133 年），齐政权也实施了首次科举，《伪齐录》卷上记录之为"阜昌四年二月，赐状元罗诱以下八十四人及第"。两年后的阜昌六年（1135 年），齐再次实施科举，关于这次科举的及第者，《伪豫传》则有载"七年春，赐状元邵世矩以下六十九人及第"。至于为何在这一时期实施科举，限于史料无法明确，但如前所述，金国同样于该年实施科举的可能性极大，或可推测齐的科举正是为求与金步调一致而进行的。

不过，阜昌八年（天会十五年，1137 年）十一月，刘豫为金国所废，齐政权就此消亡。齐统治下的八年中，一共只实施了两次科举，抑或说，仅有实施这两次科举的能力。

综上所述，本节从金国的角度出发，明确了金初华北地区施行科举的经过。而这又衍生出一个新的问题——这数次科举对当时的华北士人层产生了怎样的影响？在接下来的两节中，笔者将把目光移向华北社会，分别对当时的汉人及南人士人层的动向加以考察。

第二节　金初华北地区汉人士人的动向

契丹自统和六年（988年）实施科举以后，[19]政府从大权在握的王侯、藩镇手中将人事任免权收归中央，以此任命进士及第者为中央官员。这样的举措，自然带来了应举人数的增加。[20]特别是在所谓的"燕云地区"，辽代士人应举之风尤为盛行，目前已知辽代科举及第者中出生地明确的，有八成来自该地区。[21]燕云地区乃汉族士人层最为集中的地区，包括上节提到的刘彦宗所属的宛平刘氏在内，唐代以来名家辈出，在契丹统治下，该地士人对于科举考试的态度尤为积极。不过，该地历经辽末与北宋末的战乱，同样也是统治势力更迭最为频繁的地区。燕京宛平县一个世代崇尚科举的赵氏家族中，有位名叫赵励的成员，通过他的墓志铭，[22]我们可以一窥该时期燕云地区士人层的动向。辽在政权末期受到金的猛烈攻击，萧德妃称制，而于德兴元年（1122年）的科举中进士及第的赵励，恰好见证了燕京受到金的攻击，又为北宋所接收的过程。后来他换官前往开封，最终在开封病死。由于金军南下，开封形势千钧一发，家人甚至不及为赵励举行葬礼便逃归燕京。考虑到当时的情况，赵励的家人能够逃出开封，已实属万幸。汉族士人层，在金代虽屡屡受到批判，[23] 但事实上，以刘、马、韩、赵四大家族为中心，在王朝更迭之乱世中左右逢源的人中，一定不乏如赵励一样的士人的存在。笔者提取相关史料中的信息并加以推测，将金初天眷二年以前的进士及第者总结在了表 1 中。[24] 其中关于马讽，史料称：

> 马讽，字良弼，大兴纵阴人。国初，以燕与宋，讽游学荷梁，登宣和六年进士第。宗翰克汴京，讽归朝，复登进士第，调蔚州广灵丞，迁雄州归信令。[25]

燕京失陷后，马讽游学开封，并参加了北宋的科举，在北宋灭亡后又转而参加金国科举，并进士及第。从这一事例中可以看到，在王朝之交，甚至有汉族士人先后参加各朝科举的现象。

除此以外，我们还可以看到与马讽的经历略有不同的事例。关于表 1 中序号 13 张辅的家族，由于现存史料比较完整，[26] 我们可以追溯到其四代之前的张若拙。归化州张氏在当地当属大地主家族，虽然就史料来看，他们对科举似乎并不甚热衷，张辅的叔父世卿，在大安年间（1085—1094 年）由进纳补官而特授右班殿直，官至银青崇禄大夫、检校国子祭酒、兼监察御史、云骑尉。世卿在州城附近修建佛殿，每逢天祚帝生辰，便邀请内外僧尼、男女邑众，大设道场，昼夜不息；其子恭谦为北枢密院勒留承应，[27] 明显是辽末归化州的地方精英。

相关史料表明，金国攻入辽国领土之时，各州县多有地方精英归顺金国，或是成为金国内应，这对于金的进攻起到了至关重

表 1　根据相关史料提取及推测的金代天眷二年以前科举及第者

序号	姓名	及第年	类别	生卒年	出生地	出处
1	魏子平	金初	进士	?—1186	弘州	《金史》卷八十九《魏子平传》
2	马讽	金初	进士	?—1162	大兴潞阴	《金史》卷九十《马讽传》
3	高衍	金初	进士	?—1167	辽阳渤海	《金史》卷九十《高衍传》
4	王中安	金初	进士	?—大定年间	宛平	《金史》卷九十六《王贲传》
5	曹溥	金初	进士	1105—1175	定武	《民国定县志》卷二十《大金故通奉大夫前同知东平府路兵马都总管事护军滦国郡开国侯食邑一千户实封一百户赐紫金鱼袋曹公神道碑铭》
6	郭元徽	金初	诗赋进士	?—金初	临潢长泰	《遗山集》卷二十八《费县令郭明府墓碑》
7	毛询	金初	进士	?	临清	《遗山集》卷二十八《潞州录事毛君墓表》
8	毛评	金初	进士	?	临清	《遗山集》卷二十八《潞州录事毛君墓表》
9	马大中	金初	进士	?	宛平	《中州集》卷九《马舜卿》
10	马柔德	天会初	进士	?	通州三河	《金史》卷九十七《马百禄传》
11	刘㧑	1123	诗赋进士	?	浑源	《金史》卷一百二十六《刘从益传》；《中州集》卷六《刘御史从益》

续表

序号	姓名	及第年	类别	生卒年	出生地	出处
12	邢具瞻	1124	进士	?	辽西	《中州集》卷八《邢具瞻》
13	张辅	1124	进士	?	归化州	《宣化辽墓》第三章《张世本墓》
14	王绘	1124	进士	?	济南	《中州集》卷八《王太常绘》
15	刘敏行	1125	进士	?	平州	《金史》卷一百二十八《刘敏行传》
16	翟永固	1128	诗赋进士	?—1166	中都良乡	《金史》卷八十九《翟永固传》
17	赵会	1128	进士	?	忻州定襄	《定襄金石考》卷一《故中散赵公之碣》
18	王仲通	1128	进士	?	长庆	《中州集》卷八《王雄州仲通》
19	任才珍	1128	进士	?	汾阳	《遗山集》卷二十八《忠武任君墓碣铭》
20	孙九鼎	1129	经义进士	?	忻州定襄	《中州集》卷二《孙内翰九鼎》；《夷坚志》卷一《孙九鼎》
21	孙九畴	1129	经义进士	?	忻州定襄	《中州集》卷二《孙内翰九鼎》
22	孙九亿	1129	经义进士	?	忻州定襄	《中州集》卷二《孙内翰九鼎》

续表

序号	姓名	及第年	类别	生卒年	出生地	出处
23	李安上	1129	进士	?	弘州襄阴	《金史》卷一百二十六《李纯甫传》
24	胡砺	1132	进士	一海陵朝	磁州武安	《金史》卷一百二十五《胡砺传》
25	高昌福	1132	进士	一大定中	中都宛平	《金史》卷一百二十八《高昌福传》
26	边元勋	1132	进士	?	云中	《中州集》卷八《边转运元勋》
27	邵世矩	1136	进士	1100—1167	沛	《金文最》卷八十七《中靖大夫邵公墓志铭》
28	康斌	天会中	进士	?	辽阳	《遗山集》卷二十六《辅国上将军京兆府府推官康公神道碑铭》
29	高某	天会中	经义进士	?	?	《金文最》卷二十四《万华堂记》；《金文最》卷二十五《万华堂记》
30	石琚	1139	进士	1110—1182	定州	《金史》卷八十八《石琚传》
31	梁肃	1139	进士	?—1188	奉圣州	《金史》卷八十九《梁肃传》
32	刘徽柔	1139	进士	?—1170	大兴安次	《金史》卷九十《刘徽柔传》
33	贾少冲	1139	进士	?—1177以后	通州	《金史》卷九十《贾少冲传》
34	杨邦基	1139	进士	?—1181	华阴	《金史》卷九十《杨邦基传》

续表

序号	姓名	及第年	类别	生卒年	出生地	出处
35	敬嗣晖	1139	进士	？—1170	易州	《金史》卷九十一《敬嗣晖传》
36	李偲	1139	进士	？—大定年间	定州安喜	《金史》卷九十二《李偲传》
37	刘枢	1139	进士	？—1164	通州三河	《金史》卷一百零五《刘枢传》
38	刘戫	1139	经义进士	？	安阳	《中州集》卷二《刘戫》
39	晁会	1139	经义进士	？	高平	《中州集》卷八《晁洗马会》
40	王璹	1139	进士	？	太原	《中州集》卷八《王汾州璹》

要的作用。[28] 而对于金国来说，如何以怀柔之策将他们笼络进自
己的体制之中，势必也是关系到如何统治原辽国疆域的重要课题。
《金史》卷五十一《选举志一》在描述天会初期的科举实施目的
时提到的"始于太宗天会元年十一月，时以急欲得汉士，以抚辑
新附，初无定数，亦无定期"，正符合这一推测。这即是说，我
们有理由认为，当时于平州等地不定时举行的科举，其实与金对
新占领土的经营密切相关。地方精英试图顺应新王朝体制的努力，
与金国希望顺利接管新附州县地方精英层的意图相契合，这正是
张辅应举并且进士及第的背景。

　　当然，马讽和张辅两个例子之间的差别，未必能够完全归因
于地域差异，而各应举者的动机与环境，自然也都各不相同。但
可以肯定的是，汉人士人层群体之中必定发生了某种重组。许多
士人家族在战乱中没落，同时也有不少新的家族通过在金初举行
的科举中及第，或是以地方权贵的身份归附金国，成为上层官户，
以此跻身士人层。不过，正如从苑平刘氏所代表的辽代以来的名
家世族仍大量存在的现象中能够看到的，这种重组并非对前朝士
人层的完全颠覆。究其原因，仍在于燕云地区真正战火弥漫的时
期其实并不算长，而且作为华北经略的根据地，金国对该地区的
占领也相对较早。

第三节　金初华北地区南人士人的动向

　　如上文所述，对南人士人层而言，天会六年燕山那场作为靖
康元年解试的后续而实施的科举，是入金以后的第一场真正意义
上的科举。《定襄金石考》中，关于山西忻州定襄县的赵会（表

1 中序号 17）其人，有如下描述。

> 公赋（阙）□易，试艺有司，屡中优选，弧矢亦自绝人。
> 天会六年，以进士中弟脱褐，拜将仕郎，守秘书省校□郎，
> 调（阙）。[29]

"屡中优选"之语，其意虽不明，但或可推测是在暗示他最终未能及第。像他这样的人，正是金国预期的应举南人的典型。不过，除南人之外，还有汉人士人的存在，应金国科举之人显然不可能全是北宋解试合格者。而且，虽然应举者中也有原辽、原北宋的前官僚，但正如研究者早已指出的，[30] 对于这些前官僚，当时金国已经开始实施换授措施，与科举乃为不同途径。由此可见，其中参加金国科举的人应该并不多。

当然，也有士人想法不同。例如北宋末金初山西潞州潞城县一个叫王纮的人的墓志铭，就很好地证明了这一点：

> （王纮）稍长，乃厚绁之，俾从杨中行学。……宣和癸卯秋试，遂以魁送。明年较艺，春官偶遗。方议复补太学，遇本朝收复，不遂其志。一日，慨然叹曰："丈夫处世二途，出、处而已。出则龙骧虎步，功刊鼎彝，名晖竹帛，以夸耀当时，传之子孙，为无穷之荣。处则安闾巷，勤肢体、味先王道德之言，以礼节化后生，推余仵瞻穷困，恢廓平一世之间，胡为而不可。"□晦迹潞城之东禅酒场间，□躬约己。不数年，家伧丰腴，人有不给者，出粟以贷。……又出己所藏图书，辟学舍，命名儒率诸好事子弟，朝夕请益，使知仁

义孝悌之方。[31]

出于墓志铭的性质，仅从史料中很难判断，王纮果真是出于本意拒绝应举，还是仅为屡屡落第的事实寻找托词。不过，仅从考察金初参加科举的意义的角度而言，这样的史料叙述也颇有价值。像王纮这样放弃科举，栖身乡里，致力于钱财积蓄、教化修身的人，又是当时士人的另一种典型。诚然，宋朝新皇帝高宗远遁江南，金国在华北地区的霸权也已日渐明显，可是毕竟事态仍然充满未知，要把自己人生和仕途的赌注全部加于新兴政治势力，确实让人不免踟蹰。在这种情况下敢于应举的士人，或许志在社会地位及财产的获取和维系，但我们也有必要考虑，他们也可能只是单纯地渴求官僚身份，抑或怀有经世济民之心。不过，关于天会六年科举，前引《燕云录》中提到的"二月一日已前起发赴燕山就试，与免科差"，即应举者几乎全部无条件免除科差的优待十分重要。北宋时期，免役特权为官户带来巨大利益，以至于朝廷屡屡明令加以限制。[32] 特权官户风光犹在的当时，免除科差的诱惑足以让士人们对燕山科举趋之若鹜。另一方面，新王朝的统治将何去何从，实难预测，在这种瞬息万变的形势下，姑且以免除科差为当前的目标，可以说也算是多一重保险。总而言之，从结果来说，这场科举清楚地表明了政权对及第者给予特权的态度，让人不禁联想起北宋时代的相同情况，而这无疑给南人士人层留下了极其深刻的印象。虽然史料并未表明在此之后的金初各次科举中及第者仍然能够享受相关特权，但即便如此，至少对于应举者来说，想必始终抱有同样的期待。

实际上，在燕山科举之后，南人士人层同样显示出对金国科举非常积极的态度。上一章提到过的在天会七年蔚州科举中及第的孙九鼎（序号20），就是北宋末年开封的太学生，与上文所述赵会一样，出生于山西忻州定襄县。他究竟是没有参加燕山科举，还是在燕山科举中落第，我们不得而知，但从他在天会七年的蔚州科举中与两个弟弟（序号21、22）同时及第的事实可以看出，定襄县孙氏家族显然对金国的科举寄予了莫大的期待。此外，山西绛州稷山县的段氏家族，可以作为更加详细的例子。关于段氏家族，史料描述他们"降及前宋，则我司理参军出焉。参军讳应规，乡于绛之稷山，门族蕃大，连甍接闬，相望屹然，邑人号司理庄以别之"[33]，当为稷山县的大族。相同史料在描述北宋末年的情况时则提及段氏一族中有学于太学者。[34]

> 季亨之子整，与宾贡之书，升于太学。绛之距汴，不啻千里。始我往矣，琴书仆马，无不毕具。及至之日，问贻以时，俾忘倦游。整亦不负父叔之志，晓窗夜烛，克尽其业，为时闻人。……后以文艺擢知太平县事。[35]

段整为司理参军段应规的五世孙，是继应规以后稷山段氏中第一个走上仕途的人。史料中虽未记载准确的时间，但从段应规之五世孙这一点来推测，他入太学的时期应在北宋末，或许正是实施三舍法的徽宗朝。[36]可以说段氏正是成功地顺应了时代之潮。然而，北宋王朝不久即宣告灭亡，段整其人也从史料记载中消失。[37]但归入金国统治下的稷山段氏，仍然让族中子弟继续读书应举，段整的侄儿段铎于正隆三年（1158年）进士及第，其他子孙中也官僚辈出。[38]

从这些事例中可以看出，至少就科举的角度而言，从北宋到金的王朝交替，可以说是毫无迟滞地顺利进行的。这即是说，一方面南人士人层突然遭遇王朝覆灭，另一方面他们却通过完整的科举制度继承，以及随之而来的与新王朝关系的继续，被赋予了成功对应世事之变的机会，借以顺利进入金国统治下。

然而，处在齐统治下的地区，情况则有所不同。上文提到，该地区在靖康之变前后整整九年未实施科举，不仅如此，山东、河南、陕西还是宋齐战争前线，连年战火带来的动荡，必然对当地士人层产生了极大影响。不过，山东从政权建立之初起就处于中心位置，除南部以外较少有战役发生，在齐国诸领地中，与河北、山西一样，算得上是北宋以来连续性较强的地区。[39]出生于山东莒州日照县的张萃的神道碑中，有如下描述：

> 幼强学自立，家贫无师。闭户独学，日诵千余言，豆寒隆暑弗懈。宋末兵革，穴扰所在，盗贼充斥，饥馑转徙，人不聊生。公挟策负书之田间，躬勤耒耜。日课□□，暇则为文。日富月华丽，时固未有知者。齐国建国之六年，沂州类试，旁数郡举子亡虑数百千人。公初出应试，荐名第一人。[40]

应举者"数百千人"或为夸张之说，但人数众多应为事实。于兖州参加科举并状元题名的邵世矩（序号27）墓志中也有"宋末兵革扰乱，家事索然，宗族解散"[41]之语，讲述了其家族遭遇战乱，尽管或许只是一时，仍饱受家族分崩离析之苦。而张萃即便身处常年战乱之中，仍坚信科举终会重新举行，因而从未中断或放弃读书应举。仅从忻州类试的情况来看，像他这样的士人不在少数。另一方面，河南、陕西经历了更为彻底的战火洗礼，史料表明，仅在大定四年（1164 年），相较河北、山西、山东各地，该地区由战争带来的荒芜凋敝更为突出。[42] 河南人口直到泰和七年（1207 年）也未能恢复到北宋末年的水准，尤其是南部诸州，人口数皆在北宋末年的半数以下。[43] 遗憾的是，关于北宋末及金初的河南、陕西地区士人层的史料极少，其详细情况难以把握。但就笔者管见所及，至据现存史料能够明确的金代中期为止（假定为大定十六年）的共 218 名进士及第者（不包括因功绩或恩榜等特赐进士及第之人）中，出生于河南、陕西地区的仅有 19 名，比例极低。[44] 当然，仅从有限的史料之中，我们很难得知当时情况的全貌，但至少可以明确，对比北宋年间华北的河南、陕西（永兴军路）曾产生了大量进士的事实，[45] 这一时期的情况发生了显著变化，直接表明河南、陕西地区的士人层在 12 世纪前半期受到了巨大的打击。

在这样的背景下，应举者们所面临的情况，比起同时代的河北、山西地区而言更为紧迫。虽然史料未给出明证，但我们有理由相信，当时齐国同样也给予了科举及第者们某种形式的特权，而这种特权在当时因战乱而凋敝的地区是非常宝贵的。其实，在大规模社会动乱发生的情况下，加入统治势力体制之内这种行为本身就意义重大。

从上述事例可以看出，即便同为南人士人层，也会因地域之差而有全然不同的境遇。不过另一方面，金初华北的南人士人层之中也有共通现象。众所周知，整个北宋时代的进士及第者中，南方出身，尤其是江南、福建、四川出身者人数众多，[46] 而北方士人层中的大多数，参加的则是及第后在待遇、升迁方面明显不利的诸科试。坦白地说，北方士人层并不擅长应举，而由此导致的科举制度的南北差异，在王安石及后来的蔡京进行科举改革之际，也被视为最大的问题之一。[47]这即是说，尤其是在出生于南方的进士及第士人们开始逐渐掌握中央官僚界主导权的北宋后期以来，除少数名门望族以外，北方士人层已有日趋衰落的倾向。

而靖康之变却让这种现象发生了极大改变。将南方士人层排除在外的科举，给大量北方（南人）士人提供了进士及第的机会，其人数之多，在北宋时期简直无法想象。当然，这并不意味着因为进入了金国统治下，南人士人层的情况便发生了翻天覆地的变化。例如在河北唐县，金初的数十年中，连一个及第者都未曾出现，[48]而同在河北的威县，从为金国所占领直至正隆元年（1156年），也未有一人榜上有名。[49]上述事实至少可以说明，在这些地区，北宋以来的不擅应举（抑或是对应举没有太多兴趣）的情况，始终没有发生多少改变。

不过，即便偶有特殊情况，就总体而言，若每次科举中都有约百人脱颖而出，那么在金初的华北地区，也应当出现了足够多的新兴官户，对他们而言，科举及第乃是祖祖辈辈未曾有过的荣光。上文中出现的定襄县孙氏与稷山县段氏，便是其中的典型。实际上，在金代高官辈出的南人家族中，大多数都是入金以后才作为官户发展壮大起来。上文中提到的另一个例子日照县张氏，也就是张萃在天德三年（1151年）进士及第，[50]其子暐，孙行简、行敏也先后登第，官至御史或宰相。[51]据赵秉文记载，行简、行敏所生活的金代后期，张氏以"家传礼乐"而受到器重，[52]不过关于张萃本人，据上文引用的神道碑，却几乎无法勾勒其人物形象。这种倾向在原齐国领域内尤其明显，毕竟在金代，出生于这些地区的官僚中，北宋以来就属于官户的例子实是凤毛麟角。

综上所述，进入金国统治下之后，南人士人层中涌现出大量新兴官户，金代华北地区世代延续、官僚辈出的新权贵家族崭露头角，并最终向着金代士人层的顶点攀登。

结语

将本章所探讨的内容进行总结，有如下几点。在经略华北的过程中，金国积极利用了科举，而这是以直接继承前代，尤其是北宋时代科举的形式作为开始的。金初期的华北地区正处在王朝灭亡之际的混乱之中，大部分地区甚至连以州县为单位的统治势力都不存在，一时成为权力真空地区；而距金占领华北约 80 年后入侵华北的蒙古，成功将金末战乱中涌现出的各地方势力笼络进自己的统治之下，某种程度上更高效地推进了华北经略的进程。前后两者相比，差距不啻天壤。承袭前代制度而来的金代科举，成为选拔华北统治所需当地官员的良机，同时也起到了促进金国权威及正统性向华北渗透的作用。值得注意的是，把科举作为新领土经略的一环加以利用，其实是一种前所未有的现象。而这直接表明，随着科举制度的成立，王朝的社会立场也发生了变化。

在此背景下，华北士人层所受的影响是多方面的。由辽入北宋、由北宋入金，一再经历统治势力更迭的大混乱，虽然在一定程度上进行了重组，但大体而言并未受到剧烈的战争冲击。另一方面，由于天会六年的科举以直接继承靖康元年解试结果的形式举行，南人士人层中居于河北、山西地区的人，得以在战事暂缓之际幸免于大乱，和平进入金国统治下。不过，处在齐统治下的地区社会十分混乱，曾在北宋时期人才辈出、辉煌一时的河南、陕西士人层的衰落趋势非常显著。与之相反的是，在河北、山西、山东各地，从必须与南方士人竞争的桎梏中解脱出来，士人层中涌现出大量新兴士人家族，成为新的士人望族，逐渐取代北宋以来的名门。换言之，12世纪初的战乱对华北士人层的"势力分布"进行了大规模刷新。在提到金代士人层时常常被引用的《归潜志》卷十一中提到的"金朝名士大夫多出北方"之语，其渊源正隐藏在金初战乱的社会背景之中。

本书在绪论中陈述，华北地区陷落以及与之同时发生的宋朝政权的变质，给南方士人层造成了巨大的影响，也因此，南宋士人更倾向于"面向地方"，将更多的精力投入自己在乡里的势力的构建中。但对于该时期的华北士人层来说，就名门大族的兴衰或地域差别的重组这一点而言，来自辽末、北宋末金初时期战乱的影响则更为直接。顺应女真统治的华北士人层在战乱之中成形，承担起金代政治、文化建设的重任。在下一章中，我们将把目光进一步移向之后的时期，考察金代中期以后科举制度的变迁及其对华北社会的影响。

注释

1　关于金初华北的人口变动问题，可参见刘浦江：《金代户口研究》，《中国史研究》1994年第2期。

2　参见三上次男：《金代科举制度及其政治侧面》（《金の科举制度とその政治的侧面》），《金史研究三·金代政治社会研究》（《金史研究三　金代政治·社会の研究》），中央公论美术出版，1973年，原载《青山史学》第1卷，1970年。田村实造：《太宗与科举——附：辽代的科举制》(《太宗と科举—
附、辽代の科举制—》)，《中国征服王朝研究（下）》[《中
国征服王朝の研究（下）》]，同朋舍，1985年，第二篇第二节。
赵冬晖：《金代科举制度研究》，《辽金史论集》第4辑，1989年；
《金代科举年表考订》，《北方文物》1989年第2期；《金代
科举制度下的士人》，《东北地方史研究》1990年第3期。都
兴智：《金初女真人与辽宋儒士》，《辽宁师范大学学报（社科版）》
1991年第6期。周怀宇：《金王朝科举制考论》，《安庆师院
社会科学学报》，1995年第4期。李玉年：《金代科举沿革初探》，
《东南文化》1998年第1期。黄凤岐：《论金朝的教育与科举》，
《北方文物》2002年第2期。

　　3　包弼德（Peter K. Bol）：《求同存异：女真政权下的汉
族士人》（"Seeking Common Ground: Han Literati under Jurchen
Rule"），《哈佛亚洲研究杂志》（*Harvard Journal of Asiatic
Studies*）第47号第2期，1987年，第461—469页。

　　4　参考三上次男：《金代科举制度及其政治侧面》，第
270—273页。

　　5　《三朝北盟会编》卷九十八·靖康中帙七十三，引赵子
砥《燕云录》建炎二年戊申正月条。此外，《建炎以来系年要录》
卷十四，建炎二年三月辛亥条中，也有关于同一场燕山科举的记
载："初，金国知枢密院刘彦宗建议，试河北举人于燕山，传檄
诸州搜索。又蠲其科役以诱之。命官即竹林寺校试北人以词赋，
南人以经义、词赋及策论。是日始揭榜，得者甚众。彦宗云：'第
一番进士，宽取诱之。'"

　　6　关于刘彦宗的经历，可参见《金史》卷七十八《刘彦宗传》。

7　原文为"内曾经六举人以上到省人"，对照《建炎以来系年要录》中所载相同史料，可认为"举"与"已"之间的"人"字为衍字，予以删除。

8　或指上舍。《宋史》卷一五七《选举志三·学校试》有云："太学生员，庆历尝置内舍生二百人。熙宁初，又增百人，寻诏通额为九百人。四年，尽以锡庆院及朝集院西庑建讲书堂四，诸生斋舍、掌事者直庐始仅足用。"可知锡庆院为太学讲堂所在之地。而从在此处举行的考试的合格者为特奏名这一点来看，《三朝北盟会编》中所留下的该条史料中提到的锡庆院，应当是指太学上舍。

9　《三朝北盟会编》卷八十六·靖康中帙六十一，靖康二年三月十七日丁未条。另外，《建炎以来系年要录》卷三，建炎元年三月丁未条也记录了相同内容。

10　《三朝北盟会编》卷一百一·炎兴下帙一，建炎元年五月初一日庚寅朔条："建炎元年五月一日庚寅朔，大元帅即皇帝位于南京。……一，省举人、特奏名，并就殿试及再就殿试人，并与同进士出身。免解人，与免省试。靖康元年得解及州学职事人，并免将来文解一次。……一，应合特奏，特并与免试。内曾经六举以上到省人，与登仕郎。五举，补京助教。四举，上州文学。两举，诸州助教。人愿赴将来特奏名殿试者亦听。虽试在下等不应出官人，亦取旨陞推恩。一，新春合赴省试人，昨缘道路艰阻，复归本贯，及在京人即未有取应之期，令礼部检会故例，取旨施行。……试经者，与额外添数一次。合就试一百人以上，添一名。一百人以上，两名。三百人以上，三名。一，应去年锡庆院试中武士未经推恩人，仰本部限一月开具等第姓名，申尚书省。"不过，《建炎以来系年要录》卷五，建炎元年五月庚寅朔条中虽记录了同一诏书，但关于举人的待遇，仅有"应天府特奏名举人，并与同出身。免解人，免省试。诸路特奏名，三举以上及宗室尝预贡者，并推恩"之数语而已。

11　参见寺地遵：《南宋初期政治史研究》，溪水社，1988年，第38—39页；近藤一成：《宋代士大夫政治的特色》（《宋代士大夫政治の特色》），《岩波讲座世界历史9：中华的分裂与再生》（《岩波講座世界歷史9　中華の分裂と再生》），岩波书店，1999年，第301—312页。

12　关于粘没喝在金初华北的活动，可参见外山军治：《金将宗翰以山西为中心的活动》（《山西を中心とした金将宗翰の活躍）》，《金朝史研究》，同朋舍，1964年。

13　《建炎以来系年要录》卷二十八，建炎三年九月是秋条。"是秋，金国元帅府复试辽国及两河举人于蔚州。……时有士人不愿赴者，州县必根刷遣之。"本书绪论中对该文也有提及。

14　三上次男：《金代科举制度及其政治侧面》，第277页。

15　《建炎以来系年要录》卷五十五，绍兴二年六月是夏条。另外，这场科举对于南人的及第似有刻意回避之嫌。

16　《三朝北盟会编》卷一百六十二·炎兴下帙六十二所引王绘《绍兴甲寅通和录》绍兴四年(天会十二年)十月二十九日条："（李聿兴）又言：'今年本朝廷试进士，出赋题是"天下不可以马上治"'。某答云：'此可见大国息兵之意。天下幸甚。'又云：'这赋题是本朝张炳文侍郎出。丞相见问是甚意思。左右云："事见前汉陆贾传。"丞相遂令人用番书译过，共传看，后大喜，遂与张侍郎转两官。'"

17　《金史》卷五十一《选举志一·经童之制》："熙宗即位之二年，诏辟贡举，初备其列，取至百二十二人。"

18　《三朝北盟会编》卷一百八十一·炎兴下帙八十一，绍兴七年十一月十八日条，引《伪豫传》："僭立大名，起四部强壮为云从子弟，应募者数千人。又以境内三代有官、或本身有官人为三卫官，目曰翊卫、勋卫、亲卫。分三等，二年升一等，六年即以试弓马，合格人出官。"

19　关于辽代科举制度，可参考岛田正郎：《关于辽的异族统治政策》（《遼の異民族統治策に就いて》），《蒙古》第10辑上第2卷，1939年；松田光次：《辽朝科举制度考》（《遼朝科挙制度攷》），《龙谷史坛》（《龍谷史壇》）第77卷，1979年；田村实造：《太宗与科举——附：辽代的科举制》；朱子方、黄凤岐：《辽代科举制度述略》，《辽金史论集》第3辑，1987年；孟古托力：《辽朝汉族儒士群体的形成及历史地位辨析》，《学术与探索》1991年第4期等。

20　参见高井康典行：《辽朝士人层的动向——以武定军为中心》（《遼朝における士人層の動向—武定軍を中心として—》），宋代史研究会研究报告集第九集《宋代中国的"相对化"》（《宋代中国の「相対化」》），汲古书院，2009年；李桂芝《辽代科举研究》，《元史论丛》第11辑，天津古籍出版社，2009年。

21　孟古托力：《辽朝汉族儒士群体的形成及历史地位辨析》，第43页。

22　陈康：《金代赵公墓志考》，《北京文博》2002年第4期。

23　参照刘浦江：《说"汉人"——辽金时代民族融合的一个侧面》，《民族研究》1998年第6期，第63页。

24 仅在各种地方志、选举志中留名，或仅有极其简单的介绍，而未注明所依据史料的事例，不包括在本表中。

25 《金史》卷九十《马讽传》。

26 关于张辅家族的详细情况，可参见《宣化辽墓》上册，文物出版社，2001年，第308—327页。

27 《宣化辽墓》上册第六章《张世卿墓》第四节《张世卿墓志》。"大安中，民谷不登，饿死者众。……公进粟二千五百斛，以助国用。皇上喜其忠赤，特授右班殿直，累罩至银青崇禄大夫、检校国子祭酒，兼监察御史、云骑尉。特于郡北方百步，以金募膏腴，幅员三顷，尽植异花百余品，迨四万窠，引水灌溉，繁茂殊绝。中敞大小二亭，北置道院佛殿，僧舍大备。……每年四月二十九日天祚皇帝天兴节，虔请内外诸僧尼、男女邑众，于园内建道场一昼夜，具香花美馔，供养斋设，以报上方覆露之恩。……有男一人，恭谦，曾肄北枢密院勒留承应。"

28 详见《金史》卷七十五所载各列传。

29 《定襄金石考》卷一《故中散赵公之碣》。

30 详见三上次男：《金代科举制度及其政治侧面》，第275页。

31 《全辽金文》中册，山西古籍出版社，2002年，第1134页"故潞城隐德君子王公墓志铭"。

32 周藤吉之：《宋代官僚制与大土地所有》（《宋代官僚制と大土地所有》），日本评论社，1950年，第三章"官僚的大土地所有"（「官僚の大土地所有」）；青木敦：《宋元时代江西抚州某家族的生存策略》（《宋元代江西抚州におけるある一族の生存戦略》），《宋—明宗族研究》（《宋—明宗族の研究》），汲古书院，2005 年。

33　《山右石刻丛编》卷二十二《段铎墓表》。

34　关于段氏家族，本书第二部第十三章中另有详细叙述。

35　《山右石刻丛编》卷二十二《段铎墓表》。

36　关于徽宗朝三舍法的意义，可参见近藤一成：《蔡京的科举与学校政策》（《蔡京の科举·学校政策》），《东洋史研究》第 53 卷第 1 号，1994 年。

37　当时处在北宋统治下的河东路绛州和江南东路宣州两处都有太平县这一地名，我们可以推测，段整或许是在后者的太平县任知县，靖康之变以后，未能回归北方。

38　《山右石刻丛编》卷二十二《段铎墓表》："公讳铎，字文仲。少孤，事太夫人以孝谨闻。师事长兄钧，专心嗜学，行吟坐诵，声满邻舍。……与兄钧同游场屋，并驱争先，振华发藻，难弟难兄矣。都人呼稷山二段，其声价有如此者。登正隆三年进士第五人第，调长安簿。"

39　参见高桥文治：《泰山学派的后裔——关于 12、13 世纪山东的学问与文化》（《泰山学派の末裔達—十二·三世纪山東の学芸について—》），《东洋史研究》第 45 卷第 1 号，1986 年。文中指出，山东地区克服 12 世纪初以来的战乱，继承了北宋以来的学术传统。

40　《山左金石志》卷二十《节度副使张公神道碑》。

41　《金文最》卷八十七《中靖大夫邵公墓志铭》。

42　《闲闲老人滏水文集》卷十一《保大军节度使梁公墓铭》："大定四年，行通检法。是时河南、陕西、徐海以南，屡经兵革，人稀地广，蒿莱满野。……中都、河北、河东、山东久被抚宁，人稠地窄，寸土悉垦。"不过，这里指出的河南、陕西地区的凋敝状况，还应考虑海陵王南征所带来的战乱影响的要素。

43　参见刘浦江：《金代户口研究》第 88 页。

44　具体可参考本书次章表 4。

45　参考贾志扬（John W. Chaffee）：《宋代科举》（*The Thorny Gates of Learning in Sung China*），剑桥大学出版社，1985 年，附录 3。

46　同上。

47　近藤一成：《蔡京的科举与学校政策》，及其《关于王安石的科举改革》（《王安石の科举改革をめぐって》），《东洋史研究》第 46 卷第 3 号，1987 年。

48　《拙轩集》"先君行状"："唐为山中望县，然学校之废已久。先君慨然叹曰：'养士之源，发于乡党。今吾邑旷数十年，讫无一人得隽于场屋，是岂风厉之不至耶？'"

49　《金文最》卷六十七《威县建庙学碑》："自抚定之后，未有一士发策决科而登第者。正隆元年，文林郎归化高元来为县簿，叹学校之不修，非所以仰副圣君，崇儒重道，化民成俗之意。"

50　《山左金石志》卷二十《节度副使张公神道碑》中记载"其后凡四□乡书，三为举□，遂中天德三年甲科"，讲述了阜昌六年的类试中高居榜首，最终却未能进士及第的张莘，在其后也多次应举，最终于天德三年登科的经过。

51　关于各人的经历，分别参见《金史》卷一〇六《张暐传》，《闲闲老人滏水文集》卷十一《张文正公碑》、卷十二《张左丞碑》，《中州集》卷二《张左丞行中》。

52　《闲闲老人滏水文集》卷十一《张文正公碑》："公（张行简）之殁，朝廷以公家传礼乐，复命其弟行信为礼部尚书。"

第三章

从科举与学校政策的变迁看金代士人层

前言

通过上一章的考察，我们了解到，女真从占领华北之初，就开始积极实施科举，而跨进金时代的士人层，则分别经历了没落与兴起，在战争的洗礼中形成了新的地域差异，进入新王朝的统治下。本章将以金初以后华北士人层与科举的关系为中心，对其社会地位等各方面动向加以考察。关于金代华北士人层，历来受到关注的主要是科举制度和文学两个方面，相关领域研究已硕果累累。然而，正如本书绪论中所陈述的，前者主要是制度史研究，虽出现了许多严谨缜密的成果，却未曾对作为科举参加主体的士人层的社会地位、时代变迁进行详细探讨。而关于后者，现有研究则大多集中于以蔡松年、赵秉文、王若虚、元好问等金代著名文人为考察对象的作品论、文学史或人物研究。至于当时的社会情况，上述研究即便偶有涉及，其重心所在也至多不过是从元好问等人的角度出发，描述他们心中的亡国体验。[1]

其中，包弼德关于金代学术与思想的研究，立足于社会文化史，[2] 关注点主要在于金代后期的"知识复兴"（Intellectual Revival），但同时也以时间为线索，对金代士人层的动向作了概括性介绍，为后来的研究指明了方向。高桥文治的研究集中于金元时代山东地区的学术与文化，以及金末党争两方面，[3] 可谓超越了既有研究的框架。但总体而言，这方面的研究积累仍然尚少，关于士人层的社会地位、法律地位及其具体的地域差别等最基本的问题，今人的认识与了解仍然远远不足。[4]

留存至今的金代史料，在数量上与同时期的南方地区自不可相提并论，但总体而言也并非稀缺，尤其是其中关于士人层的史料更占了绝大部分。史料上的限制固然存在，但也正因如此，由现阶段可以进行的研究着手，日积月累，跬步千里的必要性不言而喻。

基于上述现状，笔者搜集了现阶段能够掌握的金代士人层相关史料，借此于本章中尽可能地尝试明确关于他们社会地位的实际情况。具体而言，本章所依据的主要是现存情况较为良好的金代中期科举和学校政策，以及以士人层针对这些政策的动向为中心的相关史料。

第一节　从科举及第者的动向看金代士人层的地域差异

一、相关史料的性质

管见所及，目前相关史料中能够析出的金代科举及第者（包括律科、经童科举人在内）一共有 981 名。[5] 本节将通过分析这些及第的事例，探讨金代士人层在各时期的差异与地域差异。

在此，首先有必要明确本节中所依据史料的性质。进士及第事例中的大部分，都出自《金史》、《中州集》以及《遗山集》等同时代文集，而在使用这些史料的时候，有几点问题需要注意。第一，《金史》《中州集》的史料多来自元好问、王鹗等人所作或所收集的金代后期史料，[6]而这意味着金代前期的事例略显不足。第二，一般而言，文集形式的史料本身就有与作者出生地相关人物的墓志铭、行状等作品较多的倾向，因此文集中的及第事例难免有一定的地域偏向。

不过，上述问题对本章的论证并不足以构成致命的威胁。时期不同所造成的信息量差异的问题，确实难以解决，但一方面，《金史》以功绩、文人名声为标准，《中州集》则以作诗为标准进行史料收集，范围遍及金国全域，对于过去的人物、事件等的评价，虽难免会受到编纂时政治风向的影响，然而从中却可以较为准确地得出各时期及第事例的地域差别。此外，《遗山集》等文集所收录的墓志铭、行状，大多数都是作者在登科出仕后收集的，其时作者已于官场形成了与出生地无甚关系的交游网，因此这些及第事例的地域偏向可以说并不明显。例如，元好问《遗山集》所收录的墓志铭、行状、墓表、千秋录中，与他的出生地河东北路有关的人物、家族相关内容，只占了全部内容的五分之一左右（103件中的20件，其中元氏族人相关为4件）。而赵秉文、李俊民、王若虚、杨奂等同时代主要文集的作者，情况也都相似，他们所作的墓志铭，也同样多为基于官场交友关系或是敕撰之作，关于包括家人、族中亲戚在内的同乡人物的作品反而只占少数。而这是现存金代文集的一大特点。[7]因此可以认为，文集作者或编纂者的出生地，并不会影响到对科举及第事例的地域分析，不会成为研究的障碍。

另外，关于文集作者的出身地，高桥文治曾指出，《中州集》的诗文收录数量及其顺序，都受到元好问的学派、家系两种意识的决定性影响。[8] 但这并不意味着元好问出于对出生地或学派所形成的人际关系的偏好，便集中收录，抑或是刻意排除某地诗人的作品。《中州集》中所记载的 193 个进士及第的事例之中，无论是元好问的出生地河东北路（19 例），还是他年轻时曾师从郝天挺求学的陵川县所在的河东南路（28 例），都显得并不突出。而且，与这两路相关的及第事例，几乎都与元好问的学派和家系毫无关系。

综上，本节所使用的史料都没有特殊的地域性。下文中会提到，于承安五年（1200 年）年进士及第的李俊民，在他的《庄靖集》卷九《题登科记后》中列举了当年经义科共 32 名登科者的出生地、年龄，该时段的及第者的地域差异，与从上述相关史料中收集而来的及第事例的地域差异几无二致。这一点也足以佐证，上述史料并无明显地域偏向。

换言之，本章中作为分析材料收集的 981 件事例，在金代所有进士及第者约 6000 人[9]中只占了不到六分之一，但这些事例的分布在一定程度上代表了当时的实际情况。虽然不足以进行致密的定量分析，但就考察金代士人层大致的动向来说，应当有足够的可信度。[10]

二、及第者的地域差异

表 2 按照时间顺序，统计了 981 名及第者中信息明确，或是可加以推测的 871 人的及第年、出生地。表中的时段分割，大致以三次科举为一个区间，但遇到重要的科举改革（如南北选的统一、女真科的新置、经义科的废止及恢复等）措施实施，或是因

遇战争而社会混乱，则以该年为时机，在统计中加以分割，故各区间的时间并不完全一致。及第者之中，族人（主要指本人的五服之内亲族[11]）任官僚（胥吏除外）者，在全体及第者数字以后以括号记录其人数。另外，以功绩或恩榜被赐予进士及第的人，不计入普通的及第者人数中，而在"／"之后加以注明。女真人进士（即女真进士、策论进士）则在虚线下以斜体标明。地域的区分大致基于大定二十九年（1189 年）的路 [即《中国历史地图集第六册宋·辽·金时期》（地图出版社，1982 年）中所记载的路分]，但其中及第事例极少的曷懒、速频、胡里改、蒲与等各路，与会宁府一同归为"上京等"，凤翔、鄜延、庆原、临洮等路则归为"凤翔等"。

首先显而易见的是，中都路较为稳定，及第者始终保持在一定数量。其次为西京、河北西、河东南各路，与中都路加起来，四路及第者共计 436 人，占了全体人数的将近一半。除了全国及第事例都较少的 1200—1209 年，以及金国几乎丧失了对黄河以北地区的直接统治权的 1210 年以后，中都路每一时期都保持着 10 人以上及第者的记录。金代科举采取的并非解额，而是在考试各个阶段中按照"四人取一人"的比例选拔合格者的形式，因此不存在如北宋时期解额数较多的地区在考生中极受追捧，为此甚至有考生刻意将籍贯改为开封附近，以图应举之便的情况；也不存在如南宋时期应举者大量涌向某特定形式的考试等现象。[12]因此可以认为，中都路的及第者人数直接反映了当地士人层的真实数字，或者说是该路的应举实力。此外，中都路还是从两三代以前就开始有家族成员应举出仕事例最多的地区。其他及第事例当中，出身于类似家族的情况，东京路也较多。在及第者人数上，

表 2　金代科举及第者的出身地域分布

年份	上京等	咸平	东京	北京	西京	中都	南京	河北东	河北西	山东东	山东西	大名府	河东北	河东南	京兆府	凤翔等	临潢
1115—1139	0	0	8(2)/2	0	6(1)/2	20(2)/1	1	0	7(1)	0	4	2	7	1	1	0	0/2
—1149	0	1/4	5(1)	0	4	16(1)/6	0	1	3(2)	6	3(1)	0	2	2	6	0	2
—1160	0	1	7(2)/2	1/4	11(2)/4	19(1)/10	3(1)	0	3(3)	3(1)	2	0	9	8	1	0	0
—1178	0 *1*	0 *1*	4(3)	2	2(1)	10(3)/2	5	3	4	3	3 *1*	1	0	3(1)/2	2	0	0
—1189	0 *4*	2 *2*	7 *2*	2	4/2 *2*	23(7)/1	5(1)	3(2)	7	4(2)/4	5(1)	4 *2*	3(2)	11	5	0	0
—1200	2/1 *4*	3 *1*	2 *2*	3	7(1)/6	22(3)/8 *1*	5(10)	5(1) *1*	17 *2*	7/6 *1*	13/8	3/8 *2*	19(1)	32/3	5	1/2	0
—1209	2 *3*	0	2	0	4(2)/2	6/2	6	1	16(10) *1*	1	1	1	6	17(2)/3	7	2	1
—1218	0	2	2/1	0	3/3	10(2)/1	4	3	4	5	6(2)	2	4	8	7	1/1	0
—1227	0/8 *7*	0	3 *1*	0 *1*	3/2 *1*	11(3)/4 *2*	5	1 *3*	9(1)/2 *2*	1	6(2)/1	0/1 *2*	10(1)	11	10(2)	2/1	0
—1234	1	0	1	0	5(2)/1	6/1	2(1)	0	4(3)/6	4	1	1	12	4(1)	1	0	0
总计	5/9 *19*	9/4 *4*	41(8)/5 *5*	8/4 *1*	45(9)/22 *3*	143(22)/36 *4*	33(3)/10	17(3) *4*	74(20)/2 *4*	34(3)/10	43(6)/9 *1*	14/9 *6*	72(4)	97(4)/8	45(2)	6/4	3/2

这两路在辽代就是各地中的佼佼者，其他地区难以望其项背，[13]而这一情况到了金代也没有改变。

另外，河北西路、河东南路在北宋时代虽然及第人数众多，但放在全国范围内来看，却算不上特别出众，与山东东、西路，以及河东北路等地一样，在华北地区常常不及河南与陕西诸路。[14]但是到了金代，这两路却长期人才辈出，保持着仅次于中都路的地位。这种现象从其他个别史料中也可得到佐证。上文提及的《庄靖集》卷八《题登科记后》中记载，登科者中出生于河东南、北路者共 11 名，河北西路 4 名，山东东、西路 4 名，占全部登科人数的半数以上（其中中都路出身者为 6 名）。该年词赋科及第者的数据现今虽已不存，但这份经义榜所表示的比例，应当说真实反映了当时河东南、北路，河北西路，山东东、西路士人层的势力情况。元好问在兴定庚辰年（1220 年）提到，遭遇战乱（指 1211 年开始的蒙古军入侵）之前，晋北（即河东北路）出身的及第者数在总人数中约占十分之二，[15]这或许并非离谱的夸张。

从表 2 中还可以看出，南京、京兆两路的及第事例数目，远超东京、河北东、大名府等各路，有直逼山东东西、河东北路之势。这两路较为明显的特征，是大定至明昌年间科举及第人数的增加。这段时期正为金国开始大举整顿科举制度之时，因此不能排除其与及第人数增加现象直接相关的可能性（关于这一点，笔者会在第三节中详细论述）。

总而言之，中都、西京、河北西、河东南等各路，都属于前代以来便科举盛行，或是金初受战乱影响较小的地区，整个金代都可以看到有进士及第者出现。而这些地区的士人层对于应举的积极性，或是应举的娴熟程度，比起其他地区都显得更高。其次则要数山东东、西，京兆，南京各路。其特征表现为大定至明昌年间京兆、南京两路及第人数的增加。

从下一节开始，将在上述分析的基础上，从各个史料着手，以科举和学校政策的变迁为线索，更加详细地考察金代士人层的动向。

第二节　不干预时期（金初—大定初期）

一、金初华北的凋敝与地域差异的扩大

本书第一章曾论及，金初华北地区的士人层中，受战乱影响较小的河北、山西、山东等地，相对保持了前朝以来的势力；而河南、陕西等地，则因饱受战祸重创，一度凋敝不堪。[16] 不过这里的"受战乱影响较小"，也只不过是与战后荒废的地区相对而言的表现。一篇作于天会八年（1130 年）、纪念冀州节度使贾霆重建州学的文章中，就称他的功绩为"发仓廪减价以赈贫者，兴庐舍给居以厚民生。修舆梁以通往来，蕃牛畜以广播殖。杜塞私门而拒绝请谒，饥民转徙，脱身奴婢者以千计，士夫乱离，复籍缙绅者殆万数"。[17] "千""万"等数字虽是极为常见的夸张修辞，但至少可以明确，一旦在战乱之中失去缙绅地位，就极难恢复，而且这种士籍流离的现象，在这样一个战乱频仍的时代实属平常。

金国确立其统治，科举考试也得以继续实施，但尽管如此，与前代相比，却有一点明显不同——学校的建设，以及教育制度的整顿，朝廷其实都没有参与。结果，为保证科举实施而进行的

环境整顿以及教育等事业，几乎都委托给了民间。这种不干预造成的结果，便是各地区之间教育环境的显著差别。例如，河北西路威县在正隆元年（1156年）以前，从未出过一个科举及第者，县学也荒废多年；[18] 而与之形成鲜明对比的蓟州，则早在天会年间，便由太守、同知、军事判官、州学生等协力重建了庙学。[19] 另有定州州学，在天眷年间即有数百学生聚集，进士及第后不久即在此致力于教学的胡砺，也有多名门生在科举中及第。[20]

其实在北宋时期，伴随着科举制度的普及而显现出来的一个问题，便是进士及第者之间显著的南北地域差异。尤其是北宋中期以后，及第者多为南方出身，其中尤以江南、福建、四川等地为多；而北方士人所应的，大多是对及第后的待遇、升迁明显不利的诸科试。[21] 这种现象的背后，不仅是当时的一般认识的"南人巧于文词，北人始终于经书默记"中表现出来的应试学问的本质差异，[22] 更有由社会现状之不同而形成的应举积极性的差异。[23] 此外，北宋时代的学校政策虽然促进了州县中学校的大量普及，但华北地区依然存在直到金初都未曾建立学校的州，[24] 这可以说是一种教育基础资源方面的差异。

简而言之，华北地区在北宋时代就没有被当时盛行的应举和州县办学之风过多地渗透，在基础教育资源方面也有地方差异。而这种情况一直延续到金朝，且差异进一步扩大。上一节曾提到，原辽领土中也有辽代登科者辈出的燕云地区与其他地区之间的差异，这种差异也同样延续到了金代。

另一方面，当时考生们的应举环境如何？上文中提到的由冀州节度使贾霆主持的州学重建，于正隆五年（1160年）登第的进士路仲显，当时还是一个在学舍（或为乡校、小学等教授低龄儿童基础学问的教育场所）学习的孩童。《中州集》中记载着关于他的一段逸话：

> 国初赋学家有类书名《节事》者新出，价数十金，大家儿有得之者，辄私藏之。母为伯达买此书，撙衣节食，累年而后致。戒伯达言："此书当置学舍中，必使同业者皆得观。少有靳固，吾即焚之矣。"[25]

这条史料中值得注意的是，当时在战乱较少的冀州，书籍入手也颇为不易，学舍儿童有时需要数人传阅一册。而受战乱影响，比冀州更加凋敝的地方，教育环境想来更加严峻。以个人之力准备科举考试，若无雄厚的资产为保证，在经济和时间方面，恐怕都会显得捉襟见肘。[26] 在这种情况下，被称为"夏课"的学习会开始出现，应举者们各自携带所持有的书籍聚在一起，相互学习，相互交流。[27] 频繁见于相同史料中的"学于乡先生"的情况，或许正是这种夏课的衍生。

能够"结夏课"，或是定期接受"乡先生"的指导，至少比自学更高效。不过，若能更进一步，在地方官或地方大族的支援下，进入像上文提到的定州州学一样，相关设备与教师一应俱全的学校学习，对于应举者来说，自然是无出其右的上上之选。而庙学的完善，也不仅仅是地方官或地方大族自我表现的手段，更有贡献社会资本的实质性的一面。乾隆《蒲城县志》中记录了京兆府路蒲城县宣圣庙的学殿经地方官、地方精英重修的过程，并在文后作了如下强调：

> 松顷尝与令为同僚于东州。今秋复同试多士于京兆，而蒲城一邑预乡荐者五人。非令诚心敬勤之所至耶！[28]

文中的"今秋"指的是天德二年（1150年）秋天，试于京兆则是指该年的府试。庙学的完善与府试合格人数的增加直接相关，因此受到赞赏，而这不仅仅是冠冕堂皇的溢美之词，更多的则是对庙学教育最直接的褒扬与期待。

上文多次提到，像这样的教育环境的地域差异，在当时各地都一定程度上存在。就在蒲城县庙学重修完成的天德元年（1149），史料曾这样描述上党县西韩村：

> 尝闻公（李晏）未冠时，同乡中举子三十余人，将赴试都下，至店南，惕于桥楼逡巡。一道者至，坐于公侧，笑曰……[29]

据《金史》卷九十六《李晏传》，李晏（1123—1196）为皇统六年（1146年）的进士。"赴试都下"，指的是他府试合格之后面临着在上京举行的会试。这说明，蒲城县学在得到重修以前，河东南路的高平县就出现了府试合格者有三十余人的情况。这样的地域差别，在表2中也已直接反映出来了。

二、庙学的学生数

接下来需要明确的，是当时州县庙学中的在学学生人数。民国《威县志》卷十二《人物志下·附科举表·明经·乡贡·金》中记载"以上见正隆三年宗城文庙碑。按，碑中尚有王、孙二人，佚其名"，下有注，列举了27个人名。《正隆三年宗城文庙碑》，指的是同书卷十八《金石志上·金》中收录的《洺州宗城县新修宣圣庙记》，遗憾的是，被认为应该列举了人名的碑阴部分不曾被收入志中。[30] 既然收录进科举表中的《明经、乡贡》部分，说明这些人物应当带有进士或乡贡进士的头衔。一般而言，金代史料中的"进士"指的并非科举及第者，而是应举之人，"乡贡进士"则多指府试合格者，亦有同样指应举者的例子。[31] 若如此，包括"佚其名"的王、孙两人在内，与庙学重建之事关系十分密切的 29 人，为当时［即正隆三年（1158 年）］宗城县学学生的可能性就很大了。

到了稍晚的时代，则有更为一目了然的事例，即光绪《文登县志》卷二《官廨·学校·金郭长倩文登县学记》中的大定十二年（1172 年）的《碑阴题名》。其中记载了"进士"19 名，另有带"管勾进义""监修忠显""典史""佐史"头衔的人物混杂其中。同样基于上文所述理由，这里的"进士"可能也是当时文登县学的学生。另外，南宋楼钥在乾道五年（1169 年）以贺正使书状官身份北赴燕京时，于十二月十五日抵达磁州，也听说该地州学中"有士人十余人"。[32]

金代的科举考试中，每次放榜时进士至多也只有 250 名左右，自天德三年（1151 年）废经义科、经童科起，至大定二十八年（1188 年）恢复，包括女真进士科在内，也不过百名。恐怕当时学生中大多数人都是一边落第，一边坚持不懈地多次应举，而学生人数的多少与该地区应举者人数也直接相关。金代官学生人数最多时，全国范围内不到一万人，与同时期的南方相比人数极少。[33] 本书第六章中还会提到，从金代华北地区的应举者人数远不及南方这一点来看，上述见解应是非常合理的。

三、金代中前期华北"士人层"的实际形象及其特点

这里需要考虑一个最基本的问题，即所谓的金代华北"士人层"，究竟指的是怎样的一群人。高桥芳郎在其研究中阐述，在北宋末至南宋时期的南方，官学生、科举应试者等在史料中被称为"士人"或"士子"的知识人，在役法及税法方面享有优免特权，而对于成为"士"的标准的探索也逐渐显著，由此于官与民之间形成了一个"士人层"。[34] 他们在作为地方社会领导者树立权威的同时，也通过婚姻关系加深相互之间的关系，[35] 形成足以左右社会的原动力。

在关于金代华北社会的史料中，"士人""士子""缙绅（搢绅）"等词语十分常见，而他们的身份，如本节开头部分提到的《创建文庙学校碑》中"士夫乱离，复籍缙绅者殆万数"，或如《金文最》卷二十三《嘉禾记》中"上自王侯贵戚、缙绅士流，下逮士庶，争先睹之为快"所描述的，与庶民清楚分开。这些用词所指的对象，主要有以下三大类。

A类：①《金史》卷一百一十五《聂天骥传》中"兴定初辟为尚书省令史。时胥吏擅威，士人往往附之"，②《滹水集》卷十一《保大军节度使梁公墓铭》中"（梁襄进谏劝阻世宗行幸金莲川）书奏，搢绅危之"等例。主要指任职于官衙，有机会参与王朝政策实施，或能够察知相关上奏内容的文人（科举）官僚。

B类：③《遗山集》卷二十九《千户乔公神道碑铭》中"冠氏李君玉先在俘，中间知为士人，即馆之门下，令授诸子之学"，④《金史》卷九十九《徒单镒传》中"搢绅学古之士弃礼仪忘廉耻，细民违道畔义"等例。主要指知识人、儒者、有德之人。

C类：⑤《山右石刻丛编》卷二十一《兴学赋石刻》中"国

朝抚定后，专以文学取士。而郡士子纡青拖紫者比比有之"，
⑥《滏水集》卷十九《答麻知几书》中"今之士人以缀缉声律为
学，趋时乾没为贤"等例。与 B 类基本同义，而更强调作为应
科举者之一面。

以上虽将用词所指范围进行了分类，但严格地说，这三类之
间的区别并不十分明确。这意味着"身兼儒学教养的知识人"，
即儒者一词，从本义上说就是一个所指范围十分暧昧的词语。《山
右石刻丛编》卷十九《董父庙碑》（天眷元年）有"（名正言顺
的董父庙被误作淫祠）乃谕其士人，播告其百姓"之语，《金文
最》卷七十八《鸡泽县重修庙学碑》（承安四年）有"（知县到
任后发现当地无庙学）乃召士人与僚属议"之说，即表明在地方
官看来，"士人"也与一般庶民有身份上的区别。而以下史料的
描述则更为详细：

> 尝与士大夫会集于黉舍讲堂之上，因曰："闻喜大县，
> 连甍比屋，几至万家。……而县之学舍隘陋如此，仆犹羞
> 之，况吾侪乎……"……乃以本县进士及第、守安邑簿李士
> 谦为营造首，仍以乡贡进士晋康矣、祁牛、解□升等率士子
> 而共成之。于是，布告县人及好事之家，谕以邑丞王公恳恳
> 之意。……于是，富者助财，贫者助力，虽市道小民贩鬻之
> 余，竟以畚锸自随，来赴役所者不知其数。[36]

这段史料开头的"士大夫"，指的应该是包括闻喜县僚属在
内的知识人。在营造之时，按照"进士及第者—乡贡进士（或为
会试合格者）—士子"的上下从属关系进行了明确的职责分割，

并将他们与"县人及好事之家"区别开来。这种区分显示，儒学教养的高低（这在很大程度上意味着以科举为纽带的与王朝统治之间距离的远近）成了区别"士人"与"庶民"的标准。更多的时候，在这些士人集团所代表的"士人层"中，明显成为中心的是上一节中叙述的各种官学学生，而这条史料中的"乡贡进士""士子"或许也是县学学生。

这样的金代士人形象，与高桥芳郎所描述的南宋士人形象并无太多差异。不同的一点是，无法确定金代士人在刑法上的优免特权。上文提到的楼钥赴使磁州半个月前的十二月一日，途经临淮县时曾写下"金法，士夫无免捶挞者，太守至挞同知。又闻宰相亦不免，惟以紫褥藉地，少异庶僚耳"[37]的记录。楼钥所说的"士夫"，应是指文人官僚，而据他如此描述，很难想象一般的士人能够在刑法上拥有特权。此外，南宋人有从服饰上对士人加以区分的习惯，[38]而金则与之不同，并无作为士人标志的服装。《大金集礼》卷三十《臣庶车服》中规定，未在府试中获得合格的士人及官学生，与普通庶民一样，在服饰上受到限制。[39]事实上，楼钥路过磁州继续北上三日之后的十二月十八日，在离赵州五里的石桥遇到一个自称举人的人，而其服饰却与仆隶无异。[40]作为南宋贺正旦使的楼钥一行，更有金国接伴使同行，向他们谎称举人身份，似无必要。若他的身份确实是举人，那这个例子就表明，会试合格者（即举人）的服饰与庶民并无不同。总之，当时的士人虽公认拥有一定的社会权威，却谈不上是受王朝特别关注的存在。[41]

另一方面，在这一时期，只要有一个人能够进士及第，那么他的整个家族在之后持续培养科举官僚便不是难事。金初，八品以上的官僚都拥有不限人数的恩荫资格。自贞元二年（1154年）起，八品官的恩荫被废除，七品以上官僚的用荫人数也开始受到限制，[42] 但特别是天德三年（1151年）南北选统一以及经义科被废止之后，从七品的诸县知县、知镇、知塞或知州等地方官阙员极多，[43] 若通过恩荫出仕之后能够尽心称职，即便无法成为中央官僚，至少也有很大概率能够再次获得用荫资格。

第三节　科举改革与学校的整顿和普及（大定年间中期—泰和年间）

一、改革的概要及社会反响

天德三年（1151年），国子监设立以后，金国开始对公共教育设施进行整顿。大定六年（1166年）设立太学，大定十六年（1176年）设立府学，随后又设立了州学。然而，这些学校的部分名额通常被固定分配给宗室或六品以上官僚的子弟，以及终场举人（即殿试落第者），而且府学只设在置有总管府、太府尹、节度使的府，州学则只设在置节度使、防御使的州。这即是说，原则上由政府官方设置的学校，无论是从就学对象，还是从行政单位而言，都并非面向所有士人。[44] 不过，在籍学生本人得以免除差役，[45] 甚至可以获得报偿，[46] 可以说受到了相当的优待。

还有一点，现有金代科举相关研究几乎都没有提及，关于节度州、防御州以外州县学校的规定，也可以通过史料加以确认。如《威县建庙学记》中提到，正隆元年（1156年）"（海陵王）置国子监于中都，设祭酒、博士、司业之员，以作新人材。又命天下州县，许破系省钱修盖文宣王庙，旧有赡学田产，缘兵火没官者，许给还之"。[47]另外，《博州重修庙学记》也记录，大定二十一年（1181年），"本朝兴太学于京师，设祭酒、司业、博士之员，以作新人材。又兴天下府学，州县许以公府泉修治文宣王庙，旧有赡学田产，经兵火没县官者，亦复给于学"[48]。时代不同、地区各异的两条史料之间，在以官费修复文宣王庙（也作宣圣庙，即庙学的主要部分），以及令地方保护学田的语句几乎一致，这便暗示了作为史料来源的诏书的存在。而事实上我们也可能够看到接受官钱，对县学进行重修的例子。[49]章宗泰和元年（1201年），朝廷确立方针，在那些尚无学校的州创立学校；没有庙学的县，则允许"士庶"自发请愿创修，而在此之前，县学的创立原则上必须经朝廷决策、裁断。[50]这表明，在朝廷主导下，学校的普及开始超越辽、北宋，从学校数量与应举者规模两方面，金代都可以说开始凌驾于前代。

当然，其中也有请求被驳回的例子，[51]以及官钱的支付不充分的情况。[52]但无论如何，朝廷奖励政策的支持，确实给地方官与士人层带来了不小的影响。笔者试将《全辽金文》（山西古籍出版社，2002年）所收史料中关于金代学校创建或重修的事例进行了提取，发现在全部50例中，大定至泰和年间的占了33例，比重十分突出，显然是相应上述朝廷州县学政策的结果。当然，不能排除这一时期写作创建、重修记文之风盛行，或是恰好史料留存情况特别良好的可能性，但一般而言，文人在写作相关记文时，会将过去的创建或重修也一并记录，因此没有必要考虑时间性和史料性质的差异。另外，这一时期比县更低一级的村落行政单位中，同样也有创建学校（家塾）的例子。[53]

对政府奖励措施的积极响应，其背景由《遗山集》卷三十二

《寿阳县学记》所描述的"外县则令长司学之成坏，与公廨相授受。[54] 故往往以增筑为功"可加以推测，即地方官以追求功绩为目的，抑或地方精英进行慈善活动，借以自我表现。但其中还有重要的一点，就是由于地方官不足，朝廷宣布进行一系列科举改革，废除会试合格名额制度，同时增加进士及第名额，且于大定二十八年（1188 年）恢复经义科，明昌元年（1189 年）恢复经童科等等。[55] 虽为数不多，但通往进士及第的路途毕竟有所拓宽，终场举人、系籍学生、医学生得以免除差役，[56] 他们成为政府机构的吏员或各种学校教官的机会也有所增加，途径更加完善。[57] 换言之，有了这些规定，应举者只要能跻身会试合格者名单中，即使最终不能及第，也能享受到一定的利益。由于这些措施的实施，科举应试蔚然成风，而州县学的创建或重修的增加，正是这种风气的一种表现。[58]

当然，不同地区的学校之间情况也各有差异。有些州县的学生在晚上仍进行自习，[59] 而如大名府路南乐县学，则连书籍都不能充分备齐，就连学生提出向县内"文士"借阅其藏书的建议，都被在意自身体面的县令拒绝。[60] 但无论如何，在州县一级地区，学校的普及已是大势所趋，[61] 而科举制度的改革也同时带来了应举者群体的扩大。例如河东北路的陕州，自北宋时期就设有学校，但直到宣和末年，只出过一个上舍生。而经过"大定、明昌官学之盛"后，终于有了活跃于金末的白华、白贲兄弟的登第。[62] 这一现象与表 2 显示的南京、京兆两路及第者的增加明显呈相同趋势。

二、州县学的具体例子

本节将以元好问曾求学于兹的陵川县学为例，探讨这一时期州县学的实际形态。元好问14岁入陵川县学,时为泰和三年(1203年),元好问的养父元格任陵川县令。关于他前往陵川的经过,以及当时陵川县学的情况,《遗山集》中有如下记载。

> 泰和初,先人调官中都,某甫成童学举业。先人思所以引而致之者,谋诸亲旧间,皆曰:"获泽风土完厚,人质直而尚义。在宋有国时,俊造辈出,见于黄鲁直《季父廉行县》之诗。风俗既成,益久益盛。迄今,带经而锄者,四野相望。虽闾巷细民,亦能道古今、晓文理。为子求师,莫此州为宜。"于是先人乃就陵川令之选。时乡先生郝君方聚子弟秀民,教授县庠。先生习于礼义之俗,出于贤父兄教养之旧,且尝以太学生游公卿间,阅人既多,虑事亦审。[63]

曾为太学生的郝天挺,当时于陵川县学中就任教授。上一节提到,当时县学的管理也在知县职责之内,而知县分身乏术之时,将教授之责委于如郝天挺一样的落第士人,或其他类似的适合人选,算得上是妥当之举。

元好问家中有元格手抄《春秋》《庄子》《文选》,以及医书等大量书籍;[64]据说出生于陵川县的科举官僚刘俞之子刘昂霄曾在陵川的宿舍中遍览群书,半个月就将《太平广记》倒背如流。[65]而同处河东南路的洪洞县,更由当地的有识者共同发起建立了藏书楼,书籍之瀚上至经史子,下至类书、字学;[66]河北西路宁晋县个人收藏的五经、《泰和律义篇》、《广韵》等书得以刊行,在河朔一代广为流传。[67]元家所在的环境,无论是自家聘请教师,还是结夏课,抑或自学,都并不困难。而即便如此,元好问仍往来县学，说明陵川县学作为当地的教育设施，以及士人交流场所，都发挥了十分重要的作用。

　　不可否认，州县学兴盛与否，与其管理者的热情和能力息息相关，且正如我们在上一节中所看到的，也有些地方的学校名存实亡。元好问所在的陵川县学，也许算得上是在朝廷没有直接参与管理的县级学校中，讲学最为成功、设施最为齐备的例子之一。无论如何，受到良好管理经营的官学，能够很好地起到作为当地士人层活动据点的作用。

　　不过，本章注 54 中引用的研究表明，也有观点认为，县学培养了大量供职于县的吏员。限于史料，我们无法明确更具体的情况，但学生并不一定全都以科举登第为目标，考虑到这些无意应举的学生的就学动机，应该说这一说法也的确有相当的或然性。

三、科举及恩荫制度的整顿与竞争激烈化

　　在这样的时代潮流中，出仕之路渐渐变得狭窄。大定末年恢复经义科之后，进士及第名额有所增加，但从整个应举者群体来看，这种增加只不过是杯水车薪。而大定十四年（1174 年）在文武官从九品之后再增加两阶，[68] 地方官阙员现象迅速缓解。大安元年（1209 年）县令阙员现象趋于严重，[69] 获得恩荫资格不再像以前那样容易。尤其是中低级官僚家族，若没有其他家族成员以登科的途径得以安身立命，并获得足够的恩荫资格，要维持官僚世家的地位是十分困难的。

族谱图 4　真定苏氏谱系图

某（中大夫·成都府通判）
|
赟（以荫补官，中遭大乱，不能归。金国初，由换授至朝散大夫）
|
　仲文[天会十年（1132年）进士。终于朝奉大夫·潞州黎城令]
|
世侮（以荫补官，宣武将军·宿州灵璧主簿）
|——————————————————————————|
车（字彦远。1189—1252，初，以父任为　　　某（信武将军·陈州项城主簿）
河北西路转运司押递·监平舆阳步店商酒）
|
庆（宣武将军·蓝天尉。殁于王事）

　（出处）据《遗山集》卷二十四《苏彦远墓志铭》作成

　　这里举一个具体例子。真定苏氏（参见族谱图 4）一族在天会十年（1132 年）苏仲文进士及第后，直到金末，一直靠恩荫维持官位。仲文的最高官阶为朝奉大夫（宋制为从六品），其子世侮（若以两代人之间平均相隔 25 年来概算，从世侮之子车的出生年倒推，他任官的时期应该在大定初年至中期之间）靠其恩荫出仕，以从五品下的宣武将军致仕，非常幸运地得到了两人份的恩荫资格（参见本章注 68 引用史料）。而苏车则凭借父亲的恩荫出任河北西路转运司押递、监平舆阳步店商酒，先后迁转监曲阳龙泉商酒、真定酒使司监，皆以良好政绩满任。贞祐二年（1214 年）八月，蒙古军围攻真定府，真定府官吏皆欲逃之夭夭，唯独苏车坚守职责。由此功绩，他"羡余四阶，城守三阶，循资一阶"，连进八阶，被提拔为归德下邑主簿。其后继续升迁，到金国灭亡时，官至镇国上将军·丰衍东库副使。[70] 苏车似擅长财务，同时也颇受命运眷顾。不过，若他仅是度过碌碌无为的一生，或是英年早逝，他的儿子是否还能以恩荫出仕，无疑有很大疑问。[71] 这说明在该时期，由于科举和学校制度的完善而出现的士人层的扩大，以及恩荫制度改革带来的恩荫限制，加速了在科举中竞争的士人层的流动性。这或许是元格对元好问的教育如此殚精竭虑的理由之一。

另外，经历了北宋末的恩荫滥授以及南渡后的混乱，南宋政权内部也存在严重的冗官问题，限制恩荫也是南宋朝廷贯穿始终的课题。基本而言，官位越高，就能保证越多名额的恩荫资格，即便在淳熙年间荫补制度中断之后，宰相一生可为子孙争取到的恩荫名额，包括大礼、致仕、遗表等在内，亦可达十人之多。南宋名门，如四明史氏等出现的背景之一正在于此。而与之形成对比的是，低级官僚即便能够获得恩荫，至多也不过为员外郎。[72]

就金的情况而言，虽然不受北宋末滥授恩荫的直接影响，[73]但从无限制地授予恩荫名额到逐渐整顿、设限的过程，以及受恩荫者群体两极分化的倾向，都与南宋一致。当然，其中也有像浑源刘氏一样代代官僚辈出的繁荣家族的出现，[74]但毕竟只是少数。科举与恩荫同时被运用于国家制度与社会情况都不相同的两个国家，而结果却惊人地相似，就本章结语部分将要详述的12—14世纪中国本部社会融合的制度背景这一问题来说，此现象颇有深意。不过现实却是，还未等到看到最后的结果，这种倾向就出于外在原因而遭遇了转变。

第四节　蒙古入侵与过度竞争（大安年间—金国灭亡）

一、蒙古入侵与华北士人层的动向

自 1211 年蒙金战争爆发以来，金国始终处于劣势，贞祐二年（1214 年）更是放弃了中都，迁都至开封。而与上京路等东北地区的联系亦早已被切断，13 世纪 20 年代前期，河北、山西、山东、陕西的大部分都已经先后失陷于蒙军。这些地区的地方社会被归顺于蒙古的居民、大家族、军阀所占据，士人的处境为之一变。众所周知，凭借军阀之力，东平、泽州等地区得以复兴学校，既有教育环境得到维持，[75] 但这只不过是个例外。出身于京兆府路云阳县的大族，其父为乡贡进士的李定，就在金末的战乱中遭逢家道中落，无奈从军蒙古，后来成为商人，经历了二十多年的沉浮，终于得以重振家声。[76] 这样的例子在史料中频频出现。同时，华北地区全真教教众迅速增加，甚至士人成为僧侣的现象也屡见不鲜。[77] 河南地区和陕西东南部虽仍处在金国统治下，但中央政界的词赋科出身官僚与经义科出身官僚之间、科举官僚和胥吏之间的党争势头不减，[78] 混乱状态依然持续。

在这种社会背景下，相关史料中出现的士人从河北、山西等地移居开封周边的现象尤其引人注目。不少人在战乱中辗转各地，终于在开封得到名士知遇，参加科举，却未能一展宏图，失意之下寓居河南。[79] 就连《归潜志》作者刘祁自身，虽是随父赴任河南，但其实故乡浑源已然为蒙军所占领，实际上刘祁也是寓居河南的士人。金末河南地区的士人层面临着由外地士人涌入造成的数量增加与内核多样化等问题，处在十分复杂的情况之中。

而给这种混乱火上浇油的，是科举制度的混乱。进入 13 世

纪 20 年代，府试实施地点实际上仅限于开封与京兆，然而在士人大量涌入河南的背景下，却不见府试合格者有所增加，这就暗示了府试竞争率的急速上升。士人层对这种现象的不满，有时甚至表现为对放榜结果强烈抗议，或是于会试会场引发骚乱等极端行为。[80] 在史料中留下较为详细记录的士人，大多数都是排除万难多次应举，结果却一再落榜，最终与金国国祚一同走向破灭，或是于各地孤苦飘零。受到蒙古政权赏识，参与河北经略计划的杨奂，金末亦曾多次往返于京师与乡里之间，靠着乡里的教授或地方官的荐举勉强糊口，同时则反复应举，最终直至金国灭亡也未能实现登科梦想，[81] 这是当时士人遭际的一个典型例子。

二、竞争愈加激烈

《归潜志》中的记录，描述了与上述放榜抗议及会试现场骚乱的现象一样，可谓未曾有过的事态：

> （太原李汾）尝以书谒行台胥鼎，鼎未之礼也。长源后投以书，尽发胥过恶，胥大怒，然以其士人，容之。[82]

行台高官面对公然挑战自己的一介布衣，因其士人身份而轻易宽容了他。上文曾提到，大定初年太守可以鞭打同知，甚至连宰相都会遭到鞭笞，比起这种情况，金末可谓有了很大的改变。促成这种改变的背景，就如我们在上一节中看到的，士人层对科举的不满中，暗涌着对社会的不满，而这种不稳定要素，对于苦苦维持狭小领土的金国来说是无法忽视的危机；[83] 与此同时，与科举官僚争夺政权的胥吏、贵戚官僚为了争取外部的认可而刻意表现出重用士人的姿态，[84] 也影响到了士人的际遇。这不单标志着士人地位的提高，而且更应看到表象背后隐藏着的本质——国运衰微和混乱中既有身份秩序的动摇。另外，上述史料中提到的谒见高官的现象，《归潜志》等与金末士人层有关的史料中多有所见。这是否是解决科举合格率急剧降低问题的对策之一，我们无从知晓，但对比前后时期会发现，这也是南迁以前不曾见于史料的新现象。

士人私谒官员请托，一般很少给人留下好印象，如金末河南地区的某知县，为了强调自己的清廉，就于家门口揭榜大书"无亲戚故旧""不见宾客""不接士人"。[85] 而实际上，以私谒请托暗行利益授受的官员和士人应不在少数。《归潜志》《中州集》多有描写像赵秉文一样，一面与高官交游，一面参加科举考试的士人，不难想象，这种交游正是投书、请托关系之延续。可以说，在金末的河南、陕西，从各地涌来的士人围绕着仅剩的极少数及第名额展开激烈争夺，这种现实与处于蒙古统治下的黄河以北地区相比，又是另一种不同的竞争社会。

在这样的背景之中，金国领土迅速减少，开兴元年（1233 年）开封失陷，标志着金国统治实质上已然崩溃，金末围绕科举产生的巨大骚动也消失无踪。数年后，随着所谓"戊戌选试"的实施，原金国士人层迎来了他们在蒙古时代的开篇。

结语

南宋科举考试的途径与形式，受到广大士人层动向的影响，始终处在变化之中。而南宋朝廷以此向士人们展示出科举的"公平性"，借以实现科举制度的维持。或许可以说这反映了王朝不

可能掌握制度应用的绝对主导权，但我们更需要认识到，南宋在
与金国订立和议后，仍然处在试图摆脱战时体制，处理各种问题
的困局中，勉强努力维持科举制度，却无暇顾及改善其中存在的
问题，始终陷于不得不听从权宜的被动之中。结果，本来已经形
态扭曲的科举制度迟迟得不到根本上的改善，只能向着更加扭曲
的方向延展。[86]

　　而另一方面，金国一面扩张领土，一面整顿扩充制度，进而
促进士人参与制度建设，自此基础阶段着手整备科举政策。有意
思的是，在改革科举制度和学校的过程中，金国曾讨论沿袭三舍
法等北宋后期政策的利弊，[87]且其学校制度虽然承袭北宋，在官
学的名额或设立地点，以及享受优待措施对象的资格等方面，较
之北宋则大为缩减，只停留在了政策必要的最低限度。[88]

　　金国在祠庙政策方面，关于祀典有着严格规定；[89]在南郊祭
祀之时，则对年长者大量赐予覃官；[90]遇到大规模征战之际，常
常实行大范围签兵。[91]这些金国独有的政策，都表明王朝试图实
行一元化统治。很明显，其科举和学校政策也是基于人才任用与
对士人层的统制这二者的平衡点的。金国并未容忍数量不断增大
的士人层在地方社会坐享特权，并借此于不知不觉中隐然形成自
己的势力。

　　地方社会受到来自政权的强势统制，这一构图在大定初到蒙
元入侵以前（即本章第三节所探讨的时期）尤为显著，也是金代
中期社会的特征。而士人层的动向，正是其中具有象征性的一个
例子。从南宋的角度来看，一方面，南宋通过对众多军阀的利用，
勉强抵御住了金国的入侵，之后则在承认各地地方性的同时，将
手握军事和行政大权的重臣派遣至要地，[92]这种统御体制与其说

是要控制地方势力，不如说是试图利用他们。[93] 而另一方面，各种地方势力也同样依存于王朝的权威和行政，或是积极利用它们，以实现自身社会地位的稳定与权势的扩张。当然，地方势力的这种动向绝不是南宋独有的现象，早在南宋以前便有迹可循，但这些现象却在南宋时期的史料上体现得特别明显，作为南宋社会的一个特征，向来受到学者关注。[94]

秦汉以来中华王朝的统治理念，原则上始终是通过整然有序的官僚机构追求一元化统治，而与之相对照，比起金国社会，或许南宋社会的性质才更算得上异常。不过，正如本书第二部将会阐述的那样，金国统治下的社会在面临蒙军进攻的时候，发生了急速的变异。而到了后来的明清时代，发生于南宋社会中的诸多变动，开始对华北产生深远影响。

进而言之，与科举、学校政策和士人层相关联的另一点有趣的现象，是上一章中也曾提到的科举对女真的华北社会统治所起到的推进作用。在上一章中我们看到，辽和北宋灭亡之初，金国将科举制度作为掌握华北社会的一种手段加以关注，以沿袭北宋靖康二年那一场未能完成的会试的形式施行科举，并积极利用科举制度，也有了一定的成果。科举制度的继承，使女真能够迅速地掌握华北社会，并为政权保证了稳定的官僚预备军来源，更提供了主张政权正统性的依据。而其后事态的发展，正如本章第三节中探讨的，随着金代中期科举和学校政策的推进，士人层规模逐渐扩大，影响范围也逐渐扩大至此前对科举态度并不积极的地区。士人层扩大的现象始于北宋，后来又在积极推进科举政策的金国统治下进一步发展，最终影响到了整个华北地区。古松崇志在关于《辽史》《金史》《宋史》编纂的研究中提到，对金至蒙古时期的华北地区士人而言，辽、金政权受命于天的正统王朝地位深入人心，[95] 而在这种认识形成及定型的过程中，士人层接受正统王朝金国的科举制度，并由此实现自我，实现进一步扩大的过程，无疑有着极其重要的意义。

那么，关于科举应试理念的渗透以及士人层的扩大，除了金国政策这一关键因素之外，在地方社会中又是否存在促成该结果的契机？而这种结果在相关地区，尤其是其中那些直至北宋时期科举制度都未能渗透的地区，又对地方社会产生了怎样的影响？下一章将围绕这些疑问，以山西北部为对象进行探讨。

注释

1　具有代表性的研究，包括姚从吾：《金元之际元好问对于保全中原传统文化的贡献》，《大陆杂志》第 26 卷第 3 期，1963 年；韩志远：《元好问在金元之际的政治活动》，《元史论丛》第 5 卷，1993 年；奚如谷（Stephen H. West）：《沧海与东注的大河：元好问的丧乱诗（1233—1235）》（"Chilly Seas and East-Flowing Rivers: Yüan Hao-wen's Poems of Death and Disorder, 1233-1235"），收入田浩（Hoyt Cleveland Tillman）、奚如谷编的《女真统治下的中国：金代思想文化史》（*China under Jurchen Rule: Essay on Chin Intellectual and Cultural History*），纽约州立大学出版社，1993 年。而对于上述各个文人的研究，更是不胜枚举，可参见刘浦江《二十世纪辽金史论著目录》第 237—262 页。另外，下文注 6 中列举的关于《金史》编纂的研究中，也有部分包含了对在编纂初期进行史料收集与整理的金末元初文人的研究。而赵琦《金元之际的儒士与汉文化》（人民出版社，

2004 年）一书，虽对史料广征博引，几乎网罗了关于金末元初华北士人动向的所有事例，但关于金代士人，却止步于引用先行研究进行了简单的确认。

　2　包弼德：《求同存异：女真统治下的汉族文人》，《哈佛亚洲研究杂志》第 47 卷第 2 期，1987 年，第 461—469 页。

　3　高桥文治：《泰山学派的后裔——关于 12、13 世纪山东的学问与文化》，《东洋史研究》第 45 卷第 1 号，1986 年；《元遗山与党争》（《元遺山と党争》），《追手门学院大学文学部纪要》（《追手門学院大学文学部紀要》）第 22 卷，1987 年。

　4　陈昭扬的《征服王朝下的士人——金代汉族士人的政治、社会、文化论析》（台湾清华大学博士论文，2007 年）一文留意到了地域差别，并对金代汉人士人层的思想动向及出仕情况进行了综合分析，与本章的结论有不少相同之处。希望其能够早日出版问世。

　5　薛瑞兆：《金代科举》，中国社会科学出版社，2004 年。薛瑞兆从相关史料中广泛搜集了金代科举及第者的事例，本章亦是在其基础上才得以立论。但是，碑刻等史料中但凡有"进士"头衔的人，该书全部加以收录，而事实上正如本章注 31 所指出的，这种情况下的"进士"，仅是指应举者，并非登科者。因此，对于这种事例，本章不加采用。该书中还从明清时期地方志中搜集了大量仅记载了及第年与名字的登科者事例，而这些也都无法依据史料进行佐证，因此本章对此也不加采用。此外，该书中没有收录的金代科举及第事例共有 32 例，细节如下（括号中为及第年）：何遵晏（天会二年）《金何遵晏墓志铭》，《新中国出土墓志·北京（壹）》，文物出版社，2003 年；张辅（天会二年）

《张世本墓》，《宣化辽墓——1974—1993 年考古发掘报告》，文物出版社，2001 年；孟彦甫（金初）《庄靖集》，景印文渊阁四库全书，卷九《孟氏家传》，台湾商务印书馆，1935 年；梁伯温（皇统中）《清容居士集》，四部丛刊初编所收元刊本，卷三十二《推诚保德功臣开府仪同三司太溥上柱国追封蓟国公谥忠哲梁公行状》，上海商务印书馆，1936 年；郑赡（大定年间以前）光绪《定兴县志》，光绪十六年刊本，中国方志丛书（以下略称《中方丛》）华北地方二〇〇号，卷十七《金石志二·大金故赠儒林郎郑公之碑》，成文出版社，1974 年；杜观（大定二十一年）道光《冠县志》，道光十年修民国二十三年补刊本，《中方丛》华北地方二十九号，卷九《艺文志·碑·赠嘉议大夫追封京兆郡侯杜公神道碑铭》；张维垣（大定二十二年）《新中国出土墓志·北京（壹）》《金知三东东西路按察副使□□事宣武将军张公墓志铭》；完颜伯嘉（明昌二年）《金史》，卷一百《完颜伯嘉传》，中华书局，1997 年；张公著（明昌二年）《遗山集》，四部丛刊初编所收明弘治刻本，卷十八《朝列大夫同知河间府事张公墓表》，商务印书馆，1966 年；冯坦（明昌二年）民国《寿光县志》，民国二十五年铅本，《中方丛》华北地方六十五号，卷十三《金石志·元冯坦神道碑铭》；樊大有（明昌中，经童科）《定襄金石考》，卷二《故朝请大夫华亭县令樊公彰善碑》，《石刻史料新编》第二辑第十三册所收"中央研究院"历史语言研究所傅斯年图书馆藏民国二十一年定襄牛氏雪华馆排印本，新文丰出版公司，1979 年；李天鉴（承安五年）成化《河南总志》，北京国家图书馆藏成化二十年刻本，卷十四《艺文志·修武县承恩镇重修孔子庙学记》；孔祖汤（泰和三年）《金史》卷

一百二十二《移剌阿里合传》；李庭秀（泰和六年）《榘庵集》，
卷五《中书左右司郎中李公新阡表》，山西古籍出版社，2003
年；邓世昌（泰和中）《兰轩集》，四库全书珍本初集所收文渊
阁景印本，卷十六《宣授武德将军邓公新建祖茔之碑》，上海商
务印书馆，1934年；侯庆（贞祐年间以后）《榘庵集》卷七《族
兄钦夫墓志铭》；申万全（贞祐二年）《中州集》，四部丛刊初
编所收明汲古阁刊本，卷七《申编修万全》，台湾商务印书馆，
1967年；李巩（贞祐二年以前）《归潜志》卷六，中华书局，
1997年；王刚（明昌二年—兴定元年）《遗山集》卷二十一《御
史程君墓表》；李介（兴定二年）《金石萃编》，卷一百五十九《改
建题名碑》，《石刻史料新编》第一辑第一～四册所收嘉庆十年
经训堂刻本，新文丰出版公司，1977年；李克忠（元光元年）《榘
庵集》卷七《扶风县尹李君墓志铭》；谢遹祖（正大年间？）《滋
溪文集》，卷七《皇元故昭文馆大学士兼国子馆祭酒赠河南行省
右丞耶律文正公神道碑铭有序》，中华书局，1997年；申志贞（金
末、经童科）《道家金石略》，《洞元虚静大师申公提点墓志铭》，
文物出版社，1988年，第648页；焦之彦（金末、经童科）咸
丰《武定府志》，北京大学图书馆藏咸丰九年刻本，卷三五《艺
文志·大中大夫中山郡焦侯碑》；解仲杰（金末？）《寓庵集》
（藕香零拾本）卷七《景陶轩记》；刘震（金末？）《张文忠公
云庄归田类稿》，北京大学图书馆藏元刻本，卷二十《济南刘氏
先茔碑铭》；昔宝味也不于（金末）《元史》，卷一百五十四《谒
只里传》，中华书局，1976年；焦余庆（金末）《清容居士集》
卷三十二《司天管勾焦君墓志铭》；李某（金末）《楚国文宪公
雪楼先生文集》，卷十八《大元河东郡公布都公神道碑铭》，台

湾"中央"图书馆，1970 年；王魏（金末）《楚国文宪公雪楼先生文集》卷二十二《王氏阡表》；解彻（金末）《牧庵集》，四部丛刊初编所收武英殿聚珍版本，卷二十五《少中大夫轻车都尉渤海郡侯解公坟道碑》，台湾商务印书馆，1936 年；李保民（不明）《北京图书馆藏中国历代石刻拓本汇编》第四十七册《李训墓幢》，中州古籍出版社，1989—1991 年。

6 关于《金史》的编纂过程，可参见藤枝晃：《〈金史〉的成书·三·〈金史〉的完成》（《〈金史〉のなりたち 三 〈金史〉の完成まで》），《征服王朝》，秋田屋，1948 年；陈学霖（Hok-Lam Chan）：《元朝的中国官方史学编纂：辽、金、宋史的成书》（"Chinese Official Historiography at the Yüan Court: The Composition of the Liao, Chin and Sung Histories"），收入蓝德彰(John D. Langlois)等编的《蒙元统治下的中国》(*China under Mongol Rule*)，普林斯顿大学出版社，1981 年；古松崇志：《关于修端〈辩辽宋金正统〉——元代〈辽史〉〈金史〉〈宋史〉三史编纂的过程》（《脩端「辯遼宋金正統」をめぐって—元代における『遼史』『金史』『宋史』三史編纂の過程—》），《东方学报》第 75 号，2003 年。

7 作为这一现象的背景，应当注意到的是，与南北宋及明清时代不同，金代官场中的党派多是以出仕途径（如科举、恩荫、吏职出身等）或民族（女真人、汉人等）为基础而形成的，而基于出生地的，只是其中少数且小规模的一部分。关于党派形成的具体事例，可参见高桥文治《元遗山与党争》一文。这也即是说，同乡出身这一点并不能成为官场交友关系及政治活动的决定因素，而涉及墓志铭的撰述之时，作者也未必会倾向于同乡之人。不过，与此形成鲜明对比的是，佛寺、道观、庙学、桥梁等设施在创建或重修时获得寄赠的文章，大多来自出生地或居住地与之相关的作者。

8 高桥文治：《元遗山与党争》，第 261—264 页。

9 薛瑞兆的《金代科举》第三章"金代进士"卷首部分解说；以及都兴智：《辽金史研究》，人民出版社，2004 年，第 94 页。

10 陈昭扬的《金代汉族士人的地域分布——以政治参与为中心的考察》（《汉学研究》第 26 卷，2008 年）也对金代科举及第者的地域分布做了详细分析。为了获得多角度把握当时情况的视点，希望读者能将本章的分布图与之进行对照参看。

11 在本章中，由于当时的墓志铭中出现的族人，范围一般不超过五服，因此"族人"一词一般指五服以内的亲戚。不过关于这个问题，尚需更详细的考察，拟将之作为今后的课题。

12 关于北宋和南宋时期解额制度及其弊病，可参见荒木敏一：《宋代科举制度研究》（《宋代科举制度研究》），同朋舍，1969 年，第一章第五节"解额"（「解額」）；贾志扬（John W. Chaffee）：《宋代科举》（*The Thorny Gates of Learning in Sung China: A Social History of Examination*），剑桥大学出版社，1985 年，第二部第三章"公正性的破坏：南宋科举"（"The Failure of Fairness: Examinations in the Southern Sung"）；近藤一成：《东坡应举考》（《東坡応挙考》），《宋代中国科举社会研究》（《宋代中国科挙社会の研究》），汲古书院，2009 年，原载《史观》（《史観》）第 125 号，1991 年。

13 孟古托力：《辽朝汉族儒士群体的形成及历史地位辨析》，《学术与探索》1991 年 4 月。

14   贾志扬：《宋代科举》，附录3。

15   《遗山集》卷三十七《兴定庚辰太原贡士南京状元楼宴集题名引》："晋北号称多士。太平文物繁盛时，发策决科者，率十分天下之二，可谓富矣。丧乱以来，僵仆于原野，流离于道路，计其所存，百不能一。"

16   参见本书第一部第一章。

17   《金文最》卷六十五《创建文庙学校碑》。

18   《金文最》卷六十七《威县建庙学碑》。

19   《金文最》卷六十七《渔阳重修宣圣庙碑》。

20   《金史》卷一百二十五《胡砺传》。

21   近藤一成：《宋代士大夫政治的特色》（《宋代士大夫政治の特色》），岩波讲座世界历史9《中华的分裂与再生》（《中華の分裂と再生》），岩波书店，1999年。关于进士及第者的南北差异，详见贾志扬《宋代科举》，附录3。

22   近藤一成：《关于王安石的科举改革》（《王安石の科举改革について》），见其著《宋代中国科举社会研究》，原载《东洋史研究》第46卷第3号，1987年。

23   例如北宋时代的福建，就因农业开发已至极限，在期待安身立命的背景中，人们对科举的热情高涨，热衷于在学校或私塾进行学问钻研，形成了一种极其强烈的"科举学问"的地域特征。参见中砂明德：《江南史的流向——南宋、元、明的展望》（《江南史の水脈—南宋・元・明の展望—》），岩波讲座世界历史11《中央亚欧大陆的统合》（《中央ユーラシアの统合》），岩波书店，1997年，第185—186页。

24   《金史》卷八十《赤盏晖传》："宋州旧无学，晖为营建学舍，劝督生徒，肄业者复其身。"

25 《中州集》卷八《路冀州仲显》。

26 在南宋时代，想要集齐全集或经书注释书，通常需要低级官僚半个月的月俸。参见梁庚尧：《南宋教学行业兴盛的背景》，《宋史研究集》第三十辑，2000年，第323—326页。

27 参见《续夷坚志》卷二《天赐夫人》，《遗山集》卷三十七《送秦中诸人引》。

28 乾隆《蒲城县志》卷十三《艺文一·金·重修学殿堂记》。

29 《金文最》卷七十六《上党县西韩村新修石楯碑》。

30 2004年6月，笔者走访威县、清河县之时，也未找到该碑。

31 高桥芳郎：《宋—清身份法研究》（《宋—清身分法の研究》），北海道大学图书刊行会，2001年，第五章《宋代的士人身份》（《宋代の士人身分》），原名《宋代の士人身分について》，收入《史林》第69卷第3号，1986年。该著第218页注7中指出，唐宋时期，"进士"一词多指应举者。在金代的华北地区，同样的例子也不胜枚举。如《拙轩集》卷六《清河张氏夫人墓志铭》有曰"生二男。曰钦哉，业进士"；又如《滹南集》卷四十一《王氏先茔之碑》曰"兄咏早世，二孤玠、瑀藐然可怜。公躬亲抚视，以至成人，而玠为名进士"；同集卷四十四《茆先生道院记》有"始以进士于官司，数奇不偶，乃弃家为方外"等。这些史料中的"进士"一词，指的都不是进士及第者。当然，也有例外情况，如《滹南集》卷四十三《进士彭子升墓志》中的彭悦，就是承安五年的经义进士。但这不过是例外，且有任官职历的人，其墓志中一般都会记载其最高或最终，抑或现任官职（就彭悦的情况而言，他在进士及第数年后，在知县任上发疯并自杀，或是因此，墓志有意避开了记载他的最终官职）。《金代科举》在大量引用史料中带进士号的事例时也说明这些并非进士及第者，但从另一个角度而言，如此庞大的"进士"群体的存在恰恰说明，以进士来称呼应举者在当时是多么习以为常。

32　《攻媿集》卷一百一十一《北行日录上》十二月十五日丙申条："步入磁州城门。……又有东溪，在驿之东。闻其中是郡庠，有士人十余人。"

33　参见张帆：《金代地方官学略论》，《社会科学辑刊》1993 年第 1 期，第 86 页。

34　高桥芳郎：《宋代的士人身份》，第 200—215 页；中砂明德：《士大夫标准的形成——南宋时期》（《士大夫のノルム形成—南宋时代—》），《东洋史研究》第 54 卷第 3 号，1995 年。

35　参见韩明士（Robert Hymes）：《政治家与士绅：两宋江西抚州的地方精英》（*Statesmen and Gentlemen : The Elite of Fu-chou, Chiang-hsi, in Northern and Southern Sung*），剑桥大学出版社，1986 年；柏文莉（Beverly J. Bossler），《宋代的血缘、地位与国家》［*Powerful Relations: Kinship, Status and The State in Sung China(960-1279)*］，哈佛大学出版社，1998 年。

36　《山右石刻丛编》卷二十三《闻喜重修圣庙记》（泰和四年）。

37　《攻媿集》卷一百一十一《北行日录上》，十二月一日壬子条。

38　《名公书判清明集》卷十二《惩恶门·把持·把持公事赶打吏人》："当职自到任以来，于士类每加敬礼，至于假儒衣冠者，或例借以辞色。"

39　"兵奴婢只许服绝绸绢布毛褐（士人未得乡荐及系学籍者，及实有才学，虽不得乡荐、不系学籍者，并同）。及僧道有师号（尼女同），并良闲官八品已上，许服花纱绫罗丝绸（士人及良闲官家属，并其余僧道，与庶人同）。"括号内为双行注。

40　《攻媿集》卷一百一十一《北行日录上》，十二月十八日己亥条："遇一夫自言举人。问所业，云通三史、试诗赋论策。然褐衣与皂隶无别。"

41　当然，就金代史料的现状而言，目前无法通过史料确定金代士人优免特权的习惯或规定的存在，但这并不意味着这种可能性完全不存在。事实上，就如我们在第二章中所看到的，金初科举给予了所有应举者免除自身科差的特权，这一举措的受益者应当相当广泛。不过，这一优免特权的实效性究竟有多长，以及是否存在户籍上的区别，管见所及，没有史料能够明确解释这些问题。或者可以说，史料的缺失恰恰暗示我们，这种特权很可能不过是临时的，或是仅限于一代的措施。

42　《金史》卷五十二《选举志二》"凡门荫之制"条。

43　《金史》卷五十一《选举志一·进士举人》："（大定）二十三年，……上于德政之隙，召参知政事张汝霖、翰林直学士李晏读新进士所对策，至'县令阙员取之何道'，上曰：'朕夙夜思此，未知所出。'晏对曰：'……其后南北通选，止设词赋科，不过取六七十人，以入仕者少，故县令员阙也。'"与此类似的相关史料很多。

44　《金史》卷五十一《选举志一·进士诸科》。关于金代的学校制度，参见黄凤岐《论金朝的教育与科举》，《北方文物》

2002 年第 2 期；《遗山集》卷三十二《寿阳县学记》。

45 《金史》卷四十七《食货志二·租赋》："出职带官叙当身者，……下逮终场举人、系籍学生、医学生，皆免一身之役。"这条史料没有记载时间，但"系籍学生"可以认为指的是府州学的学生，因此可推测其时间在府州学设置的大定十六年以后。

46 《金史》卷十一《章宗本纪三》，泰和元年九月戊申朔条："更定赡学养士法。生员给民佃官田人六十亩，岁支粟三十石。国子生人百八亩，岁给以所入，官为掌其数。"

47 民国《威县志》。

48 《金石萃编》卷一百五十五《博州重修庙学记》。

49 《全辽金文》中册第 1872 页《解州闻喜县重修宣圣庙记》："遂以乡校请命于州。州以闻诸漕台，得钱一十五万，以葺其殿及门与堂。"

50 雍正《肥乡县志》（北京大学图书馆藏）卷五《艺文志上·碑·金〈洺州肥乡县创建至圣文宣王庙记〉》："泰和元年，以令颁告天下。若无庙舍者，刺郡以上，官为创建，诸县许士庶自愿建立。"

51 雍正《肥乡县志》卷五《洺州肥乡县创建至圣文宣王庙记》："镇阳张君讳利用，字廷玉，为县主簿，以县之宣圣庙及学舍废之久矣，乃举令文以咨县尹。意以为不急之务，其议遂寝。"

52 《山左金石志》卷二十《棣州重修庙学碑》："明昌三年，大中大夫郭公安民由礼部侍郎出守是州，慨然有修旧起废之意。召匠计之，费当二百万。乃以文移计府，而有司之吝，七分其数，而才得其一。"

53 参见高桥文治：《山西省潞城县李庄文庙金元三碑》（《山

西省潞城県李庄文廟金元三碑》），《大阪大学大学院文学研究
科纪要》第44号，2004年。

54　此处"相授受"之语含义不明。高桥文治《山西省潞城
县李庄文庙金元三碑》第59页将之解释为"由于县学校长似同
时兼任县令，因此学生的诸费用由县负担，而县有时也将县学的
学生作为吏员加以任用"。

55　关于这些科举改革的详情，可参见三上次男：《金代科
举制度及其政治侧面》（《金の科挙制度とその政治的側面》），
《金史研究　三 金代政治社会研究》（《金史研究　三　金代政
治社会の研究》），中央公论美术出版，1973年，原载《青山史学》
第1卷，1970年。此外，女真进士科的设置也属于重要改革，
这一点详见本书第五章。

56　参见注45引用史料。

57　《金史》卷五十三《选举志三·右职吏员杂选》："典
客署书表，十八人，大定十二年。以班内祗，并终场举人慎行止
者，试三国奉使接送礼仪，并往复书表，格同国史院书写。十四
年，以女直人识汉字班内祗一同试补。大定二十四年，终场举人
出职八品注上簿，次下簿，三任依本门户。明昌五年，复许终场
举人材质端伟、言语辩捷者，与内班祗同试，与正九除。"

58　笔者在第一章中阐述过，金代定襄县在金初及明昌年间
以后，有不少新兴士人家族崛起。这一考察固然受到史料条件的
影响，但关于金代定襄县的史料绝不稀少，这或许也间接证明了
大定年间中期以后科举应试者的增加。

59　《续夷坚志》卷二《玉儿》《棣州学鬼妇》，都是讲述
夜间自习的州学学生遭遇鬼怪的逸话。

60 《遗山集》卷二十《顺安县令赵公墓碑》："躬教诸子学，不听外出，每患经史不备，妨于指授。或言：'文士李夏卿家文籍甚富，假借用之，宜无不从。'公曰：'夏卿藏书，我宁不知。然渠家阖县首户，予虽曾同场屋，今部民矣，与之交通可乎！'"

61 金代是继北宋之后第二个学校普及的时代，在陕西、河北、山东、河南等地，五至七成的州县中都普及了学校。参见陶晋生：《金代公学》（"Public Schools in the Jin Dynasty"），收入田浩、奚如谷编《女真统治下的中国：金代思想文化史》，详见本章注 1。

62 《遗山集》卷二十四《善人白公墓表》："维火山自太平兴国中升为军，虽有学校，而肄业者无几，宣和末，仅有上舍宋生。历大定、明昌官学之盛，然后公之二子擢巍科，取美仕。"

63 《遗山集》卷二十三《郝先生墓铭》。

64 《遗山集》卷三十九《故物谱》及卷三十七《元氏集验方序》。

65 《遗山集》卷二十三《刘景玄墓铭》。

66 《金文最》卷二十八《藏书记》。

67 《秋涧先生大全集》卷六十《故赵州宁晋县善士荆君墓碣铭并序》。

68 《金史》卷五十二《选举志二·门荫之制》："自大定十四年，文武官从下各增二阶，其七品视旧为九阶，亦荫一名，至五品凡十七阶，方荫二人，其五品至三品并无间越，唯六品不用荫。乞依旧格，五品以上增荫一名，六品荫子孙弟兄二人，七品仍旧为格。时又以旧格虽有己子许荫兄弟姪，盖所以崇孝悌也。而新格禁之，遂听让荫。"

69　《金史》卷五十四《选举志四·部选》："卫绍王大安元年，以县令阙少，令初入上中下令者，与其守阙可令再注丞簿一任，俟员阙相副则当复旧。"

70　《遗山集》卷二十四《苏彦远墓铭》。

71　苏车之弟官至信武将军，其子庆也官至宣武将军，但原因应如《金史》卷五十四《选举志四·省选之制》所说"宣宗兴定元年，徒单顽僧言：'兵兴以来，恩命数出，以劳进阶者比年尤多。贱职下僚散官或至极品，名器之轻莫此为甚。自今非亲王子及职一品，余人虽散官至一品，乞皆不许封公……'"，乃是蒙古入侵之后朝廷滥授散官的结果。

72　以上关于南宋时期的恩荫问题，可参见游彪：《宋代荫补制度研究》，中国社会科学出版社，2001年，第四章《南宋官员荫补制度》。

73　金初大量北宋官僚归降金国，获得官位换授，但《金史》卷五十二《选举志二·门荫之制》中描述，"（大定）五年十月，制：'亡宋官当荫子孙者，并同亡辽官用荫'"，这些官僚的子孙如北宋制度一样获得荫补的机会，在大定年间以后就已不存在。

74　参见《金史》卷一百二十六《刘从益传》，以及《秋涧集》卷五十八《浑源刘氏世德碑铭》。

75　参见赵琦：《金元之际的儒士与汉文化》，第104—141页。

76　《榘庵集》卷五《赠奉议大夫奉元路总管府治中李君墓表》。

77　赵琦：《金元之际的儒士与汉文化》，第16—28页。

78　参见高桥文治：《元遗山与党争》。

79　关于这一点，《归潜志》卷三所记载的履历等史料中，相同的例子存在不少。

　　80　《金史》卷一百一十《赵秉文传》，《归潜志》卷十正大中钦叔复为省试条，《金史》卷五十一《选举志一·进士举人》："（贞祐）三年，谕宰臣曰：'国初设科，素号严密，今闻会试至于杂坐喧哗，何以防弊？'命治考官及监察罪。"

　　81　《遗山集》卷二十三《故河南路课税所长官兼廉访使杨公神道之碑》。

　　82　《归潜志》卷二。

　　83　除了对科举的不满，还有如《归潜志》卷七中所记叙的，"南渡后，疆土狭隘，止河南、陕西。故仕进调官皆不得遽，入仕或守十余载，号重复累，往往归耕，或教小学养生。……其后有辟举法行，虽未入仕，亦得辟为令。故新进士多便得一邑治民，其省令史亦以次召补。故士人方免沉滞之叹云"，即官位空缺减少的问题也日趋严重。

　　84　《归潜志》卷七金朝近习之权甚重条。

　　85　《归潜志》卷七士大夫为吏者当以至公无心处之条。

　　86　以上关于南宋科举的问题，可参见贾志扬：《宋代科举》，第95—115页。

　　87　《金史》卷五十一《选举一·进士诸科》章宗大定二十九年条。

　　88　关于北宋的学校政策及对士人的优待，可参见近藤一成：《蔡京的科举和学校政策》（《蔡京の科举·学校政策》），《东洋史研究》第53卷第1号，1994年。

　　89　饭山知保：《从金元时代华北地区州县祠庙祭祀看地方官谱系——以山西平遥县应润侯庙为中心》（《金元代华北にお

ける州県祠廟祭祀からみた地方官の系譜—山西平遥県応潤侯廟を中心に》），《东洋学报》第 85 卷第 1 号，2003 年；另见饭山知保、Macabe Keliher：《中国中世纪的神明信仰：金元时期华北地区的寺庙崇拜、地方官与统治连续性》（ "Maintaining Gods in Medieval China: Temple Worship, Local Officials, and Continuity of Governance in North China under the Jin and Yuan"），《宋元研究杂志》（ *Journal of Song Yuan Studies* ）第 40 卷，2011 年。

90　民国《霸县新志》卷七《艺文志·记·涿州固安县颍川陈公塔记》： "越大定十一年冬，国家行南郊礼，恩赐七十以上民爵一级。" 相关史料不在少数。

91　《归潜志》卷七： "金朝兵制最弊，每有征伐或边衅，动下令签军，州县骚动。"

92　关于南宋初期统御体制的构建过程，参见寺地遵：《南宋初期政治史研究》，溪水社，1988 年。 "在承认各地地方性的同时，将手握军事和行政大权的重臣派遣至要地" 的具体例子，存在于整个南宋时代的长江沿岸布防大军与总领所，以及长时间成为吴氏军阀的根据地，保持着独特的通货和科举制度的四川地区。

93　相关南宋政策的先行研究，可参见赤城隆治：《近世地方政治的诸相》（《近世地方政治の諸相》），《宋元时代史的基本问题》（《宋元時代史の基本問題》），汲古书院，1996 年。

94　参见本书绪论注 14 韩明士著作，以及斯波义信：《南宋时代 "中间领域" 社会的登场》（《南宋における「中間領域」社会の登場》），《宋元时代史的基本问题》，汲古书院，1996 年；

须江隆：《福建莆田方氏与祥应庙》（《福建莆田の方と氏祥応廟》），宋代史研究会研究报告第六集《宋代社会的交际网》（《宋代社会のネットワーク》），汲古书院，1998 年；前村佳幸：《宋代的驻镇官》（《宋代の鎮駐在官》），《史学杂志》第 107 卷第 4 号，1998 年。

　　95　参见注 6 古松崇志：《关于修端〈辩辽宋金正统〉——元代〈辽史〉〈金史〉〈宋史〉三史编纂的过程》，第 147—152 页。

第四章

从杨业到元好问

—— 10—13 世纪晋北地区的科举渗透及其历史意义

前言

　　杨业（？—986 年）与元好问（1190—1257 年），一个是《杨家将演义》中的人物原型，一个是金代文坛的代表人物，都是历史上的名人。其中杨业出生于太原，元好问出生于忻州秀容，两地距离非常接近。可是除此以外，这两个人的人生几乎没有共同之处。

　　杨业是五代动荡时期北汉麟州刺史之子，而元好问则生于金国相对安定的明昌年间一个出过多名中低级官僚的士人家族，除了出生的时代不同、家庭环境的差异之外，造成他们二人人生轨迹迥异的背景之中，还有重要的一点，就是他们之间所隔的两个世纪里，科举制度的确立和普及给中国本部带来的社会变动。

　　关于科举制度的确立与华北士人，现有研究多关注官僚出身和经历的倾向以及具体案例[1]、个别士人家族的来历[2]、士人家族的家庭构成及婚姻关系[3]、北宋统治下的华北士人对于应举所表现出的态度的特征[4]等方面，明确了科举制度的确立给当时的社会结构带来了诸多变化。然而目前仍有不少问题处于今人的认知空白地带，尤其是关于华北地区独特而重要的论点，仍尚未受到关注。

近年来，关于唐至五代时期华北地区的粟特、回鹘、沙陀等族的活动的探讨，已经积累了不少成果，[5]但历来关于科举及华北士人的研究，一般都未对多民族、多文化混合的现象进行正面分析。而且，虽然上一章曾提到，女真对科举制度的继承，促使科举应试者群体扩大至整个华北地区，但对于那些此前并未受到科举制度渗透的地区或集团而言，这种普及是如何实现的，换言之，这些原本对科举没有太大兴趣的人，为何开始倾向于参加科举，目前尚无确切答案。

基于上述问题点，本章以杨业和元好问的家族背景为主线，探讨他们所生活的10—13世纪的山西北部（晋北）[6]科举制度渗透的过程及其历史意义。

第一节　北宋末—金代后期的秀容元氏

本节首先关注元好问的秀容元氏的家族背景。众所周知，元氏一族为拓跋氏后裔，[7]有史料称唐代元次山为其先祖，[8]但由于金末战乱，族谱多有遗失，[9]其说真伪难辨。

根据现有史料能够明确的秀容元氏最早的先祖，是北宋时期"忻州神虎军将领"元谊（参见族谱图5），神虎军是北宋时期置于山西、陕西的地方征募军。[10]元谊成为其将领，据《遗山集》

卷三十七《元氏集验方序》所描述，"吾元氏由靖康迄今，父祖昆弟仕宦南北者，又且百年"，应是在北宋末期。

这一家族的成员从元谊的孙辈起，开始对科举十分热衷。滋新经历了一次落第之后即放弃了应举，[11] 而其兄滋善则在正隆二年（1157 年）获赐进士及第，官至柔服县丞。[12] 他们之后的元氏子孙继续应举，但除了元好问在兴定五年（1221 年）进士及第

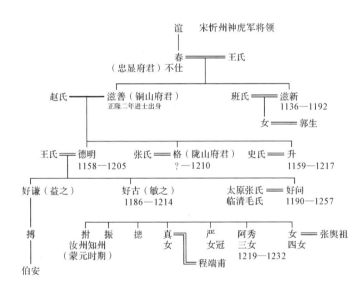

族谱图 5　秀容元氏族谱

注：据《遗山集》卷二十五《族祖处士墓铭》《承奉河南元公墓铭》《敏之兄墓铭》《孝女阿秀墓铭》、卷三十七《南冠录引》《元氏集验方序》、卷三十九《故物谱》、卷四十《为第四女配婿祭家庙文》，《中州集》卷十《先大夫诗》《敏之兄诗》，《金史》卷一百二十六《元德明传》，《陵川集》卷三十五《遗山先生墓铭》所作。

以外，其他人都不过是反复落第。不过，滋善之子格虽是由恩荫出仕，但也与滋善一样成功获得用荫资格，保证了其弟升的官位。滋善在任官后，其家族成员热衷于收藏包括"宣和内府物"在内的书画古董，每逢族人相聚，必相互交流藏品所得之途以及自家藏品状况，人人乐在其中。[13]

元好问出生时，秀容元氏正是这样一个两代科举之家，周围皆是"山夫谷民"，民风粗犷、不知礼仪的秀容元氏，[14]开始作为士人家族成长起来，地位亟待巩固。作为这样一个微不足道的新兴士人家族，元氏的例子在10—13世纪晋北的历史中有何意义？在下一节中，我们首先将回溯至约两百年前的10世纪后半期，从这里开始沿着时间脉络进行考察。

第二节　8—10世纪的晋北与太原杨氏

凭借现有史料，关于杨业的祖先，可知者甚少。其父杨信是北汉麟州刺史，而自幼精于骑射、喜好狩猎的杨业，起先也仕于北汉，以战功擢为建雄军节度使，北汉灭亡时（979年）降于宋太宗。后来他参与了宋辽争夺晋北的战役，在雍熙三年（986年）被辽军俘虏后绝食而亡。[15]

要了解杨业的人生，以及当时的晋北地区，我们有必要追溯至两百年前，关注数个北方民族集团迁居晋北的背景。据森部丰的研究，[16]8世纪后期至9世纪初，粟特（粟特裔突厥）与沙陀遵从唐之意向，移居至晋北，而移居之后也很大程度上维持了游牧习俗，拥有强有力的骑兵战斗力，成为唐王朝北方边境政策的参与者。后来沙陀以现在的大同盆地（代北）为中心，确立了在晋北地区的霸权。唐灭亡后，华北地区见证了后唐、后晋、后汉、后周，以及沙陀王朝或与沙陀渊源颇深的王朝的兴亡。唐末五代的晋北，是左右整个华北之动向的军事集团的根据地。在北方的辽及南方的宋建国以后，这些军事集团分别为两国的军事制度吸纳，继续作为战斗力存在。[17]

　　自身精于骑射，并常常统率骑兵征战的杨业，[18] 是与上述沙陀、粟特裔突厥军事集团系统有所关联的晋北武人，[19] 他的子孙也代代作为武官仕于北宋（参照族谱图 6）。杨业的六个儿子中，延玉与父亲一同战死；[20] 延昭则戎马倥偬，终其一生都在与辽作战；[21] 其余四子事迹不详，唯可知延昭之子文广以父恩荫出仕，任广西宜、邕两州知州，累遣至左藏库使，由英宗亲自擢为成州团练使。后为兴州防御使，晚年辗转于陕西、河北，历任知泾州、知镇戎军、定州路副总管等。[22] 他的职历是武官被授予横行阶的典型，[23] 可以认为是高级武官。另外，杨业的弟弟杨重勋由北宋太祖任命为麟州留后，其子光扆任麟州兵马指挥使。这或许是继承了曾任北汉麟州刺史的杨信的势力，但最终重勋之孙琪与麟州不再有联系，开始“读书史”。[24] 琪之子畋于庆历三年（1043 年）以前进士及第，曾受命镇压湖南、广西的猺人叛乱，后被召回中央，在知谏院任上死去。[25]

　　关于文广之后的杨氏子孙，史料没有记载，但从文广的履历来看，即便在经过北宋中期恩荫制度改革、恩荫资格更为严格的情况下，也可以确定文广的子侄获得了恩荫，[26] 可以认为太原杨氏终北宋一朝保持着官位。

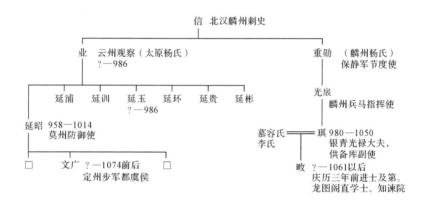

族谱图 6　太原、麟州杨氏族谱图

注：据《宋史》卷二百七十二《杨业传》、卷三百《杨畋传》，
《文忠集》卷二十九《供备库副使杨君墓志铭》作成。图中官衔
为最终所达官衔。

第三节　辽、北宋统治下的晋北与科举

除了太原杨氏，10—12 世纪的晋北还有很多武官辈出的所
谓"将门"，如太原王全斌家族、盂县李允则家族等，[27] 史料中
并不少见。黄河对岸西面邻接的陕北则有府州折氏，翻越太行山
脉，东面邻接的河北亦有真定曹氏，[28] 总之，宋辽边境地区乃是
北宋重要的武将家族聚集之地。虽然辽所属晋北的情况因受史料
限制而无法详知，但如上节所述，辽也曾将晋北的粟特裔突厥吸
收入自己的军队中，且辽的强大部族乙室部常在晋北游牧，[29] 不
难想象，情况应也与北宋相似。

在这样的背景中，科举的出现会给这个地区带来怎样的影

响？表3列出了笔者从相关史料中析出的辽和北宋统治下的晋北地区出现的科举及第者概况。如贾志扬曾指出的，明清时期地方志中所记载的10—12世纪华北地区科举及第者的相关记录缺乏可信度，[30]因此本书亦不加使用。表3中事例数量虽少，但相关史料（正史、文集等）没有避讳晋北人的倾向。虽然史料编纂过程中或多或少存在政治风向的影响，但就科举及第的事例而言，想要了解辽宋两国的内部地域差异，对相关史料进行仔细检索，应能够得到相对准确的信息。下文中将会详细论述，实际上在这一时期，科举对晋北的影响极其有限，本来及第者就很少。从及第事例的分布来看，史料中并未反映出当时的晋北存在培养出大量及第者的地区，而也是出于上述原因，这样的地区实际存在的可能性很小。这些都说明，表3可以作为推测当时晋北概况的依据。

表3最显著的特征，正是事例数量之少。这与北宋统治下的南方、辽统治下的南京析津府（今北京）一带比起来，[31]可说是天壤之别。再看及第者出生的地区，属于北宋领土的太原、汾州等南部地区人数占绝对优势（实际上，南部地区从地理、文化上来看，与山西南部的汾水流域平原地区关系密切。严格来说，表3中序号7—9的及第事例，与解州的司马光应属于同一类型）[32]，而属于辽国领土部分，也是朔州、云中等地方的政治、经济中心地区。

这即是说，当时的晋北无论是辽国领土部分还是北宋领土部分，参加科举的习惯性、积极性都偏低，应举者也偏向于出生于所在地区的中心部，或是距离国境线较远的地方。事实上，前往太原以北赴任的北宋地方官所看到的，多是与唐末五代基本一样的景象：

表 3　辽、北宋统治下晋北地区的科举及第者

辽统治下晋北地区的科举及第者

序号	姓名	及第时间	出生地	备考	出处
1	宁鉴	1104 年以前	朔州	长子与季子"举进士"	《北拓》卷四十五《宁鉴墓志》
2	虞仲文	同上	武州宁远	与宁鉴同年进士	《金史》卷七十五《虞仲文传》
3	孟唐牧	？	云中		《庄靖集》卷八《孟氏家传》
4	边贯道	？	丰州	状元	《中州集》卷八《边转运元勋》

北宋统治下晋北地区的科举及第者（包括五代末期及第，仕宦于北宋的例子）

序号	姓名	及第时间	出生地	备考	出处
1	王溥	948年	并州祁县	后汉乾祐元年进士	《宋史》卷二百四十九《王溥传》
2	郭崇	954—959年	汾阳	后周显德年间进士	《宋史》卷四百二十九《郑起传》
3	赵昌言	978年	汾州孝义		《宋史》卷二百六十七《赵昌言传》
4	袁用成	985年	并州	引进使袁继忠之子	《宋史》卷二百五十九《袁继忠传》
5	王惟正	998年	太原		《蔡忠惠集》卷三十四《王君墓志铭》
6	宋武	1005年	太原		《苏学士集》卷十四《大常博士宋仲达墓铭》
7	文彦博	1027年	汾州介休		《宋史》卷三百一十三《文彦博传》
8	文彦若	1027年	汾州介休		《北拓》卷三十七《文彦若墓铭》
9	牛拱辰	1023—1031年	文水		《文恭集》卷十四《牛拱辰可国子博士制》
10	杨畋	1043年以前	麟州新秦		《宋史》卷三百《杨畋传》
11	郝戬	1063年以前	石州定胡		《宋史》卷四百五十六《郝戬传》
12	王子韶	1068年以前	太原		《宋史》卷三百二十九《王子韶传》
13	王勔	?	太原		《鸡肋集》卷三十五《王勔字重民序》

注：《北拓》即北京图书馆金石组（编）《北京图书馆藏 中国历代石刻拓本汇编》（全九部分一百册，索引一册，中州古籍出版社，1989—1991年）。

　　　　太原九邑，寿阳距府三驿，最处山谷间。东当井陉常山
　　之路，北接定襄、雁门战国用武之地也。更五代之乱，为僭
　　伪所有，故其俗□勇，少壮而材者，多挟弓矢，跨鞍马，习
　　驰射之事。自国朝以来，未尝有乡举之士应诏者。[33]

　　这方碑刻立于元祐七年（1092年），由此可见，直到北宋
后期，当地仍未受科举制度渗透。当然，其中也存在地域差异，
例如政和四年（1114年）立于定襄县的《普贤寺石香炉记》（《定
襄金石考》卷一）中就记载了"李大夫"一子"应进士举"，可
知到了北宋末期，不同地区、不同环境的家庭中，也有对科举表
现出积极态度的例子。[34]这种情况说明，作为获得官位的途径，
科举应试与从军一样具有权威性的观念，开始渐渐在晋北扩大。
不过须得注意，当时中央朝廷所了解的晋北地区特征，只等同于
寿阳县的情况。熙宁年间，关于河东人"以团保甲，散马讴歌""惜
财物，不惮征役"的性格，神宗与王安石达成共识，都高度评价
了包括晋北在内的山西人在军事方面的可用性。[35]另一方面，晋
北属辽部分如前所述，情况不详，但同样没有史料显示科举已迅
速渗透。

　　太原杨氏形成"将门"的据点，正是在这一地区。《遗山集》
中记载了北宋时期代州崞县的情况：

　　　　上世家崞县大木张家里，……家近云朔塞，群从率以武
　　艺相尚，有"捉虎常氏"之目。……善以胆勇推择为乡兵指
　　挥使。俊之长子曰宗亮，慷慨多气节，中武举，官修武郎·鄜
　　延路第四将，仕至知文水县事。宗彦以骑射应募，官保义郎·河

东路第四部将。³⁶

　　当时的晋北，正如前文所述中央朝廷所认识的一样，武艺是立身之本。第一节中看到的元好问祖先元谊，也曾任忻州神虎军将领，与这条史料中的崞县常氏一样，北宋时期的秀容元氏应当也是在宋辽边境地区以武艺起家的家族。总而言之，在当时的晋北，前代以来的风气尚自浓厚，科举制度的影响也极其有限。

第四节　金代晋北地区科举应试的扩大及其背景

　　金国对华北的占领，给上述情况带来了极大的转机。表 4 是从相关史料中收集并总结出的金代晋北地区科举及第者的数据。首先，十分引人注目的是，金代相关史料总体数量偏少，可供检索的对象也较前代大为减少，但事实上事例数量却大幅增加。其次，及第者出生地多样化，也是值得关注的特点。

　　这些现象产生的原因，有几点可以考虑。第一，辽与北宋的紧张对峙关系的消失，在造成国界线向北移动的同时，势必也使得晋北地区的军事紧张局面得以消除。金国于阴山附近置女真、契丹、奚等猛安谋克，作为对西夏及北方的边防线，³⁷ 而在晋北当地则没有征募军队。前代的"将门"，大多从金初以后的史料中消失。上一节中提到，府州折氏族人移居忻州后开始读书从文，更有折元礼（表 4 序号 41）进士及第，³⁸ 曾经的"将门"在新时代的处境至此表露无遗。对于晋北人来说，作为武官飞黄腾达之路，无疑已狭窄得再难跻身。

表 4　金代晋北地区科举及第者

序号	姓名	及第时间	出生地	备考	出处
1	刘㧑	1124年	浑源		《秋涧集》卷五十八《浑源刘氏世德碑铭并序》
2	赵会	1127年	忻州定襄		《定襄金石考》卷一《故中散公之碣》
3	孙九鼎	1128年	忻州定襄		《中州集》卷二《孙内翰九鼎》
4	孙九亿	1128年	忻州定襄	序号3孙九鼎之弟	同上
5	孙九畴	1128年	忻州定襄	序号3孙九鼎之弟	同上
6	任才珍	1128年	汾阳		《遗山集》卷二十九《忠武任君墓碣铭》
7	边元勋	1132年	丰州		《中州集》卷八《边转运元勋》
8	吕崇礼	天会中	平定州		《元史》卷一百八十五《吕思诚传》
9	孟彦甫	天会中?	云中		《庄靖集》卷九《孟氏家传》
10	苏保衡	天会中?	云中天成	特赐进士	《金史》卷八十九《苏保衡传》
11	李安上	天会中?	宏州襄阴		《归潜志》卷一
12	王瓒	1139年	太原		《中州集》卷八《王汾州》?
13	牛德昌	1142年	蔚州定安		《金史》卷一百二十八《循吏传》
14	王珙	1149年	太原	序号12王瓒之弟	《中州集》卷八《王汾州》?

续表

序号	姓名	及第时间	出生地	备考	出处
15	王㻑	1149年	太原	序号12王璀之弟	《中州集》卷八《王汾州》？
16	边元鼎	1151年	丰州	序号7边元勋之弟	《中州集》卷二《边内翰元鼎》
17	张大节	1151年	五台		《金史》卷九十七《张大节传》
18	刘汲	1151年	浑源	序号1刘㧑之子	《秋涧集》卷五十八《浑源刘氏世德碑铭并序》
19	刘渭	1151年	浑源	序号1刘㧑之子	同上
20	雷思	1151年	太原		《中州集》卷八《学易先生雷思》
21	郝俣	1151年	浑源		《中州集》卷二《郝内翰俣》
22	康元弼	1157年	大同云中		《金史》卷九十七《康元弼传》
23	李逢	1157年	太谷		《太谷墓志·陕西仓使李君墓志铭》
24	元滋善	1157年	秀容	特赐进士	《遗山集》卷三十七《故物谱》
25	任忠杰	1160年	天戎		《三朝北盟会编》卷二百五十五《族帐部曲录》
26	杨伯通	1163年	弘州		《金史》卷九十五《杨伯通传》
27	刘俑	1170年	浑源	序号18刘汲之子	《秋涧集》卷五十八《浑源刘氏世德碑铭并序》
28	高汝砺	1179年	应州金城		《金史》卷一百零七《高汝砺传》

续表

序号	姓名	及第时间	出生地	备考	出处
29	张严叟	1179 年	五台	序号 17 张大节之子	《金史》卷九十七《张严叟传》
30	武都	1182 年	东胜州		《金史》卷一百二十八《武都传》
31	胥鼎	1188 年	代州繁畤	序号 34 胥持国之子	《金史》卷一百零八《胥鼎传》
32	张翰	1188 年	秀容		《金史》卷一百零五《张翰传》
33	李完	大定中	朔州马巴	经童举人→进士及第	《金文最》卷七十三《澄城县主簿李公去思碑》
34	胥持国	大定中	代州繁畤	经童举人→特赐进士	《金史》卷一百二十九《胥持国传》
35	王泽	1191 年	太原		《中州集》卷八《张代州大节》
36	张公著	1191 年	太原赐曲		《遗山集》卷十八《朝列大夫同知河间府事张公墓表》
37	刘震亨	1191 年	蔚州	学校特赐进士	《金史》卷九《章宗本纪》明昌元年六月癸丑条
38	董羲	1193 年	应州	以德行才能特赐进士	《金史》卷九《章宗本纪》三年六月癸丑条
39	李敏修	1194 年	太谷	序号 23 李造之子	《太谷墓志·陕西仓使李君墓志铭》

续表

序号	姓名	及第时间	出生地	备考	出处
40	李汭真	1194年	太原太谷		《甘水仙源录》卷四《大朝故讲师李君墓志铭》
41	折元礼	1194年	忻州		《中州乐府·折治中元礼》
42	田琢	1194年	蔚州		《金史》卷一百零五《田琢传》
43	康晋侯	1194年	应州	累举廷试，特赐进士	《金史》卷十《章宗本纪》明昌五年正月辛丑条
44	刘挚	1194年	云中	以德行才能特赐进士	《金史》卷十《章宗本纪》明昌五年四月壬辰朔条
45	李孝信	明昌中	孟县		《永乐大典》卷五千两百零五《原字韵引大原府志》
46	樊大有	明昌中	定襄	经童举人	《定襄金石考》卷二《故明清大夫华亭县令樊公彰善碑》
47	郭文振	1197年	太原		《金史》卷一百零八《郭文振传》
48	吴章	1197年	太原石州		《遗庵集》卷二《挽吴德明》
49	刘㑇	1197年	浑源	序号1刘㧑之孙	《秋涧集》卷五十八《浑源刘氏世德碑铭并序》
50	李纯甫	1197年	弘州襄阴	序号11李安上之孙	《金史》卷一百二十六《李纯甫传》

续表

序号	姓名	及第时间	出生地	备考	出处
51	张翰	1200 年	秀容	序号 32 张翰之弟	《中州集》卷八《张户部翰》
52	侯尚	1200 年	太原平晋		《庄靖集》卷八《题登科记后》
53	王特起	1203 年	代州崞县		《中州集》卷五《王监使特起》
54	白贲	1203 年	陕州		《遗山集》卷二十五《南阳县太君墓志铭》
55	程震	1209 年	东胜州	经童举人→进士及第	《遗山集》卷二十一《御史程君墓表》
56	刘从益	1209 年	浑源	序号 1 刘㧑曾孙	《秋涧集》卷五十八《浑源刘氏世德碑铭并序》
57	程鼎	1209 年	东胜州	序号 55 程震之兄。六赴廷试，特赐进士	《遗山集》卷二十一《御史程君墓表》
58	雷渊	1213 年	浑源	序号 20 雷思之子	《中州集》卷六《雷翰史渊》
59	聂天骥	1213 年	五台		《遗山集》卷二十一《聂天吉墓志铭》
60	马天来	1213 年	汾州介休		《中州集》卷七《马编修天来》
61	张天翼	1213 年	秀容	序号 32 张翰犹子	《中州集》卷八《张户部翰》
62	白华	1215 年	陕州	序号 54 白贲之弟	《金史》卷一百十四《白华传》

续表

序号	姓名	及第时间	出生地	备考	出处
63	周鼎臣	1215年	定襄		《遗山集》卷二十二《阳曲令周君墓表》
64	郝简	1215年	代州		《汝南遗事》卷三《天兴二年九月壬黄朔》
65	王渥	1218年	太原		《中州集》卷六《王右司渥》
66	曹之谦	1218年	应州		《归潜志》卷三《曹之谦》
67	元好问	1221年	忻州秀容		《陵川集》卷三十五《遗山先生墓铭》
68	孟泽民	1221年	云中		《庄靖集》卷八《孟氏家传》
69	孙德华	1224年	太原文水		《遗山集》卷二十二《御史孙公墓表》
70	马柔中	1224年	大同		《金石萃编》卷一百五十九《改建题名碑》
71	邢邦用	1224年	定安		同上
72	贾庭扬	1227年	平定		《遗山集》卷二十二《太中大夫刘公墓碑》
73	孟德渊	1230年	应州		《金石萃编》卷一百五十九《改建题名碑》
74	刘从禹	1230年	浑源	序号1刘扬曾孙	《秋涧集》卷五十八《浑源刘氏世德碑铭并序》
75	任嘉言	1230年	汾阳	序号25任杰之孙	《遗山集》卷二十九《忠武任君墓碣铭》
76	庞汉	1230年	平晋		《中州集》卷八《庞汉》

续表

序号	姓名	及第时间	出生地	备考	出处
77	曹居一	1230年	大原		《困学斋杂录·南湖散人曹居一条》
78	孟攀麟	1230年	云中	序号68孟泽民之子	《庄靖集》卷九《孟氏家传》
79	魏子平	?	弘州		《金史》卷八十九《魏子平传》
80	李元忠	?	武州		《归潜志》卷五
81	张翔	?	大原		《归潜志》卷五
82	张经	?	阳曲	序号36张公著之侄	《遗山集》卷十八《朝列大夫同知河间府事张公墓表》
83	张纬	?	阳曲	序号82张经之弟	同上
84	程思温	?	东胜州	序号55程震之子	《遗山集》卷二十一《御史程君墓表》
85	武伯英	兴定以前	崞县		《遗山集》卷四《云岩诗序》
86	刘似	?	浑源	序号1刘㧑之孙。四赴廷试，特赐进士	《秋涧集》卷五十八《浑源刘氏世德碑铭并序》
87	孟鹤	?	云中	序号68孟泽民之父	《庄靖集》卷八《孟氏家传》
88	赵元	?	定襄	特赐进士，经童举人	《中州集》卷五《愚轩居士赵元》

续表

序号	姓名	及第时间	出生地	备考	出处
89	魏玠	？	弘州顺圣	经童举人	《青崖集》卷五《先君墓碣铭》
90	魏仲仪	？	定襄	经童举人	《续夷坚志》卷一《旬会之异》
91	安滔	？	太原离石	经童举人	《滋溪文稿》卷二十二《默庵先生安君行状》

另外需要注意的是，正如我们在上一章中所看到的，金国与南宋的南北对峙形势出现，将华北士人从不得不与南方士人竞争的困局中解救出来，进士及第的可能性陡增；而前代及第者众多的河南、陕西地区，在金初的战乱中已然凋敝不堪，这也形成了对晋北士人十分有利的情况。在金初战乱相对较少的晋北，士人们早早地顺应了金国的科举政策，著名的登科士人接连出现。[39]

另一个重要的背景，在上一章也有提及，即特别是进入大定年间（1161—1189 年）以后，金国正式实行科举、学校政策，取消会试合格定员制，对官学生及会试合格者实行差役免除，以及为他们制定特别的出仕途径，使他们即便不能最终进士及第，也可获得相应的利益。而同时官学也进一步普及，上一章就曾提到，直至宣和末年才出了一个上舍生的陕州（即北宋火山军），在经过"大定、明昌官学之盛"以后，有了白贲（表 4 序号 54）、白华（表 4 序号 62）两兄弟同时进士及第。这表明金国的相关政策，确实促进了应举者群体的扩大。另一方面，以平阳为中心的金代山西中南部地区，是全国出版业的中心，出版了大量韵书及工具书等印刷物。[40] 由于受史料限制，关于出版业与晋北士人关系的问题，很难得到进一步阐明，但至少就书籍的获取、流通方面来说，在邻接平阳的晋北地区，出版业的发达必然为士人应举提供了极大的便利。

秀容元氏作为士人家族而崛起，正是在这种由科举制度渗透所带来的社会变动扩大至晋北地区之时。当然，我们无法断言前代的尚武风气至此完全消失无踪。实际上，元好问的叔父元升，也是"少不羁，喜从事鞍马间，欲复以武弁取官"之人。[41] 但总体而言，科举已然成为当地世家大族最关心的事，他们也愈发热衷于让族中子弟积极参加科举。[42] 例如上一节中作为分析对象出现的崞县常氏，在金国领有华北之后：

> 父讳振，孝悌忠信，不学而能。好交结文士，自以不习儒业为愧，一意课二子学。……故君强学自立，以成父志，自少日有声场屋间。[43]

俨然已由崇尚武艺转向了以文为业。这里的崞县常氏，以及秀容元氏、府州折氏的例子，如实反映了金代晋北所经历的社会变动——沙陀、粟特裔突厥传统的骑兵战斗力，以及培养了这种战斗力的尚武之风，早已不是能够代表晋北的特征，而正如元好问对于元氏家族在北宋以前的经历闭口不谈一样，晋北人自身对于这种风气的回顾与缅怀，也渐渐不见于史料。

另一方面，浑源刘氏、浑源雷氏、顺圣魏氏、襄阴李氏等长于词赋之学、进士辈出的家族由此崛起（参见表4），其中更出现了将词赋之学作为"家学"代代相传的例子。[44] 包括这些家族的成员在内，金代晋北地区通过词赋科登第，成为政治上、学问上著名的科举官僚之人比比皆是。[45] 众所周知，虽然金代科举本就重视词赋科，但晋北著名学者门下聚集了来自当地的求习词赋之学（也即是应举之学）的士人，这带来了晋北地区进士及第者的进一步增加。[46] 据元好问的记录，蒙元入侵以前，晋北出身的进士及第者约占整个金国及第者的十分之二，[47] 即便考虑到史料上的修辞之语，也可以说与前代相比差异显著，甚至可以说形成鲜明对照。对于晋北社会而言，金代是一个明显的转折期。

结语

1211 年蒙古开始入侵金国以后，晋北虽很快就进入了蒙古统治下，但随着战乱的平复，在晋北各地，庙学得以复兴，[48] 研习儒学之人或作为儒人被赋予差役免除的特权，或作为地方士人受到尊敬，都保持了一定的社会地位。而且，只拥有县级以下地方势力基础的中小汉人军阀中，也有让族中子弟学习儒学，并加入地方士人行列的例子。[49]

的确，自延祐年间科举实施以来，晋北出身的进士及第者应该只有极少数，[50] 如金代那样的盛况再也未能重现。但更应当注意的是，虽然长时间没有举行科举，且大量牧民移居进入，[51] 但晋北地区学子的儒学研习，却仍不同程度上继承了金代之风气，不失社会重要性，士人群体也并未消失。[52]

如本章所见，在 10—12 世纪的晋北，居民们基本保持着沙陀、粟特裔突厥的风俗，受到的来自科举的影响也非常有限。然而从属于女真后，晋北作为军事力量来源地的地位逐渐变得薄弱，为了获得官位，晋北地方精英中的一部分开始依赖于科举。这就意味着，在既有社会秩序崩溃之时，科举制度开始具备了维持社会身份，甚至使之进一步上升的功能。而正是这种功能，与金国科举、学校制度的整顿与扩大相同步，在拥有着像晋北这样的历史过程的地区，对科举的普及产生了重要的推动作用。

说到科举带来的社会构造的变化，不得不提金代女真人作为统治者移居华北后，关于女真人及其社会"汉化"的问题。下一章中将就科举制度对女真人的影响作一考察。

注释

1　青山定雄：《关于宋代华北官僚的谱系（1~3）》（《宋代における華北官僚の系譜について（その1～3）》），《圣心女子大学论丛》（《聖心女子大学論叢》）第21卷，1963年；第25卷，1965年，《中央大学文学部纪要》第45卷，1967年。松井秀一：《北宋初期官僚的一个典型——以石介及其谱系为中心》（《北宋初期官僚の一典型—石介とその系譜を中心に—》），《东洋学报》第51卷第1号，1968年。梅原郁：《宋代官僚制度研究》，同朋舍，1985年。孟古托力：《辽朝汉族儒士群体的形成及历史地位辨析》，《学习与探索》1991年第4期。

2　青山定雄：《宋代华北官僚的婚姻关系》（《宋代における華北官僚の婚姻関係》），《中央大学大学院研究年报》，1972年；衣川强：《宋代名族——河南吕氏的例子》（《宋代の名族—河南呂氏の場合—》），《宋代官僚社会史研究》，汲古书院，2006年，原载《神户商科大学人文论集》（《神戸商科大学人文論集》）第9卷第1、2号，1973年；爱宕元：《五代宋初的新兴官僚——以临淄麻氏为中心》（《五代宋初の新興官僚—臨淄の麻氏を中心として-》），《唐代地域社会史研究》，京都大学出版会，1997年，原载《史林》第57卷第4号，1974年；孔东：《宋代东莱吕氏之族望及贡献》，台湾商务印书馆，1989年；王章伟：《宋代士族婚姻研究——以河南吕氏家族为例》，《新史学》第4期第3号，1993年；李贵录：《北宋三槐王氏家族研究》，齐鲁书社，2004年。

3　关于这个课题，陶晋生的《北宋士族——家族·婚姻·生活》（"中央研究院"历史语言研究所，2001年）是最为全面的研究成果。

4 贾志扬：《宋代科举》，剑桥大学出版社，1985 年；近藤一成：《宋代士大夫政治的特色》，岩波书店，1999 年。

5 参见森安孝夫：《丝绸之路上的回鹘商人——粟特商人与斡脱商人之间》（《〈シルクロード〉のウイグル商人—ソグド商人とオルトク商人のあいだ—》），岩波讲座世界历史 11《中央欧亚的融合》（《中央ユーラシアの統合》），岩波书店，1997 年；荣新江：《中古中国与外来文明》，生活·读书·新知三联书店，1999 年；森部丰：《后晋安万金与何氏夫妻墓志铭及何君政墓志铭》（《後晋安万金·何氏夫妻墓誌銘および何君政墓誌銘》），《内陆亚洲语言研究》（《内陸アジア言語の研究》）第 16 号，2001 年；《唐代河北地区的粟特裔居民》（《唐代河北地域におけるソグド系住民》），《史境》第 45 号，2002 年；《唐末五代时期代北粟特裔突厥和沙陀》（《唐末五代の代北におけるソグド系突厥と沙陀》），《东洋史研究》第62 卷第 4 号，2004 年；钟焰：《安禄山等杂胡的内亚文化背景——兼论粟特人的"内亚化"问题》，《中国史研究》2005 年第 1 期。

6 "晋北"是一个于各个时代定义有所不同的概念，本章将其界定为金代河东北路，以及西京路大同府、应州、朔州、蔚州、弘州、东胜州、武州、宁边州、丰州一带。

7 《陵川集》卷35《遗山先生墓铭》："先生讳好问，字裕之，太原定襄人。系出拓跋魏，故姓元氏。"《金史》卷一百二十六《元德明传》："元德明，系出拓跋魏，太原秀容人。"定襄为秀容邻县，在史料中偶尔被误作元好问的出生地。

8 《中州集》卷十《先大夫诗》："先生姓元氏，字德明，秀容人。唐礼部侍郎次山之后。"

　　9　《遗山集》卷三十七《南冠录引》："贞祐丙子南渡河，家所有物，经乱而尽。旧所传谱牒，乃于河南诸房得之。故宋以后事为详，而宋前事皆不得而考也。"

　　10　参考第一章注 6 所示史料。

　　11　《遗山集》卷二十五《族祖处士墓铭》。

　　12　《遗山集》卷三十七《故物谱》："先祖铜山府君，正隆二年赐出身。"卷二十五《承奉河南元公墓铭》："考滋善柔服丞。"

　　13　《遗山集》卷三十七《故物谱》。

　　14　《遗山集》卷二十五《族祖处士墓铭》："所居韩严五社，聚落千余家。……山夫谷民，性既鄙朴，语又无根蒂。每及一事，则麤气叫吼，攘臂纷竞，移时不罢。"

　　15　《宋史》卷二百七十二《杨业传》。

　　16　见森部丰：《唐末五代时期代北粟特裔突厥和沙陀》。

　　17　现有研究认为，辽占有晋北之后，将当地的粟特裔居民作为军事力加以编制，参见：工藤寿晴《辽许从赟墓志铭考释——作为考察燕云地区入辽后云州形态的线索》（《遼許從贇墓誌銘考釈—燕雲地域獲得直後における雲州の様相を考察する手掛かりとして—》），《白山史学》第 45 卷，2009 年，第 121—122 页。

　　18　《宋史》卷二百七十二《杨业传》："会契丹入雁门，业领麾下数千骑自西京而出，由小径至雁门北口，南向背击之，契丹大败。"

　　19　史料表明，杨姓族人拥有沙陀血统，如《旧五代史》卷九十七《杨光远传》中提到"杨光远，……其先沙陀部人也"，

《新五代史》卷五十一《杨光远传》则记录"杨光远，字德明，其父曰阿嚏啜，盖沙陀部人也"，不能排除杨业本人也有沙陀或粟特血统的可能性。

20　《宋史》卷二百七十二《杨业传》："马重伤不能进，遂为契丹所擒。其子延玉亦没焉。"

21　《宋史》卷二百七十二《杨业传》附《杨延昭传》。

22　《宋史》卷二百七十二《杨业传》附《杨文广传》。

23　参见梅原郁《宋代官僚制度研究》，第142—153页。

24　《文忠集》卷二十九《供备库副使杨君墓志铭》："祖讳重勋，又为防御使。太祖时为置建宁军于麟州，以重勋为留后。后召以为宿州刺史，保静军节度使，卒，赠侍中。父讳光㞋，以西头供奉官监麟州兵马，卒于官……君（琪）生于将家，世以武显，而独好儒学，读书史，为人材敏，谦谨沈厚，意恬如也。初以父卒于边，补殿侍。后用其从父延昭任，为三班奉职。"光㞋似为战死，而若其子琪当时尚未成年，麟州杨氏显然会成为北宋初期削减武将势力政策实施的绝好目标。

25　《宋史》卷三百《杨畋传》。

26　游彪：《宋代荫补制度研究》，中国社会科学出版社，2001年，第26—77页。

27　《宋史》卷二百五十五《王全斌传》，卷三百二十四《李允则传》。

28　《宋史》卷二百五十三《折德扆传》，以及柳立言：《宋初一个武将家族的兴起——真定曹氏》，《中国近世社会文化史论文集》，"中央研究院"历史语言研究所出版品编辑委员会，1992年。

29　毛利英介:《1074 年—1076 年辽宋领土交涉发生的原因——以辽的视点为主》[《一〇七四から七六年におけるキタイ（遼）・宋間の地界交涉発生の原因について—とくにキタイ側の視点から—》]，《东洋史研究》第 62 卷第 4 号，2004 年，第 17—21 页。

30　贾志扬:《宋代科举》，第 204 页。

31　孟古托力:《辽朝汉族儒士群体的形成及历史地位辨析》，第 134 页。

32　另外，注 4 贾志扬著作中附录 3 基于地方志记载而作成，其中河东路一项，也显示了相同结果。

33　《山右石刻丛编》卷十五《寿阳县学记》。

34　在定襄县，于北宋末开始应举的事例偶有可见，到了金初则出现不少科举及第者。参见本书第一章。

35　《续资治通鉴长编》卷二百四十一，熙宁五年十二月己卯条:"（王安石）又言:'河东人至以团保甲，散马讴歌，古人以讴歌察民情所在，而鼓舞之，乐所为作也。'上曰:'人情好兵。'安石曰:'人情大抵好胜，先王能养其胜气，故可以使之征伐。'上曰:'河东人惜财物，不惮征役，可使。'"

36　《遗山集》卷二十四《真定府学教授常君墓铭》。

37　参见三上次男:《金史研究一: 金代女真社会研究》(《金史研究　一　金代女真社会の研究》)，中央公论美术出版社，1972 年，第 393—395 页。

38　《中州乐府・折治中元礼》:"元礼，字安上，世为麟抚经略使。父定远，侨居于忻，遂占籍焉。明昌五年，两科擢第。"

39　后来被盛赞为"金国一代词学，精切得人为盛，由公有以振而起之也"（《秋涧集》卷五十八《浑源刘氏世德碑铭并序》）的浑源刘㧑，正是其中的代表性人物。

40 田建平：《元代出版史》，河北人民出版社，2003年，第46—47页。

41 《遗山集》卷二十五《承奉河南元公墓铭》。

42 作为例子，可参考本书第一章第一节。

43 《遗山集》卷二十四《真定府学教授常君墓铭》。

44 《秋涧集》卷五十八《浑源刘氏世德碑铭并序》："汲，字伯深，颖悟绝人，早传家学，与弟渭同擢天德三年进士。"《青崖集》卷五《先君墓碣铭》："令尝谓诸子曰：'我家赀可约五万余贯浑有几，不若供汝辈读书。忝则登第，不登第犹足以学自守。'"

45 《归潜志》卷十金朝名士大夫多出北方条。

46 例如五台张大节（表4序号17）门下，有太原王泽（表4序号35）、崞县王特起（表4序号53）等人。参见《中州集》卷五《王监使特起》，卷八《张代州大节》。

47 《遗山集》卷三十七《兴定庚辰太原贡士南京状元楼宴集题名引》："晋北号称多士。太平文物繁盛时，发策决科者率十分天下之二，可谓富矣。"

48 赵琦：《金元之际的儒士与汉文化》，人民出版社，2004年，第187—189页。

49 参见本书第一部第一章、第二部第八章。另外，山东一地的例子，也可参见森田宪司：《关于济南路教授李庭实——选择碑文的教育者层》（《济南路教授李庭実をめぐって一碑文の選者としての教官層》），《元代知识人与地域社会》（《元代

知識人と地域社会》），汲古书院，2004 年，原载《中国士大夫阶级与地域社会的关系》（《中国士大夫階級と地域社会との関係》），昭和五十七年度科学研究费补助金综合研究（A）研究成果报告书，1982 年。

50　关于蒙元时期进士及第的事例，现阶段虽无法做到全部把握，但至少可知，《元统元年进士录》《至正十一年进士题名记》中能够查明出生地的"汉人"及第者68名中，无一名出生于晋北。见萧启庆：《元统元年进士录校注》（上·下），《食货月刊》第13期第1、2号，第13期第3、4号，1987年。另外，桂栖鹏《元代进士研究》（兰州大学出版社，2001年）从各种相关史料中收集了大量进士及第的事例，也只发现王守诚（阳曲）和吕思诚（平定，表4序号8吕崇礼六世孙）两个晋北出身的例子（见该书第25页），且两人都是经国子学及第。

51　村冈伦：《蒙元时代初期的河南、山西地区——关于右翼兀鲁思的分地成立》（《モンゴル時代初期の河西・山西地方—右翼ウルスの分地成立をめぐって—》），《龙谷史坛》（《龍谷史壇》）第117号，2001年；《蒙元时代的右翼国家与山西地区》（《モンゴル時代の右翼ウルスと山西地方》），平成十二—十三年度科学研究费补助金基础研究(B)(1)研究成果报告书《从碑刻等史料的综合分析入手的蒙元帝国、元朝政治的经济体系的基础研究》（《碑刻等史料の総合的分析によるモンゴル帝国・元朝の政治・経済システムの基礎的研究》），2002 年。

52　这一现象出现的原因，蒙元政权的儒学保护政策应该也是重要背景。详见宫纪子：《关于大德十一年〈加封孔子制诰〉的诸问题》（《大德十一年〈加封孔子制誥〉をめぐる諸問題》），

《蒙元时代的出版文化》（《モンゴル時代の出版文化》），名
古屋大学出版会，2005 年，原载《中国——社会与文化》（《中
国—社会と文化—》）第 14 号，1999 年；《程复心〈四书章图〉
出版始末考——江南文人的保举》（《程復心〈四書章図〉出版
始末攷—江南文人の保挙—》），同收入《蒙元时代的出版文化》，
原载《内亚语言研究》（《内陸アジア言語の研究》）第 16 号，
2001 年。

第五章

金代华北地方社会中女真人的定位与"女真儒士"

前言

金代华北社会最大的特征之一，就是诸民族大范围杂居，其中更有以女真人为中心的北方民族集团向中国本部的移居。这一特征历来吸引了学者们的诸多关注，关于金代女真人的移居，以及移居后女真人社会结构的研究，也早已有了厚重的积累。[1]这些先行研究的结论大都非常明确，即进入中国本部后的女真人受到周边原有居民，尤其是数量占绝对优势的汉人的影响，从移居之初起，其语言、习惯上的特点便渐渐消失，随之而来的则是猛安谋克制度的变化、衰退。

这种发生在中国本部的外族集团受到汉人语言、习惯、风俗方面影响，即所谓的"汉化"现象，是考察中国本部历史、社会问题的关键所在，对于女真社会而言也不例外。学界前有三上次男，后有陶晋生，最近则有刘浦江，都先后对女真人的"汉化"作了综合性论述，关注范围上至国家制度，下至生活习俗。[2]然而，关于女真人的"汉化"和金代社会的很多问题，还有待进一步探讨。

这种现象出现的原因，首先是先行研究的主要考察对象、考察范围有限。金代史料中出现的女真人，深受儒学教育浸染，诗文、书画才能出类拔萃的不在少数。我们姑且将这种女真人对儒学素养及汉文化的接受吸收称为"儒化"，而这种儒化可以说是"汉化"最明显的表现，受到诸多先学的关注，也是理所当然。而另一方面，先行研究中使用较多的《金史》所载列传、各种文集所载墓志铭等，其中大多数儒化的事例，都是身在宫廷的宗室、高级贵族或高官。[3]正因如此，目前关于女真人汉化问题的先行研究，大部分都主要将视点放在宗室、贵族、高官的儒化上，而对于其他普通女真人，则大多只停留在对其改姓或服装、婚姻关系等生活习俗方面的变化作一概观，由此推测其群体的汉化倾向。这即是说，目前既有研究多将考察对象严格区分为皇族、贵族（世袭官僚等）和一般社会两类，却只把后者当作了次要对象。[4]由于汉化程度各有差异，具体的考察对象多受局限。其结果是，虽然宗室、贵族儒化的形象已然清晰，但在移居地的地方社会中，女真人的具体定位，以及关于金代社会特质的一些问题却被忽视了。而本章将要探讨的地方社会中儒化女真人（本章中为求简便，将他们简称为"女真儒士"）的真实形象，便是其中之一。

下文将详细介绍的是，金国于大定初年在各地设立女真学，让各谋克的良家子弟入学，学习被翻译为女真文字的经典，其人数多达三千人。女真学的设立，历来被当作谋求"女真文化复兴"的举措。[5]不过，文字虽为翻译后的女真文，原本的书物却是儒家经典，因此女真学的最终目标仍是提高学生的儒学素养。其后朝廷开设女真进士科，学习儒学的女真人进一步增加。这表明，女真儒士不只存在于皇家或贵族家庭，也广泛存在于金代一般社会中。然而，部分由于上述研究倾向的影响，地方社会中女真儒士的真实形象，甚至连他们追求儒学素养的理由，在目前的研究中都未得到足够的关注和考察。

基于以上研究现状和问题意识，本章将尝试明确金代华北地方社会中女真人的定位，在此基础上考察女真儒士的真实形象及出现的背景，以及他们与既有士人层的差异。相关史料数量并不多，但到目前为止，关于女真人汉化的研究大多局限于使用文献史料，而对于包含大量反映当时社会情况内容的碑刻史料却多有忽视。具体而言，本章将首先对相关传世文献进行再探讨，并通过分析历来未受关注的碑刻史料中所见的女真人居住地的具体例子，尽可能地明确既有认识中缺漏甚多的金代华北地方社会中女真人的定位与形象。其次，基于上述结果，本章还将以当时女真社会对女真进士科整顿措施的反响为主线，探讨女真儒士学习儒学的背景，以及他们在地方社会中的立场。

第一节　金代华北社会中女真人的居住形态

现有先行研究倾向于通过对相关政策的分析，考察猛安谋克制度的总体动向，而对于地方社会中女真人的具体情况，则未知甚多。首先，作为基本前提，本节在此需对女真人移居华北后的居住形态作一确认。《遗山集》中有如下记叙：

贞祐二年（1214年），受代有期，而中夏被兵，盗贼充斥，互为支党，众至数十万，攻下郡邑，官军不能制。渠帅岸然以名号自居，仇拨地之酷，睚眦种人，期必杀而后已。若营垒，若散居，若侨寓托宿，群不逞哄起而攻之，寻踪捕影，不遗余力。不三二日，屠戮静尽，无复噍类。[6]

这段文字描述的是山东地区受到蒙古军队进攻后的社会动乱，以及女真人遭受屠杀的景象，而另一方面，关于女真人的居住形态，其中则提到了"营垒"（猛安谋克的村寨、屯营）、"散居"（与周边居民杂居）以及"侨寓托宿"（暂居他处）三种形式。

以上三种居住形态之中，女真人"散居"或"侨寓托宿"的实际情况，受史料所限，无法进行详细探讨。《八琼室金石补正》卷一二七《重刊郑司农碑阴记》中记载，在密州高密县郑公店，有一郭姓人家，在修复当地的东汉郑玄庙之后，族人中于承安五年（1200年）出了经童科及第者。受其影响，郑公店及其周边村落（关于村落名阙字很多，但可推测应不包括猛安谋克村寨或屯营）至少138人争相参与重修，企图获得与郭姓人家相同的神明眷顾。其中有"移剌明""石抹□察奴"等，明显为契丹姓的人物。虽然此类个例不能无条件扩展，但我们能够看到，包括密州在内的山东东路为猛安谋克活动尤为明显的地区，由于猛安谋克与周边居民杂居，问题屡屡发生。[7]该地约138人中两名契丹人的存在，或可作为考察金代社会中女真人散居、侨寓托宿的基准之一。当然，其中也有汉人名存在的可能性，而且作为被当地原有居民当作信仰对象的祠庙，契丹人、女真人对其重修到底有多大程度的关心，其实并不确定，因此这最多只能作为暂定基准。

上述事例中的契丹人身无官职，但散居、侨寓托宿的女真人中，应有不少任官职者及其家属。《汧阳述古编》中讲述的例子，就是其中一个典型。

> 　　师姓蒲察氏，讳道渊，通微子，道号也。家世上京，乃祖以金朝开国佐命功封世袭千户，遂为燕都之巨室。……一日于燕市中见货药道流，以狡狯惑众。师厌见之，傍一走卒言曰："此妄人耳。吾关西有丘师父者，真神仙人。"师闻之，延于肆而饮之酒，询得其详。……无几何，二亲俱下世，方舅氏得官长安，因从入关。……时清明，因游兴庆池，遇女冠镏琼，问长春师所在。琼曰："吾师今隐陇山。"翌日径往参谒，比师将至，长春预告弟子毕知常曰："有自燕都来受教者。"须臾师至，见长春鬖头木履，克肖向梦中所遇。时大定之辛丑岁，师甫三十矣。[8]

　　这段史料讲述了金代在陕西地区致力于扩大全真教教众的蒲察道渊自身入道的经过，而原本居住在都市的蒲察道渊随着赴任的亲戚而移居别处，则让人想起当时官僚世家的生活。他痴迷道教经典，徘徊于燕京市井，而至京兆府，则于清明节至兴庆池游玩，可以说完全融入了华北的都市生活。在关汉卿《新刊关目诈妮子调风月》中登场的洛阳千夫长若君，虽然思想、人生观与蒲察道渊全然不同，却也是当时居住在都市中的女真人贵族的一个典型。

　　被先行研究认为是"汉化"了的女真人中，有不少如上文的例子一样居住在都市中。不过，当时绝大多数的女真人并非都在都市，而是以猛安谋克为单位居住在村寨、屯营中。在下一节里，我们将围绕地方社会中的这些女真人与周边居民的关系进行探讨。

第二节 村寨、屯营与周边居民的关系

关于猛安谋克制度和村寨、屯营，先行研究早有关注，其成果概略如下。女真人的移居风潮，大致可以分为三次，即金初、正隆末至大定初—中期，以及受蒙古军队进攻以后。[9]其中的最后一次，说是移居，不如说是避难更为准确，因此严格意义上说，真正称得上是移居的，只有前两次。到达指定屯驻地的猛安谋克，在分配到的土地上修筑防御设施，形成居住地，在移居初期，还一边使用家中仆役，一边进行耕作。后来，他们将周边居民作为佃农使用，或是雇佣佃户代行耕作。而在这个过程中，土地买卖增多，猛安谋克渐渐失去了自己的土地，日益贫困。[10]与此同时，女真人与周边居民的通婚也日渐增多，更伴随着经济活动的变化融合，女真人的语言、风俗习惯都开始向汉人靠近，最终被周边居民同化。[11]在蒙古军队入侵以后，猛安谋克制度逐渐崩溃，到金代末期，已然有名无实。[12]

以猛安谋克为单位移居而来的女真人与周边居民的关系逐渐深化，最终在蒙古军队冲击之下丧失原有的社会秩序，这一过程已无甚争议。然而先行研究中，尚有值得探讨之处。尤其是现有成果集中关注土地所有问题造成的贫困，以及女真人的"汉化"形象，但与此同时，关于地方社会中的村寨、屯营的具体形态等问题，目前仍有诸多疑问。

猛安谋克将周边居民雇佣为佃农、佃户，由此引起各种问题，

这是不争的事实，[13] 也是考察金代社会中的猛安谋克相关问题时不能忽视的重要因素。但是，现有研究在讨论村寨、屯营与周边居民的关系时，仅关注土地所有问题一个方面，简单地将猛安谋克与周边居民同归为土地所有者，未免以偏概全。其结果就是，并非作为农耕单位存在的村寨、屯营的性质多被忽视。

而关于村寨、屯营与周边居民的关系问题，《遗山先生文集》中有如下叙述：

> ［泰和五年（1205年）］再调寿张主簿。……县境多营屯，世袭官主兵，挟势横恣，令佐莫敢与之抗。兵人殴县民，民诉之县，县不决，申送军中。谓之"就被论官司"，民多苦之。一日，阍者告百夫长夜破门钥，挟两妓以出。公谓："夜破门钥，盗也。"遣吏捕还，榜掠至百数，且械系之。明日，千夫长与其属哀请不已，约此后不复犯平民，乃释之。[14]

与之类似的周边居民与猛安谋克的纷争，史料中屡见不鲜，[15] 而且都表明猛安谋克在周边居民面前明显处于优势地位。而另一方面，百夫长夜破门钥而出，目的地应是"县境营屯"，即自己所属的村寨、屯营。这就说明，村寨、屯营与周边村落或县城并非完全隔绝，即便关系到势力强弱优劣，但看史料中类似的违规行为，也可以认为他们相互之间是有各种日常来往的。

不过，从本质上说，村寨、屯营与周边村落之间仍有差异。这就是史料中所描述的：

> 军人以春牧马，经夏不收饲，瘠弱多死，阿鲁罕命以时

收秣之，故死损者少。[16]

这个例子中女真人牧马虽是粗放型，但确是由猛安谋克来进行的。而与此相似的事例还有：

> （大定末年，胡公）用提刑司廉举，特旨升即墨令。县界多世官，侵愁细民，累政以为苦。及是有以牧马伤民田者，公深治而痛绳之，强暴为之帖然。[17]

这是发生在山东即墨县的由牧马引起纷争的例子。即墨县所在的山东东部，在后来的蒙元时代，也由于般阳路投下领主合撒儿家的猎民、牧民在民田放牧，频繁引起纷争。[18] 各事例之间程度虽有差异，例子本身存在的相似性却值得深思。另外，《澄城主簿赵公德政碑》中也有相关事例：

> 每岁冬月，军人以戍焉。牧于郊□□□□死者则强抑地分以均陪，民恒患之。官□坐□□□敢道，至公即不然，乃慨然曰："不惟侵掠我元□□。今岁冬旱，宿麦半死，若纵令牧放，即甚伤农□□□□矢则国计何自而出乎？"因下令严行禁约。仍□文□之主者，其寨主虽粗暴武人，闻风而服公之刚正。乃戒其军曰："真贤尉也，不可犯之。"自是牧□不敢侵境，民绝其害。[19]

可以看到，陕西同州澄城县也有同样纷争发生。由这条史料可知，在澄城县，猛安谋克与周边居民之间，牧马与农耕是同时进行的。考虑到后来的蒙元时代的已知情况，我们有理由认为，在金元时代的华北地区，军营或牧民的营屯地周边，始终存在类似情况。

总之，需要强调的是，一方面，猛安谋克村寨、屯营与周边居民在多方面保持着交流，而另一方面，又基本处在与周围界限分明的屯驻地中，并非能够简单融入于周边地区之中。

第三节　村寨、屯营的实际事例（滑州白马县董固台）

这里又出现了一个问题，即当时的村寨、屯营本身究竟是怎样的情况。本节将基于具体事例探讨该问题。据史料描述，女真人在移居至中国本部之初，被当地汉人当作与自己价值观天差地别的异类，[20]甚至连语言交流都很困难。[21]由于与南宋频繁发生战争，当时的村寨、屯营，应更多的是单纯被当作屯驻地、军事据点。这种情况发生改变，是在金国统治逐渐稳定、移居后出生的一辈长大成人，即熙宗朝后期至大定初年左右。

那么，移居两代以上的村寨、屯营，实际情况又是怎样的呢？对于这个问题，滑州白马县董固台是一个可以作为具体事例的典型。民国《重修滑县县志》中，留有这个村寨的相关史料。该碑刻中嵌套着不同文书材料，内容也略为复杂，此处以不同标点区别各级文书。另外，原碑实物现已不可见，原文中换行、抬头的形式已不明。[22]

尚书礼部部院北西路运司院额作守景[23]滑州牒：都纲司申，白马县董固村僧□□□告："泰和二年[24]上，有迪里买猛安所言，白马县董固台今驻扎迭里山谋克赤盏明启须善柔。[25]前来旧有佛堂一所。住持近修佛堂，正殿内梁上有本州司吏贾晓[26]出职授宿州知州悬写脊记。上脱写：［大定五年二月廿六日，登仕郎新授宿州知州贾晓等建］。及因今□□寺墙，又墩□大定五年重修上佛堂碑铭一个，清写：［自来旧有崇福禅院名额］。前来大定十五年上勾籍寺额院时，为无碑铭，不曾系帐。"告到滑州，都纲司公据敕会，保明本人所告是实。今纳钞二百贯花费，牒改作崇福禅院名称。使都将冯聚照勘相同。合行为给者。牒：奉敕可特赐崇福禅院。牒至准敕。故牒。崇庆元年□月　日　令史石彬　主事侯利建（以下省略礼部尚书、礼部员外郎、礼部郎中之名）[27]

此碑是立于至宁元年（1212 年）的赐额牒，形式虽多少有些偏离正轨，仍算是一方极其普通的金代赐额牒。[28]不过，虽然普通，却是住在村寨中的女真人留下的史料，对于金代华北社会村寨、屯营的分析考察来说很有价值。

泰和二年（1202 年）提出的立碑请求，直到十年后才得以实现，个中原因或许在于对发动泰和南征（1206 年对南宋开禧北伐的反击，以及后来的讨伐南征），以及对之进行褒奖的政治态度。上述引用部分只是该碑刻的上半。由于篇幅所限，文中省略了下半部分铭文，但铭文末尾有"鹅鸭村住太君温迪罕　县君温迪罕　都功德主广威将军迪里买猛安　札迭里山谋克赤盏　小师僧志冲　首座僧祖本"字样，列出了购买赐额牒及立碑的相关人名。从其中的人名来看，至少札迭里山谋克与之直属的猛安，似乎对汉姓的接受度并不算高。女真人对于汉姓的接受程度，本来就多有差异。例如大定末年从上京移居至莱州胶水的徒单姓家族，就因为住在"孟氏宅"（或许该宅之前的主人姓孟），而渐渐被人认为是孟姓。[29]另有例子表明，即便改汉姓，也并不代表他们放弃了原来的姓。上京盖州的斡勒姓家族，虽改为李姓，但至蒙元时代，族中成为女冠的女儿，本行记中仍然记录着斡勒旧姓。[30]关于女真人的改姓，《南村辍耕录》卷一《氏族》中的《金人姓氏》，以及《三朝北盟会编》卷三重和二年正月十一日条中女真姓与汉姓的对应表，都是有名的史料，但上述两例却并不属于其中的类型。这即表明，改姓并非有组织的行为，而是基于各个家族，甚至是个人情况或是喜好而进行的。[31]另外，就笔者管见所及，迪里买猛安与札迭里山谋克一起出现的例子，在其他史料中并不曾见。迪里买猛安究竟是个人名（从其后附加广威将军称号这一点来看，此种可能性应该更高），还是作为集团的猛安名，现已无法确定。

东洋文库藏正统《大名府志》卷四《城郭古址·滑县》中记录"董固城，在县南沙店里，去县七里，周围三里。城已平覆，惟存遗址"，同为东洋文库所藏《嘉靖滑县志》卷一《地理志》中也有"董固城，在县南七里。今（或为'金'之误）广威将军屯营"的记述。札迭里山谋克的村寨位于白马县（在金代为滑州倚郭县）南七里，可能是外围三里筑有城栅（或其他某种障碍物）为界，直到明代尚可辨认为金代屯营遗迹。这一村寨具体是何时、怎样成为村寨的，已无法明确。不过，据正统《大名府志》，该村寨在明代正统年间已成为杳无人迹的废墟，很可能就是在金国灭亡、猛安谋克制度崩溃以后不久，其作为村落的功能便渐渐衰退。想来这里应该是无法吸引人进行耕作的"瘠地"。[32]而这也恰好可作为证据，印证历来学者指出的分配给猛安谋克的土地大多不适于耕种之说。[33]

曾位于董固台或其附近的崇福寺（现在的崇福寺遗址，位于北董固村西边较远处）所获得的赐额牒及其由来都不是以女真文女真语，而是以某种吏牍体汉语，以及佛教色彩浓厚的文言汉语（上述史料部分未举出的后半铭文）记录，说明对该谋克的大多数居民来说，更为熟悉的书面语乃是汉语。金代的各种文书，通常根据接受对象的不同而分别以女真语、契丹语或汉语写就，但女真文字教育毕竟只实施于特定的学校，一般民众更熟悉汉语，这也是完全能够理解的情况。当然，我们还需留意，这方碑刻或许是在给相关官员或周边居民看的前提下建立的。而在华北地区，若想要将赐额的事实广而告之，比起女真文女真语，使用汉字汉语显然更能达到目的。不过，女真文字毕竟是金国的官方文字，即便赐额牒本来是以女真文女真语发出的，也不该出现为了刻意回避而改写的情况。事实上，众所周知，女真文女真语碑刻或其录文，现在亦尚有少量留存。综合各种情况，最有力的解释应该是女真文字在札迷里山谋克的女真人之中并未完全普及，因此才以汉字作为书面语。

然而，即便汉语作为通用书面语，也并不意味着女真人就此失去了以女真语进行会话的能力。金代总管府、府、节镇、防御州通常都配有翻译和通事，[34] 显然女真语会话能力并未受到忽视。在当时的女真人中，女真语和汉语应该是并行的。当然，居住于猛安谋克周边的汉人会说女真语，应该也是很平常的事。例如，生于西京路德兴府的马天麟，于明昌年间跟随身为医生的父亲前往桓州元帅府，因"晓女真言"，被任命为元帅府译史。[35] 他身为汉人，而能够熟练使用汉语、女真语。这正是在关于蒙元时代的研究中也时常被提及的，所谓文化接触通常为双向的现象。[36]

除董固台居民以外，与赐额之事相关的还有"鹅鸭村[37]住太君温迪罕""县君温迪罕""都功德主广威将军迪里买猛安"等，其中"太君""县君"等都是官员夫人或女性族亲的封号，暗示了曾出过多名官僚的温迪罕姓一族对此次重修的参与。他们或许都与董固村居民属于同一个猛安或谋克。其中的"广威将军迪里买猛安"或为札迭里山谋克所直属的猛安，由此可知这次重修是于驻扎在滑县的猛安谋克内部进行的。类似的以寺观或祠庙为纽带建立起的地缘关系，在金代史料中十分常见。而从这个事例也可以看出，佛教信仰作为纽带，联结了本处于统属关系的滑州周边猛安谋克。[38]

不过另一方面，女真人与周边居民的距离感也不可忽视。大定五年重修之时，崇福寺明显是周边居民信仰的对象，可是到了大定十五年，仅仅十年前的重修似乎被人忘却，重修碑也被改作寺壁建材使用。再到后来的泰和二年的赐额申请，则只有女真人与寺僧参与。这也就是说，从大定五年到大定十五年之间，发生了某种情况，使得周边居民不得不放弃他们曾经作为信仰寄托的崇福寺。所谓某种情况，或许是札迭里山谋克的移居，后来的崇福寺则转而成了女真人的信仰所在。而从上述碑刻的建立者名单，以及由女真人延聘而来的住持对于该寺来历似乎一无所知的事实来看，显然这种转变并非女真人和周边居民双方都乐于接受的。

综合上述分析可知，首先，金代中后期的札迭里山谋克及与之相关的猛安谋克的女真人，在生活习惯，尤其是语言文字方面，受到了周边居民非常大的影响。当然，很难想象这种影响仅仅突出表现在语言文字方面，在生活习惯上，女真人应该也有不同程度的改变。不过，即便如此，猛安谋克作为一个集团，依然被正常维持着。其次，领导寺庙修建或重建的，仍然是作为军事组织统帅者的猛安谋克，相比周边居民所处社会中士人、胥吏大行其威的情况，可以说女真人自金初以来，从基本社会构造上就始终与之区别俨然。在地方社会中，他们可以说是异类的存在。上文提到的《重修滑县县志》所载金代滑州学校重建过程的相关史料之中，丝毫没有女真人出现的痕迹，这一点也可以作为旁证。[39]也就是说，就外在某些方面而言，金代滑州的女真人已逐渐接受周边地区的生活习惯，但从根本而言，他们仍然保持着作为女真人独特社会集团的存在。

滑州所在的河南北部（当时的河北西路、大名府路南部至南京路北部）是位于黄河防线的战略要地，也是金代猛安谋克屯驻最为密集的地区之一。《新中国出土墓志（北京壹）》上册第58 页《金知山东东西路按察副使兼□□事宣武将军张公墓志铭》中也记载，"滑土军民杂居，□俗浮剽"，是典型的猛安谋克与一般民户杂居的地区。正如先学所论述的，由于土地问题、与周边居民的通婚、经济活动等因素，猛安谋克逐渐走向贫困、衰退，最终被周边居民同化，发生在河南北部地区的正是这样的现象。当然，札迷里山谋克的例子并不能放之四海而皆准，但无论如何，从其所在地、年代来看，作为本章讨论对象的村寨、屯营，位于女真人与当地居民杂居而导致相互争斗的典型地区，同时处在杂居带来的矛盾大量显露的典型时期，将之作为典型案例，应不会与实际情况有太大偏差。

第四节　女真儒士出现的背景及其特点

上文提到，在金代女真社会中，儒学水准并非指导者必须具备的素养。在这样的社会背景下，应该怎样理解"女真儒士"这一概念？换言之，那些深受儒学教育浸染的女真人，为何会选择儒学教育的道路？

我们应该可以认定，女真人选择儒学，与猛安谋克制度的动摇密切相关。正如先行研究中指出的，尤其是在正隆南征失败以后，猛安谋克的生活安定性下降，[40] 而此时又正是猛安谋克内部人口压力增加的时期。[41] 世袭官僚的职位数量本身尚且有限，自然更加无法保证遗泽能够惠及所有子孙。海陵朝以后，再没有发生过能够促进土地、财产分配的征服战争，除了少数例外，女真人谋求稳定生活、安身立命的希冀，几乎已是非常渺茫。

在这种情况下，对象仅限于女真人的科举"女真进士科"于大定十三年（1173 年）开始施行（后改名为"策论进士科"，再后来又增设经义科、经童科），与此同时，于各地成立女真国子学，以及女真府、州学，意义可谓重大。其实在这以前的大定四年（1164 年），朝廷就曾规定从每个谋克中选出两人，令其学习译成女真语的《尚书》，后来再下令从猛安谋克中选出良家子弟共三千人，送入女真字学进行学习。到了大定二十八年（1188 年），女真太学成立，金代女真人的学校制度至此宣告完成。[42] 先行研究已经指出，关于这些政策的背景，首先应注意金朝普及女真文字的目的。不过另一方面，对于大部分女真人来说，科举应试实质上几乎是立身的唯一手段。而即便不能进士及第，只要能够进入学校，就能获得薪俸，且可以享受种种优待。尤其是泰和年间以后，每个学生平均可以分得六十亩土地。这即是说，进入女真学的资格本身就意味着生活的安定。[43] 换言之，对于当时的女真人来说，儒学研习是一个极具实际利益的选择。史料中有这样一个关于女真应举者的例子：

> 公讳元衡，字君平，姓蒲察氏，以小字某行。世为某路贵族。国初，迁种人屯戍中州，遂为真定人。祖讳昔兀乃，赠镇国上将军。考讳福山，亲卫出身，官镇国上将军、临洮路康乐知寨。公则康乐之弟子也。康乐爱公风骨不凡，度能起家，使应童子举。年十一才登科，移籍太学。弱冠，擢泰和三年策论进士第，释褐永年县丞。[44]

蒲察元衡出生在一个典型低级军人官僚家庭，祖父为一介军人，父亲不过为知寨致仕，科举就是他年幼时期人生的目标。而努力终有回报，他及第后历任监察御史、户部侍郎等职，最后以集庆军节度使致仕，若不是进士及第，这种职历是像他这样家庭出身的人遥不可及的。

然而即便如此，对于女真儒士的存在给女真社会带来的影响，亦不应做过度评价。[45] 本章第二节中曾提到陕西同州澄城县女真人被称呼为"粗暴武人"的例子，这个称呼作为撰写史料的科举官僚的评价，很明显带有对不具备文化素养之人加以非难的色彩。类似的事例在整个金代都十分常见。其实，移居华北的女真人基本上都是军人，从某种意义上说，这样的评价可以放在整个猛安谋克群体身上。女真人中虽然的确存在如先行研究提到的，与汉族士人在古文经典素养或写诗作文方面竞争的文人，却也不乏如尤虎笃寿一样，出身于曾出过五人猛安、十七人谋克的名门，发迹后开始研习儒学的人。他的神道碑中记载，他于大定二十九年（1189 年）被选充为亲卫军，经过数年，听从某策论老生的劝荐，从《春秋》开始入门掌握基础儒学素养。[46] 即便是包括世袭官僚在内的高级贵族，也不应认为他们的儒化倾向是理所当然的。基本而言，就包括札迭里山谋克的例子在内的相关史料来看，中国本部的传统士人层"作为地方知识分子，是培养出科举应举者的基础；同时作为地方社会中的领导者，左右着地方社会的走向"的形象，是很难加诸金代女真社会的。若要勉强加以归类，女真儒士或许更接近"培养出科举应举者的母体"，但其作用和地位也仅限于此而已。

当然，在女真儒士之中，也有完全视功名利益如无物、一心沉醉于儒学学识本身的人。其典型例子，就是先行研究也经常关注的尤虎邃和乌林答爽。刘祁在《归潜志》中对尤虎邃的事迹作了如下描述：

> 虽贵家，刻苦为诗如寒士，喜与士大夫游。初，受学于辛敬之，习《左氏春秋》。后与侯季书交，筑室商水大野中，恶衣粝食，以吟咏为事，诗益工。时余在淮阳，屡相从讲学。[47]

虽然刘祁在略传中如此抒怀，但需要注意的是，这样的事例在史料中并不常见，不能将之一般化。尤虎邃不入学校，不应科举，更无出仕之志，只醉心于作诗的兴趣，这样"不食人间烟火"的理想，即便考虑到当时社会形势因受到蒙军进攻而动荡不安，也不得不承认，若非出身于社会地位、经济地位都颇为显赫的"贵家"，恐怕很难有此闲暇。一般的女真儒士接受儒学教育，大都是出于追求生活稳定和安身立命等更加现实而迫切的动机。

不过，关于这些女真儒士融入周围的旧有士人层中，对原有的社会产生了怎样的影响，我们无法从史料中得知。上文中曾提到，女真社会与周边居民之间始终存在一条界线，当时的女真儒士即便与周围士人层交游，两者之间的相互同化恐怕也是少之又少。金末许州有一个名叫苏嗣之的人，自称是苏轼子孙，以家财获得官位，一心讨好权贵、吏员，受人鄙夷。刘祁评价"女真中士大夫多以为笑。以其肥硕也，呼为苏胖"[48]，特意强调女真人中的士大夫的反应，这暗示着，于他而言，女真儒士与自己是不同的群体。

与此同时，策论科的及第者人数每次大约为 30 人，可以说及第是十分困难的。后来虽增设经义科，其及第者也并不多。《庄靖集》卷八《题登科记后》中列举了承安五年（1200 年）经义科及第者共 33 人，而其中"石抹世勣，字景略，年二十八，咸平酬赤列千户所""伯德维，字公理，年四十一，中都和鲁胡千户所""严葛希爽，字仲杰，年三十五，婆速路五里甲海下"三人，明显从属于猛安谋克。从属于猛安谋克的人，通常是禁止参加一般的词赋科、经义科的，因此这三人应是女真经义科的及第之人。他们是与其他经义科应举者在同一考场参加的考试，还是由于同为经义科，所以登科记录合在了一起，我们不得而知。总之，进士及第名额一共三人，清楚表明了当时的女真经义科是一条怎样的"隘路"。前面提到的蒲察元衡，是少有的成功者中的一人，而这种人背后，恐怕更多更普遍的，是像向尤虎筲寿进言，劝他熟读《春秋》的"策论老生"一样的人。

即便路途如此狭窄坎坷，女真儒士仍然对应举怀着热忱的原因，除了对任官抱有希望以外，追求生活安定应是重要的一点。应举者群体中女真学的学生占了不小的比例，而正如上文提到的，进入官学、学习儒学，都是以田地等资源的分配为前提的。这即是说，应举本身就意味着生活稳定，又或者说，女真学与女真进士科的整顿，算得上是向经济上已几乎穷途末路的猛安谋克女真人提供的一种社会保障政策。[49]

总而言之，大部分的女真儒士，都形成于征服战争结束之后，这是一个缺乏社会地位上升的机会，同时又面临生活穷困、既有社会制度已然混乱的动荡时期。这也即意味着，对于女真人而言，儒化并不是在某种条件下潜移默化之后出现的既成事实，而可以说是为寻求将来的生活和社会地位的保障作出的一种战略选择。就这一点来看，上一章中探讨的晋北士人层的形成，与女真儒士的形成，两者轨迹颇有相似之处。

第五节　猛安谋克制度的崩溃和女真儒士的变质

由上一节的探讨可知，在金代华北地区，同时存在着女真儒士与华北原有士人两种知识人群体。然而这种情况在 13 世纪初发生了极大变化。众所周知，1211 年蒙古对金发动进攻，对猛安谋克制度造成了毁灭性的打击，成为其崩溃的开端。1234 年，伴随着金国的灭亡，猛安谋克制度也彻底瓦解，金代女真社会的社会秩序至此完全解体。《槲庵集》中的描写，是当时情况的如实写照：

> 癸巳之变，生才九岁。父母哭，二姊相失锋镝间，流离琐尾，阽于九死。既依里帅于平阳，籍织工于太原。复被徙哈喇和卓十有五年，迨有居京兆咸宁，以亡国之末裔为起家之始祖，手拮据而口卒瘏者为不少矣。呜呼，艰哉！[50]

据这篇墓志铭，陈福为河南郑州密县人，生于"祖仕金为密令，父千夫长"之家，是否为女真人则不详，因为其父为千夫长，也可能是在金末一度盛行的任命汉人猛安（为将地方武装集团笼络进王朝统治之下而任命其统率者为猛安谋克）之时。不过可以肯定，当时其家族已融入猛安谋克制度之内。可是随着金国的灭亡，陈氏一族流离失散，陈福投靠地方军阀势力，沦为太原织工，甚至被迫远迁至哈喇和卓整整15年，对于身份秩序崩溃所带来的动乱，可谓有刻骨铭心的切身感受，而他本人也无官无位，终其一生。同样的事例还有很多，如前文中出现过的札迭里山谋克所在的滑州白马县，也有类似例子：

> 君讳秉直，字叔刚，姓瓜尔佳氏，女真人也。金得中原论功开国君之先，得土于滑州白马县牛李村，世爵千夫长。……君幼孤，鞠于从母家。金亡间，居于彰德，买田安阳籍田村，课童仆力穑。兵后，惟一姊在，奉养如母。君自以失故家，仅存此身，隐德不仕，宾客来，置酒尽欢。邻里乡党或以事相辩，讼求直于公。[51]

牛李村的所在位置现已不详，或许是属于白马县内的一个村寨。生于该地一个世袭猛安家族的女真人瓜尔佳秉直，随着金国灭亡，迁居至农村与一般人杂居，而其墓志铭中所记载的内容，也与普通汉人并无二致。蒙元时代的女真人虽然对自己的族属有区别意识，[52] 生活中却渐渐融入了汉人群体之中。而女真儒士也失去了他们特别的地位，失去了科举制度的支持，渐渐同化于一般士人。例如，蒙元时代中国本部最有名的女真人中，有一个叫孛尤鲁翀的人，先跟随邓州名士学习诗赋，后师从萧斜，受辟召为襄城学官。[53] 他的人生和思想中，都很难找到可以形容为"女真人独有"的要素。甚至可以说，孛尤鲁翀之所以享有盛名，是凭借了连汉人亦望尘莫及的儒学价值观的实践，以及基于理学之理念而严于自我修养的努力。

结语

本章所论述的内容要点概括如下。金代移居至中国本部的女真人，尤其在第二代以后，语言及生活习惯上都有一定程度的"汉化"。然而，直至金代中后期，女真人特有的社会构造仍然得以维持，在地方社会中也是颇为特殊的集团。而另一方面，海陵王南征及南征带来的动乱平复之后，猛安谋克内部面临着屯田政策已无法满足实际需要、同时人口压力不断增大的困局，在这种背景下进行的对女真学和女真进士科的整顿，成了一般女真人实现生活稳定、安身立命的重要途径。其结果便是儒学研习风气的扩大，女真儒士群体也由此形成。所谓儒化，是在既有社会制度已然动摇的情况下，女真人预见到生活和社会地位的日益惨淡而作出的选择，绝非文化上潜移默化的融合。

对于在这样的背景中产生、变化的女真儒士，我们不能将之简单地等同于既有的普通士人层。女真儒士的存在感，大部分来自应举或是进入女真学的举动，甚至可以说仅仅来自于此，他们几乎从未参与进当地既有的普通士人层之中，华北地区的社会构造也没有因女真儒士的出现而经历任何变化。换句话说，无论是女真儒士还是当地原有士人层，都没有超越他们各自所属社会结构的框架。对于儒化这一极具象征性的"汉化"形式，女真儒士虽然加以接受，但女真社会始终与周边社会隔阂至深，并不足以形成倾向于普通士人层的同化或是融合。这种隔阂，直到女真社会的基盘因蒙古军队的入侵这一外在因素而彻底颠覆，仍然未能消除。而最终这种隔阂一旦消融，作为其基础的特殊社会构造也完全消失，随之而来的便是女真儒士被人数上占绝对优势的华北地区原有士人层吸收，渐渐同化于其中。

回过头来看，近年的历史研究中，"多元化"或"多层次化"的国家结构受到诸多关注。而金国由女真、契丹、汉等诸要素所构成，其类似性质（由女真人统治的汉人国家）历来也多有研究论及。[54] 女真儒士也是"女真"与"儒士"这两个本来出处不同的要素相结合而形成的群体，本身就可以说是一种多元性的存在。尽管如此，多元化国家或社会，一般都是在各种构成要素以一定的势力分庭抗礼的前提下才能成立。而金国的情况，应该说正是以军事力量为背景的女真人，与擅长集权国家运作的汉人势力两相平衡的结果。这也就是包弼德所说的，两者的利害关系在"文治"这一点上达成了一致。[55] 然而，若势均力敌的关系之中有一方变得强大或是衰退，都会导致这种均衡状态轻易崩溃。女真儒士的出现和增加，以及最终由于蒙古进攻而衰退，正是研究这种平衡，以及其间社会状况的绝佳线索。

　　而在这里进一步出现的问题是，在当时的社会中，当地原有士人层作为与女真人相对的要素，其存在规模究竟有多大？为了解决这个问题，在下一章中，我们将以更明确地掌握华北士人层的实际形态为目的，通过推测科举应试人数，探讨其在整个金代的变动。

注释

　　1　这些研究成果数量庞大，刘浦江《二十世纪辽金史论著目录》（上海辞书出版社，2003 年）第 204、216、226—228、318—321、335—336、342—343 页对之作了精简归纳。

　　2　具有代表性的，可举三上次男：《猛安谋克制度研究》（《猛安謀克制度の研究》），《金史研究一 金代女真社会研究》（《金史研究一　金代女真社会の研究》）第二篇，中央公论美术出版社，1972 年；《关于金代中期的猛安谋克户》（《金代中期の猛安謀克戸について》），《金史研究三 金代政治·社会研究》，中央公论美术出版社，1973 年；原载《史学杂志》（《史学雑誌》）第 48 卷第 9 号、第 10 号，1937 年。以及姚从吾：《女真汉化的分析》，《大陆杂志》第 6 期第 3 号，1953 年；陶晋生：《十二世纪中国的女真人：关于汉化》（ *The Jurchen in Twelfth-century China: A Study of Sinicization* ），华盛顿大学出版社，1977 年；刘浦江：《女真的汉化道路与大金帝国的覆亡》，《国学研究》第 7 辑，2000 年。另可参照本章注 10、11。

　　3　《金史》卷七《世宗本纪》，大定十三年四月乙亥条："四月乙亥，上御睿思殿，命歌者歌女真词，顾谓皇太子及诸王曰：'朕思先朝所行之事，未尝暂忘。故听此词，亦欲令汝辈知之。汝辈自幼惟习汉人风俗，不知女真纯实之风。至于文字语言，或不通晓。是忘本也。汝辈当体朕意，至于子孙，亦当遵朕教诫也。'"卷九《章宗本纪》大定二十五年十二月条："大定二十五年十二月，进封原王，判大兴府事。入以国语谢，世宗喜，且为之感动，谓宰相曰：'朕尝命诸王习本朝语，惟原王语甚习。朕甚嘉之。'"

　　4　这一例，可参见女真人汉化研究的集大成者刘浦江的《女真的汉化道路与大金帝国的覆亡》第181—183页。

　　5　三上次男：《金代中期女真文化振兴运动》（《金代中期における女真文化の作興運動》），《金史研究三　金代政治·社会研究》，原载《史学杂志》第49卷第9号，1938年；刘浦江：《女真的汉化道路与大金帝国的覆亡》，第185—187页。

　　6　《遗山先生大全集》卷二十八《临淄县令完颜公神道碑》。

　　7　《金史》卷九十二《曹望之传》："（大定年间）山东、河北猛安谋克与百姓杂处，民多失业。陈、蔡、汝、颖之间，土广人稀，宜徙百姓以实其处，复数年之赋以安辑之。百姓亡命及避役军中者，阅实其人，使还本贯。或编近县以为客户，或留以为佃户者，亦籍其姓名。州县与猛安事干涉者，无相党匿，庶几军民协和，盗贼弭息。"卷八十八《纥石烈良弼传》："初，山东两路猛安谋克与百姓杂居，诏良弼度宜易置，使与百姓异聚，与民田互相犬牙者，皆以官田对易之，自是无复争诉。"

　　8　《汧阳述古编》卷下《通微真人蒲察尊师传》。

　　9　刘浦江：《金代猛安谋克人口状况研究》，《辽金史论》，辽宁大学出版社，1999年，原载《民族研究》1994年第2期。

　　10　赵冬晖：《金代女真社会奴隶制度的特点》，《宋辽金元史》1984年第5期，原载《社会科学辑刊》1984年第5期；

张广志：《女真与奴隶制——"从少数民族史看初始阶级社会的非奴隶制性质"专题研究之九》，《宋辽金元史》1985 年第 2 期，原载《青海师范大学学报（哲社版）》1985 年第 1 期；乔幼梅：《女真奴隶制的演变》，《宋辽金元史》1992 年第 6 期，原载《文史哲》1992 年第 5 期；何俊哲、王利静：《女真屯田制考略》，《辽金史论集》七，1996 年；王曾瑜：《金朝户口分类制度和阶级结构》，《中国古代史（二）宋辽金元明清》1994 年第 2 期，原载《历史研究》1993 年第 6 期。

　　11　罗贤佑：《金元时期女真人的内迁及演变》，《民族研究》1984 年第 2 期；张荣铮：《论金代民族融合》，《宋辽金元史》1984 年第 4 期，原载《天津师范大学学报》1984 年第 3 期；宋德金：《金代女真的汉化、封建化与汉族士人的历史作用》，《宋辽金史论丛》（二），中华书局，1991 年；刘浦江：《女真的汉化道路与大金帝国的覆亡》；陶晋生：《金元之际女真与汉人通婚之研究》，《田村博士颂寿东洋史论丛》（《田村博士頌寿東洋史論叢》），同朋舍，1968 年；傅海波（Herbert Franke）、崔瑞德（Denis Twitchett）：《剑桥中国辽西夏金元史》（*The Cambridge History of China: Volume 6　Alien regimes and border states, 907-1368*），剑桥大学出版社，1994 年，第 275—277 页；傅海波：《蒙古入侵前夕的中国北方：金朝统治下的经济与社会（1115—1234）》［*Nordchina am Vorabend der mongolischen Eroberungen: Wirtsschaft und Gesellschaft unter der Chin-Dynastie(1115-1234)*］，莱茵－威斯特法伦科学院，西德意志出版社（Opladen: Rheinisch-Westfälische Akademic der Wissenschaften, Westdeutscher Verlag），1978 年，第 19—22 页；

三上次男：《猛安谋克制度的研究》，《关于金代中期的猛安谋克户》等。

12 何俊哲、王利静：《女真屯田制考略》。

13 《遗山先生文集》卷二十《顺安县令赵公墓碑》："……〔承安二年（1197 年）〕释褐长垣主簿。县濒大河，时新被水害，庐舍漂没，城壁颓缺，公日以救灾为事。……县民佃镇防军田，既淤垫，有未尝投种者。营卒恃势征租，不少贷。民无所于诉，任其陵轹，有夺之牛者。公捕系之，白安抚司严督主兵者，视实种亩如干，收入几何输之。诉租者不得逞，佃户以安。"

14 《遗山先生文集》卷二十《资善大夫吏部尚书张公神道碑铭并序》。

15 例如《民国定县志》卷二十《艺文志·大金故通奉大夫前同知东平府路兵马都总管事护军谯国郡开国侯食邑一千户食实封一百户赐紫金鱼袋曹公神道碑铭》："〔约大定三年（1163 年）〕帝嘉其能，超授知滕阳军事。会州界有屯营军，皆大姓巨族，多骚民，民颇苦之，前政不能革其弊。公不畏强御，而籍其渠魁。所犯申覆省廷，审得其实，皆被罪，迁移他处。"

16 《金史》卷九十一《孛尤鲁阿鲁罕传》。

17 《遗山先生文集》卷十八《朝散大夫同知东平府事胡公神道碑》。

18 杉山正明：《由八不沙大王的令旨碑所见》（《八不沙大王の令旨碑より》），《蒙古帝国与大元兀鲁思》（《モンゴル帝国と大元ウルス》），京都大学学术出版会，2004 年，原载《东洋史研究》第 52 卷第 3 号，1993 年。另外，牧民与周边居民的纷争，在多有投下领存在的华北各地时常可见，具体例子可参见村冈伦：《蒙元时代初期的河西、山西地区——关于右翼兀鲁思的分地成立》（《モンゴル時代初期の河西・山西地方—右翼ウルスの分地成立をめぐって—》），《龙谷史坛》第 117 号，2001 年；《蒙元时代的右翼兀鲁思与山西地区》（《モンゴル時代の右翼ウルスと山西地方》），平成十二—十三年度科学研究费补助金基盘研究（B）（1）研究成果报告书《从碑刻等史料的综合分析入手的蒙元帝国和元朝的政治与经济体系的基础研究》（《碑刻等史料の総合的分析によるモンゴル帝国・元朝の政治・経済システムの基礎の研究》），2002 年。

19　《金文最》卷六十九《澄城主簿赵公德政碑》。

20　可参见《夷坚甲志》卷一《黑风大王》，《道家金石略》第 1007-9 页《高尚处士修真记》等。

21　绍兴四年（1134 年），王绘奉高宗之命，前往驻屯于滑州附近的金朝元帅挞懒军营，《三朝北盟会编》卷一百六十二炎兴下帙六十二所引《绍兴甲寅通和录》中，留下了他的出使记录。其中多处都提到，他遇到的女真人几乎都不懂汉语，与使者对话之时，必须有翻译同席。当然亦不难想象，汉人应也几乎都不懂女真语。

22　民国《重修滑县县志》有曰："见近人顾燮光《河朔新碑目》。在城南七里北董固村崇福寺。碑分两层，上层草书，下层正书。张谦书。今存。"据此，笔者分别于 2004 年 1 月 28 日和 7 月 30 日造访河南省安阳市滑县北董固村，对原县文物局职员、现居住于北董固村的杨钦德进行了访谈。据他所说，被认为是该碑刻所在地的崇福寺，于 30 年前左右（或为"文革"时期）遭到破坏，寺中的碑刻大多被埋到村里的老爷庙的地下。而老爷庙占地面积虽不算大，却遍地杂草丛生，想要找寻埋藏时的痕迹，无异于大海捞针。该碑文中颇有文意难解之处，本有必要对照原碑，遗憾的是本章只能采用县志中的移录文。不过，崇福寺经过预制组装重建，将来还有重新收集原有文物，加以重修的计划，且老爷庙的管理人也同意进行碑刻搜寻，相信在不久的将来，原碑或许能重现于世。至 2010 年 12 月为止，该碑刻尚未被发掘。

23　此处文意难解。"尚书礼部"尚可知，而"部院北西路运司"则含义不明。这里或许是指滑州所属的"河北西路"的"运司"，但前面的"部院"所指为何，抑或为误字，都不得而知。后面的"院额"指的应是名额，"作守景"是否有特别含义，又或者为人名，都无法确定（本文中暂以人名理解）。不能排除录文时有遗漏、误字的可能性，但无论如何，就结果而言，我们对这段史料的含义只能做大致的把握。

24　"上"字在后文中还有一处重复出现，从文意上看显然应与"年"字连读。"上年"或可理解为"一年中的前半年"，但这一解释与文意颇不相符。本章中将此"上"字理解为现代汉语中的"里"字，但无确凿实证。

25　仅凭以上原文，无法理解当时的情况。此处限于篇幅而省略的铭文内容中，有"中都柔律师，崇寿建其节，禀师大圆通，冠岁选中叶，随师朝廷中，雷音声振冽。……感激动王侯，时有广威谒，我有董固庵，请师闲休歇。住持二载间，殿宇光耀越"之文，原文中的"善柔"，或许就是此处的"广威"，即是说正文中所列碑文末尾名单中的"都功德主广威将军迪里买猛安"，正是崇福寺延聘为住持的僧侣。原文的该部分，或为此延聘过程的记录。

26　由于缺少其他相关材料，此人物详细情况不明。

27　民国《重修滑县县志》，民国二十一年铅印本，中国方志丛刊，华北地方113号，卷六《金石·至宁远年崇福禅院敕牒碑》。

28　桂华淳祥：《金朝的寺观名额出售与乡村社会》（《金朝の寺観名額発売と郷村社会》），《大谷大学史学论究》（《大谷大学史学論究》）第3卷，1989年。

29　《道家金石略》第553页《重玄广德弘道真人孟公碑铭》："公名志源，字德清，号重玄子，其先本上京徒单氏。大定末，迁莱州胶水，居孟氏宅，人因以孟氏归之，此亦古之因食采地得氏者也。"

30　《道家金石略》第542页《龙阳观玉真清妙真人本行记》："真人姓斡勒，讳守坚，上京盖州人，后革变于世，易氏曰李。"

31　三上次男：《金代中期女真文化振兴运动》，第254—257页。

32　现在的北董固村周边已是遍布农田，但据本章注22提到的杨钦德所说，跟周围土地比起来，此处仍属于土质不良的地区。

33　民国《重修滑县县志》中记载了碑刻所在地的村落名为"北董固村"。关于该村成立的时间，或可以同治《滑县志》（东洋文库藏）卷五《户口·麻城里》中首次出现"董固城，有寨"及"南董固"等语句的事实试做一推测。观察历代滑县志可知，同治县志以后，"董固城"从古迹志中消失，这也在某种程度上支撑了此种推测。而关于董固城中村落建立的原因，同治县志《户口志》文末所记录的"咸丰间，山东长枪会匪窜扰邑境，因为坚壁清野之计。故筑寨如左"之文则颇有深意。清代后期的动乱之际，周边居民或许曾修补金代城栅的遗迹，用以集中居住。另外，正如我们在今天的华北各地都能看到的一样，现在北董固村的居民们也都深信自己的祖先是从山西洪洞县移居而来的。

34　见《金史》卷五十七《百官志三》。

35　《道家金石略》第 528 页《燕京创建玉清观碑》："初，金国大定、明昌中，经理北边，桓州开大元帅府，公之父以医从行。公时年几冠，由晓女真言，擢帅府译史。"

36　参见堤一昭：《李璮之乱以后的汉人军阀——以济南张氏为例》（《李璮の乱後の漢人軍閥—済南張氏の事例—》），《史林》第 78 卷第 6 号，1996 年。

37　鹅鸭村所在地不明，但明代以后的县志对其全无记载，由此可见，该村或许是白马县境内的某个村寨，却完全不像董固台（村）那样受到后世关注。

38　女真人对佛寺进行创建、重修的其他例子，则要上溯到更早的时期，如《朝鲜金石总览》收录的《庆源郡女真国书碑》中曾提到的，天眷元年（1138 年）或皇统元年（1141 年）曷懒路某谋克修建的佛寺，就是有名的例子。关于周边村落对佛寺修建进行参与的方式，该碑文记载十分详细，颇有深意。

39　详见民国《重修滑县县志》卷六《金石》所载金代碑刻。

40　三上次男：《关于金代中期的猛安谋克户》。

41　《金史》卷八十八《纥石烈良弼传》："（大定年间后期）左丞完颜守道奏：'近都两猛安，父子兄弟往往析居，其所得之地不能赡，日益困乏。'上以问宰臣，良弼对曰：'必欲父兄聚居，宜以所分之地与土民相换易。虽暂扰，然经久甚便。'"

42　关于金代女真科举及女真学的细节，见三上次男《金代中期女真文化振兴运动》《金代科举制度及其政治侧面》。

43　《金史》卷五十一《选举志一·策论进士》："（兴定）五年，……上览程文，怪其数少，以问宰臣，对曰：'大定制随处设学，诸谋克贡三人或二人为生员，赡以钱米。……京师府学已设六十人，乞更增四十人。中京、亳州、京兆府并置学官于总府，以谋克内不隶军籍者为学生，人畀四十亩。……'"不过，以上措施更多的是作为对因蒙古军队入侵而失去土地、日益贫困的女真人的救济举措，不应将这一时期大量增加的女真学学生都当作女真儒士。

44　《遗山集》卷二十一《资善大夫集庆军节度使蒲察公神道碑铭并序》。

45　下一章中将会详细探讨，女真科、策论科、女真童子举的应举者数，总计不过数千人左右。

46　《遗山集》卷二十七《龙虎卫上将军尤虎公神道碑》："开国之后，一门世封猛安五人、谋克十七人，尚县主者三人。……大定二十九年，以人门选充亲卫军，骑射骁捷，时辈无能出其右。……尝问一策论老生曰：'世谓亲卫军举不能官，其病安在？'……公复问：'然则如何而可？'生曰：'公试取律令读。'公退而读律。不二三年，条例及注释，问无不知。他日又问生：'我读律，知大纲矣。窃谓刑法但能治罪恶之有迹者耳。假有情不可耐，而迹无可寻者，何以治之？'生曰：'圣人作《春秋》，不诛其人身。子能读《春秋》，则治心与迹，两俱不困矣。'公复从人授《春秋》。"

47　《归潜志》卷三。

48　《归潜志》卷九。"许州有苏嗣之者，云苏东坡后裔，盖子由久居颍川，有族不南渡者也。其人颇蠢骏，富于财，以赀入官，交结权要、短衣，女直中士大夫多以为笑。以其肥硕也，呼为苏胖。"

49　本章前注 43 中也提到，兴定五年以后的女真学，明显具备了作为救济贫困人口的设施之性质。

50　《榘庵集》卷七《陈君墓志铭》。

51　《紫山大全集》卷十八《瓜尔佳隐士墓志铭》。

52　有名的《元典章·刑部卷十一·典章四十九·诸盗一·刺字》女直作贼刺字条中有判例"……本部议得，偷猪窃盗张不花女直人氏。若拟不同色目，照得大德八年奏准盗贼通例节该。'除汉儿、高丽、蛮子人外，俱系色目'，钦此。参详前项贼人既是女直，不同蒙古。况兼有姓，难同色目。合与汉儿一体刺字"，乃是绝好的例子。延祐二年（1315 年）及三年，犯盗窃罪的女真人张不花，名字中有汉姓张，又有蒙古名不花，但仍是以女真人的身份生活。关于当时对女真人的认识，以及对这条史料的解读定位，可参见舩田善之：《元朝统治下的色目人》（《元朝治下の色目人について》），《史学杂志》（《史学雑誌》）第 108 卷第 9 号，1999 年。

53　《滋溪文稿》卷八《元故中奉大夫江浙行中书省参知政事封南阳郡公谥文靖字尤鲁公神道碑铭并序》。

54　三上次男：《金朝前期的汉人统治政策》（《金朝前期における漢人統治政策》），《金史研究三 金代政治社会研究》（《金史研究三　金代政治·社会の研究》），中央公论美术出版社，1973 年，原名《金朝初期的汉人统治政策》（《金朝初

期における漢人統治政策》），《东亚研究所报》（《東亜研究所報》）第 21 期，1943 年，第 360 页。

55　详见包弼德：《求同存异：金国统治下的汉族士人 》（ "Seeking Common Ground: Han Literati under Jurchen Rule"），《 哈 佛 亚 洲 研 究 》（*Harvard Journal of Asiatic Studies*），第 47 期第 2 号，1987 年，第 534—536 页。

第六章

金代华北科举的应举人数

前言

本书绪论中曾提到，关于各时期科举的应举人数，诸说并存。大致来说，在金代之前的北宋时期，11世纪初每次参加科举的人数大约为2～3万人，北宋末则平均每次至少7.9万人，而到了南宋时期，每次均达40万人以上，总体而言11—12世纪科举人数呈现出大幅增加的趋势。[1]可以说这直接表明了科举制度的社会接受度，以及渗透的迅捷度。

到上一章为止，我们设定了关于女真统治下12—13世纪华北地区的科举制度及其社会影响的几个问题，并围绕这些问题进行了考察。其结论是，尽管王朝对于士人层的统制力表现出极大差别，但与同一时期处在南宋统治下的社会一样，在女真统治下的华北地区，科举制度也呈现出继承前朝基础，同时继续整顿和扩大的趋势。不过，要考量"科举及其社会影响"这个问题，还有一个重要前提亟须明确，即应举人数究竟有多少。即便士人层扩大一说可以南北通用，相对于南宋一次科举参加人数多达数十万的情况，同一时期的华北到底又有多少应举者存在？本章将在尽可能地搜集相关史料的基础上，对金代华北科举应举人数作一探讨。

第一节　金代科举的应举人数

目前能够掌握具体人数的金代第一次真正意义上的科举，是天会六年（1128）二月，金国在新占领的河北（黄河以北）路，以该地区"举人"为对象举行的科举。描述这场考试具体情况的史料《三朝北盟会编》卷九十八·靖康中帙七十三所引赵子砥《燕云录》，本书第二章中已经引用过，为了立论便利，再次引用如下：

> 至戊申正月，刘彦宗移文河北已得州、县、镇、搜索举人，二月一日已前起发赴燕山就试，与免科差。于竹林寺作试院，与北人同院异场引试。二月十七日引试北人，诗赋一场，二月十八日引试南人，作南朝法，试三场。……是时三月二十七日开院，北人四百人，取六分，南人六千人（《建炎以来系年要录》卷四十一·建炎二年三月辛亥条所引《燕云录》中作六千零七十人），取五百七十一人，并皆推恩。

第二章中也曾提到，这场考试中南人 6000 或 6070 的应举人数，其实并不算太多。天眷元年（1138 年）以后，金国大力整顿科举制度，先后实施了南北选科目共通，以及三试之制（乡试、府试、省试）。到了海陵王天德元年（1149 年），则如史料所述：

　　　海陵炀王弑熙宗自立，改皇统曰天德，甚有尊经术、崇
儒雅之意，始设殿试。又以乡试聚于州，限三人取一人。府
试分六处，河北东路西路、中都路于大兴府，临潢、会宁、
东京等路于大定府，西京、河东南路北路于大同府，大名路、
山东东路西路于东平府，南京等路于开封府，京兆、鄜延、
庆原、熙秦等路于河中府，并四人取一人。省试以五百人为
定格，殿试亦黜落。[2]

　　确立分别于六个地点实施府试，同时在三试之上再设殿试。
沿用这一新制度，天德元年实施乡试、府试之后，第二年春天继
续实施了省试、殿试。需要注意，金代科举与宋代不同，各阶
段考试的合格人数并不是解额制，而是以"三人取一人"（即
三倍）的倍率作为确定标准。也就是说，知道省试、殿试的合格
人数，也就能够大致推算出全体应举人数。而天德元年这场科举
的省试合格名额为 500 人，[3] 由此可知一个府试地点的人数最少
约有 333 人，六个考场共计最少 2000 人左右。遗憾的是，没有
史料能够让我们确知该年参加省试的实际人数，不过，若假设省
试合格率与府试同为四分之一的话，就可知参加府试的人数约
为 8000 人。根据《金史·地理志》，上述史料中列举的各路下
属州的数目，在天德元年约为 154 个。据以上分析，府试最少应
试人数为 2000 人的话，乡试人数共计约 6000 人；而将府试人数
作 8000 人，则乡试人数约为 24000 人。就前者而言，一个州的
应举人数约 40 人，后者则约 160 人，但正如笔者在第三章中指
出的，当时金国统治下的各个地区之间，对科举考试的积极性，
以及教育资源的质和量都存在极大差异，很难想象各州都会出现

相同数量的应举人数。这说明，应举人数大约为 6000，或大约
为 24000，都只不过是最小和最大公约数的大致概念。不过，即
便省试中合格人数倍率达到五倍或六倍（就笔者管见所及，终金
一朝，省试、会试的合格倍率从不曾超过七倍），应举者总数也
最多不过 30000 到 36000 人，不可能超过 40000 人。从下文中
将要介绍的世宗、章宗朝的应举人数来看，科举和学校政策尚未
经过整顿的金代前期，[4] 应举总人数能与后来的章宗朝相匹敌，
达到三四万的可能性极低。虽然只能是推测，但我们或可认为，
考虑到各地区应举者群体的多寡，府试参加人数的最大数值约为
8000 出头，最多不会超过一倍，即 16000 人。

　　虽然关于天德元年的应举人数，我们只能掌握大致，但稍后
的大定年间（1161—1189 年）的应举人数，则可以通过兴定二
年（1218 年）御史中丞把胡鲁的上奏得知具体数字。

　　　　兴定二年，御史中丞把胡鲁言："国家数路收人，惟进
　　士之选最为崇重，不求备数，惟务得贤。今场会试，策论进
　　士不及二人取一人，词赋、经义二人取一。前虽有圣训，当
　　依大定之制，中选即收，无问多寡。然大定间赴试者或至
　　三千，取不过五百。泰和中，策论进士三人取一，词赋、经
　　义四人取一。向者贞祐初，诏免府试，赴会试者几九千人，
　　而取八百有奇，则是十之一而已。时已有依大定之制，亦何
　　尝二人取一哉？今考官泛滥如此，非所以为求贤也。宜于会
　　试之前奏请所取之数，使恩出于上可也。"诏集文资官议，
　　卒从泰和之例。[5]

这份上奏的重点在于主张解决兴定二年会试中合格者滥擢的问题，而此处笔者想要强调的是"大定间赴试者或至三千"之处。所谓"大定之制"，指的是大定四年（1164年）、二十八年（1188年），由于地方官阙员，世宗屡屡下令"文优则取，勿限人数"之事。[6] 根据前后文意，把胡鲁上奏的重点在于"然大定间赴试者或至三千，取不过五百"，强调前例，明显是为了以之支撑自己的主张。这既是上奏中的论据，应没有太大夸张的必要。

目前看来，没有史料表明大定年间科举各阶段的府试地点有变动，因此可以认为基本是沿袭了天德元年改制的结果。若以史料中提到的会试应举人数 3000 人为基准，计算这一年的府试、乡试应举人数，则前者大约为 12000 人，后者大约为 36000 人。既然大定二十五年（1185 年）年以前的会试中，没有合格人数超过 500 人的先例，[7] 那么这里的"大定间"，指的应该就是大定元年至二十五年之间。会试应举人数"或至三千人"的表述，可以看成是表示这一时期会试应举人数的最大值，而府试应举人数 12000 人、乡试应举人数约 36000 人的数值，也可以认为是该时期金国科举应举总人数的最大值。不过，就乡试而言，需要考虑到各地应试者之间的非同一般的地域差别，正因此才会出现批评其"形同虚设"的意见，导致了明昌元年（1190 年）的乡试废止，这一点下文将会详细论述。所以，这里的乡试应举人数 36000 人，并不可尽信。自大定中期开始，由于科举、学校政策的整顿，虽可以认为应举人数呈现增加的倾向，但若考虑到下面将提到的大定二十八年的总人数，那么显然，这一场科举的应举总人数，比起乡试应举人数，更应该基于府试应举人数 12000 人来概算。

此后，从大定二十五年至明昌初年（1190—1195 年），会试基本遵循了三四人中取合格者一人的规律，而大定二十八年的会试合格人数为 586 人，[8] 这就表明，大定二十八年参加府试的有 7000 至 9000 人，参加乡试的则有 21000 至 28000 人。该人数与上文提到的大定二十五年以前的最大人数相比略有下降，但关于这一时期士人应举热情减退的原因，史料无法提供佐证。抑或是，这个人数才是大定年间每次科举中真实的平均人数。另外需要留意，这里的 21000 至 28000 人的乡试参加人数也只不过是概算的数字。这场科举是在废除乡试两年前举行的，我们有理由认为，此时的乡试作为考试第一关的意义已经荡然无存。如果是这样，大定二十八年的应举总人数，应当基于 7000 至 9000 的府试参加人数来计算。在乡试环节既然没有发生激烈竞争，那么应举者总数远超过府试参加人数的两倍，也即是 14000 至 18000 人的可能性也就很低了。

再到后来的明昌元年，乡试被废除，府试的合格倍率提高至四倍到五倍，而举行府试的六个考场，也增加至九个。[9] 承安四年，太原也被增设为府试考场，至泰和二年（1202 年），会试中策论科的合格倍率为三倍，词赋、经义科为五倍（史料中作四倍）。[10] 这之后的泰和三年（1203 年）的殿试，两科（词赋、经义科）参加者"无虑千二百辈"。[11] 若依前一年规定的倍率，府试应举者共计应有 24000（会试倍率为四倍时）至 30000 人（倍率为五倍时）。这个数字比起上文提到的大定二十五年、二十八年的府试应举人数，呈现大幅增加。若联想到始于大定中期的科举、学校政策改革所带来的应举者群体扩大的现象，显然可以说，府试考场的增加也是其表现之一，而上述人数大幅增加的现象，更是直接证明了这种扩大。前文中引用的把胡鲁的上奏中提到，贞祐年间免除府试之初，尽管蒙古军队的攻势已然升级，聚集燕京参加会试的学子仍然达到 9000 人之多，这其实也说明，上文中对于泰和二年应举总人数的概算并非夸张。此外，元好问也曾记录，在受到蒙军进攻前的大安元年（1209 年），平阳府试中出现了"举子万人"。[12] 所谓"万人"，究竟是真有其事，还是只是夸张修辞，现在已无法判断，不过，这一时期的府试中应举人数明显呈现增加趋势，却是事实。

　　然而很快，蒙古军队势如破竹的攻势就给金国带来致命打击，13 世纪 20 年代前半期，金国已几乎失去黄河以北所有领土。由于史料的缺乏，关于这一时期应举人数的变化，我们已无从知晓。不过，考虑到战争带来的国祚衰微、社会混乱，很难认为应举人数较泰和、大安年间会出现增加倾向。总体而言，金代华北科举的应举人数，经历了海陵王时期估算为 10000 至 15000 人、大定二十五年以前 12000 人以上、大定二十八年为 7000 至 9000 人（同时应该在 18000 人以下）、泰和二年为 24000 至 30000 人，于 13 世纪初迎来了巅峰，随后则因金国受蒙古进攻而转向减少的过程。

　　另一方面，关于策论科（女真科）及女真经童科的应举人数，史料中未见明确记载。这两科设立之初，主要的考生来源为女真学的学生，后者的数量大致为全国 3000 人。[13] 承安四年（1199 年）规定各府试考试官定员之时，标准为"千人以上差四员，五百人以上三员，不及五百二员"，其后的诏令时间不详，规定策论科考试官人员配置为上京、咸平、东平各三员，北京、西京、益都各二员。[14] 此制度的变迁过程虽无法准确掌握，但若承安四年的这一名额规定在后来也一直被沿用，就意味着在上京、咸平、东平举行的各府试中，应举人数都在 500 至 1000 人之间，北京、西京、益都则不到 500 人，理论上总的应举人数最多约 7500 人，最少则约 1500 人。其他地区的府试中当然也有举策论科之人，[15] 但不见关于考试官人数的规定，而且数路考生集中在一个考场考试，可见其数量应该很少。

能够表明律科、经童科应举人数的史料则更加有限。如上文所述，关于府试考试官定员，各地每场府试中，律科通常派监试官一员、试律官两员，经童科则派试官一员。[16] 律科与词赋科，经童科与经义科在同一考场举行，派遣考试官的标准也分别与词赋、经义科的规定相同。如此，则每个府试考场的律科应举人数为 500 到 600 人，经童科为 50 人左右。此外，关于经童科，可知天会十四年（1136 年）的合格人数为 122 人。海陵王与世宗朝，经童科被废止，虽后来经章宗之手得以恢复，合格人数似乎并不超过百人。[17]

结语

综合本章以上考察，女真统治下的华北地区应举人数的最大估算数字为不到 40000 人（包括策论进士、律科、经童科）。[18] 本章前言中提到，北宋末全国科举人数为 79000 至二十几万之间。其中所包含的各地详细人数并不清楚，不过，元丰八年（1085 年），陆佃在上奏中提到，华北（京东西、陕西、河东、河北五路）地区的解试合格倍率，通常是四川、两浙、福建、江南地区的十分之一。[19] 根据这个数字可以推算，北宋末华北地区科举人数约为一万以上，至多不过两万。很遗憾，据笔者管见，没有史料记录辽代科举的应举人数，但考虑到辽、北宋末金初期的战乱影响，完全有理由认为，女真统治下的华北地区科举人数实现了稳步增加，更于金代章宗朝达到了其顶点。

不过，本章中所作的人数推算最重要的意义，需要放在与同时期的南方作比较的前提下考量。正如本章前言所述，南宋统治下的科举人数据推测多达 40 万，与华北的差异可谓天壤之别。而至上一章为止，本书一直在考察并强调，华北科举人数呈现出稳定增加的趋势，且士人层的存在本身，也逐渐扩大至整个华北地区。既然如此，这种巨大差异的原因，便很难用历来颇受强调的"华北文化的落后性"来说明，而更应该考虑南宋社会的内在要素。实际上，从 79000 至 20 万，甚至 40 万人的显著增加，恐怕也很难简单地以"科举制度的渗透及士人层的扩大"这一定论来解释。或许，继承了北宋末的三舍法、士人层作为习惯性享有各种特权的阶层而受到注目的南宋[20]，与对之一无传承的金国所形成的对照，以及第三章结语中指出的同一时期华北与南方的社会差异，都是这一结果的表现形式。总而言之，金代华北地区科举制度的渗透是无可置疑的，但并不能由此认为，这种渗透带来了士人群体的迅速增加。

另外，虽然与科举制度的影响力相比不可同日而语，但不得不提，金代华北地区还有另一种具备制度性保证的官员任用制度，即由吏员晋升为官员的出仕之途。在本书第二部将要探讨的蒙元时代，众所周知，前朝金国的许多制度都被参考沿用于华北地区的统治，而在蒙元时代，吏员出身是获得官位的重要途径之一。那么，从出仕途径的角度来说，金代的"吏"在官制中应如何定位，又是被如何看待的？下一章将作为考察金代的总结，同时也作为为接下来的蒙元时代华北士人层的考察所做的准备，对上述问题加以探讨。

注释

1　详见绪论注 9。

2　《金史》卷五十一《选举志一》。

3　在天德元年的科举之前，金朝一直实施南北选制度，因此这里的 500 人也有可能是分别指汉人、南人各自的合格名额。不过，《金史》卷五十一《选举志一》中有记载曰"国朝设科，始分南北两选。北选词赋进士擢第一百五十人，经义五十人；南选百五十人，计三百五十人。嗣后，北选词赋进士七十人，经义三十人，南选百五十人，计二百五十人"，南北选的进士合格人数为 250 ～ 350 人，即便考虑到殿试中也会出现落第之人，省试合格人数也不过千人。因此，本章中将省试合格名额 500 人设定为南北选共计之数。

4　详见本书第三章。

5　《金史》卷五十一《选举志一》。

6　《金史》卷五十一《选举志一》："大定四年，敕宰臣，进士文优则取，勿限人数。""上于听政之隙，召参知政事张汝霖、翰林直学士李晏读新进士所对策，至'县令欠员取之何道'，上曰：'朕夙夜思此，未知所出。'晏对曰：'臣窃念久矣。国朝设科，始分南北两选，北选词赋进士擢第一百五十人，经义五十人，南选百五十人，计三百五十人。嗣场，北选词赋进士七十人，经义三十人，南选百五十人，计二百五十人。以入仕者多，故员不欠。其后南北通选，止设词赋科，不过取六七十人，以入仕者少，故县令员欠也。'上曰：'自今文理可采者，取之毋限以数。'"

　　7　《金史》卷五十一《选举志一》："时宰臣奏：'自大定二十五年以前，词赋进士不过五百人。二十八年，以不限人数，取至五百八十六人。先承圣训，合格则取，故承安二年取九百二十五人。兼今有四举终场恩例，若会试取人数过多，则涉泛滥。'遂定策论、词赋、经义人数，虽多不过六百人，少则听其欠。"

　　8　《金史》卷五十一《选举志一》："凡会试之数，大定二十五年，词赋进士不得过五百人。二十八年，以不限人数，遂至五百八十六人。章宗令合格则取，故承安二年至九百二十五人。……泰和二年，命定会试诸科取人之数，……平章徒单镒等言：'大定二十五年至明昌初，率三四人取一。'平章张汝霖亦言：'五人取一，府试百人中才得五耳。'遂定制，策论三人取一，词赋、经义五人取一。"

　　9　《金史》卷五十一《选举志一》："章宗明昌元年正月，言事者谓：'举人四试，而乡试似为虚设，固当罢去。其府、会试乞十人取一人，可以群经出题，而注示本传。'上是其言，诏免乡试，府试以五人取一人。仍令有司议外路添考试院，及群经出题之制。有司言：'会试所取之数，旧止五百人，比以世宗敕中格者取，乞依此制行之。府试旧六处，中有地远者，命特添三处，上京、咸平府路则试于辽阳，河东南北路则试于平阳，山东东路则试于益都……'"关于此条记载，《金文最》卷四十五《登科记序》将府试的变更时间记录为明昌三年。

　　10　见注9所引史料。另外，据注5所引兴定二年御史中丞把胡鲁的上奏，泰和二年规定的词赋、经义科会试为"四人取一"。

由于缺少其他相关史料，究竟哪个说法更为可信，已难以判断。

11　《元文类》卷三十八《跋赵太常拟试赋藁后》："当泰和丙寅春二月二十五日，万宁宫试贡士，总两科无虑千二百辈，上躬命赋题曰'日合天统'。侍臣初甚难之，而太常卿北京赵公适充御前读卷官，独以谓不难，即日奏，赋议乃定。既而中选者才二十有八人。"

12　《续夷坚志》卷四《平阳贡院鹤》："大安初，高子灼、耿君嗣、阎子秀、王正之考试平阳，举子万人。"薛瑞兆基于这条史料推测，十个府试考场的应举总人数达到了十万人以上。详见薛瑞兆：《金代科举》，中国社会科学出版社，2004年，第27页。不过，《金史》卷五十一《选举志一》提到："凡考试官，大定间，府试六处，各差词赋试官三员，策论试官二员。明昌初，增为九处，路各差九员，大兴府则十一员。承安四年，又增太原，为十处。有司请省之，遂定策论进士女直经童千人以上差四员，五百人以上三员，不及五百二员。各以职官高者一人为考试官，余为同考试官。词赋进士与律科举人共及三千以上五员，二千四员，不及二千三员。经义进士及经童举人千人四员，五百以上三员，百人以上二员，不及百人，以词赋考官兼之。后又定制，策论试官上京、咸平、东平各三员，北京、西京、益都各二员。"可见府试的规模（应举人数从百人至三千人以上不等）决定了考试官的数量，且各地之间府试规模差别很大。这里的十万人明显过多。

13　《金史》卷五十一《选举志一》："策论进士，……始，大定四年，世宗命颁行女直大小字所译经书，每谋克选二人习之。寻欲兴女直字学校，猛安谋克内多择良家子为生，诸路至三千人。"

14　详见本书前注12所引史料。

15 《金史》卷五十一《选举志一》："凡府试策论进士，大定二十年定以中京、上京、咸平、东平四处，至明昌元年，添北京、西京、益都，为七处，兼试女直经童。凡上京、合懒、速频、胡里改、蒲与、东北招讨司等路者，则赴会宁府试。咸平、隆州、婆速、东京、盖州、懿州者，则赴咸平府试。中都、河北东西路者，则赴大兴府试。西京并西南、西北二招讨司者，则赴大同府试。北京、临潢、宗州、兴州、全州者，则赴大定府试。山东西、大名、南京者，则赴东平府试。山东东路则试于益都。"

16 《金史》卷五十一《选举志一》："后又定制……律科，监试官一员，试律官二员，隶词赋试院。经童试官一员，隶经义考试院，与会试同。"

17 《金史》卷五十一《选举志一》："凡经童之制……熙宗即位之二年，诏辟贡举，始备其列，取至百二十二人。天德间废之。章宗大定二十九年，上谓宰臣曰：'经童岂遽无人，其议复置。'……明昌三年，平章政事完颜守贞言：'经童之科非古也。……天德时复废，圣主复置，取以百数。恐久积多不胜铨拟，乞谕旨约省取之。'上曰：'限以三十或四十人，若百人皆通，亦可复取其精者。'"

18 另据萧启庆的考察，金代科举中州府试的参加人数为每次 2 万至 2.5 万之间。论证过程在此省略，详细内容可见萧启庆：《中国近世前期南北发展的歧异与统合》，收入《元代的族群文化与科举》，联经出版公司，2008 年，第 13 页。

19 《陶山集》卷四《乞添川浙福建江南等路进士解名札子》："臣伏见诸路州军解额多寡，极有不均。如京东西、陕西、河东、河北五路，多是五六人辄取一人，而川、浙、福建、江南，往往至五六十人取一人。"

　　20　近藤一成:《蔡京的科举、学校政策》,《东洋史研究》,第 53 卷第 1 号, 1994 年。

第七章

金代地方吏员的中央升迁

前言

上一章结语中提到，在本书第二部中将要探讨的蒙元时代的中国本部，吏员出身是最普通的出仕途径之一，"吏"与"儒"被同样看成官僚应该具备的能力。这种情况在中国本部的历史中显得很是特别，当然也就吸引了众多学者的关注，因此关于蒙元时代吏制的研究，至今学界已是硕果累累。

关于蒙元时代的吏制，生于湖南衡州、长于江西临川崇仁，可以说是蒙元时代中国本部代表性文人之一的虞集（1272—1348年）就曾说过"故宋士人以进士为业。而国家用金制，自府史可以至公卿"（《道园类稿》卷四十七《熊同知墓志铭》），明确指出了其与金制的联系。

学界早有共识，蒙元时代中国本部的法制，在很大程度上受到金代制度的影响，而吏制也不例外。"儒"与"吏"之间的区别本身就很模糊，在考察在中国本部历史上占据特殊地位的蒙元时代的士人层相关问题时，作为其先河的金代吏制及其与士人层的关系，也是非常重要的讨论课题。

　　基于以上问题意识，在本书进入第二部，即对蒙元时代华北地区的考察之前，首先将本章作为其前提，重点探讨目前几乎没有研究涉足的金代地方吏员向中央官衙升迁过程的问题。在此基础上，明确上文提到的虞集的认识究竟在多大程度上反映了金代的实际情况，以及金代士人层怎样认识吏制以及吏员等问题。

第一节　金代令史与地方吏员

　　关于金代吏制的先行研究，数量极少。其中唯一称得上专论的孟繁清《金代的令史制度》（《宋辽金史论丛》第二辑，1991年），首次对中央官衙的令史这一金代吏制的最大特点进行了综合性考察，在研究史上具有重要意义。本节在此首先基于孟繁清的研究，对金代令史的大致情况作一概述。

　　金代的令史，从属于尚书省、御史台、枢密院、都元帅府、尚书六部、三司等中央官衙，负责文书的完成、管理及其他事务。令史有女真、契丹、汉三种，这种分类主要是由于各自所使用的语言文字的差异 [契丹令史于明昌三年（1192 年）被取消]。史料中关于女真、汉令史的记录较多，让我们对其数量可以有较为准确的认识。这些令史的总数虽有时期差别，但大致在 436 至466 名之间，其中女真令史约占四成。而中央官衙中，尚书省、吏部、户部、刑部各有令史 70 名、69 ～ 79 名、72 ～ 80 名、51名，占令史总数的六成左右。本章的考察主要集中在供职于州县级地方官衙的吏员的升迁过程，而直接受猛安谋克这一特别行政组织管辖、一般由女真人[1]通过特殊途径升任的女真令史，则在本章讨论范围之外。

虽说是吏员，金代令史却有着比一般官员更好的升迁条件。金代一般规定，担任尚书省令史之后，其迁转由从七品以上起；枢密院令史由八品以上；其他令史也由九品以上迁转。元好问就曾记载，吏部令史出身，可以称得上是一种精英出仕路线，其中任满之后升迁至五六品的亦不在少数。[2] 金代的宰相中，就有不少人是令史出身。

令史的任用主要有五种途径：①进士出身者，②女真进士，③武散官（进士出身以外的官吏），④承荫之人，⑤终场举人。其中②只与女真令史有关，在这里不做讨论。本章主要探讨的汉令史，其来源经历了不同时期的变化，尤其是关于诸令史之间最受重视的尚书省令史的变迁，留存至今的相关史料较多。金初期，尚书省令史由尚书左司的官僚充任，皇统八年（1148 年）开始从进士出身者之中选拔，正隆年间（1156—1161 年）一度中止，后来得以恢复，并成为定例。一般而言，进士及第者三任地方官之后，就可以成为尚书省等官衙的令史。这就与①进士出身者一起，再加上③武散官（包括地方吏员）、④承荫之人（尤其是宰执等高官的子弟），以及大定年间至明昌年间进行的科举改革之后，还包括⑤终场举人（科举廷试中三四次以上落第之人），共同构成了尚书省令史的来源。尚书省以外的令史，来源也基本相同，但限于史料，详细情况现已不明。

以上就是金代令史制度的大致情况。被中央官衙的吏员们奉为荣升捷径的令史制度，正是虞集所说的“自府史可以至公卿”，即给地方吏员提供了一跃而成为高级官僚之可能性的制度核心所在。而另一方面，关于令史来源之一的地方吏员，却可以说几乎

没有先行研究涉及。据《金史》以及碑刻史料能够明确，金代地
方官衙中有都目官、孔目官、司吏、典史、书吏、译史、书佐、
典佐等吏员职位。[3] 但关于这些吏员的选任方法，史料中并无明
确记录。从史料的零星记载中只能看出，吏员是从实习胥吏（贴
书）晋升而来，或是从地方精英中选任。[4] 实际上，地方上某些
家族的成员凭借其资产世袭州县吏员的事例也不少见，例如史料
中"公讳仪，字君瑞，其先华州人。……世以吏为业"（《寓庵
集》卷七《故京兆路都总管府提领经历司官太溥府都事李公墓志
铭》），"谨按马氏为上党壶关人，上世习吏文，代为县史"（道
光《壶关县志》卷九《艺文志上·元·赠朝列大夫同金太常礼仪
院事骑都尉追封扶风郡伯马氏之先德碑记》），"祖讳珍，自宋
曰雄于财，有'十万毛氏'之号。生一子，讳允。金朝初，允以
户计，推择为吏，一郡以吏称之。生子曰矩、曰赠。矩字仲方，
承安元年，由州掾属保随朝吏员"（《遗山集》卷三十四《毛氏
宗支石记》）等事例。

　　另一个例子来自原北宋太原知府兼河东经略使张孝纯（？—
1144 年）。他被金军俘虏后，受命为齐国左丞相，后来向南宋
密送文书《上大宋书》，收入《伪齐录》中。书中称"河东、河
北除太原、真定，其余并用我宋官吏"，说明北宋或辽的吏员在
入金以后也继续作为吏员受金任用。

　　不过，另据《秋涧集》卷四十九《南郦王氏家传》记载："仲
英资颖异，是为恽高祖。自田舍郎改肆士业，尝语人曰：'终当
以笔代耕。'众异其言。及长，补郡掾。"由这一则逸话或可推
测，即便没有世袭吏员的家庭背景，一般人只要有一定程度的资
质或是人脉，也是有可能被任用为州县吏员的。虽无法确知这个

过程中是否需要某种考试，不过就下一节将要详细论述的，县吏向州、府吏的升迁而言，有些时候是需要通过考试的。

综上，本节主要围绕金代中央和地方吏员的选任，对其大致状况进行了概括。要解决序言中提到的问题，亟须明确的一点是，中央吏员与地方吏员之间究竟有着怎样的联系。

第二节　地方吏员向中央官衙的升迁途径

大定二十九年（1189 年），有官僚上言称，不应以考试的形式将诸州府吏员升任为中央官衙的吏员，而应当以"清勤者多"的五品以上官员的子孙为对象，通过考试加以任用。其结果为，一定数量的官员子孙获准参加选任中央令史的考试，但上奏中取消地方吏员升任中央吏员的主张却被驳回。对此，尚书省表示："吏人试补之法，行之已久。若止收承荫人，复恐不闲案牍，或致败事。"[5] 关于将地方吏员升任为中央吏员的规定，自海陵朝就有明确记录，[6] 因此尚书省所说的"行之已久"，是以至少四十年以上的实际经验为依据的。不过，这里提到的"试"的内容所指为何，《金史·选举志》中并无任何说明。所以本节首先收集了地方吏员荣升至上级官衙的例子，分析其升迁过程。

由于史料本身的数量问题，加之涉及吏员的史料更加稀少，笔者管见所及，相关事例有以下九例。

①王宏（1150—1216 年）　阳丘人。父亿，天会年间（1123—1137 年）初为兵部掾，最终官至登州军事判官。第三子宏，年轻时便习吏事，为县史，后擢为郡曹。兴陵朝（1189—1207 年），越王开府于济南，宏为王府书掾。越王移镇之时将宏荐至朝廷，

宏辞而归隐。（道光《章丘县志》卷十四《艺文志·金石·王宏墓志铭》）

②王瑾 ①王宏次子。十五岁为县吏，后充府吏。选试合格，出任三司掾，丙子（1216年）以功绩授予章丘县丞。丁丑年（1217年），任山东路行六部外郎。戊寅年（1218年）为怀远大将军、乐安监使兼滨、棣二州招捕使。辛卯年（1231年）提领忻、滕、峄三州事。（同①）

③毛矩（1153—1211年） 彭城人。父允，金初推择为州吏。矩与父同为州吏，承安元年（1196年）秋场之试合格，次年任吏部覃科令史，后转为贴黄科房长。泰和二年（1202年）为忠勇校尉·博州防御判官。四年任永丰库使。六年为辽阳县丞。大安二年（1210年），受宰相举荐，特授桓州军事判官。次年桓州为蒙军所破，自缢于军资库。（《遗山集》卷三十四《毛氏宗支石记》）

④李仪（1197—1263年） 生于世代为吏之家。任县典史时因考试合格，擢任华州掾，由军功累迁至忠武校尉。以"才干"选充陕西行六部掾，摄主事，佩银符，从事关陕漕运粮储。正大（1224—1232年）末，以行部大司农保奏，为尚书都省掾，因"关中扰攘"而未能赴任。后由关陕总帅阿不罕任命为帅府掾。后擢为行尚书省掾。（《寓庵集》卷七《故京兆路都总管府提领经历司官太溥府都事李公墓志铭》）

⑤马锐 上党壶关人。生于世代为县吏之家。以"勇锐"仕于昭义军节度使，为元帅左监军。为府掾，辟为知事，以功任元帅府经历。（道光《壶关县志》卷九《艺文志上·元·赠朝列大夫同金太常礼仪院事骑都尉追封扶风郡伯马氏之先德碑记》）

⑥王仲英　卫州汲县长乐乡白杨里人。任郡掾，明昌（1190—1195年）初受上司举荐，就任河平军都目官。后死于急病，时年三十八岁。（《秋涧集》卷四十九《南廊王氏家传》《金故忠显校尉尚书户部主事先考府君墓志铭》）

⑦王宇（1173—1224年）　⑥王仲英之孙。勤于"家学"，明文法（文书事务及法律）。蒙军入侵后，得节度使完颜从坦知遇，由郡掾辟为（节度司）刑曹孔目官。（同⑥）

⑧王天铎（1201—1257年）　⑥王仲英之曾孙，⑦王宇之子。元光（1222—1223年）初，胥鼎由陕西移镇至新卫之际，由尚书李特立自州户曹掾擢为权行部令史。正大四年（1227年），受元帅完颜讹可举荐，于京师参加考试，为"吏员甲首"，任运司掾长。六年，改任礼部令史。开兴（1232年）年间，以入粟及在任期满，受命为户部主事。（同⑥）

⑨韩仁（1198—1282年）　汲县人。以"孝廉"辟为州孔目，后以才能充元帅府令史。（《秋涧集》卷六十《大元国故尚书省左右司员外郎韩公神道碣铭并序》）

从时代来看，以上大部分都是活跃于大定年间至金末的人物。而关于一些人在金末的出仕，则需考虑到在受到蒙军入侵的非常事态中，作为非常措施的背景。例如⑤马锐生于县吏之家，也有着府掾的经历，但其升迁却是由于军事方面的功绩，而未经普通的地方吏员升迁之途。④李仪也一样，在成为华州掾以后，其升迁的原因主要在于蒙金战争中陕西军粮补给方面的功绩。这些事例都不能一般化。

一方面，从其他几个事例中，都可以看到《金史·选举志》中没有提到的地方吏员升迁的途径。首先值得一提的是，除了

⑥和⑨以外，所有人都生于父亲为吏员，或是世代为吏之家族。④⑦⑧中还应当考虑到子承父业的可能性，由此我们能够联想到上一节中提到的某些家族世袭州县吏员的情况。不过，也有如⑨中由"孝廉"获得擢用的例子，可见州县级吏员的任用方式其实是多种多样的。另外，关于升迁至高级官衙的途径，也有一些记载值得关注。例如，①中王宏由县史"擢郡曹"（州府司吏），其子②王瑾则"充府吏"，可见由县吏员升迁为州吏员之时，通常会进行某种选择。这在④李仪的例子中尤为清晰，即"自县典史试中，补华州掾"。李仪参加考试的时候，正是金末动荡时期，不排除这次考试为某种临时措施的可能性，但作为以县史为对象的考试的实例，其重要性无须赘言。

更加清楚确切的，是州、府史晋升为中央令史的升迁之途。③毛矩的事例中可以看到，配合秋场，即科举府试的举行，以州、府吏员为对象的中央吏员选拔考试也同时进行。与科举共举行三次考试不同，吏员选拔考试只有一次，并非多层次形式。《金史·选举志》中提到，关于承恩荫者的中央吏员任用考试，规定枢密院或六部令史"内祗并三品职事官承荫人，与四品五品班祗及吏员人通试中选者用之""四品五品子孙及吏员试中者，依旧例补"，[7]可知承恩荫者与吏员同时进行考试。⑧王天铎为"吏员甲首"之记录，也支持了这个结论。

这种中央吏员选拔考试是否与科举一样为三年一贡，现已不详，但从下面将要论述的礼部令史任用的事例来看，可以认为考试几乎每年举行，并将其中的合格者分配到各官衙，抑或仅于出现空缺的官衙实施。

②王瑾和⑧王天铎都是经过考试升迁进入中央官衙的，而这

两个例子都出现在金受蒙古入侵之后，说明地方吏员的中央选拔考试在金末动荡期仍继续实施。另外，⑧王天铎应该是受其所属官衙长官完颜讹可"荐拔所能"，得以参加考试。类似情况在①王宏和⑥王仲英这样的地方官衙之间的升迁中也可以看到。这或许是采取了与同时期南宋相同的规定，[8] 即吏员所属机构在吏员参加中央吏员选拔考试，以及升迁入上级地方官衙时进行选举或保证。

那么，地方吏员参加的选拔考试中都有哪些科目？关于这个问题，以下两种史料能给我们提供一些线索。

  A 公讳元佐，字祐之，太原人。粹于律学，有《删注刑统赋》《刑名歌括》传于世。金之省部、台院试补掾者咸出其门。在汴梁与元遗山游，称："祐之，余乡曲。为人宽博疏通，精于吏事。"[9]

  B （上文⑦王宇）类注《刑统》《进禄》等书。……今梁卫间，由吏业而上达者，半为门生。[10]

从《删注刑统赋》《刑名歌括》等书名，以及影响延续至蒙元时代的《宋刑统》《进禄》等书的类注加以推测，可知金代中央吏员选拔考试的科目应当与法律有关。这让人联想到，北宋时期选拔中央吏员时，法律知识也是必要的。[11] 总体来说，可以认为金代吏员选拔制度是以北宋制度为基础而制定的。另外，《删注刑统赋》《刑名歌括》等从书名上看明显属于参考书的读物在当时的流通程度，现已无法考证，但这种读物的出现，本身就暗示着社会对中央吏员选拔考试表示了一定的关心。

中央吏员选拔制度的合格人数，应该是相当少的。《金石萃编》卷一百五十五《礼部令史题名记》中记录了大定八年（1168年）至明昌三年（1192年）礼部上任的令史共 26 人，以及他们的籍贯、上任年月、前职位。其中至少有 4 人在成为令史之前，职位为州军事判官，应该是进士出身之人。其他 22 人为地方吏员，或恩荫出身。至于枢密院汉令史，则是定员 6 人中 2 人为吏员出身，御史台汉令史定员 15 人中，7 人为内班、内祗出身，8 人为终场举人，无吏员出身之人。[12] 对照这些材料可知，即便在礼部令史之中，吏员出身者的比例也是很低的。而根据《金史》卷五十三《选举志三》，礼部令史名额一共为 15 人。礼部令史的任期长短，史料上不甚明确，但有事例证明，大定初年的尚书省令史一考为 30 个月，可出任六品州同知，两考 60 个月，可出任至五品节度副使、留守判官。[13] 礼部令史虽得不到与尚书省相同程度的待遇，但在经过比尚书省吏员稍长的任期之后应该也能够很快升迁。如果是这样，24 年里一共有 26 名吏员上任，这个数字也较为合理。

仔细观察《礼部令史题名记》所记载的吏员上任时间，除去因缺字而无法判断的地方，大定八年上任者共 1 人，十年 1 人，十五年 2 人，十六年 1 人，十七年 4 人，十九年 1 人，二十一年 2 人，二十九年 1 人，明昌元年 6 人，二年 1 人，三年 2 人。人数虽每年都不同，但每次都有一两人上任，由此可以认为，每有阙员出现，各官衙就会任用新人。假设像礼部一样，在定员 15 人的条件下每一两年新任一两人，那么所有令史也不过是一两年新任 30 人左右。即便比起每次只有 80—120 人能够合格的科举（经义科、词赋科），[14] 跻身令史的难度也是不遑多让。而这个数字中还包

括了恩荫之人，由此可见，地方吏员想要升迁至中央官衙，难度
有多高。

第三节　金代士人的吏员观

本节主要探讨金代士大夫官僚、地方知识人群体对吏员的认
识和看法。总的来说，地方吏员通常被简单概括在"吏民"这一
概念之中，被当作须进行统治、教化的对象，其登场通常是在文
集或碑刻等史料中，自前朝以来固有的贪欲、狡猾形象仍未有
改观。

不过，这种吏员形象当然也有例外。王寂在大定二年（1162
年）任太原府祁县知县时，赞许县吏张弼"天资畏慎义，不为乾
没"，以文相赠。不过这个例子中的张弼较为特别，世人对一般
吏员的评价，就如同王寂的文章中描述的"夫吏之所习，诡道也。
或桀黠尤甚者，揣不言之意，伺欲动之色，推轻重，矫枉直，必
利而后已"。[15] 再例如，金末肥县出身的窦杰，自幼饱读儒书，
身为州典吏而威震一方的叔祖窦旺企图让他继承吏业，而杰以"趋
近利而弃远图，非计也"为由固辞。[16] 对窦杰而言，成为吏员只
不过是无"远图"的俗物，至少撰写窦杰神道碑的金末进士王磐
是这样理解他的意图，并给予积极评价的。

另一方面，对于中央官衙的吏员，由于履历上的重要性，且
最为重要的是其中也有进士出身之人，因此史料中给予高度评价
的事例不在少数。[17] 但这种评价只限于受任用的士人。至于普通
吏员，甚至有只因身为"吏"，就无辜被判有罪的例子。

不知是否是出于对海陵王信任吏员的反感，[18] 世宗以对吏员

格外严苛而著名。[19] 大定十六年（1176 年），对上至尚书省令史，下至县史的各级吏员，朝廷规定须得佩带不同材质的书袋，而其理由为"吏员与士民之服无别，潜入民间受赇鬻狱，有司不能检察"。[20] 而事实上在这一时期，并未发生过任何由中央官衙令史的贪渎造成政治混乱，或是须由皇帝直接出面进行整改的地方吏员腐败等案件，也就是说，这种措施完全是出于世宗本人对吏员的不信任。

后来，在受到蒙古猛烈进攻时（1213 年）即位的宣宗，倾向于法律条规的严格执行，重用吏员，更将吏员出身之人置于高官之位，却造成了他们与科举官僚势同水火。[21] 最终，由吏员和进士之间的争端而产生的倾轧还来不及平复，金国就走向了灭亡，蒙元时代拉开了序幕。

结语

在金代，吏员由县升迁至州府时，应该存在成为定例的选拔考试，而到了由州、府向中央升迁时，考试的存在就由可能存在变成了完全肯定的事实。在考试中满足条件、结果合格的吏员，理论上是能够实现"由府吏至公卿"的。不过，这种考试任用人数极少，这种升迁之路比起蒙元时期吏员向中央升迁的路途，可以说是十分狭窄。另一方面，关于吏员的认识评价，前朝以来的观点也几乎没有改变。相较"士"或"儒"，"吏"完全不可与之相提并论，有时甚至出现了从服装上将吏员与其他人员区别开来的措施。而这种习惯在进入蒙元时期以后也一直延续。[22]

不过，蒙元时期之初，与金代相同的对于吏的认识屡见于史料，[23] 但与此同时，由儒学转向吏业的例子也呈现出增加趋势。其结果便是，由吏员身份出仕，已然成为获得官位的捷径，随着这一事实愈加明显，"吏"逐渐成为补充"儒"的重要元素，而史料中甚至出现了对科举考试的有用性表示疑问的观点。[24] 这一点本书第二部中将进行详细探讨。实际上，到了蒙元时期，中央官衙令史作为精英路线之出发点，地位甚至超过了金代，许多高官都由此发迹。

当然，就如《至正集》卷六十二《故亚中大夫福州路总管兼管内劝农事李公墓志铭》中许有壬的描述"愚在政府，仲舒实掾曹，未尝吏之"所暗示的，即便作为文人，能力与人格受到认可，吏员与资品官的地位差别仍然难以逾越。不过，尽管如此，吏员出身这一出仕途径所具有的权威性，是前代不可想象的。从制度上而言，虞集的观点是准确的。然而，孕育着这种制度的环境背景，经历了从金代到蒙元时代的巨大社会变动，其本身也发生着剧变。

注释

1　女真令史的任用范围，除了女真（策论）进士，还有元帅府、统军司等军事相关官衙的吏，以及受恩荫之人。

2　《遗山集》卷三十三《吏部掾属题名记》："吏部为六曹之冠，自前世号为前行。官属府史由中后行而进者，皆以为荣焉。国朝故事，掾属之分有左右选，右选之在吏曹者，往往至公卿达官。"

3　详见《金史》卷五十三《选举志三》，《山右石刻丛编》卷二十《英济侯感应记》，《常山贞石志》卷十三《奇石山磨崖记》等。另外，从名称来看，书佐、典佐也很可能是指实习胥吏。

4　《金史》卷五十三《选举志三》："大定二年，户部郎中曹望之言，随处胥吏猥多，乞减其半。诏，胥吏仍旧，但禁用贴书。又命，县吏缺，则令推举行止修举为乡里所重者充。"

5　《金史》卷五十三《选举志三》："章宗大定二十九年，上封事者言：'诸州府吏人不宜试补随朝吏员，乞以五品以上子孙试补。'盖职官之后，清勤者多，故为可任也。尚书省谓：'吏人试补之法，行之已久。若止收承荫人，复恐不闲案牍，或致败事。旧格，惟许五品职官子孙投试。今省部试者尚少，以所定格法未宽故也。'遂定制，散官五品而任七品，散官未至五品而职事五品，其兄弟子孙已承荫者，并许投试。而六部令史内吏人试补者仍旧。"

6　《金史》卷五十三《选举志三》："海陵初，除尚书省、枢密院、御史台吏员外，皆为杂班。乃召诸吏员于昌明殿，谕之曰：'尔等勿以班次稍降为歉。果有人才，当不次擢用也。'又定少府监吏员以内省司旧吏员及外路试中司吏补。"

7　《金史》卷五十三《选举志三》："枢密院令史、译史。令史，……（大定）十四年，遂命内祗并三品职事官承荫人，与四品五品班祗及吏员人通试中选者用之。……十四年，以三品至七品官承荫子孙，一混试充。寻以为不伦，命以四品五品子孙及吏员试中者，依旧例补。六品以下不与。"

8　详见梅原郁：《宋代官僚制度研究》，同朋舍，1985年，第576—578页。

9　《青崖集》卷五《故镇国将军太原李公墓志铭》。

10　《秋涧集》卷四十九《南郾王氏家传》。

11　在北宋时期，除了与法律相关的吏员（法吏）以外，地方吏员也有其他升迁途径，但限于史料，其详细情况无从得知。参见梅原郁：《宋代官僚制度研究》，第 577—580 页。

12　《金史》卷五十三《选举志三》："枢密院令史、译史。……又定制，三品职事子弟设四人，吏员二人。""御史台令史、译史。……汉人十五人，内班、内祗七人，终场举人八人。"

13　《归潜志》卷七省吏，前朝止用胥吏，号堂后官条。

14　都兴智：《辽金史研究》，人民出版社，2004 年，第 94 页。

15　《拙轩集》卷六《送故吏张弼序》。

16　雍正《肥乡县志》卷五《艺文志下·碑·元·大学士窦公神道碑》："公幼好学，善读儒书。叔祖旺为郡功曹掾，充执事权，家门荣润，亦欲使公改业。公曰：'趋近利而弃远图，非计也。不若仍旧。'卒不改。年二十，值国朝兵南下，亲属亡没，家业荡尽。"

17　《遗山集》卷二十三《故河南路课税所长官兼廉访使杨公神道之碑》："不三十，三赴廷试。兴定辛巳，以遗误下第。同舍庐长卿，李钦若、钦用昆季惜君连蹇，劝试补台掾。台掾，要津，仕子慕羡而不能得者。"

18　详见本章注 6 所引史料。

19　《金史》卷八《世宗本纪下》大定二十三年十一月戊午条："上谓宰臣曰：'女直进士可依汉儿进士补省令史。夫儒者操行清洁，非礼不行。以吏出身者，自幼为吏，习其贪墨，至于为官，习性不能迁改。政道兴废，实由于此。"

20　《金史》卷四十三《舆服志下》："书袋之制，大定十六年，世宗以吏员与士民之服无别，潜入民间受赇鬻狱，有司不能检察，遂定悬书袋之制。省枢密院令译史用紫䋄丝为之，台、六部、宗正、统军司、检察司以黑斜皮为之，寺监、随朝诸局并州县，并黄皮为之。各长七寸，阔二寸，厚半寸，并于束带上悬带，公退则悬于便服。违者所司纠之。"

21　详见高桥文治：《元遗山与党争》(《元遺山と党争》)，《追手门学院大学文学部纪要》(《追手門学院大学文学部紀要》)第 22 卷，1987 年，第 248—250 页。

22　《秋涧集》卷八十六《乌台笔补》四《事状·论百司吏员并悬书袋事状》。另外，冲田道成、加藤聪、佐藤贵保、高桥文治、中村健太郎、向正树、山本明志等著：《乌台笔补研究》(《烏台筆補の研究》)（汲古书院，2007 年）第 306—307 页有详细译注。

23　《中庵集》卷十一《先府君迁祔表》："年十四，丁郎中君忧，哀毁如成人。或怜其孤，劝为吏，可以速成。答曰：'学儒，先志也。可弃而吏乎？'由是学益笃。既仕，以廉直名。"另《西岩集》卷十三《议科举》："窃见比年老师宿儒，雕落殆尽，后生子弟，无所见闻。稍稍聪明者，不为贴书，必学主案。今年一主案贴书，明年一州胥府吏；今年一州胥府吏，明年一部掾省杂。不数年之间，内而省部台院，外而府州司县，出身一官人矣。习以成风，莫之能革。"

24　《紫山集》卷十二《议选举法上执政书》，《墙东类稿》卷三《儒学吏治》等。

第二部

蒙元时代的华北社会与科举

第八章

蒙元统治下的忻州定襄县及其地方精英群体的变化

前言

本书第一部对金代华北社会及科举制度相关内容进行了考察，第二部将在其基础上，围绕蒙元统治给华北社会带来的影响和变化，提出问题并进行分析。在这里需要强调的一个前提条件是，关于蒙元时代的华北社会的具体情况，先行研究可以说从未有过明确考察及结论。因此，本章首先将目光转回第一部第一章的考察对象——山西忻州定襄县，尽可能详细地分析该地方精英在金末元初及整个蒙元时代中的立场、动向，明确在统治者从女真人向蒙古人转变的过程中，定襄县地方精英们自金代以来的情况发生了怎样的变化，以此作为下一章及以后的考察基础。

第一节 蒙古入侵与定襄县

1211年，成吉思汗对金国发起攻击，其中右翼军翻越阴山，主攻山西地区。关于当时定襄县的情况，史料中有如下记载：

> 贞祐乙亥，……（周君）以便宜起复定襄丞。时中原受兵，所在残毁，民人保聚，多为胁从。君时佩银符兼义军弹压，以为军力不足备敌，而人无所逃死，岂乐为背逆。凡所诖误者，一切贷之，县民赖以全活者甚众。[1]

史料中描述了贞祐乙亥年（1215年），该地多有"所诖误者"，以及背叛金国统治之人出现的事实。在这里，本节将视角放在第一部第一章中考察的南王里周氏和砂里樊氏后来的动向上，借以考察12世纪前半期蒙古发动对金战争的动荡之中定襄县的具体情况。

我们在第一部第一章中看到，在1215年，南王里周氏一族中首次出现了进士及第者，然而就在前一年，金国已经放弃中都燕京，并迁都至汴京，其颓势已是昭然。周鼎在进士及第后不久即奔母丧归乡，同年被太原行元帅府任命为定襄丞。第二年的贞祐四年，迁官至阳曲令·权河东北路转运使户籍判官·帅府检察，仅在兴定二年（1218年），便死于太原失陷之际。[2]不过，这并不意味着整个南王里周氏的命运都与金国的兴亡共沉浮。就在太原府失陷当年，史料中有如下记录：

> 乡曲以太原不可保，趣君弟献臣亲谋去就。君为献臣言："城不保必矣。我臣子也，尚欲逃死乎！"献臣欲挈君妻子以出，君又不可，曰："吾守官于此，而不以妻子自随，是怀二也。吾弟往，吾死于此矣。"乃与之泣别于北门之外。

是岁城陷，没于兵。实兴定二年九月六日也。[3]

太原陷落之前，周鼎之弟献臣应该是受到以周氏族人为中心的南王里居民所托，前往太原府迎还兄长。虽然周鼎最终殉国，但从史料的描述却能看出，这是他以南王里周氏家族的存续为念，冷静判断事态进展的结果。

而关于在蒙军进攻之后的周献臣的动向，其神道碑[4]中也有记录。

金贞祐初，中原受兵。阅再祀，雁门破，游骑骎骎而南。定襄膺其冲要，侯慨然聚里人戚属，堡南山之隅。明年春，大兵至。侯知河东不可保必矣，曰："此天也。天可违乎！与其徇匹夫之节，曷若全万人之命。"乃率众迎谒郡王于军门。王悦，时承制封拜，授定襄令。……遂从王南略太原、辽、沁、晋、绛、河、解。[5]

献臣率领"里人戚属"，在位于南王里以南的太行山脉支脉筑堡自卫，正是在雁门失守之年。从前文引用的《阳曲令周君墓表》可知，雁门失守在兴定元年（1217 年）。第二年，周献臣归降于郡王［木华黎之弟带孙（Tayisun~Dayisun）］[6]，被任命为定襄令，加入蒙古军，由山西中部转战至南部，还跟随参加了后来的西蜀远征。由此可推测，献臣前往太原迎还兄长，正在他归降蒙古前后。

另一个家族砂里樊氏，在明昌年间（1190—1195 年）有族中子弟樊大有参加经童科考试合格，但他本人却在正大七年（1230

年）从任官地陕西华亭县赶赴汴京的途中，病死在耀州。[7]而尽管具体时间不明，砂里樊氏一族实是在大有病死很久之前，便已归降蒙古，通过史料可以确知，当时作为砂里樊氏代表者的樊天胜在丙戌年（1226 年）曾随蒙古大军远征山东、淮北。[8]

考虑到金国的衰退和面对蒙古大军攻势时家族的存续，南王里周氏与砂里樊氏的行动，应该说是顺理成章的选择。就这一点而言，定襄县的其他居民应该也是一样的。以下，笔者对相关史料中涉及的金末元初定襄县归降于蒙古之人及其家族来历、行动等进行了简单总结。（【】内为史料出处）

牛荣　"天朝初"便从蒙古军队征伐，授征行千户，赐银符。据称牛氏世代居于横山里，[9]但荣以前的世代则大多经历不明。荣之子闰，于至元（1264—1294 年）之初任"合州总管军事"；荣之孙安甫带乡贡进士称号。另据《定襄金石考》卷四《大永安寺记》，这块立于至正九年（1349 年）的碑上，碑阴还另刻有牛荣之孙，即其子武略将军牛海之子敦武校尉牛元福、千户牛元顺、进士牛元禄，以及合州总管军事闰之曾孙进士牛瑛等人之名。[10]【《定襄金石考》卷四《大元故进士牛安甫妻贾氏贞节志》】

周献臣　1218 年归降于郡王带孙，授定襄县令。此后从蒙古大军征讨山西中南部，1232 年以后还参加了西蜀远征。由战功宣授征行千户，赐金符，统率太原路卒伍。子允中，为宣武将军太原路行军总管，敏中为忻州诸军奥鲁长官。孙宗文，带进士号。【《定襄金石考》卷二《故左副元帅权四川都元帅宣授征行千户周侯神道碑》】

张安宁　起于"田亩之间"，归降蒙古后官至忻州长官。据《定襄金石考》卷二《重修重阳观记》[乙卯年（1255 年）立碑]，

安宁之子张仁杰有知忻州事之衔。而安宁以前的南邢里张氏则情况不详。【《定襄金石考》卷二《重修重阳观记》《州将张侯墓表》】

赵浩　归降蒙古，为行监军事，镇抚胡桃园一带军民，赐金符。1235年任行定襄县令，死后官职由其子世袭。浩以前的胡桃园赵氏情况不详。【《定襄金石考》卷二《创建永圣院功德记》】

樊天胜　1226年以前归降蒙古，参加山东、淮北远征，官至安远大将军、行九原元帅府事。其弟天用，为九原帅府都总押观察使，子大羽，任忻州管民官。樊氏世代居于定襄县砂里。【《定襄金石考》卷二《大朝故九原帅府都总押观察使樊公墓表》】

姚荣　"国初"与同乡李怀远一起归降蒙古，统九原元帅府幕。幼子闰为百夫长，移居陕西耀州三原县。姚氏世居横山里。荣祖父在琳以86岁高龄获金国赐予进义校尉，在琳从兄景为金国进士。【《定襄金石考》卷三《姚氏先茔之记》】

李怀远　"国初"与同乡姚荣一起归降蒙古，统九原元帅府幕。家族情况不详。【《定襄金石考》卷三《姚氏先茔之记》，卷三《张仲威墓幢》】

刘仲□　1245年，奉成吉思汗之女独木干（Emügen）[11]公主懿旨，带金符，拘收诸路户计，被任命为"真定平阳太原三路达鲁花赤"。子乞答歹（Kitadai）、忙兀歹（Mangyudai）、扎忽儿歹（Jaqurdai）、伯颜不花（Bayanbuqa）、旺古歹（Öngdei），分别任管领平阳太原两路达鲁花赤、管领真定路□□等处达鲁花赤、宣授管领太原路鹰房打捕诸色民匠总管、宣授忠翊校尉管领冀宁路鹰房打捕诸色民匠总管、管领北五州达鲁花赤。伯颜不花之子德谦先任彰德路汤阴县教授，后转宣授太原路投下鹰房打补

诸色民匠都总管。刘氏世居刘念里，仲□此前经历不详。【《定襄金石考》卷四《三路达鲁花赤刘公墓幢》】

刘和尚　归降蒙古时间不详，但从其所带"监国公主下悬金牌达鲁花赤"的头衔，可推测他或为监国公主阿剌海别吉下属。刘氏世居青石里，刘和尚以前各代情况不详。【《定襄金石考》卷三《刘思让功德幢》】

武大谊　武氏世居砂里。大谊祖父天益之妻为上节中出现的天会六年进士、大阳里赵会之妹。父世录之妻出身青石里刘氏。砂里武氏与同乡樊氏一同归降于蒙古。【《定襄金石考》卷二《故酒监使武公迁墓之铭》】

李子成　横里人。父广威仕金国，官至蠡州酒税使。归降蒙古时间不详，但第一部第一章亦有提及，他于1243年以前应是任忻州通判。【《定襄金石考》卷二《创开滹水渠堰记》】

郦志　东力里人。蒙元初期应为"监军"。【《定襄金石考》卷四《创建观音堂记》】

以上各人的共同之处是都归降了蒙古，但他们归降的对象、归降后的活动各不相同，[12] 各自原本的家族来历也都有差异。金代南王里周氏、砂里樊氏都是科举官僚家族，其中周献臣、樊天胜都与元好问有交往。[13] 周献臣所著的名为《周氏卫生方》的医药卜筮之书，亦由元好问作序。[14] 此外，横山里姚氏也有在金代进士及第的族人。上述都是在金代的定襄县便属于精英的家族。

不过另一方面，据元好问所说，任忻州长官的张安宁识字程度极其有限，仅勉强能写出自己的名字，[15] 很明显，金代南邢里张氏并非士人家族。而这正表明，金末的战乱给定襄县地方精英群体带来了不小的变化。实际上，青石里孙氏在金初曾出现兄弟

三人同时及第的盛况，而到了金末以后，无论是碑刻史料或是《雍
正县志》、光绪《定襄县补志》（下文简称《光绪补志》）[16]中，
都不见一个孙姓人物的记录，可见孙氏一族在动乱时期或移居，
或离散，家道已然中落。此外，南王里董氏也在金末以后几乎从
史料中消失。

　　不过，归降之人虽然都能获得官职，但一般而言，金末元初
的官职并非都是名副其实的。[17]上述定襄县的例子中，归降之人
分别被授予"定襄县令""行监军事""忻州长官"等职，却看
不出他们之间有任何从属关系。例如，丙戌年（1226年）定襄
县遭到常山军（金国军阀常山公武仙下属军队）攻打时，关于樊
天胜的行动，史料中有如下记载：

　　　　丙戌之春，吾侯方从征淮海，常山军取太原及吾州。行
　　省大帅怒其二三聚境中之民而守之，将尽戮而后已。吾侯奉
　　郡王命至自益都，以吾民被胁之故，不当妄有屠灭者，愬于
　　帅，辞旨哀切，有足感动。且自与山军斗，转战逐北，不旬
　　日而东山平。帅知侯之忠，即日并所守者纵遣之。[18]

　　受到常山军攻打的忻州人擅自组织了抵抗力量，对此行省大
帅（或为木华黎之子孛罗）[19]欲尽皆杀之而后快，当此之际，樊
天胜一边说服行省大帅，一边亲自率军攻打东山（五台县山区），
尽退常山军。他直接与蒙古军队将领交涉，明显是出于一己之判
断，其他归降人并无参与。这一点在其他归降人身上也是共通的，
没有任何迹象表明他们处于砂里樊氏统属之下。[20]在当时，即便
归降蒙古，能够被授予官职，一般而言也几乎没有来自蒙古的任

何实质性支援。很明显，定襄县的归降人们原本不过是村落级别的地方精英，而他们之中的某一人想要超越其他归降之人，完全掌握整个定襄县，也几乎是不可能的。也许，上述史料中樊天胜试图保全的太原、忻州之民，也并非该地区所有居民，而是当时属于他势力范围中的部分。史料表明，几年后武仙再次来攻之时，由于怀疑县民首鼠两端，蒙军"先锋大帅"下令废去"三十余"，或是"十数"处聚落，[21] 可知即便在进入蒙元统治范围之后，直至 13 世纪 20 年代后期，定襄县的情况也依然不稳定。

归降人的势力基盘仍是以自己所居村落为中心的地区的居民。正如上文所述，他们原本不过是以村落为单位的地方精英，对于他们来说，归降于蒙古军时，主要是从自己所在据点的村落及其周边调动兵力或物资，此外几乎别无他法。[22] 也正因此，他们对于恢复在战乱中荒废的田地倾注了相当多的努力。据《定襄金石考》卷四《重开通利渠记》，至正五年（1345 年）所立的该碑中提到，砂里樊天胜对从县城至砂里的渠水进行了疏浚，[23] 而关于类似的土地复耕的记录，在其他归降人的墓志铭等史料中也频频出现。第一部第一章中提到的李子成所主持的滹水渠的开凿也是其中一个例子。

除了土地的恢复，归降人作为地方领导者，还主持进行了许多其他活动。

> 父讳浩，胡桃园人氏。时方离乱，以公明果□行监军事，镇抚胡桃园一带。……至乙未年，省并州县，命公（赵浩）行定襄县令。时东山余党未尽殄灭，公将胡桃园居民移于青石、芳兰、史家庄等处住坐。[24]

胡桃园赵浩归降蒙古，为"行监军事"[25]，乙未年（1235年）被任命为"行定襄县令"，然而不久便因"东山余党"[26]作乱而不得不放弃胡桃园，将居民迁至青石里、芳兰里、史家庄。该记文还提到，后来的中统元年（1260年），胡桃园赵氏成为散居于其他地区的胡桃园人之间的纽带，在芳兰里建立了佛寺（永圣院），[27]可见赵氏起到了联结原胡桃园居民的核心作用。与此相同的寺观的修建、维护，以及僧侣或道士的召集等活动，除了胡桃园赵氏以外，也有其他例子。[28]作为地方上极具名望的精英家族，这些都是值得赞赏的行为，也展现了以村落为势力基盘的归降人们的领导性作用及领导力。

一方面，要考察归降人相互之间的关系，婚姻是一条非常有用的线索。从砂里樊氏的家谱（第一部第一章家谱图2）可以看出，他们与同住在砂里的武氏有着密切的婚姻关系。《定襄金石考》卷二《故大朝九原帅府都总押观察使樊公墓表》中有樊天用的同僚，及襄助樊天胜的"监军武君""武俭察"的相关记载，由此可见，砂里武氏或与樊氏一同归降蒙古，至少是与樊氏有着合作关系的家族。而樊氏与其他家族，例如南王里周氏、定襄县令智氏、[29]平原郭氏、青石里田氏、□作里杨氏、砂里田氏、崞县李氏、忻州捕盗官王氏、南邢里张氏等，也都缔结有婚姻关系。这些婚姻关系可以分为两种类型。第一种为□作里（就目前所知的定襄县范围内各里名来看，应该为南作里）杨氏、砂里田氏；第二种类型为青石里田氏、南王里周氏、定襄县令智氏、平原郭氏、崞县李氏、忻州捕盗官王氏、南邢里张氏。第一种类型中的家族，都居住于缔结姻亲关系的两家所居住的砂里附近，且族人身无官职。而第二种类型，则或与樊氏同为归降蒙古的定襄县家族，或为族中有人为新赴任之地的地方精英。从上述婚姻关系来看，以砂里为据点的樊氏，不但在砂里范围内夯实其地位基盘，与周边地区的家族缔结姻亲关系，更将这种关系延展至定襄县其他地区，与其他地方精英也维持着婚姻关系。不过，从史料上来看，蒙元时代初期的这种婚姻关系并非长时间维持的，可以说都是为了克服混乱时期中的困难处境而结成的同盟关系。

虽然南王里周氏具体情况的详细程度不如砂里樊氏，但也表现出类似的倾向。就目前所见史料而言，这种近邻乡里的归降人相互联姻的情况，在当时的定襄县是非常普遍的。联姻使得归降人相互之间没有了竞争关系，并维持这种势均力敌的状态。不过须得注意，我们不能轻易将定襄县的情况放诸整个华北地区。例如上文中提到的真定附近也有一个居住有大量归降人的县，[30] 而他们最终都被吸收进了史氏麾下，形成相互之间有统属关系的军阀势力。[31] 此外，山东东部各地方精英，最终也归入了李氏的指挥下。[32] 这种差异之所以形成，背景正在于定襄县所在的山西北部在金末以后的形势，与真定、山东东部等地各不相同。

首先，山东在受蒙古大军入侵前后，就有总称红袄军的各叛乱集团积极活动，而这些集团建立朝廷，制定年号，标榜保护知识人，以此积极确立统治区域，推进地方势力的统合。[33] 这种情况与山西北部截然不同。此外，河北、山东等地乃是蒙、金、南宋三国势力相争之地，这一差别也十分重要。对于这些地区，三方势力中无论哪一方都缺乏确立直接统治的实力或动力，于是金国以义军制度，蒙古以承认地方势力的既得利益，并将之置于统治之下的形式，南宋则以介入山东的动乱，促成形成亲南宋派军阀的途径，试图维持并持续渗透对该地区的影响力。[34] 结果，受到各势力的支持，地方集团的相互吞并与兴废不断加速，最终形成了真定史氏、益都李氏等多层次统属关系的军阀势力。

反过来说，山西北部很早便归于蒙古统治之下，就目前的史料来看，这种统治在后来也没有太大动摇。这即是说，地方势力没有进行相互吞并的余地，而蒙古也没有理由允许这种吞并的发生。[35]

第二节　蒙元统治与定襄县

成功镇压李璮之乱（1262 年）后，忽必烈政权开始全面整顿在华北的统治机构。其间，华北各地区的地方势力，即所谓"汉人军阀"势力大大削减。[36]定襄县的具体情况虽然无法详细确知，但很难想象定襄一县的归降人会被排除在这种整顿政策的对象之外。最终，归降人多方分立的状态就此结束，中断了几乎半个世纪的中央派遣地方官构成的统治体制，在定襄县得以重新确立。不过，统治体制确立之后的定襄县的形态，却与金代明显不同。基于这种背景，本节将集中探讨蒙元时代的定襄县的形态。

于金末动乱时期归降蒙古的家族，虽然大多在忽必烈治世初期势力受到削减，但其子孙后代中仍有不少官僚出现。正如我们在上一节中所看到的，蒙元时代的横山里牛氏、南王里周氏、砂里樊氏、刘念里刘氏等家族中，都出现了隔代的文武官僚。此外，也有其他有势力的家族在蒙元时代初期移居定襄县。其中忙兀答儿秀（Mangγudorji）的墓志铭中提到，他的祖父为金国的镇国将军，父□鲁袭其封为千夫长，本居于东京辽阳府。[37]这一族归降蒙元政权的经过不详，忙兀答儿秀青年从军，[38]以战功被授予西京、太原、真定、延安四路屯田达鲁花赤。辛卯年（1231年）至第二年，他参与了忻州的治理，或许这正是他后来定居于定襄县的契机。他后来的经历不详，但可以肯定，至少直至至元十三年（1276年），他一直居住在定襄县王村附近。这个家族与定襄县其他归降人家族的关系也不详，只有墓志铭末尾记载，忙兀答儿秀的幼子居敬为奉训大夫太原路总管府治中。可以说，忙兀答儿秀家族与上述其他归降人家族一样，是有一定势力的地方精英家族。

一方面，包括忻州在内的太原府管辖之下的诸地区，是在成吉思汗时期就已经确立了的察合台分地。[39] 据史料记载，至元二十二年（1285年）与下属的游牧民一同移居太原路的察合台曾孙阿只吉（Ajiki），[40] 在庚寅年（1290年）免除了定襄县南王里纸匠何宽的杂役。[41] 太原路除了13世纪60年代至80年代后期以外，多有察合台家诸王下属的游牧民居住，[42] 尤其是阿只吉到来以后，其部民与该地区原有居民之间多生龃龉。在这种背景下，很难认为定襄县能够成为例外，不过目前并无史料能够证实这一猜想，游牧民与原有居民之间关系的实际形态也不明确。

另外，在当时的华北，有不少王侯在自己的分地内大行其权，[43] 在权益管理和官员任命等方面，都有与地方势力维持密切联系的倾向。到上一节为止，我们探讨的地区中，真定史氏与拖雷家，山东济南张氏与合赤温家，以及般阳路李氏与合撒儿家，都是这种关系的典型。[44] 从其他事例来看，定襄县内除了归降于其他王侯的刘念里刘氏、青石里刘氏，其他归降人，包括忙兀答儿秀，很可能都与察合台家诸王有某种关系。不过，就笔者目前所见，相关史料中并没有明言这种关系的记载，因此上述结论仍不过是推测。

　　无论如何，这些归降人家族形成了蒙元时代的定襄县培养出文武官僚的重要载体。另一方面，与蒙古诸王之间没有密切关系的家族，其实也完全有顺应新的统治制度、保证家运亨通的机会。

　　首先，与金代士人层直接相关的机会，便是获得儒人身份。[45]定襄县范围内，也有与蒙古诸王没有关系的家族参加选试的例子。据《定襄金石考》卷四《重修南神堂记》，至少在金末以前就居于青石里的刘氏，[46]"以文学为业"，明显自金代起就是士人家族，亦未曾归降于蒙古。刘居敬在至元十三年的选试中合格，成功获得儒人身份。[47]不难想象，这些士人家族在选试之中处于有利地位。这些儒人经过地方官学的选拔考试，以及廉访司的复核考试，每次（两到三年一次）每路或道有一到两人可被推荐为中央衙门的吏员，即所谓"岁贡制度"。此外还可以就任为学校官。[48]

　　虽然科举考试长时间没有举行，但这绝不意味着除了儒人以外，蒙元时代的定襄县就没有儒学教养卓越的人。关于这一点，史料中出现了值得注意的现象。表5总结了《定襄金石考》所收录的蒙元时代诸碑刻中出现的定襄县出身的官吏、学校官，以及进士、乡贡进士。值得一提的是，延祐二年（1315年）科举实施以前，就屡有带进士或乡贡进士头衔的人出现。科举实施以前，当然没有正式的进士或乡贡进士存在，而金代及第的进士，到了蒙元时代也多被称为"前进士"。[49]而且，例如序号10梅修己，在大德元年（1297年）自称进士，大德五年为乡贡进士，到了大德九年，则成了儒学进士，即从进士降格为乡贡进士，再升格为进士，很难想象这个过程是真实发生在制度上的变化。

表 5　《定襄金石考》中所见元代定襄县官吏、学校官、进士、乡贡进士

序号	姓名	居住地	头衔	出典（立碑时间）
1	许□	（不详）	进士	《定襄金石考》卷二《故朝请大夫华亭县令樊公彰善碑》（至元六年）
2	张渊	（不详）	进士	《定襄金石考》卷二《故朝请大夫华亭县令樊公彰善碑》（至元六年）
3	邢履道	（不详）	定襄县学教授	《定襄金石考》卷二《大朝故九原帅府都总押观察使樊公墓表》（至元六年）
			襄东进士	《定襄金石考》卷二《故酒监使武公迁墓之铭》（至元七年）
4	孔章	（不详）	乡贡进士	《定襄金石考》卷二《创建永圣院功德记》（至元二十五年）
5	邢德辉	南王里	北五州阴阳官提领	《定襄金石考》卷二《故左副元帅权四川都元帅宣授征行千户周侯神道碑》（至元二十六年）
6	周宗文	南王里	进士	《定襄金石考》卷二《故左副元帅权四川都元帅宣授征行千户周侯神道碑》（至元二十六年）
7	侯珍	南王里	进士	《定襄金石考》卷二《重修正殿东廊之记》（至元二十九年）
8	邢德晖	南王里	北五州阴阳官提领	《定襄金石考》卷二《观音堂记》（至元三十年）

续表

序号	姓名	居住地	头衔	出典（立碑时间）
9	许师潜	（不详）	乡贡进士	《定襄金石考》卷二《观音堂记》（至元三十年）
10	梅修己	季庄里	进士	《定襄金石考》卷三《五台山洪福院安公讲主寿塔记》（大德元年）
			乡贡进士	《定襄金石考》卷三《集贤庵创建观音堂功德之碑》（大德五年）
			儒学进士	《定襄金石考》卷三《郭仲祥墓幢》（大德九年）
11	王恭观	（不详）	乡贡进士	《定襄金石考》卷三《享公孝行之碑》（大德四年）
12	刘浩然	横山里	乡贡进士	《定襄金石考》卷三《享公孝行之碑》（大德四年）
13	李居敬	（不详）	乡贡进士	《定襄金石考》卷三《享公孝行之碑》（大德四年）
14	邢允修	（不详）	忻州定襄县儒学教谕	《定襄金石考》卷三《集贤庵创建观音堂功德之碑》（大德五年）
			忻州定襄县儒学教授	《定襄金石考》卷三《郭仲祥墓幢》（大德九年）
			冀宁路忻州定襄县乡贡进士管领儒学教授	《定襄金石考》卷三《宣授五台等释教都总摄妙严大师善行之碑》（至大三年）
			定襄县儒学教谕乡贡进士	《定襄金石考》卷三《重修观音堂记》（至大三年）
			冀宁路平晋县儒学教授	《定襄金石考》卷三《重建崇兴院记》（延祐元年）

续表

序号	姓名	居住地	头衔	出典（立碑时间）
15	许元长	横山里	进士	《定襄金石考》卷三《张仲威墓幢》（大德十年）
16	李元泰	无畏里	进士	《定襄金石考》卷三《张仲威墓幢》（大德十年）
17	赵仲端	王村	医学教谕	《定襄金石考》卷三《重修观音堂记》（至大三年）
18	王吉夫	王村	乡贡进士	《定襄金石考》卷三《重修观音堂记》（至大三年）
19	刘居万	青石里	进士	《定襄金石考》卷三《刘思谦功德幢》（至大四年）
20	赵居文	胡里	乡贡进士	《定襄金石考》卷三《文殊院碑记》（延祐四年）
21	邢元辅	南王里	前冀宁路忻州儒学学正	《定襄金石考》卷三《故邢氏节行之铭》（至治二年）
			都省除授冀宁路前忻州儒学学正	《定襄金石考》卷四《重修洪福寺碑》（泰定元年）
22	邢朋友	南王里	北五州阴阳官提领	《定襄金石考》卷四《重修洪福寺碑》（泰定元年）
23	段永敬	刘晖里	乡贡进士	《定襄金石考》卷四《重修洪福寺碑》（泰定元年）
			将仕郎大同路总管府右巡院警判	《定襄金石考》卷四《张敬宗功德幢》（至顺四年）
24	张郁	东霍里	登仕郎前晋宁路解州安邑县主簿	《定襄金石考》卷四《重修洪福寺碑》（泰定元年）
25	赵彦柔	（不详）	进士	《定襄金石考》卷四《重修洪福寺碑》（泰定元年）

续表

序号	姓名	居住地	头衔	出典（立碑时间）
26	赵彦和	（不详）	进士	《定襄金石考》卷四《重修洪福寺碑》（泰定元年）
27	赵胤	（不详）	进士	《定襄金石考》卷四《重修洪福寺碑》（泰定元年）
28	赵芮	（不详）	进士	《定襄金石考》卷四《重修洪福寺碑》（泰定元年）
29	张兴祖	（不详）	进士	《定襄金石考》卷四《重修洪福寺碑》（泰定元年）
30	段永敬	（不详）	进士	《定襄金石考》卷四《重修洪福寺碑》（泰定元年）
31	段景恒	（不详）	进士	《定襄金石考》卷四《重修洪福寺碑》（泰定元年）
32	赵伯善	（不详）	进士	《定襄金石考》卷四《重修洪福寺碑》（泰定元年）
33	赵玘	（不详）	进士	《定襄金石考》卷四《重修洪福寺碑》（泰定元年）
34	任彦良	（不详）	进士	《定襄金石考》卷四《重修洪福寺碑》（泰定元年）
35	赵子才	（不详）	进士	《定襄金石考》卷四《重修洪福寺碑》（泰定元年）
36	杨仲恩	（不详）	进士	《定襄金石考》卷四《重修洪福寺碑》（泰定元年）
37	杨德璘	（不详）	进士	《定襄金石考》卷四《重修洪福寺碑》（泰定元年）
38	栗顺卿	（不详）	进士	《定襄金石考》卷四《重修洪福寺碑》（泰定元年）
39	罗克明	（不详）	进士	《定襄金石考》卷四《重修洪福寺碑》（泰定元年）

续表

序号	姓名	居住地	头衔	出典（立碑时间）
40	薛孝思	（不详）	进士	《定襄金石考》卷四《重修洪福寺碑》（泰定元年）
41	霍裕	（不详）	进士	《定襄金石考》卷四《重修洪福寺碑》（泰定元年）
42	杨政	（不详）	乡贡进士	《定襄金石考》卷四《重修洪福寺碑》（泰定元年）
43	赵甫	（不详）	进士	《定襄金石考》卷四《重修洪福寺碑》（泰定元年）
44	刘彦进	青石里	进士	《定襄金石考》卷四《重修南神堂记》（泰定三年）
45	甄世恩	东王里	冀宁路总管府吏	《定襄金石考》卷四《妆塑功德碑记》（天历元年）
46	霍从谦	东留里	阴阳教授	《定襄金石考》卷四《妆塑功德碑记》（天历元年）
47	刘世昌	东力里	儒学教授	《定襄金石考》卷四《妆塑功德碑记》（天历元年）
			乡贡进士	《定襄金石考》卷四《创建观音堂记》（天历二年）
				《定襄金石考》卷四《创开便益渠记》（至正年间）
48	王文胜	（不详）	乡贡进士	《定襄金石考》卷四《张敬宗功德幢》（至顺四年）
49	李仲璋	（不详）	乡贡进士	《定襄金石考》卷四《增福相公之祠》（元统元年）
50	牛安甫	横山里	乡贡进士	《定襄金石考》卷四《大元故进士牛安甫妻贾氏贞节志》（元统三年）
51	王希道	横山里	进士	《定襄金石考》卷四《大永安寺记》（至正九年）

续表

序号	姓名	居住地	头衔	出典（立碑时间）
52	李秉文	横山里	进士	《定襄金石考》卷四《大永安寺记》（至正九年）
53	牛润	（不详）	进士	《定襄金石考》卷四《大永安寺记》（至正九年）
54	牛瑛	（不详）	进士	《定襄金石考》卷四《大永安寺记》（至正九年）
55	李秉恒	（不详）	乡贡进士	《定襄金石考》卷四《大永安寺记》（至正九年）
56	薛祐从	大阳里	乡贡进士	《定襄金石考》卷四《洪福寺画佛记》（至正十六年）
57	邢朋义	南王里	台州阴阳学正	《定襄金石考》卷四《洪福寺画佛记》（至正十六年）
58	霍世晖	东留里	阴阳教授	《定襄金石考》卷四《重修太平院记》（至正十七年）

　　关于这些人的出身，从史料中能够得到的信息极少，但某几个人的情况仍有推测的余地。例如，《定襄金石考》卷三中收录的立碑于大德元年（1297年）的《五台山洪福院安公讲主寿塔记》，记录了碑文书写人"忻州定襄县前梅典史男进士梅修己"之名，说明梅修己之父为县典史。另外，序号14邢允修，也是任定襄县学教授之后，成为平晋县学教授，自称乡贡进士。蒙元时代的学校官大多由儒人充当，因此他们也可能是儒人。序号3邢履道的情况也相同。还有序号19刘居万，从其排行和居住地、年代来看，可以认定他与前文中提到的刘居敬为同辈，出身于青石里刘氏一族。虽不知他本人是否为儒人，但可以断定，他出身的刘氏应当也是地方知识人家族。

　　从这些事例可以推测，拥有上述进士、乡贡进士头衔的人，最可能是坚持致力于提高儒学修养的地方知识人群体。第一部第三章注 31 曾提到，金代以前，人们习惯将读书人都称为"进士"，而这个惯例在进入蒙元时代以后也延续下来。[50] 周献臣之孙宗文为进士，牛荣之孙安甫为乡贡进士，说明在蒙元时代初期，归降人家族多让其子弟进入地方知识人群体之中，这正表明了地方知识人群体所具有的权威性。另外，至少在江南地区，儒人隶籍于官学、书院，只要不曾出仕，从小学入学（8 岁）至 50 岁为止，一直要专心学业、举行讲义。[51] 不过，定襄县学由于遭遇金末元初战乱之害，长期未能恢复，到大德十年（1306 年），已仅剩正殿和碑楼，其他部分遗址为周边居民所侵占。[52] 在这种情况下，很难想象定襄县儒人的学业能与江南地区的相提并论。

　　在提到蒙元时代中国本部的知识人的实际形象之时，我们需要考虑一点，即延祐科举恢复之后，这些"进士"之中究竟有多少人志在科举及第。遗憾的是，这个问题从相关史料中无法得到解答。可以肯定，参加了乡试的，仅有《定襄金石考》卷四《增福相公之祠》[元统二年（1334 年），季庄里] 的撰文者"河东乡贡试院进士龙溪李仲璋"一人而已。[53] "进士"这一头衔明显来源于科举，李仲璋带进士头衔之事本身就意味着当事人具有应举的意识，尽管这一点无法从史料中得到明证。不过可以肯定，蒙元时代很可能有一定数量的应举者存在。笔者管见所及，蒙元时代的科举中，没有定襄县出身的进士及第之人。

　　此外，儒户以外的诸色户计之中，也有家族终蒙元一代源源不断地培养着相关官员。例如，南王里邢氏在金代就有带乡贡进士称号的族人，[54] 而从表 5 中可以看到，到了蒙元时代，邢氏一族中出现了充阴阳户的族人。至元末期，序号 5 邢德辉（从官职来看，应该可以认定与序号 8 的邢德晖为同一人）为北五州阴阳官提领，泰定元年（1324 年），序号 22 邢朋友也为北五州阴阳管提领，至正十六年（1356 年），序号 57 邢朋义任职台州阴阳学正。此外，南王里邢氏一族中，还有序号 21 邢元辅也曾担任忻州儒学学正。

此外，上文提到的序号 10 梅修己，其父为县胥吏，掌管行政事务，这一情况应当对梅氏在地方社会中获得相应地位产生了积极的影响。上一章中曾提到，蒙元时代有由胥吏身份入流为官的途径。尤其是若能进入中央官衙成为吏员，便能保证将来升迁的极好条件；而若能得到蒙古王侯或高官的赏识，就此飞黄腾达亦不是梦想。定襄县周边就有这样的例子。忻州出身的许楫（1223—1293 年。《定襄金石考》卷二《重修正殿东廊之记》碑阴还有与许楫官位相似，被记录为"许大楫"之人），在儒人选试中合格后上京，得到当时的平章政事王文统的举荐，被任命为中书省掾，更先后得到许衡、忽必烈赏识，官至太中大夫·东平路总管。[55]

反过来看，因得到蒙古王侯或地方官衙举荐而获得出仕机会的例子也不少见。例如，季庄里郭氏一族中的郭用，便于丁亥年（1287 年）因完成"皇太后行省"之下某件公务（因碑刻原文阙字，具体情况不详），而被升为武节将军·元帅左监军，悬带金牌勾当。其次子德元具体情况不详，但可知于鼠儿年（1288 年）曾受小薛（Söse）大王之任命，又于大德元年（1297 年）受河东山西道宣慰使司剳付，任该宣慰司奏差·定襄县税务使。第二年，德元之子文炳受宣慰使司剳付，为定襄县税务使；大德三年

（1299年）又受大司徒劄付，为管领太原路人匠家属提领勾当；大德五年再受宣徽院劄付，任弘州管领种田纳□人户都提领。小薛大王等人应是受任代为管理王朝在当地的各种权益，而这一系列任命，在《定襄金石考》卷四《郭仲祥墓幢》中被描述为"（文炳）年甫盛而学优，则仕得王公大人之欢心，交相荐誉，将见如川之福源源而来，沛然莫之能御也"，虽未提到具体的契机，但明确记录为荐举。本节中提到的由阿只吉免除杂役的南王里纸匠何宽，或许也是作为拥有特别技能的工匠，而为主管当地各种权益的蒙古王侯授予特权或职位的一个例子。

　　另一个例子来自《定襄金石考》卷四《重修观音堂记》[至大三年（1310年）]。文中提到，"（于家庄于公）次子曰洪，生而聪敏，业精于勤，习梓匠轮舆之艺，极准绳规矩之能。大德三年，修建台山大殿，宣授修内司给降劄付，充忻州等处大小木局提控"，可见类似荐举大多是临时的，主要是出于某时兴建公共事业的需要应运而生的机遇。通常情况下，在该任务结束之时，这些职位也会随之取消，但若能像上文中的季庄里郭氏一样，充分发挥自己的能力，便能够有足够的机会，再次获得"王侯高官"的举荐。

　　除此以外，还有从军而获得官位的先例，这种情况是金代不曾有的。例如，至元壬午年（1282年），朝廷派军征讨现属湖南省山区的"九溪十八洞"，当时分别居住于东、西霍里，有族人数百名的霍氏一族中，就出现了擅长骑射的霍子万从军充当千夫长。朝廷以战功制授他为武略将军·顺元军民宣抚副使，后来升迁为同知军民宣抚司事。从任摄千夫长一事来看，可以认为霍子万或许在征讨九溪十八洞的战役之前就在军队中有过升迁，而从时间来看，他的升迁机遇很有可能就是来自蒙古对南宋的战争。霍子万是否本就为军户出身，抑或通过某种方法志愿从军，我们不得而知。但无论如何，这种以战功获得升迁机会的例子，至少在征服战争盛行的时期，应该是比较多的。就像上一节中出现的横山里牛氏，也是以蒙古对南宋战争的进展情况为契机，家族几代都先后获得在南方任官的机会。

通过上述事例我们看到，比起只能通过科举获得官位的金代，蒙元时代定襄县的出仕任官的途径表现出了丰富的多样性。除了本节中列举的内容以外，还存在许多其他的事例，这一点根据《定襄金石考》卷四《大永安寺记》[至正九年（1349年）]碑阴列举的人物名单可加以推测。以下引用部分省略了原文中所附的《定襄金石考》编者按语，以及"又"以后的插入语。

　　怀远大将军九原府尹李从禧，子宣武将军悬带虎头金牌都元帅李子成，子州官李汝霖，敦武校□□县尹李汝翼，河东隐士松庵先生牛居敬，孙殊祥院宣慰牛琬，征行千户牛荣，子武略将军牛海，子敦武校尉牛元福，千户元顺，进士元禄，合州总管军事牛润，曾孙进士牛瑛，征行千户牛清，子石州抽分羊马官牛安世，孙□州巡检牛君□，特奉圣旨进义校尉悬带金字银符硐门千户牛显，抽分羊提领牛君敬，宣授嘉议大夫天临路达鲁花赤古兰，子忠显校尉宁海县达鲁花赤护都察儿，将仕佐郎大都右巡院□判许元长，弟宣慰使元帅府奏差许元亨，进义校尉管军千户杨胜，百户呼延仲义、李秉仁、李贽，红城军弹压贾世勋，大都路令史王荣祖，殊祥提领蔚良祐，正阳山提领张智益，冀宁路司吏李让，定襄县司吏杨和忠、许从甫，崞县司吏史君敏，乡贡进士李秉恒，盐官贾世吉，仓官李秉彝，五台山仓官李忠，主薄李从周，忻州僧正广惠大师泽吉祥，讲经律论传戒大师赐红沙门开吉祥，大□福田院住持永吉祥，库头解吉祥，诸匠提控，梓匠提控杨明，木匠提控王仲和，铁匠提控李信甫，瓦匠提控张宽、刘子义，油匠提控戎彦良、丹青，待诏提控杨子或。

当时，承帝师法旨，安横里（即横山里）大永安寺住持道宽主持了该寺的重修，这块碑正是为了纪念这场重修而立。上述名单里，牛氏一族以及许元长[56]都为安横里出身。由于是与帝师相关的寺院，远道而来的捐赠人应该也不在少数，虽然很难认定余下的人都是定襄县出身，但应当可以说，在五台山或近邻县、路任职的人中，大部分应该是与定襄县有某种联系或渊源的。

此外，关于《定襄金石考》卷四《重修洪福寺碑》[泰定甲子年（1324 年），刘晖里]碑阴，该书编者有如下叙述：

　　功德主都维那题千户者二，曰赵世举、赵世恩。题百户者十八，曰杨德宣、任世荣、杨德胤、赵泰、赵世珍、张德林、张仲恩、张广、赵仲文、赵世忠、赵良、段永昌、孙英、任德能、赵德仁、赵世禄、胡秉义、栗智。题进士者十七，曰赵彦柔、赵彦和、赵胤、赵芮、张兴祖、段永敬、段景恒、赵伯善、赵玘、任彦良、赵子才、杨仲恩、杨德璘、栗顺卿、罗克明、薛孝思、霍裕。题乡贡进士者二，曰杨政、赵甫。题提领者六，中庆路□赤提领赵敬臣、巡隘提领杨通、怯怜□提领兰用。单称提领者，兰世昌、智元、薛海。题司吏者三，赵英、王克宽、赵子荣。题教谕者二，医学教谕李德闰、工教谕罗庭优。题教授者二，薛俨、李仲祥。题提控者十四，梓匠提控薛恭、赵通、李才卿、李子宁，铁匠提控杨子玉，□匠提控孟州两妃、刘演，□手提控□广，石匠提控薛仲钦、仲祥、薛宽。单称提控者，赵思敬、苏兴、安惠、安忠。题盐官者三，力思聪、王克敬、霍仲贤。又结衔有前隆镇卫亲军都指挥使司司吏，次除太和岭亲军千户所知事杨从善，宣授武节将军顺元等处宣抚司同知霍子万，本州副使赵子温，定襄县主案赵良，定襄县典史段钦。余不备载。

上文已经明确，霍子万出生于东西霍里，而此名单与上文中大永安寺的事例相同，很可能还有不少人出生于定襄县。关于名单中提到的"千户""百户"，我们不清楚它们隶属于怎样的组织，且"提控""提领"也都基本上情况不详。不过，也正如上文《大永安寺记》的名单一样，从这些官名、职位中也能够看出蒙元时代出仕途径的多样化，而且，即便官位有高低之分，但总体上任官机会有所增加也是无可置疑的事实。这些官名、职位的增加，成为一个非常典型的特征，明确划出了金代与蒙元时代碑刻的分界线。[57]

结语

将本章中探讨的蒙元时代定襄县的情况作一简单总结，可归纳如下。在第一部第一章中我们看到，基于金国对前代的制度继承，金代定襄县士人层有所扩大，但由于金末的战乱以及蒙元政

权的统治，此前已经形成的地方精英群体发生了很大变化。进入
金末战乱期，不少家族立即归降了蒙古，他们中的大部分保持着
各自的势力，分据县内各地。而几乎与之同时，出现了户计制度、
吏员、从军、个人关系、荐举，甚至是获得僧官职位等多种多样
的出仕途径，地方精英层作为培养官吏的载体，表现出丰富的多
样性。由此，我们可以认为，即便考试的形式得以恢复，科举本
身也再也无法回到如金代那样至高无上的地位。

　　换言之，在第一部第一章的结论基础上，金元时代定襄县的
社会样态正是以蒙古入侵为界，明确分为了自北宋以来明显具有
连续性的女真统治下的样态，与经过出仕途径多样化、地方精英
层重组后形成的蒙元统治下的样态。尽管儒学修养依然保持着权
威性，但除了科举考试以外，还出现了其他通过儒学修养而实现
出仕的途径，士人的存在形态也就变得多种多样。可以说，蒙元
统治的开始，是金元时代定襄县历史上具有重要意义的分水岭。
从这个角度来说，本章第一节中出现的太原南王里周氏兄弟人生
的分歧，恰恰象征着一个旧时代的结束和一个新时代的开始，即
作为已经衰退的女真政权的科举官僚而殉国的兄长，与告别兄长
而顺应新的统治、从此走上与兄长完全不同的道路，以从军而立
身的弟弟，两者的迥异人生。这对兄弟之间的差异，形象地展现
了统治政权从女真向蒙元转变之际，华北地区所面临的社会变动。

　　正如本章中所探讨的，出仕机会增加，促使定襄县社会中出
现了更多拥有官位的家族。此时的南方社会中，不必进士及第，
只要有科举应试的经验或能力，便可相对简单、习惯性地享受特
权的士人层有所增加。乍看之下，虽然华北社会中地方精英群体
扩大的契机不同，却似乎表现出与南方相似的社会构造。然而，

这种表面上的相似之下存在的重大差异，却是不可忽视的。在华北地区，特权可以通过登记为特定的户计、从军、作为吏员出仕，以及与蒙古王侯的个人关系等途径获得，但获得这些特权，也就意味着赋予特权的中央政府、地方官衙、蒙古王侯、宗教势力能够直接或间接地对定襄县施加影响。特权之所以为特权，依靠的是上级权力的认可，而非地方精英出于习惯的承认。这即是说，特权的获得，意味着上级权力与定襄县地方精英层之间的双向关系，绝非在地方上独自进行势力扩张的地方精英就此形成地方阶层。换言之，在户计的编成和管理、授予受蒙古王侯支配的人户特权，以及大规模建设之际的梓匠征调等各个方面，蒙元时代的中央政府或其他上级权力主体，都以比金代更多样的方式，介入和影响了定襄县地方社会的动向。虽然对地方社会的统治形式有所改变，但其强度绝不逊于金代。

到了蒙元时代末期，总兵官察罕帖木儿（Čaγantemür）及其养子扩廓帖木儿（Köketemür）盘踞太原，成为一方军阀。至正二十八年（明洪武元年，1368 年）十二月，扩廓帖木儿遭到明朝征虏大将军徐达、副将军常遇春所率军队的猛烈攻击，无奈放弃太原，而常遇春率军追击，直逼忻州。[58]定襄县可能就是在此时正式归入明朝统治之下。

而关于定襄县在蒙元时代末期动乱之中的情况，从现有材料中，我们几乎无从得知。据《雍正县志》和《光绪补志》的《人物志》部分《乡贡》《应例》等内容，明清时代该地也有周姓、樊姓之人，至于他们是不是南王里周氏或砂里樊氏的子孙后裔，则无法断定。唯一可知的是，《雍正县志》中明确记载，横山里牛氏一族中被认为是牛荣的五世孙的牛林，在洪武三十二年（1399

年，准确地说应为建文元年）投充蔚州卫军，选充为小旗，后来被授予武略将军、保定中卫前所副千户，世袭。[59] 小旗是率领兵卒十人的小部队长，由此可知牛林的履历几乎是从军队的最下层开始的。这暗示了明初横山里牛氏的情况与蒙元时代大不相同，据此我们可以推测，由元入明的王朝更迭，又给定襄县地方社会带来了不小的影响。

基于本章论述，在下一章之中，笔者将在上述定襄县的事例的基础上，围绕蒙元时代华北地区地方精英群体中发生的变化，设定个别课题，对其进行探讨。

注释

1　《定襄金石考》卷一《阳曲令周君墓表》。

2　同上。

3　同上。

4　见第二部扉页。笔者曾于 2002 年 5 月，与舟田善之一同造访了定襄县。这块碑立在南王村之南的农田中，其高大程度在整个定襄县现存的金元时代碑刻中屈指可数。另外，对于笔者在著作中使用其所拍摄照片的请求，舟田爽快应允，在此一并致谢。

5　《定襄金石考》卷二《故左副元帅权四州都元帅宣授征行千户周侯神道碑》。

6　就笔者管见，汉文史料中金末华北地区可称"郡王"的蒙古将领共有两人，其中之一为被称为"郡王""太师郡王"的木华黎之弟带孙 [《元史》卷一《太祖本纪》太祖二十一年条，卷一百一十九《木华黎传》，卷一百七十六《尉迟德诚传》；另外，《蒙鞑备录·诸将功臣》原文中作"归王"，但正如《蒙古史料

四种》（正中书局，1962 年）第 441 页所指出的，"归"应为
"郡"之误；《秋涧先生大全集》卷四十七《故金吾卫上将军景
州节度使贾公行状》]，另一人为"郡王"迄忒（Kitad）（《元史》
卷一百五十《郝和尚拔都传》）。关于后者的详细情况不明，但
带孙确是作为木华黎麾下将领，统帅札剌亦儿部兵两千（详见黄
时鉴：《木华黎国王麾下诸军考》，《元史论丛》第 1 辑，1982
年，第 59 页）。而据《元朝名臣事略》卷一《太师鲁国忠武王》
中"戊寅，王自中都由西京击雁门、定襄并晋高平、上党等郡，
悉平之"等记录，可知戊寅年（1218 年）木华黎曾攻打定襄县。
由此可以推测，南王里周氏归降的"郡王"应为带孙无疑。

　　7　《定襄金石考》卷二《故朝请大夫华亭县令樊公彰善碑》：
"公奉命趋行，县人遮道□，至夜□□□□□所□而得疾，至耀
州寝疾，九日而卒。旅殡于华原之上。"

　　8　《定襄金石考》卷二《大朝故九原帅府都总押观察使樊
公墓表》："丙戌春，公兄元帅（樊天胜）从征青、徐，踰年
未还。"

　　9　《定襄金石考》卷四《大元故进士牛安甫妻贾氏贞节志》
中记载牛氏居住于安横里。关于安横里，《定襄金石考》卷四《大
永安寺记》有按语云"是碑云，襄城㶁水之北，龙虎凤岗之阳，
镇曰安横。安横，即今之横山村"，表明其为民国时期的横山村
（应为金代横山里）。或许在蒙元时代后期，横山里临时被改名，
总之为了避免混乱，本章将该里之名统一为横山里。

　　10　其他可以认为是牛荣子孙或亲族的，还有"征行千户牛
清子石州抽分羊马官牛安世、孙□州巡检牛君□、又特奉圣旨进
义校尉悬带金字银符碉门千户牛显、抽分羊提领牛君敬"五人。

不过，由于该碑阴内容为摘录，他们之间准确的血缘关系很难明确。

11　韩百诗（Louis Hambis）：《元史·诸王表笺证》（"Le Chapitre CVII du Yuan che: avec des notes supplémentaires par Paul Pelliot"），《通报》（*T'oung Pao*）第 38 号，1945 年，第 24—25 页。

12　例如，南王里周氏和砂里樊氏跟随蒙古大军征战各地时，刘念里的刘仲□却在乙巳年（1245 年）奉独木干公主懿旨，佩金符拘收各路户计，丙午年（1246 年）被任命为真定、平阳、太原三路达鲁花赤。这应当是代为管辖独木干公主在真定、平阳、太原三路权益的官职，可知刘仲□应为她的下属。而据《定襄金石考》卷四《三路达鲁花赤刘公墓幢》，刘仲□的子孙中多有取蒙古名者，他们的妻室中也有不少蒙古人，从这种倾向中可以看出刘氏一族明显的"蒙古化"。关于蒙元统治下的汉人"蒙古化"问题，可参见堤一昭：《李璮之乱后的汉人军阀——以济南张氏为例》（《李璮の乱後の漢人軍閥—済南張氏の事例—》），《史林》第 78 卷第 6 号，1995 年。

13　周献臣之兄周鼎的墓表《阳曲令周君墓表》为元好问所撰，也收录在《遗山先生文集》卷二十二中。此外，元好问所撰《续夷坚志》卷一《王增寿外力》、卷二《任氏翁》的材料信息来自樊天胜，卷四《瞬麦》来自周献臣，且《遗山先生文集》卷十《哭樊帅》为樊天胜死后元好问所赠挽诗。

14　《遗山先生文集》卷三十七《周氏卫生方序》。

15　《定襄金石考》卷二《州将张侯墓表》："侯起田亩间，跨弓刀以角逐于分崩离析之际。出入行陈，攻坚击彊，莫有敢敌者。其于文墨，特略能记姓名而已。"

16　光绪六年（1880 年）刊本，由当时的知县王仲等补修。本章中使用的是东洋文库所藏光绪六年刊本。

17　学界屡有指出，蒙元统治者往往轻易授予归降之人他们自称的官职。详见池内功：《蒙元的金国经略与汉人世侯的成立（二）》[《モンゴルの金国経略と漢人世侯の成立（二）》]，《四国学院大学论集》（《四国学院大学論集》）第 46 号，1980 年。

18　《定襄金石考》卷二《樊侯寿冢记》。

19　笔者管见所及，金末活动于华北地区的蒙古将领中，称号或官职名带"行省"的，只有木华黎和其子。1226 年正是孛罗继承其父事业之时。

20　例如，两年后武仙军再次攻来之时，上文所提到的南王里周献臣和砂里樊天胜的墓志铭中，都分别记录了他们击败入侵者的经过，而相互之间对对方的行动却只字未提。

21　《定襄金石考》卷二《樊侯寿冢记》："又三年，常山复取平定、盂、五台、阜平，军东山。先锋大帅已废州民三十余聚落。"又同卷《大朝故九原帅府都总押观察使樊公墓表》："又二年，恒山军复取东山皋落、阜平等城，力攻台州，声势震赫。先锋帅疑民离叛，时已废州民十数聚落。"另，卷三《重修正殿东廊之记》[至元二十九年（1292 年）]中记载"县辖六十三聚落"，当时定襄县聚落中的大部分应该都已被废。

22　例如上文引用的《大朝故九原帅府都总观察使樊公墓表》中，就有"丙戌春，公兄元帅从征青、徐，踰年未还，公补益士卒，输给储用，式副兄帅之意"之语，属于弟弟为远征中的兄长调送兵卒及物资。

23 "爰自宋金里西旧有通利之渠，既湮没矣。中统至元之初，里人州将樊侯（樊天胜）率本里同利之人，选才者甲之，寻其故迹，自县城决引滹水注东北，经神山东南，起土筑堰，横截牧马河流，灌溉本里及邻境农田，遂成富饶。"《定襄金石考》卷二《樊侯寿冢记》按语中提到，樊天胜死于甲寅年（1254年）或第二年的乙卯年（1255年）十月。因此，河渠疏浚的时间应为"中统至元之初"以前。或可认为在该记文立碑的1345年，前一次的疏浚时间并不清楚。

24 《定襄金石考》卷二《创建永圣院功德记》。

25 这里的"行监军事"之职，从时间来看，不能排除为金国所授的可能性。但据《金史》卷五十五《百官志一》，金代的监军（元帅左监军、元帅右监军）是隶属于都元帅府的正三品高官，绝非村落级别的地方精英能够拥有的官职。而且，金末的义军制度中也没有设置"监军"这一官职，此点可参考池内功：《金末义军制度考察》（《金末義軍制度の考察》），《社会文化史学》第16卷，1978年。另一方面，金末归降于蒙古之人中却屡屡有自称"监军"的，因而此处也极有可能是归降蒙古的赵浩自称"监军"而被授予了该官职。

26 笔者认为，东山余党指的是金代恒山公武仙军的残部。《元史》卷一百四十六《杨惟中传》有"金亡，其将武仙溃于邓州，余党散入太原、真定间，据大明川，用金开兴年号，众至数万，剽掠数千里"之记载，《山右石刻丛编》卷三十八《元王氏世德碑》中也有"（辛亥，）金将武仙余党匿五台山中为盗，近山居民多被窃掠"之语，都描述了金国灭亡之后，武仙军残部盘踞于包括定襄县在内的山西中北部至河北中西部一带的事实。

27　"至中统元年，侯（赵浩之子沂）承袭父职行定襄县令，□民以德，御众以宽。民既奠居，政亦告成，暇日少具酒，饷会里中耆旧豪杰，执手而曰：'予不忘先君遗嘱之命。盖为本里居处散漫，村落间隔，岁月逾远，人心分异，恐致乖争陵犯之事。当于此里（芳兰里）别建佛刹，以为焚祝聚管之所，可乎？'都监擅德、县吏□□□皆应之曰：'可乐施壤垲。'一唱百和，材木山积，陶甓云屯，篑土雨集。经之营之，不日而成。"

28　《定襄金石考》卷二《玄元观记》（南王里周氏）、《创建重阳观记》（南邢里张氏）、《普显和尚经幢》（砂里樊氏）。

29　应为归降蒙古的家族，但具体情况不详。

30　例如藁城县董氏、王氏、赵氏都分别先后归降于蒙古。各家族的具体行动，详见藤岛建树：《元朝统治下的汉人家族的轨迹——以藁城董氏为例》（《元朝治下における漢人一族の步み—藁城董氏の場合—》），《大谷学报》（《大谷学報》）第66卷第3号，1986年；《常山贞石志》卷十五《王善神道碑铭》；《元史》卷一百五十一《王善传》；《雪楼集》卷四《赠银青荣禄大夫大司徒追封冀国公谥武靖制》。

31　野泽佳美：《元太宗、定宗朝时期史天泽的动向》（《モンゴル太宗定宗期における史天沢の動向》），《立正大学东洋史论集》卷1，1988年，第41—48页。

32　池内功：《李全论——南宋、金、蒙交战期一个民众叛乱领导者的轨迹》（《李全論—南宋·金·モンゴル交戦期における一民衆叛乱指導者の軌跡—》），《社会文化史学》第14号，1977年；森田宪司：《李瓒之乱以前——以石刻史料为材料》（《李瓒の乱以前—石刻史料を材料にして—》），《元代知识人与地

域社会》（《元代知識人と地域社会》），汲古书院，2004 年，原载《东洋史研究》第 47 卷第 3 号，1988 年。

　　33　关于红袄军的活动，详见大岛立子：《关于金末红袄军》（《金末紅襖軍について》），《明代史研究》第 1 号，1974 年；Françoise Aubin：《中国统治在困境中重生：13 世纪初的华北地区》（"The Rebirth of Chinese Rule in Times of Trouble: North China in the Early Thirteenth Century"），载 S.R.Schram 等编《中国国家权力的基础与极限》（*Foundations and Limits of State Power in China*），伦敦大学，1987 年。

　　34　关于金国义军制度，详见池内功《金末义军制度考察》；关于南宋与山东诸势力的关系，见池内功《李全论——南宋、金、蒙交战期一个民众叛乱领导者的轨迹》；关于蒙古与汉人军阀的关系，详见拙搞《金元华北社会研究的现状与课题》（《金元代華北社会研究の現状と課題》），《史滴》第 23 号，2001 年，第 55—57 页。

　　35　关于金末华北地区归降于蒙古的地方势力，历来研究多认为，以村落或町为单位的自卫集团通过不断吞并周边集团，逐渐成长为州县单位的军阀 [爱宕松男：《元朝的中国统治与汉民族社会》（《元の中国支配と漢民族社会》），《爱宕松男东洋史学论集第四卷 元朝史》，三一书房，1988 年。原载《岩波讲座世界历史 9》，岩波书店，1970 年，第 141—142 页]。但定襄县的情况表明，各地域中地方势力的吞并统合及多层次军阀势力的形成，未必是一种常态。

　　36　然而，并非所有汉人军阀的势力都受到大幅削减，详见堤一昭的《李璮之乱后的汉人军阀——以济南张氏为例》。

37　《定襄金石考》卷二《故四路屯田达鲁花赤王公墓铭》："公讳忙兀答儿秀。为人少习军旅，事烈祖皇帝，以战功擢授西京、太原、真定、延安四路屯田达鲁花赤。辛卯，治忻，课农有法。明年大饥，公言于上，减逋租，以所屯粮给民，无私焉。时简车徒，颇扰。公抗论得止，又请于朝，发仓粟以振饥荒。圣天子即位，诏领屯如故。至元五年告老。十三年正月廿八日，以疾卒，享年七十有七。葬于定襄王村之西北。娶程氏，子男三人，长天泽，仲天祐，先公一年卒。季即居敬也。尝侍春宫，以劳迁今职。七女八孙。祖忘其讳，金镇国将军，始居东京。父口鲁，袭封千夫长。"

38　从忙兀答儿秀的卒年，我们可以推测其出生时间，由此可知，墓志中记载的"烈祖皇帝"不可能是庙号同为烈祖的成吉思汗之父也速该。从《定襄金石考》中该墓志铭的按语来看，此处的"烈祖"，应当是取"开创武勋之先祖"之意。

39　见松田孝一：《蒙元的汉地统治制度——以分地分民制度为中心》（《モンゴルの漢地統治制度—分地分民制度を中心として—》），《待兼山论丛（史学篇）》第 11 号，1978 年，第 40—45 页。

40　关于 13 世纪后期阿只吉在山西地区的活动，可参见村冈伦：《蒙元时代的右翼兀鲁思与山西地区》（《モンゴル時代の右翼ウルスと山西地方》），平成十二～十三年度科学研究费补助金基盘研究（B）（1）研究成果报告书《从碑刻等史料的综合分析入手的蒙元帝国、元朝的政治、经济体系的基础研究》（《碑刻等史料の総合的分析によるモンゴル帝国・元朝の政治・経済システムの基礎的研究》），2002 年。

41　《定襄金石考》卷三《故邢氏节行之铭》："其祖父（何宽）为人沉厚，言不妄发。善造纸货，有入进之功，供王辅之用。至庚寅岁，敬受阿只吉大王□旨，蠲免杂役，荣受金宝，光显白身。"

42　村冈伦：《蒙元时代初期的河南、山西地区——关于右翼兀鲁思的分地成立》（《モンゴル時代初期の河西·山西地方—右翼ウルスの分地成立をめぐって—》），《龙谷史坛》第117号，2001年；以及其著：《蒙元时代的右翼兀鲁思与山西地区》。

43　杉山正明：《由八不沙大王的令旨碑所见》（《八不沙大王の令旨碑より》），《蒙古帝国与大元兀鲁思》（《モンゴル帝国と大元ウルス》），京都大学学术出版会，2004年，原载《东洋史研究》第52卷第3号，1993年。

44　关于史氏与拖雷家的关系，可参见野泽佳美的《元太宗、定宗朝时期史天泽的动向》；济南张氏与合赤温家，可参见堤一昭《李璮之乱后的汉人军阀——以济南张氏为例》；般阳路李氏与合撒儿家，可参见杉山正明《由八不沙大王的令旨碑所见》。

45　关于儒人的特权及社会地位的先行研究，可参见拙稿《金元华北社会研究的现状与课题》第59、63页。

46　第二节中提到的归降人刘和尚也是青石里出身，但这篇《重修南神堂记》中对他并无只言片语的提及。一方面，关于刘和尚本人，《定襄金石考》卷三所收录的其子思让的墓幢《刘思让功德幢》[立碑于至大四年（1311年）]中也提到，刘和尚以前的刘氏先祖"未闻也"。因此，尽管同为刘姓，但应可以断定，刘和尚与刘居敬之间没有亲属关系。

47　"泰定丙寅冬，进士刘彦试、彦进、彦文，与表弟赵元信诣万寿宫庠舍，来谒曰："吾祖宗世居青石里之南，宗族甚众。未尝去桑梓，上世以来，种德积善，推尊始祖所自出，创立一堂于居第之南，岁时奉祭。神享其诚，人蒙其庇荫者多矣。……里人朝夕南向而瞻之，故号曰南神堂。先祖忠信、忠义重建于大朝之丙午年，规模狭陋，不足为美观。大德六年，我先人兴建增广，轮奂而新之。……兹刘氏之家，乃吾乡之右族也。昆季数世，皆以文学为业。家有平山楼诗、刘特进相公书，刻之于石，藏之于家，以为宝。公之父讳居敬。生有淑质，学有渊源。至元十三年府试，以经义中选。本户差税，其□公之（下缺）。"

48　牧野修二：《元代的儒学教育——以教育课程为中心》（《元代の儒学教育—教育課程を中心として—》），《东洋史研究》第37卷，1979年；《元代勾当官体系研究》（《元代勾当官の体系的研究》），大明堂，1979年，重点参见第196—201页。

49　关于"前进士"，可参见森田宪司：《元代前半期碑刻中所见的科举制度用语（上）——元代石刻札记》[《元代前半期の碑刻に見える科挙制度用語（上）—元代石刻札記—》]，《奈良大学纪要》（奈良大学紀要）第11卷，1982年。

50　先行研究进一步指出，有些富户为了获得免除差役的特权而伪称自己为儒户，详见大岛立子：《关于元代的儒户》（《元代の儒戸について》），《中岛敏先生古稀纪念论集（下卷）》[中嶋敏先生古稀記念論集（下巻）]，汲古书院，1982年，第334页。

51　牧野修二：《元代生员的学校生活》（《元代生員の学校生活》），《爱媛大学法文学部论集 文学科编》（《愛媛大学法文学部論集　文学科編第13号》），1980年。

52　《定襄金石考》卷三《重修庙学记》："县治南旧有庙

学，兵火焚荡之余，惟正殿及碑楼耳，遗址为居民所侵。屡经营葺，缺而不完。"

53　此人是否出生于定襄县，无法确知。而其他碑刻中频繁出现的"乡贡进士"，比起真正的"进士"，更多地是指有应举的志向，或是有过应举经验的人。但正如上文提到的，科举实施以前，碑刻史料中就多有"乡贡进士"出现。而即便在科举实施以后，是否能将所有"乡贡进士"都等同于参加了科举考试，当然也无法明确。

54　《定襄金石考》卷一《霍习墓幢》（承安五年立碑）撰文者、乡贡进士邢孝。

55　《元史》卷一百九十一《许楫传》。

56　如《定襄金石考》编者所指出的，从年代来看，此人与卷三《张仲威墓幢》（横山里）的撰文者"本里进士许元长"应为同一人。

57　本章通过考察指出，蒙元时代的定襄县地方精英的形态与金代相比大不相同，此外还有一点非常重要的差异，即佛教、道教集团等宗教势力的动向。具体言之，几大家族在五台山的几个寺院（尤其是真容院）中都有族人作为僧侣修行，且多凭借与蒙古皇族、王侯或中央政府的关系而跻身高位僧官。森田宪司主张，蒙古将其统治下的人以"军户""儒户"等职能，或是"佛""道"等宗教进行分类，就各集团内部或集团之间的案件，给予各自代表人或相关管辖官厅一定的裁量权，以他们为媒介进行统治，也即是所谓"集团主义"（详见森田宪司：《石刻与编纂史料——以至元三十一年七月崇奉儒学圣旨碑为例》，《元代知识人与地域社会》，汲古书院，2004 年；原载梅原郁编《中国近世法制与社会》，京都大学人文科学研究所，1993 年）。这些集团往往处于普通的文武官僚机构框架之外，基于个人才能、集团与政权的联系等要素，他们很容易直接获得蒙古皇族或王侯的青睐。定襄县的僧官，或许就是这种情况的一个典型表现。

而另一方面，不同集团之间的倾轧也显而易见。例如，发生在无畏庄兴国寺的道教和佛教之争，起因就在于违反道规的道士转而做了僧侣，且将道观的土地献给"台山权势者"，改建为兴国寺。对此示以反抗态度的周提点遭到囚禁并被施以暴行，甚至被强行剃发，度为僧侣，最终他伺机逃出，并奔赴大都，向全真教控诉。最终圣旨裁断，命冀宁路有司将佛寺改回道观，而至此，从元贞年间持续到至治年间，这一系列的争端已经持续了二十多年（《定襄金石考》卷四《重建兴国寺碑》）。这正是"集团主义"所代表的多元性蒙元统治的表现，也是与金代以前明显不同的特征。关于宗教相关出仕途径及其背后潜藏的时人认识的变化，详见王景萍："第二章 全真教关系网中的文人、女性与乡民：1234—1281 年"（"Chapter 2: Literati, Women, and Villagers in Quanzhen Daoist Networks, 1234-1281"），氏著：《家与国之间：1200—1400 年中国华北地区山西的社会关系》（*Between the Family and the State: Social Networks in Shanxi, North China, 1200-1400*），耶鲁大学学位论文，2011 年。

58　《明太祖实录》卷三十七，洪武元年十二月条。

59　《雍正县志》卷六《人物志·武功·明·牛林》："君智孙。洪武三十二年，投充蔚州卫军，选充小旗。随驾征讨有功，授武略将军保定中卫前所副千户世袭。"

第九章
蒙元时代华北地区官吏出仕倾向的变化

前言

　　蒙元时代华北地区官吏任用的情况，要比前代复杂得多。众所周知，在蒙元时代的中国本部，首次正式举行科举乃是在延祐元年（1314年），而至此为止，在华北已有约三代，在原南宋领土上也有整整一代人没有经历过科举。在科举缺席的这段时期，代替它的是吏员出身等不由科举而晋升的出仕、迁转途径。[1]

　　这种情况历来被认为是"蒙元统治下汉族知识人之失意"的直接证明。然而近年来，随着研究的深入，现今学界多认为，蒙元政权任用著作受到高度评价，或是学术水平卓越的优秀人才，并支持出版，对先贤、圣人进行赞誉、推崇，以此施行文化庇护，这些措施都表明，蒙元政权对于既有文化的保护和培育是持积极态度的，绝没有在文化活动或是出仕等各方面对当时的文人进行不当的压迫。[2]此外，关于进士及第者的出仕升迁情况及文化活动的研究也成果颇丰，明确了他们在仕宦生涯中完全有身居高位的可能性，同时也在推进文化活动等各方面都起到了非常重要的作用。[3]

　　不过，另一方面，关于科举恢复对当时社会所带来的影响的问题，除了宫纪子的出版、保举相关研究以外，学界基本没有明确进行过讨论，目前我们对于华北社会的情况，显然缺乏深入认识。造成这种认知欠缺的背景如下：上一章中讨论过，科举恢复以前，蒙元统治下的出仕途径有吏员出身、从军、荐举等，明显呈现多样化，然而事实上，华北地区对这种多样化如何接受和反应，迄今的研究都未曾具体加以关注。

　　基于上述情况，本章将继续上一章的讨论，在注意地域差别与相关史料叙述倾向的原则下，谨慎地选取华北范围内史料丰富的地区作为定点观察的对象，广泛收集这些地区的出仕事例，探讨整个蒙元时代华北地区的多种出仕途径，以及以此为媒介的出仕倾向的变化。具体的研究对象主要有①山东（益都路、般阳路、济南路、济宁路、泰安州、东昌路、曹州、恩州、冠州）、②河北平原西部（真定路、顺德路、广平路、彰德路、大名路）、③奉元路三个地区。

第一节　山东

　　本书第一部第二章、第三章都曾提到，在北宋时代和金代的科举中，山东地区都产生了相当数量的进士，而且还有大量女真人以猛安谋克的形式屯驻于此。到了后来的贞祐元年（1213 年），蒙古军队入侵山东之时，被统称为"红袄军""红袄贼"的叛乱集团开始活跃，其中益都李氏、济南张氏等汉人军阀崭露头角，形成了大范围的势力圈，直至以"李璮之乱"的镇压年（1262 年）

以及至元二年（1265 年）地方官迁转制度的施行为契机，扎根于地方上的军阀势力开始瓦解，这一地区的行政及军事体制始终错综复杂。另外，合赤温等蒙古王侯投下领的存在，也是这一地区的特点之一。

　　与该地区相关的史料的特点是，以移录于各种地方志或金石史料集的形式传承下来的碑刻占了其中很大部分，其中关于中低级军人或吏员家族的碑刻尤多。山东地区是发生在 13 世纪前半期，前后大约持续了 30 年的蒙、金、南宋三国间激烈争夺战的发生地，后来更在上述大量汉人军阀的控制下多次重复军事行动，这种社会特性，与留存至今的碑刻史料的特点不能说毫无关系。从相关史料的情况来看，这一地区需要重点加以分析的，正是军人和吏员的出仕倾向。

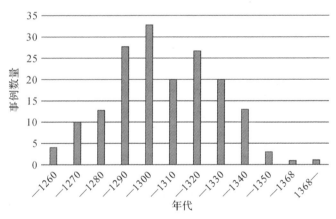

图 1　所据史料的年代下限（山东）

　　笔者所收集的关于出仕事例的史料的年代下限（指史料中提到的年代下限）如图 1 所示，集中在 1280 年至 1320 年之间。而作为相关史料核心的墓志铭等传记史料，大多撰写于墓主死后十几年甚至是二十年，信息记载都偏向简略。因此，在这一地区，作为分析对象的时期，下限大约设定在 1300 年至 1310 年。

　　以下本章将对相关史料中明确表示出仕途径，或可据史料对之加以推测的事例作九种分类，并进行分析。即①吏员出身（不论中央、地方，作为吏员出仕之人。由荐举而出仕的吏员也归入此类），②恩荫、世袭（由父祖的恩荫出仕，或是继承父祖族亲的职位），③从军或军功（参与军事行动而得以出仕），④推荐、个人关系（获得他人的推荐，或是凭借与贵族高官的个人关系而出仕。还包括金末元初战乱期之中的归降，或作为安抚与恩赐的地方官职，以及在蒙元时代受到蒙古王侯的辟召），⑤岁贡儒人、学校官（通过面向儒人的岁贡制度出仕，或作为学校官出仕），⑥进士及第，⑦国子监（成为国子生后出仕），⑧不详（军）（出仕经过不详，但能够确认保有军官官职），⑨不详（出仕经过不详，只能确认保有官职）。没有记录具体出仕时间的事例，假设平均以父亲 20 岁时出生（若父亲生卒年不详，则假设父亲为其祖父 20 岁时出生；若祖父生卒年不详，则假设祖父为其曾祖父 20 岁时出生，一代为 20 年），若为世袭出仕的军官，则设定其为至大四年（1311 年）以前 18 岁、以后 20 岁出仕，[4] 世袭民官（文阶官）则假设为 25 岁。[5] 其他出仕途径，都假设平均 20 岁出仕。

　　上述分类的事例数量，可用图 2 直观表示。关于各事例的细节，本章末尾部分将按家族进行总结。不过，济南张氏、真定史氏、藁城董氏等事实上与蒙古人受同等待遇、代代高官辈出的汉人军阀家族实属例外，因此不作为本章的讨论对象。另外，⑥进士及第和⑦国子监都是与科举相关的重要考察对象，在本章中只作最低限度的讨论。关于这两类，基于本章的考察结果，将分别于下一章及以后进行个别考察。

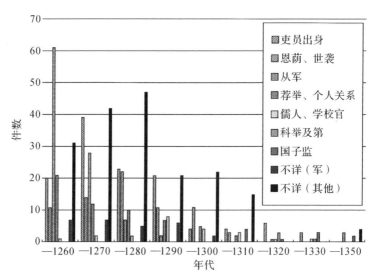

图2　出仕途径的变化（山东）

图2一目了然，总体来看，在1270年以前，以从军作为出仕途径的事例占了绝大多数。上文已经提到，这与中低级军人家族的事例在比较零散的碑刻中存在较多，以及金末至蒙元时代初期该地区频繁经历军事行动这两大要素有关。不过，从军出仕的事例件数有一个显著特征，即1270年以后，其数量急剧减少，进入14世纪以后几乎完全消失。南宋征伐之后蒙古帝国的扩张显现出停滞状态，军事行动也几乎完全停止，正与这一时期相重合。很明显，1280年以后蒙元的对外战争陷入低谷，以军人身份出仕和升迁的路途也就此变得狭窄，甚至是完全闭合。

而面对这种事态的变化，军人家族又是如何对应的呢？图3

总结了军人家族（主要指第一代族人以从军形式出仕的家族）各个世代的出仕倾向。那些第一代族人中除了从军出仕以外，还有以其他途径出仕的成员的家族，也包括在其中。第三代人出仕的时间，基本上在 1280 年至 1290 年左右。

在分析图 3 以前，首先需要对蒙元时代的军官（武阶官）的恩荫和世袭规定有一定了解。史料表明，军官世袭相关规定的最早实施，是在南宋首都临安陷落两年后的至元十五年（1278 年）。至元十五年以前，尤其是忽必烈政权成立以前，世袭主要是由汉人军阀或蒙古王侯在自己的权益或权限内自由进行的。而至元十五年的规定明确了军官升迁之时，原来的职位由其子孙世袭。[6]其后每两三年，该规定便有更改，而内容渐渐倾向于限制世袭的对象和机会。至元二十一年（1284 年）规定，分万户、千户、百户为上、中、下三等，以三年为一期进行业绩考核，将考核结果作为升迁依据。但就在同一年，又早早对该规定进行了改订，明确了百户以下的低级军官不受此规定约束。[7]这就意味着，对于百户以下的低级军官而言，若无新的军功，基本上没有升迁机会，子孙代代都只能世袭同一个职位。换言之，即便同为军人家族，百户以下的低级军官与千户以上的中高级军官相比，家族的前景完全不同。而且，与文阶官一样，蒙元时代的武阶官的承荫资格也仅仅是一官一荫而已。[8]

了解了上述规定，再来观察图 3，明显可知军人家族从第二代开始，就表现出了致力于吏员出身等其他出仕途径的倾向。而从个别事例中可知，军官的转型是否成功，很大程度上影响到该家族将来的命运。其中较为成功的例子，首先可举出 sd-84 历城张氏（各事例号码可参见本章末尾"相关事例一览表"）。

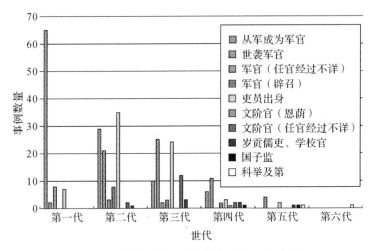

图 3 　军人家族各世代出仕动向（山东）

史料中可以确认的张氏最早的祖先张迪，本为金代末期金的本军三翼都总领，后来，在济南张氏麾下为济南兵马钤辖，后被张氏任命为怀远大将军、元帅、右监军、济南府推官、提领历城县事。从官职名来看，应处于管辖历城所有军事、行政事务的位置。张迪之子福，19 岁便以武艺超群受张宏青睐提拔，成为张宏直属将校，随军征讨金国。后来在远征南宋时亦军功卓著，因而被选充为济南军民镇抚都弹压，后就任兵马钤辖府事。由于史料不足，我们无法了解更多关于济南张氏麾下军制的升迁体系的详情，但对照金国的制度来看，该职位属于正六品中级军官。

在这样的背景中，张福之子铸山（1235—1283 年）承袭其父职位出仕，可能也继承了祖父迪的地方权益，后就任为历城县尹。至元二年（1265 年）地方官迁转法实施，铸山历任博州录事判官、东昌录事判官，一生辗转于地方官任上。铸山长子范

（1252—1328 年）以潍州学正出仕，历任宁海左翊侍卫教授、四川等处副提举，以正八品文阶官致仕。可见到了张范一代，历城张氏已经完全放弃了以武阶官出仕的道路。而张范之子，同时也是蒙元时代后期著名文人官僚之一的张起严，也于延祐甲寅年（1314 年）在山东的乡试中合格，第二年登进士第，后官至陕西诸道行御史台侍御史（正三品）。起严长子如古，入学国子监，任国子伴读后以大司农掾出仕。⁹下文将会详细论述，作为中央官衙的令史出仕，可以说在某种程度上等同于获得了升迁的保证。另外，如古之子还可以承起严的恩荫出仕。到此时为止，历城张氏下一代的出仕已毫无悬念。

　　不过，我们不难想象，这些事例在所有军人家族中，毕竟只是极少数个例。像历城张氏一样，从军官转为文阶官，同时还能够为子孙保证代代恩荫（七品以上官职的授予）的家族，在山东 68 个军人家族之中，不超过 16 个；其他未能成功转为文阶官，但至少凭借世袭为后代确保了千户以上职位的家族，一共 12 个；而剩下的 40 例，或为仅能世袭百户以下职位，或为试图以其他途径出仕，却以失败告终的家族。例如 sd-17 北海刘氏，第一代刘恭年轻时便加入蒙古军中，参加鄂州之役，以战功被授予从七品武阶官的谒里万户付副身本翼百户。然而其甥刘惠（？—1290 年）并未从军，而是"吏业出身"。至元十一年（1274 年），刘惠被本投下总管府选充为本府吏员勾当，至元二十三年（1286 年）再受总管府之任，为潍州管领秃鲁花□民提领。该官职可能为流外官，他始终未能获得恩荫资格（当然，他的子孙尽可以世袭"本投下"的官位），死于 4 年后。¹⁰

　　本节中收集的低级军人家族事例，大部分都是誊录在州县单

位的地方志或金石史料集，特别是民国《潍县志》《潍县志稿》
《昌乐县续志》之中的材料，与潍州境内的精英层密切相关，地
方性很强，对于那些不见于正史或文集史料的小人物的研究，确
是非常重要的信息源。不过，即便是这种家族，无疑也有着委托
他人撰写文章，并将之刻碑立石的财力和地位，在潍州及其周边
地方社会中应该有着一定的势力。虽然必须考虑到现在已经失传
的碑刻存在的可能性，但总体来说，这些人的周围当然还有很多
无法将自己的存在以史料形式记载传承下来的低级军人家族。

　　另一方面，我们将目光转回图3，观察那些军人家族以外的
出仕事例，不难发现，吏员出身或被推测为吏员出身的事例数量
明显偏多。考虑到在不举行科举的情况下，对于既不属于军人，
也算不上特殊户计的家族来说，吏员出身是谋求晋升的最普遍选
项，这种现象自然也就顺理成章了。《牧庵集》中就记载了济南
章丘出身的张养浩（1270—1329年）少时的一则逸话：

　　　　士子张养浩，年少而志厉，绩学而善文，受知平章鲁国
　　康利公［卜灰木（Buqum）］，曰："汝学仕耶。今之仕者，
　　莫不由吏发轫。"遂用为仪曹史，超掾中书。[11]

　　平章政事卜灰木一语道破,对于祖父为四川行省宣使(流外)，
父亲为一介布衣，而在学问上也没有惊人成就的张养浩来说，吏
员出身几乎是他唯一的出仕途径。

　　不过，我们仍需注意，即便同为吏员出身，州县级地方官衙
的吏员与中央官衙吏员相比，之后的履历有着显著差异。当然，
以地方官衙吏员身份出仕，也有可能顺利获得资品官，《文正公

集》中记叙的朱端，就是一个典型例子。

> 承事郎、抚州路经历朱端以书来言曰："端世居汴之鄢陵，年十六试吏，逾三十为郡从事，不幸二亲丧。又十年，仕淮西宪府，考满，授将仕佐郎、太平路照磨。延祐戊午，簿建康之江宁，既而掾江浙行省。泰定甲子，陞正七品，掌案牍于抚。"[12]

考虑到一任三年的规定，文中的朱端应是在 43 岁左右入流资品官，50 多岁达到能够恩荫子孙的正七品。不过，朱端的例子并不能一般化。

对于部令史的相关问题，牧野修二曾做过细致深入的探讨，并且指出，尤其是在征服南宋以后，主要由于冗吏问题日趋严重，地方吏员入流资品官的途径逐年变得狭窄。[13]从山东地区所有吏员出身的事例来看，从州县吏员入流资品官的例子，只在 1270 年以前有 5 例，而且其中 3 例或属于与汉人军阀的个人关系，或源于镇压李璮之乱时的功绩，又或是受到新任转运使的个人辟召，背景都较为特殊。[14]反而像 sd-22 北海赵氏一族的赵珪一样，以弱冠之岁选充为益都县吏，先后历任招民司典史、北海县吏、安邱工曹、昌邑县刑曹、密州诸城吏曹、诸城县典史、昌邑典史、北海典史，在州县吏员的职位上辗转一生，这样的形式才是比较普遍的。[15]

若想要出人头地，以中央官衙吏员身份出仕才是上上之策。具体而言，这条路意味着上京钻研学问，或是作为见习吏员积累实务经验和人脉，在因阙员而出现职位空缺之际适时地获得推荐。

上文中提到的张养浩，据其他史料记载，也是在游学于京师之际，持文谒见了当时的平章政事卜灰木。[16] 史料中明确记载了以中央衙门吏员身份出仕经过的例子，还有 sd-34 寿光宋氏的宋彦（民国《寿光县志》卷十三《元赠朝列大夫追封寿光郡伯宋公墓碑》），以及 sd-134 汶上陈氏的陈用晦（《中庵集》卷七《赠奉议大夫骁骑尉聊城县子陈公墓道碑铭》）等，大多都是游学京师之时受到高官青睐，以中央或大都路衙门的吏员身份出仕。民国《潍县志》中还记载了 sd-32 北海高氏高显的情况：

> 北海高君照磨于淮安路之明年，请于余曰："……则□吾家世力农，不乐仕进。今世道升□，□官者多贤俊，苟无人焉，将何以大门间而庇宗族乎？于是备资装，遣余诣京师，习吏事。以次转大都路吏，进□州吏，目满，以将仕佐□授今职。[17]"

高显游学京师，就如前代的科举考试一样，肩负着一族的希冀。关于这种京师游学、猎取官职的活动，下一节中还会详细说明。

另外，图 3 中从军与吏员出身的事例数量特别多，几乎让人忽视了由推荐及个人关系而出仕的例子，但实际上后者也十分重要。首先值得一提的是，以特殊技能受到地方官衙提拔，被授予相关职位的例子。sd-23 北海范氏一族，便有族人范宽，于庚寅年（1230 年）以汉人军阀益都李氏的劄付，受任为潍州医学博士，后来范氏代代受宣慰司等机构劄付，继任潍州医官。[18] 与之相似的是 sd-29 北海王氏，那怀独（Naqaidu）于至元丁亥年（1287 年）

开始从事海道运粮，至元己丑年（1289年）由运粮千户充当百户勾当。后来先后受运粮上万户、江淮行中书省、益都路、都漕运使司分司、海道运粮万户府剳付，多次充当管领□水军人百户勾当、迤北运粮总把勾当、管舡百户勾当、管舡官、漕运司奏差等职，应当是长时间参与了江南至京师方面的粮食海上运输。这些事例中的职位无一不是低位，不过是临时任用，因此几乎没有子孙世袭职位的情况。而至前代为止，类似职位都不过是杂役，将之看作正式的出仕途径，或有失妥当。

　　与荐举、个人关系相关，并属于蒙元时代所特有的重要出仕途径，要数来自蒙古王侯的辟召。这种辟召与一般官府的推荐不同，通常都是充任为蒙古王侯管理其权益的相关职位，根据对其成果的评判，有充分可能迅速升迁，获得更大的权限，尽管这些权限基本限于该王侯所辖地区内部。例如 sd-68 般阳蒲台刘氏，虽是代代为低级官员的家族，但到了至元二十四年（1287年），任县劝课长的刘恩之子，因本投下都达鲁花赤秃忽赤之檄，受任为捕鹰提领，第二年受势都儿（Šiɣdur）大王令旨，赐名为忙古歹（Mangɣudai）。后来的至元二十八年（1291年），受八不沙（Babuša）大王令旨，忙古歹赴任蒙古高原的合赤温家投下领，归来后再受八不沙大王令旨，任本投下管莱、登二州受捕鹰鹘大使。其弟刘忠也为鹰房提领，从弟刘聚于至大二年（1309年）受都达鲁花赤剳付，任投下冠婚定宅阴阳提领。[19] 与刘氏相似，sd-10 潍州赵氏也为捕鹰户，世代擅长鹰和犬的饲育，至元十一年（1274年），赵福用因益都等路鹰房达鲁花赤谋而不檄，受任为捕鹰总把，随即升迁为权鹰房总所事。后受合赤（Qači）大王令旨，任潍三县采捕鹰鹘提领，至元二十九年（1292年）再受撒里吉（Salji~Jirqi [dai]）大王令旨，安任原职。其甥荣，受脱脱（Toyta-ya）大王令旨任潍州鹰提领。类似的辟召例子在蒙元一朝都可见，再如 sd-126 历城檀氏的檀炜，则是在距至正元年（1341 年）稍早的时期，受也里黄兀儿（Eli Qong'ur）大王下属的撒儿塔歹（Sartaqdai）大王令旨，任管领河间益都□□处养老□□打捕民匠达鲁花赤，管辖百十余户。

此外，还有不少例子，是凭借族人或姻亲的个人关系，或为官的父祖亲戚的影响力而实现出仕的。例如 sd-74 济南王氏的王文羽，就是娶了江西行省参知政事舜田刘公英特之女，后受到宪府（应为江西宪府）的推荐，作为中书省掾出仕，官至平江路推官。sd-114 邹平刘氏的刘楫（1232—1317 年）作为县吏出仕，后来官至资德大夫、中书左丞、参议中书省事，其三子中一人任太府监照磨官，一人参加怯薛军而英年早逝，一人为承事郎、饶州路乐平州判官，三人都顺利出仕，想必离不开来自其父的多方助力。

将本节中考察的山东地区出仕途径的变化做一总结，即金末元初战乱之时，以从军而出仕的途径占据主流，但随着军事活动的减少乃至沉寂，吏员、推荐、个人关系等途径便成了主流。图2 中"不详"部分的事例，大多数应该也可以认为是在没有其他具备优势的出仕途径的情况下，由吏员、推荐或是个人关系而出仕的，这三种方法在所有出仕途径中明显占据了绝对性的优势。

第二节　河北平原西部

河北平原西部地区处于从京师至黄河流域，再向江南方向的交通路途沿线，自古便是战略要地，在金末的战乱中，也毫不例外地成为蒙古与金，以及分属两个阵营的汉人军阀相互争夺之地，长期饱受战乱之苦。在这样的背景下，真定史氏等汉人军阀势力兴起于此，并逐步扩大。本书第一部中曾提到，该地区是北宋以及金代华北地区出现进士及第者最多的区域之一，至蒙元时代也出现了许多文人官僚。

　　该地区相关史料的特征在于，它们大多数都收录于姚枢、王恽、魏初、黄潛、苏天爵、许有壬等任职于中央官衙的官僚的文集之中，其中以《滋溪文稿》《至正集》中所收文章为中心、成文于1330年以后的史料数量更是不少。上一节的探讨中大量使用的区域性很强的中低级军人、吏员家族的史料，则几乎不再出现。图4是河北地区相关史料的年代下限概况，从中可知，史料的年代下限主要集中在1270年至1340年之间。上一节开头部分提到，距离年代下限10年至20年，信息密度则变得很低，因此这一地区分析对象的所在时期也主要是在1330年以前。此外，正如上文所述，史料中很大部分是苏天爵、许有壬等官员基于在中央官场的交游和职务所撰写的文章，因此我们能够看到的事例中的大多数，都是高位官僚及其家族的相关信息。

　　下面的图5对河北平原西部地区所有出仕事例的类别进行了详细分类。如上文所述，该地区处于交通要冲，在金末战乱中经历了长时间的激战，大小汉人军阀从中兴起。正因如此，观察13世纪前半期的情况可知，由从军途径出仕的例子仍然占了绝大多数。图6是河北平原西部地区军人家族（与上一节一样，指第一代族人以从军途径出仕的家庭。其中包括第一代有多人出仕且其中还有以从军以外途径出仕之人的家族）的不同世代出仕事例一览表。上节中山东地区出现的倾向，在这里也同样可以看到，

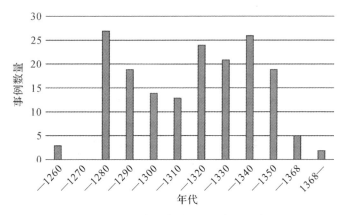

图 4　所据史料年代下限（河北）

即从第二代起，以吏员等其他途径出仕的例子明显增加，不过，河北地区却也表现出了与山东军人家族不同的出仕动向，即第二代以后，世袭文阶官出仕的例子屡有出现。

　　这种情况由来为何，我们从具体事例中可以得知。例如hb-80 赵州柏乡冯氏，在金末归降于蒙古，其中成为汉人军阀真定史氏麾下合扎翼提控官的冯安，就在先后任宣武将军、淮万户府行军镇抚都弹压官等军职之后，转任临城县主簿、高邑县丞等地方行政官，任柏乡县尹时逝世。其子仲德，于中统四年（1263年）世袭父职为柏乡县尹，至元二年（1265年）朝廷实施迁转法，仲德改任涉县尹。至元六年（1269年）为敦武校尉·井陉县尹，九年（1272年）为真定县尹，十七年（1280年）任忠显校尉·同知晋州，二十八年（1291年）晋升为忠武校尉·池州路判官。至此为止，他一直从武阶官序列升迁，但到了大德八年（1304年），始任奉训大夫·知益州路胶州事，至大四年（1311年）以朝请

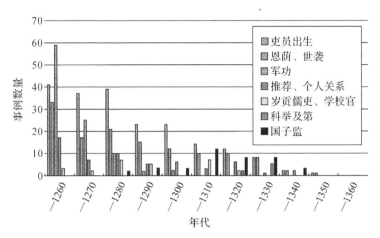

图5　各出仕途径事例数量的变化（河北平原西部）

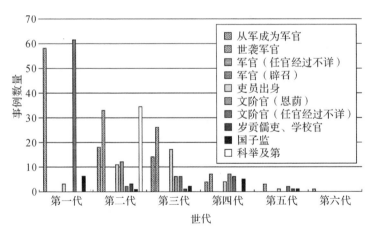

图6　军人家族各世代出仕动向（河北平原西部）

大夫·大名路治中致仕，即在升迁途中由武阶官序列转入了文阶官序列。仲德长子杞，以其父文阶官恩荫出仕，为将仕佐郎·临城县主簿；而仲德之次从子（兄弟之子中第二年长者）后来就任武德将军·管军千户，但从时间来看，应当不是凭借军功，而是承袭了祖父冯安的武阶官。[20]

另外，在 hb-39 蠡州博野王氏一族的例子中，该族中第一个出仕族人王兴秀（？—1269 年）于 1214 年归降刘伯林而受任为新军千户，后来被任命为怀远大将军、招抚使。按照金制，怀远大将军是从二品的高级武阶官。其子彦弼（1219—1308 年），初以承袭转任祁、蠡、深三州匠局出仕，后至奉直大夫、潼关大使。丧父之后，彦弼历任中顺大夫·黄州路宣课都提举、知安丰府、少中大夫·南康路总管、江州路总管等职而致仕。[21]

如上所述，河北地区军人家族中，很多人都在第一代或第二代，就在升迁途中从武阶官换为高级文阶官，这样从下一代起，族中子孙便可以世袭文阶官。从结果而言，从武阶官向文阶官的转变，这可以说是最成功的例子。

该地区相关史料中零星碑刻材料很少，因此在能够确认的军人家族 56 例之中，除了从武阶向文阶转官，保证了后代恩荫的家族共 28 例，占全部的半数之外，以世袭为后代保证了千户以上职位的家族 17 例，低级军人家族则不过 11 例。所以图 6 应与山东相反，可以认定其主要表明了中高级军人家族的出仕动向。其中第六代突然出现的以从军而出仕的例子，正是与红巾军之战的结果。

让我们再一次将目光转回图 5，可以看出，各个时期事例数量都出现较多的，与山东地区一样，是吏员出身之途径。其中10 例都是从州县吏员升迁入流的例子。而 10 例中的 4 例，是迁转过程中受到高官或官衙的推荐而入流的，并非基于一般迁转过程的入流。其他 6 例在迁转过程中没有特别要素介入，但基本上都发生在官僚机构尚处在整顿完善之中、地方吏员的进入相对来说比较容易的 13 世纪 60 年代，[22] 或是比之更早，60 年代之后入流的则仅有一例而已。[23] 这种情况也说明，蒙元在灭亡南宋以后，随着冗吏问题日趋严重，地方吏员入流也越发困难了。

与此形成对比的是，作为中央吏员出仕并受任为资品官，是本节中收集的各事例中普遍存在的入流途径。已经制度化的出仕途径，则有岁贡儒吏。根据该制度，地方官学的选拔考试和按察司（后改为肃政廉访司）的复试，每次（一般两到三年一次）每路或每道可推举一到两人作为中央衙门的吏员。[24] 河北平原西部地区也有一个以岁贡途径出仕的例子，[25] 但总体来说，采用岁贡儒吏制度的人数极少。吏员出身的人想要获得光明前途，最简便的方法就是我们在上节中看到的那样，游学京师，猎取官位。要得到足够有力的个人关系，当然不是一件易事，然而一旦成功，就能迅速达到资品官之位，其快捷程度，是以地方吏员身份出仕的人望尘莫及的。若运气再好一些，一举获得中级以上官职亦不是梦想。这一地区明确记载了作为中央官衙吏员出仕经过的 11 个例子中，9 例都是以游学京师为契机出仕的，剩下的 2 例则是通过与高官的个人关系，直接从乡里受到提拔的。

另外，hb-153 大名王氏王伯益（1266—1313 年）的事例，详细说明了上京猎取官位并最终成功获得官职的人，是怎样一步步实现升迁的：

> 伯益，名执谦，大名人。生数岁，入乡校，旬月中已能习尽群儿所读书，问难其师。……因劝其父某，送诣郡学，未数月，又绌其同舍生如乡校。及长，其父资之游京师，时

中书平章卜灰木、翰林承旨唐公有重名当世，以人材为己任。一见伯益，皆曰："奇材也。"不敢以进用常秩浼伯益，将言于上，择馆阁优重地荐之。久之，不得如二公志。尚方符宝典书，满三年，当得四品官，即以伯益为符宝典书，三年竟不得四品官。二公相继去世，无为伯益言者。柳唐佐为言于张子有平章，平章事隆福宫，最贵近，而雅好文士，礼伯益为上客，留署其府，为徽政院照磨。调真定录事、陵州判官，改将作院照磨。[26]

上京之后，他的出仕、升迁全都是凭借高官及其人脉而实现的。这种情况在史料中屡屡被称为"徼幸""侥幸"，[27] 吏员出身之人因此多受批判。同样在乡里学习，有幸得到足够资金上京，面谒高官后成为吏员的例子还有很多。例如 hb-60 中山王氏王惟贤（1270—1340 年），幼时师事乡先生，学习"书计"，上京后被擢为户部掾；[28] hb-113 井陉王氏王端，弱冠即赶赴京师，与"省部大人"交游，大德庚子年（1300 年）就任中书断事府奏差；[29] 再如 hb-112 洺水秦氏秦起宗（1273—1337 年），年少时在乡里的蒙古字学学习蒙古语，上京后经翰林院考试，被选拔为武卫译史。[30] 关于这些凭借与高官的个人关系得以出仕的吏员出身官僚，本章第十四章中将列举具体事例，对他们的实际形象及自我认识另作探讨。

不过，同样是上京猎官得以出仕，但并未任吏员的，在分类上也算作荐举、个人关系，其出仕与之并无实质上的差别。例如 hb-53 安平王氏的王思聪，"读书习吏业，粗通大义"，至元辛未年（1271 年）上京成为司徒撒理蛮（Sarban）的近侍；[31] 又如

hb-98 磁州李氏李拱辰（1268—1324 年），"既袭父职，叹曰：
'是可以行吾所学耶？'辄弃去，游京师。"凭借蒙古语能力，
在成宗铁穆耳时期"以善译语得备宿卫"，大德三年（1299 年）
出仕承事郎·高邮府判官。他的名声为当时身在东宫的硕德八剌
（Šidibala）所闻，硕德八剌即位时（1320 年）便被任命为御史
台都事。[32] 按规定，七品官之子孙承荫，一般都是作为流外的钱
谷官。[33] 比起作为流外官出仕、花费至少十几年才能入流的模式，
李拱辰选择了上京，而这其实是风险更大的赌注。或许于他而言，
上京猎取官职是一个相当有魅力的选择。

　　上京猎取官职所需要的，当然不仅仅是吏业和语言能力。
hb-17 真定韩氏的韩麟（1253—1319 年），跟随业医的父亲学医
后上京，所幸得到"公卿"知遇，于至元己丑年（1289 年）通
过许国祯的举荐谒见了忽必烈，受忽必烈赏识，成为尚医。[34]hb-
154 大名齐氏的齐履谦（1263—1329 年），也是幼时便随父上京
读书，17 岁补为星历生（隶属司天监学习天文的学生，《元史》
中称为"天文生"，定员 75 名[35]），至元二十八年（1291 年）
受郭守敬推荐，成为星历教授。[36] 宫纪子曾详细探讨过以对著作
的评价作为依据的江南文人的保举，提到候补者须在受儒学提举
司的审核后，上京进行面试。[37] 但华北被认为是没有常设儒学提
举司的地区，[38] 因此对于具备实务能力、文学才能，或是特殊技
术的人来说，京师才是显示自己能力的绝佳之处。hb-59 中山王
氏的王结（1275—1336 年）是一个极端的例子。他师事顺德著
名文人董朴，受到燕南山北道肃政廉访使王仁的赏识，20 余岁
便游于京师，广交名士。他所作论时政八事的文章受到好评，他
也因此得以加入诸王时代的爱育黎拔力八达麾下怯薛军。爱育黎

拔力八达成为皇太子后，为他加官大中大夫、典牧太监官；爱育黎拔力八达正式即位为汗之时，更将他擢为集贤院直学士。[39] 可见，若能像王结一样拥有相当的后援力量及个人能力，甚至能够直接觐见大汗，获得升迁的机会。

这一地区能够通过史料确知的游学京师的事例如上所述，主要集中在 1310 年以前，但这种上京猎取官职的行动，本身是整个蒙元时代都频繁可见的事。属于蒙元时代晚期的典型事例之一的，是《山右石刻丛编》卷三十七《赠平□阳万户翼千户杨公墓碑》中记载的晋宁路洪洞县杨氏，上一章中曾经提到，杨氏族人以成功商人的身份上京，与"贵近"交流，子孙得以进入怯薛军。对于希望出仕的人来说，上京猎取官职的途径，即便在科举得以恢复之后，仍是一个非常有利的选项。[40] 事实上，到了延祐七年（1320年），即科举恢复数年后，许有壬还记录了大都午门外挤满了自恃才能出众、技能卓绝的"东南人士"，欲向高官毛遂自荐的情景。[41] 回想一下本书迄今的考察，便很容易想象，这些人并非都是出生于"东南"之人。

最后看一下其他通过推荐及个人关系而出仕的例子，不难发现，其本质与山东相比几乎没有变化，或是因特殊技术受到赏识而获得举荐，或是受蒙古王侯辟召。hb-16 真定窦氏的窦行冲（1233—1309 年）便是一例。他生于医学世家，在忽必烈朝为领尚医事许国祯慧眼所识，擢为尚医，子孙也以医学技术而出仕。[42] 他的例子说明，以某种特别的技术而负有盛名的人，完全可能受到来自京师的主动推荐。另外，hb-51 静安李氏代代仕于郐王府，后来族人李惟恭在 13 世纪末受到郐王推荐，就任了王府长史兼经理典食司与所部人匠都府官这一管理投下领王府粮食相关事务的官职。[43] 相似的例子还有 hb-79 柏乡贾氏的贾庭瑞，因受到顺德王答剌罕（Darqan），即哈剌哈孙（Qaryasun）的赏识，在顺德王赴任湖广行省担任平章政事之时得以与之同行，并先后担任湖广行省检校、都事。顺德王以同样的平章政事之职转任江浙行省，贾庭瑞再次随任，并担任都事。后来顺德王回归中央，任命贾庭瑞为刑部主事，并先后改命吏部主事、枢密院都事、户部员外郎。顺德王死后的大德末，贾庭瑞还先后担任过兵部郎中、同佥宣徽院事、度支少监。[44] 在这个例子中，贾庭瑞受辟召所任的并非位下或投下领内的职位，而是正规行政职位，后来也凭借与蒙古王侯的个人关系而节节高升，据此或可将之归类为与上文中所探讨的京师猎取官职活动相类似的事例。在某个地区拥有位下或投下领的蒙古王侯的存在，对当地的出仕情况产生了一定的影响，类似例子我们在上一节中有所提及，而下一节会对之作更详细的考察。

　　总而言之，现存史料中所记载的各家族的来历虽多有不同，在本节中所讨论的河北平原西部出仕途径的变化，总体来说也与山东地区表现出了同样的倾向。另外，从上文中的图 6 可以看出，进入 14 世纪以后，有一个特别现象开始变得愈加明显，即经由国子监出仕之途径的增加。关于这个问题，下一章将另行探讨。

第三节　奉元路

　　这一地区地处连接中亚、山西、四川、河南交通要道的结点上，也是金朝岌岌可危之时，金国倾尽全力想要保全的地方。其首府京兆府，不仅是陕西，也是代表了中国本部西北商业、学术的中心城市，在金代更是金与西夏及南宋对峙的重要军事据点。进入蒙元时代，其重要性也不曾改变，初期便有耶律秃花等人重兵屯守，也是蒙古军队向南宋四川进攻的策源地。至元九年（1272年），忽必烈第三子忙哥刺（Mangγala）被分封为安西王，手握该地大权与重兵，现在的陕西、宁夏、甘肃、四川、西藏地区都归于其统治之下。[45] 将奉元路作为本章第三节的考察对象，是因为相关史料留存较多，且安西王领这一大型位下领的成立对该地区的出仕状况产生的影响非常值得探讨。这一地区的行政单位及其名称经过了从京兆府到安西路（至元十六年），再到奉元路（皇庆元年）的变化，而本节中为了避免繁杂混乱，将之统一称为奉元路。

蒙元时代陕西地区最著名的文人萧䕫（1241—1318年）与同恕（1254—1331年），以鲁斋书院为中心活动，在当地士人之间享有极高声望。而本节所探讨的该地区的出仕事例，大多数来自他们二人基于自己的交友关系，或是受仰慕他们的当地家族所托而写成的文章，属于地方性较强的例子。从图7中可以看出，该地区相关史料的时代下限，主要集中在1300年至1330年之间。而出于与前两节中的山东、河南平原西部相同的理由，本节同样对奉元路主要分析对象的时代往上追溯10年到20年，将重点放在1300年前后。

图8是奉元路所有出仕事例的类别细分。需要注意的一点是，与前两节不同，该地区几乎没有形成汉人军阀集团。究其原因，应该考虑到该地区直到金朝末期都没有脱离王朝的直接掌控，而金国灭亡之后，蒙元政权立刻派出耶律秃花等人屯驻京兆府，基

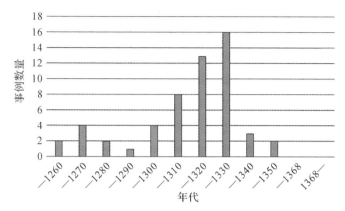

图 7　所据史料的年代下限（奉元路）

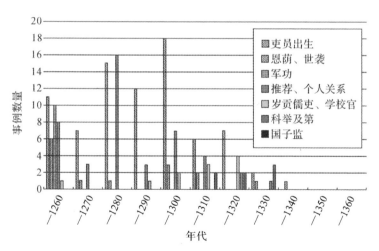

图 8　各出仕途径事例数量的变化（奉元路）

本上没有留下任何权力空白期。[46] 因此，以从军途径出仕的例子，几乎都是跟随蒙古军队从其他地区移居而来的情况，如 fy-13 京兆赵氏的赵林，在积石州归降蒙军，被任命为积石州军民元帅，其孙赵玉后来随着安西王忙哥刺开府京兆而移居至此；[47]fy-5 奉

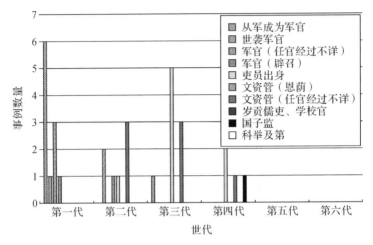

图 9　军人家族各世代出仕动向（奉元路）

元李氏的李资禄，1212 年在威宁归降成吉思汗，后作为四川征行千户移居奉元路；[48] 以及 fy-47 云阳赵氏的赵得贤（？—1254年），跟随塔海（Taqai / Tayai）都元帅远征西蜀，受任为丰州军民总管，在此过程中从泽州晋城移居至京兆云阳。[49] 下面的图9 表明了这些军人家族各世代的出仕动向。事例数量虽然不多，但仍能看出第二代以后出现的从武阶官向文阶官转变的努力。

　　而另一方面，这一地区的吏员出身途径的变化，又表现出了与其他地区略有不同的倾向。在由吏员出身而到达资品官的 13个事例中，将任职于地方官衙作为起点的共有 10 例，占了全部数量的四分之三以上，其中 6 例的出仕时间都在 1270 年以后。这与前两节中探讨的地区明显不同。不过，仔细观察个中详情就会发现，由州县吏员开始晋升的事例，仅有 fy-18 长安牛氏的牛诜（1264—1334 年）一个，他自少时为吏，历经东盐转运司幕官，升迁至陕西行省掾史，大德七年（1303 年）年受任为从仕郎、华阴县尹。[50] 其余的 5 例则分别是以陕西行省掾史（2 例）、开成宣慰司掾史、陕西汉中道廉访司书吏、西蜀四川道提刑按察司书吏而出仕，皆非州县，而是地区行政或监察机关的吏员。再看出仕的时间，至陕西行省的分别在 13 世纪 80 年代（fy-44 蓝田王氏王自迩）和 1285 年 [fy-34 高陵杨氏杨寅（1225—1327 年）]，至开成宣慰司的在 70 年代后期 [fy-2 奉元赵氏赵元谅（1255—1319 年）]，至陕西汉中道廉访司的在 1291 年以后 [fy-51 华原傅氏傅昱（1253—1321 年）]，至西蜀四川道提刑按察司的则在 1282 至 1291 年之间 [fy-50 同州王氏王舟（1247—1313 年）]。

13 世纪末，按照地区行政·监察机关的令史（掾史）任用的具体规定，提刑按察司及作为其后继者的肃政廉访司的令史，主要是从枢密院、御史台的典史，以及所辖地区各府州路的司吏，或是岁贡儒吏中选充，[51] 而宣慰司的掾史则是从部令史、行省典史、按察司书吏、理问所令史中选充。[52] 不过，这种迁转途径在至元二十二年（1285 年）以后逐渐受到整顿，至 13 世纪末最终成形。另外，上文所述的 5 个例子中，主人公全都选充于机构设立后不久，其中开成宣慰司设于至元九年（1272 年）左右，陕西行省设于至元十七年（1280 年），西蜀四川道提刑按察司设于至元十九年（1282 年），陕西汉中道肃政廉访司设于至元二十八年（1291 年）。

13 世纪，尤其是忽必烈朝，随着这些机关的设立而选充的吏员，除了中央官衙派遣人员、与中央官衙所属官员有个人关系的人以外，据称还有从当地辟召的人员，相关事例频频见于史料。[53] 上述 5 例中，各人分别作为行省、宣慰司、按察司、廉访

司的吏员出仕，可以说是绝无前例，对此，我们应该考虑到新机
构设立之初这一较为特殊的背景。

另一方面，陕西、四川地区区域行政和监察机构的设立，与
安西王权力的增减密切相关。安西王忙哥剌于京兆开府之后，中
兴行省、四川行省立刻被废除，该地区的统治完全由安西王的王
相府承担。开成宣慰司管理安西王的权益，相当于安西王府的派
驻机构。不过，忙哥剌之子阿难答（Ānanda）继承王位后，王
相府于至元十七年（1280 年）被废除，陕西行省、四川行省、
甘肃行省分别成立，继承了原来王相府的统治权。而从时间来看，
可以认为西蜀四川道提刑按察司（即后来的陕西汉中道肃政廉访
司）的设立，其实是安西王统治权缩小的结果。有研究指出，其
背景在于阿难答囚禁并毒杀了向中央政府告发王相府贪污官钱的
王相赵炳，以及在与海都（Qaidu）和都哇（Du'a）的战斗中大
为失常等事实。[54]

总之，13 世纪 80 年代以后由地方官衙吏员入流为资品官的
5 个例子，都与安西王领的废置有关，在很大程度上受到了该地
区特别情况的影响。也就是说，大型位下领兴废之际，以及其后
继官衙成立之际，都创造出了新的出仕机会。不过受到安西王开
府更为显著的影响的，还是下面将要讨论的推荐及个人关系之出
仕途径。

表 6 是由安西王府进行的推荐、辟召的事例一览表。表中收
集的事例不仅限于奉元路，也包括笔者管见所及的其他地区。奉
元路的事例没有标明所据史料，而是示以本章最后列举的事例分
类号码。从表 6 中首先可以看出，忙哥剌开府之际，不仅从奉元
一路辟召人才，其求贤的范围还扩大至山西中南部、河北等地。

其中，序号 2 邸彦通"天性得绘塑三昧"，可能是因此声名远播，至元辛未年（1271 年）受到安西王辟召，受命为王府制造衣服、巾帽、系腰等衣饰物品，成为王府专任的技术人员。其他出生于与安西王领距离较远地区的人，如序号 7 徐德举，则是与安西王领的重要财政来源解州盐池[55]的管理相关，因而从平阳路转运司任上，被辟召至提举；序号 10 高良弼，原是忽必烈潜邸之人，为管理安西王领漕运，从都转运使被改任为中顺大夫·同知陕西都漕。这些人可以说都是安西王领统治的中流砥柱，都是由于行政或财政能力出色而被特别辟召的官僚。包括怯薛军出身的序号 3 赵玉，忙哥剌侍医出身的序号 9 常庆祚在内，这些出生地较远的人物，应该都是忙哥剌考虑到王领的管理，以及自身新的生活环境而辟召来的。

奉元路及其周边地区辟召的事例，大致有两种类型。第一种如序号 5、11、12、18，属于将原来任职于行省、宣抚司等既有统治机构的人才转而任命于安西王领的类似职位。因安西王领成立而被废止的机构的官吏何去何从，现已无法明确，不过并没有任何迹象表明安西王的王相府经过既有行政机构的改编，所以应该可以认为，有不少人继续参与了王相府相关部门的工作。而转而隶属王府之后，官吏们的经历则各不相同。如序号 12 李之复，原本是以岁贡儒吏（"府学行贡"）身份任按察司书吏之职，而从按察司书吏被辟召为安西王府掾之后，他先后迁转为陕西行省掾、陕西汉中宣慰司掾，并于至元三十年（1293 年）任承事郎·同知鄜州事。其间虽然曾任王相府掾，但他的经历基本上符合从按察司书吏出发的迁转途径的固定模式。[56]再如序号 11 焦荣，被任命为安西、延安、兴元、凤翔、巩昌等处阴阳都提领之后，

表 6 安西王辟召一览表

序号	姓名	出生地	年代	辟召前职位	辟召人	辟召任职	出典
1	仇锷	京兆	1271 年	布衣	忙哥剌	"给事邸中"	fy-11 京兆仇氏
2	郎彦通	曲阳	1271 年	布衣	忙哥剌	"司帑藏财物"	光绪《曲阳县志》卷十三《重修郎氏先茔碑》
3	赵玉	积石州	1272 年以前	忙哥剌枢薛军	忙哥剌	鄂啰齐典府藏	fy-13 京兆赵氏
4	李余庆	奉元	1272 年	布衣	不详	相府使臣	fy-5 奉元李氏
5	王瑄	蓝田	1272 年	京兆掾	商挺	王府掾史	fy-43 蓝田王氏
6	段思温	绛州	1272 年左右	布衣	忙哥剌	记室参军（辞去）	《秋涧集》卷六《段思温先生墓志铭》
7	徐德举	赵城	1272 年左右	平阳路转运司经历	安西王府	提举太原盐使司	《牧庵集》卷十八《提举大原盐使司徐君神道碑》
8	毛翼	长安	1273 年	安西路税使	忙哥剌	安西、平阳、河南等路行捕鹰房民匠长官	fy-19 长安毛氏
9	常庆祚	奉元	1274 年	忙哥剌侍医	忙哥剌	"太医院藩邸"	fy-3 奉元常氏
10	高良弼	平山	1274 年	奉议大夫、都转运使	忙哥剌	中顺大夫、同知陕西都漕	《牧庵集》卷二十三《有元故少中大夫淮安路总管兼府尹兼管内劝农事高公神道碑》

续表

序号	姓名	出生地	年代	辟召前职位	辟召人	辟召任职	出典
11	焦荣	咸宁	1274年以后	安西、延安、兴元、凤翔、巩昌等处阴阳都提领	商梃	提举陕西四川等处阴阳学	fy-32 咸宁焦氏
12	李之复	京兆	1282年以前	按察司书吏	安西王府	安西王府掾	fy-10 京兆李氏
13	雷禧	高陵	1282年	布衣	王相府	典藏司史	fy-35 高陵雷氏
14	梁大用	长安	1282年	布衣	行省	安西王掌膳局大使	fy-26 长安梁氏
15	薛延年	平阳	1292年	布衣	秦王妃	开成教授	《勤斋集》卷四《元故文学薛君寿之墓志铭》
16	党逸	咸宁	1297年	布衣	安西王邸	安西王邸实资居积库提举	fy-29 咸宁党氏
17	郭好德	咸宁	1298年	布衣	开成路同知方岩	安西王府说书	fy-33 咸宁郭氏
18	耿廷望	京兆	1304年以前	陕西行尚书省副省掌仪局	阿难答	行尚书省掾	fy-14 京兆耿氏
19	樊珪	临晋	1307年以前	布衣	阿难答	吉州路人匠提举	《山右石刻丛编》卷三十一《樊氏先茔之记》

由商挺推荐给忙哥剌，被任命为提举陕西四川等处阴阳学，后转任安西路阴阳教授。他的经历，也完全没有偏离阴阳提领的迁转路线。

不过，序号5王瑄（1237—1294年）在从京兆府掾升为省掾（可能是中兴行省或四川行省的掾史）之后，于安西王领设置之际，受到商挺的推荐，被任命为王府掾史。后来，不到四年便升迁承事郎·都事，并于至元十四年（1277年）成为承直郎·王府长史兼行院经历，第二年迁至奉议大夫·四川行中书省左右司郎中。应该看到，他迅速升迁的背景在于，王相府设立之初，乃是继承了中兴行省和四川行省的管辖范围，并且西北方向的拓边活动以及与南宋的战争仍在进行之中，王相府的所辖范围还在不断扩大，蒙元灭亡南宋以后日渐明显的冗官、冗吏问题也尚未发生，相对来说，只要有一定的能力，可供升迁的职位可谓绰绰有余。

第二种类型，是无位无官的布衣受到辟召成为安西王领的官吏，不过这些人授官的契机与所受官职则各不相同。在忙哥剌在位期间，类似例子只有序号1、4、6三例，但这并不意味着这种辟召的机会很少。例如序号1仇锷（1250—1300），在安西王于京兆开府之际，不知是以何种契机，获得了直接面会安西王的机会，并受到赏识；安西王将他置于王邸，处理杂务。再如序号4李余庆，因属于旁支子弟（户主兄弟之子），没有世袭的机会，但可能由于出身于军人家族，他获得了就职为王府使臣的机会。虽然都属于小官，却是王府家政及王领统辖中不可或缺的角色。很难想象王相府的中下层官吏全都是忙哥剌从中央带至王领的，因此可以推测，这些人应该大部分是于当地选拔任用的。序号6

段思温被辟召为记室参军，应该也属于就地选拔人才的一环。

这些小官职位虽低，却多有机会仕于安西王身边，只要能得到其信任，便足以从中获益。例如序号 1 仇锷，就因得到忙哥剌的举荐，得以任职中央，任承务郎·武备寺寿武库使之后，于至元十五年（1278 年）转任知威州，历任巩昌路总管府治中、福建闽海道提刑按察副使，官至奉议大夫·福建闽海道肃政廉访副使，晚年移居高邮。仇锷一介布衣，仅用了 8 年便就任知州，这充分说明了与蒙古王侯的个人关系，在官吏升迁过程中起到了多么巨大的作用。序号 4 李余庆虽不如仇锷一帆风顺，却也是在至元十七年（1280 年）于安西王领内任将仕佐郎·安西富平县主簿，后经郃阳县主簿·录事司判官（京兆府？），最终至登仕佐郎·兴元路金州判官。1280 年正是上文中提到的安西王阿难答的统治权限全面缩小的时候，为保证取而代之的陕西行省顺利接续其管辖，任用安西王领的官吏，显然是必要的措施。李余庆很可能是因在安西王领之下的官吏经历受到重视，这才获得任命。正如上一节及以前的内容所述，随着南宋灭亡，凭借军功或从军而获得升迁的路变得越来越难，在这种背景下，对于出身于军人家族且身为旁支的他来说，这样的结果应该已经是超乎想象了。

这种倾向直到阿难答继位，也几乎没有改变。[57] 除了被辟召为学校官，却以侍奉父母为理由坚辞辟召的序号 15 薛延年、42 岁便早死的父亲党逸（其母曹氏被表彰为节妇之时，应该为安西王邸实资居积库提举），以及以学识而著名、对出仕全无兴趣，抑或迁转结果不详的序号 17 郭好德以外，其余 3 例都是出仕后不久便成为安西王领内的资品官，直到阿难答伏诛、安西王领消亡（1307 年）后，仍在原安西王领作为地方官继续仕宦。[58]

　　总之，即便不能成为中央官衙的高官，只要在安西王领出仕，便有充分可能晋升为王领内的资品官，实现进一步的迁转和晋升。与本章前两节中讨论的山东地区蒙古王侯的辟召相比，规模虽有不同，本质情况却基本一样。很明显，位下领、投下领的存在，为该地区提供了中央、地方官衙之外的另一条出仕有望之路。

结语

　　本章所探讨的内容，大致可以归纳如下。首先，三个地区的出仕背景中有一个共同的倾向，即以从军而出仕的途径在南宋灭亡后大幅减少。由拓疆战争的停滞造成的军功机会减少，再次从根本上挑战着军人家族的存在形态。到了13世纪末，迁转已没有固定规则，对百户以下的低级军人家族来说，仅凭普通转调，他们几乎没有升迁机会，若非以吏员或其他方式出仕并获得官职，便只能碌碌于现有职位的世袭。换言之，从以升迁为目的这个角度而言，就任军官这条出仕途径的意义在13世纪末已然消失了。由从军而得以出仕及升迁的机会再度降临，乃是在14世纪中期，南方叛军蜂起，局势再度激化之后。

　　其次，在以上三个地区、任何时段中，吏员出身都是数量最多的出仕途径，然而随着吏员升迁过程的整顿，以及冗官、冗吏问题日趋明显，地方吏员出身之人入流资品官也变得越来越难，千方百计进入中央官衙任职，成为日后飞黄腾达的关键。而其中效率最高的方法，莫过于上京谒见高官，获得其青睐与信任，借此寻得出仕机会。这种行为在史料中多被批评为"侥幸""徼幸"，但实际上在整个蒙元时代都十分流行。不单是希望成为中央吏员的人，包括拥有儒学修养、医术、天文学、语言等优秀技能的人，也会上京游学，希望借此猎取官职，只要成功，便能获任各自特长领域的官职。

另外，蒙古王侯的位下、投下领，也是极具吸引力的出仕之处。即便是中小规模的投下领，出仕机会也并不少，而且尽管升迁入中央官衙的可能性不高，但只要能受到蒙古王侯辟召并获得信任，就足以在该王侯的投下领掌握大权，连子孙亦有世袭其职的机会。若能再进一步，出仕于皇族等高位蒙古王侯的位下领，甚至有可能获得被举荐为中央官衙官吏的机会。直到14世纪后半期，朝廷还屡屡下令禁止位下、投下的属官入流常选，[59]这正说明在现实中这种机会并不少见。也正因如此，如安西王领这样的大型位下领的成立，足以对奉元路的出仕情况产生相当大的影响。此外，也有吏员因特殊技能受到地方官衙的赏识，被临时授予相关职位，不过这种情况通常只限于一代人，而且就现存史料来看，也基本没有入流资品官的可能性。

从本章所探讨的出仕情况的变化可以看出，蒙元时代的官僚多是由吏员或个人关系等途径得以出仕的，这与明代各种史料中能够看到的一般观点并无出入，甚至可以说本章的考察为其提供了具体佐证。在此见解的基础上，下一章将把目光转向科举制度，将科举的恢复放在相关出仕制度的变化过程中加以理解。

相关事例概要

凡例

①家族名。出身为非汉人家族的，以括号表示其种族名。另外，家族名之前附加分类号码（序号）。非汉人而无姓的家族，

以史料中出现最早的族人之名作为其家族名。

②居住地。基本以史料记录为准，省略县以下单位（乡、里等）。

③金代以前有无出仕者。有则以括号注明概略。不详者记以"不详"。纳粟补官或因恩典而得官者不予计入。

④在蒙元时代最早的出仕时间。以公历年份表示。

⑤相关史料下限年份。

⑥出处。

第一节　山东

益都路

sd-1 ①王氏　②益都　③有（一人为金末亳州城父县尉）④1269 年　⑤1295 年左右　⑥《危太朴文续集》卷二《故昭信校尉管军千户累赠中奉大夫山东东西道宣慰使护军追封太原郡公王公神道碑》

sd-2 ①王氏　②益都　③无　④1261 年以前　⑤1290 年左右　⑥民国《昌乐县志》卷十七《王氏墓记》

sd-3 ①韩氏　②益都　③有［在金代祖孙三代为地方官（知临潢府、高州节度、知耀州）］　④1228 年以前　⑤1289 年左右　⑥《清容居士集》卷三十四《韩威敏公家传》

sd-4 ①冯氏　②益都　③无　④1238 年　⑤1263 年以前⑥光绪《益都县图志》卷二十八《元帅总管冯君增筑坟台之记》

sd-5 ①郭氏　②青州　③有（金代分别为尚书省令史及怀州同知）　④1246 年左右　⑤1309 年　⑥《中庵集》卷七《昭文馆大学士资善大夫司农郭公神道碑铭》

sd-6①刘氏（女真）　②青州　③有（金代为世袭千户）④1238年以前　⑤1338年　⑥《金华黄先生文集》卷二十五《湖广等处行中书省平章政事赠推恩效力定远功臣光禄大夫司徒柱国追封齐国公谥武宣刘公神道碑》

sd-7①王氏　②东莞　③不详　④1250—1260年左右⑤1315年左右　⑥《益都县图志》卷二十八《沾化尹王公墓志铭》

sd-8①兀林答氏（女真）　②益都路录事司　③有（骠骑卫上将军·遥□陈州防御使）　④1232年　⑤1302年左右　⑥《益都金石志》卷四《元兀林答碑》

sd-9①刘氏　②潍州　③无　④1243年以前　⑤1291年⑥《全元文》卷十一《总把刘氏先茔之铭》

sd-10①赵氏　②潍州　③无　④1232年　⑤1293年左右⑥民国《昌乐县续志》卷十七《赵氏先茔碑记》

sd-11①于氏　②潍州　③无　④1268年左右　⑤1290年左右　⑥《潍县志稿》卷四十《千户于公孝思之铭》

sd-12①扎忽儿家（蒙古？）　②潍州　③不详　④1246年⑤1286年左右　⑥民国《昌乐县续志》卷十七《脱脱木儿先茔之记》

sd-13①戴氏　②潍州　③无　④1252年以前　⑤1290年左右　⑥民国《潍县志稿》卷四十《侍卫千户戴侯先茔之碑》

sd-14①孙氏　②潍州　③无　④1250年左右　⑤1280年左右　⑥民国《潍县志稿》卷四十《耿公墓道碑记》

sd-15①耿氏　②潍州　③不详　④1269年　⑤1280年左右　⑥民国《潍县志稿》卷四十《耿公墓道碑记》

sd-16①周氏　②北海　③无　④1274年　⑤1280年左右

⑥《全元文》卷十一《周公祖茔之铭》

　　sd-17 ①刘氏　②北海　③无　④ 1250 年左右　⑤ 1290 年左右　⑥《全元文》卷十一《提领刘氏迁葬祖茔之记》

　　sd-18 ①王氏　②北海　③无　④ 1264 年　⑤ 1270 年左右⑥《潍县志稿》卷四十《王氏孝葬先茔记》

　　sd-19 ①杨氏　②北海　③无　④ 1232 年　⑤ 1290 年左右⑥《潍县志稿》卷四十《杨氏孝葬先茔记》

　　sd-20 ①王氏　②北海　③有（金末任北海令兼主簿）④ 1232 年以前　⑤ 1290 年左右　⑥民国《潍县志稿》卷四十《都巡王公先茔之记》《杨氏葬亲之记》

　　sd-21 ①牟氏　②北海　③有（金代分别任潍州西涝埠店都酒监及北海主簿）　④ 1232 年　⑤ 1270 年左右　⑥民国《潍县志稿》卷四十《牟氏□□□记》

　　sd-22 ①赵氏　②北海　③无　④ 1260 年左右　⑤ 1281 年左右　⑥民国《潍县志稿》卷四十《赵氏墓碑》《赵知事先茔记》

　　sd-23 ①范氏　②北海　③无　④ 1230 年以前　⑤ 1290 年左右　⑥《全元文》卷二十四《医学正范公祖茔记》

　　sd-24 ①郭氏　②北海　③无　④ 1262 年左右　⑤ 1290 年左右　⑥民国《潍县志稿》卷四十《郭氏祖茔之记》

　　sd-25 ①柴氏　②北海　③无　④ 1250 年左右　⑤ 1290 年左右　⑥民国《潍县志稿》卷四十《柴氏祖墓记》

　　sd-26 ①张氏　②北海　③有（金末领统军事）　④ 1270 年左右　⑤ 1290 年左右　⑥民国《潍县志稿》卷四十《张提领先茔记》

　　sd-27 ①刘氏　②北海　③有（金代益都府判官·遥授同知

河中府事）　④1232年左右　⑤1310年左右　⑥《昌乐县续志》一七《北海刘氏昭先碑》

sd-28 ①万氏　②北海　③不详　④1240年左右　⑤1280年左右　⑥《匋斋臧石记》卷四十三《有元故万公墓志》

sd-29 ①王氏　②北海　③无　④1250年左右？　⑤1330年左右？　⑥民国《潍县志稿》卷四十《王氏先茔之碑》

sd-30 ①聂秃剌家（塔塔尔）　②北海　③不详　④1232年以前　⑤1330年左右？　⑥民国《昌乐县续志》卷一十七《右都威卫管军百户太纳先茔之碑》

sd-31 ①王氏　②北海　③无　④1276年以前　⑤1290年左右　⑥民国《潍县志稿》卷四十《王氏葬亲之记》

sd-32 ①高氏　②潍州北海　③不详　④1290年左右　⑤1317年左右　⑥民国《潍县志》卷四十一《故高公墓志铭》

sd-33 ①井氏　②临朐　③无　④1253年　⑤1266年　⑥光绪《临朐县志》卷九《宣授千户井公先茔碑》

sd-34 ①宋氏　②益都寿光　③无　④1280年左右　⑤1322年　⑥民国《寿光县志》卷十三《元赠朝列大夫追封寿光郡伯宋公墓碑》

sd-35 ①郝氏　②高苑　③无　④1220年左右？　⑤1260年左右　⑥天启《新城县志》卷十三《郝千戎传》、民国《重修新城县志》卷二十二《大元郝公墓铭》

sd-36 ①赵氏　②昌乐　③无　④1252年　⑤1290年左右　⑥民国《昌乐县续志》卷十七《赵敦武先茔记》

sd-37 ①李氏　②昌乐　③无　④1238年　⑤1282年　⑥民国《昌乐县续志》卷十七《李氏先茔碑记》

sd-38　①段氏　②昌乐　③不详　④1246年左右　⑤1262年　⑥民国《昌乐县续志》卷十七《段氏修建祖茔记》

sd-39　①张氏　②昌乐　③不详　④1306年　⑤1328年　⑥民国《昌乐县续志》卷十七《张氏先茔碑记》

sd-40　①赫思家（西夏）　②昌邑　③不详　④1230年　⑤1335年左右　⑥道光《钜野县志》卷二十《武略将军济宁路总管府达鲁花赤先茔神道碑》

sd-41　①岳雄家（回鹘？）　②昌邑　③不详　④成吉思汗在位时期　⑤1290年左右　⑥道光《钜野县志》卷二十《乐善公墓碑》

sd-42　①严氏　②滕州　③无　④1270年左右？　⑤1325年左右　⑥《申斋刘先生文集》（以下简称《申斋集》）卷一十《元封济南路同知滨州事严府君墓志铭》

sd-43　①李氏　②滕州　③不详　④1260年以前　⑤1335年左右　⑥《至正集》卷六十一《元故中顺大夫同知吉州路总管府事李公神道碑铭并序》

sd-44　①任氏　②滕州　③有（金代千夫长）　④1269年以前　⑤1310年左右　⑥《清容居士集》卷二十七《任氏先茔碑铭》

sd-45　①文氏　②滕州滕县　③不详　④1310年左右？　⑤1330年左右　⑥《揭文安公全集》补遗《故赠奉训大夫滕州知州飞骑尉追封滕县男文君顺墓志铭》

sd-46　①季氏　②莒州莒县　③有（明昌年间为明威将军）　④1263年以前　⑤1312年　⑥嘉庆《莒州志》卷五《季家林碑》

sd-47　①李氏　②莒县　③无　④1280年左右　⑤1310年　⑥民国《重修莒志》卷五十二《李氏先茔墓记》

sd-48 ①密氏　②临沂　③不详　④1234年左右　⑤1240年左右　⑥民国《临沂县志》卷十二《兰山密公祖茔碑》

sd-49 ①綦氏　②胶潍　③不详　④1260年左右？　⑤1270年左右？　⑥民国《平度县续志》卷三《百户綦公葬先茔之碣》

sd-50 ①崔氏　②胶潍　③不详　④1262年以前　⑤1300年左右　⑥道光《平度县志》卷二十四《元昭武将军汉军都元帅监军崔公神道碑》

sd-51 ①董氏　②即墨石桥　③有（金代镇防军将）④1215年　⑤1280年左右　⑥《益都金石志》卷四《元胶州知州董公神道碑铭》

sd-52 ①王氏　②广固　③有（金代世袭汉人千户，前后有族人任金吾卫上将军、隰州太守）④1260年以前　⑤1300年左右　⑥《秋涧集》卷五十五《大元故中顺大夫徽州路总管兼管内劝农事王公神道碑铭并序》

sd-53 ①孙氏　②宁海　③无　④1270年左右　⑤1300年左右　⑥《水云村泯稿》卷八《宁海州仓使孙公墓志铭》

sd-54 ①孙氏　②宁海牟平　③无　④1269年以前　⑤1320年左右　⑥《吴文正公集》卷三十六《有元管军千户赠骁骑尉牟平县子武德孙将军墓表》、民国《牟平县志》卷九《武略将军孙琪墓志铭》

sd-55 ①林氏　②文登　③有（北宋时代进士辈出）④1260年以前　⑤1300年左右　⑥《秋涧集》卷四十九《苏门林氏家传》

sd-56 ①邹氏　②文登　③有（金末为"显官"）④1271年以前　⑤1290年左右　⑥民国《文登县志》卷十二《邹荣墓碑》

sd-57 ①刁氏 ②文登 ③不详 ④1263 年 ⑤1330 年
⑥民国《文登县志》卷八上《故招讨刁公神道碑》

sd-58 ①邓氏（女真） ②文登 ③不详 ④1260 年以前
⑤1310 年左右 ⑥民国《文登县志》卷四下《管民百户邓英墓碑》

sd-59 ①王氏 ②文登 ③无 ④1238 年以前 ⑤1300 年
左右⑥民国《文登县志》卷四《管军百户王珣墓碑记略》

sd-60 ①马氏 ②文登 ③无 ④1248 年 ⑤1324 年 ⑥
民国《文登县志》卷四十七《管民百户马付墓碑记》

般阳路

sd-61 ①孙氏 ②新城 ③无 ④1290 年以后 ⑤1300 年
⑥《张忠文公文集》卷二十一《孙府君墓碣铭》

sd-62 ①刘氏 ②淄川 ③不详 ④13 世纪 40 年代以前
⑤1280 年左右 ⑥《柳侍制文集》卷十二《武德将军刘公墓表》

sd-63 ①孙氏 ②淄川 ③不详 ④1234 年以前 ⑤1300
年左右 ⑥顺治《邹平县志》卷八《总把孙公祖考之碑略》、道
光《邹平县志》卷九《总把孙公祖考之碑略》

sd-64 ①邢氏 ②般阳莱州 ③无 ④1260 年以前 ⑤1290
年左右 ⑥《吴文正公集》卷三十三《有元怀远大将军处州万户
府副万户邢侯墓碑》

sd-65 ①于氏 ②莱州莱阳 ③无 ④1260 年以前 ⑤1350
年左右 ⑥民国《莱阳县志》卷三下《赠朝列大夫同知济南路总
管府事骑都卫尉河南伯于公墓铭》

sd-66 ①姜氏 ②莱阳 ③无 ④1250 年以前 ⑤1295 年
左右 ⑥《松雪斋文集》卷八《大元故嘉议大夫燕南河北道提刑
按察使姜公墓志铭》

sd-67 ①孙氏　②般阳蒲台　③无　④1263 年以前　⑤1285 年左右　⑥光绪《蒲台县志》艺文《敦武校尉寿光县尹孙公讳义墓表》

sd-68 ①刘氏　②般阳蒲台　③无　④1252 年　⑤1310 年左右　⑥民国《昌乐县续志》卷一七《刘氏先茔之记》

sd-69 ①焦氏　②般阳长山　③无　④1280 年左右　⑤1335 年左右？　⑥嘉庆《长山县志》卷十四《般阳焦氏世德碑铭并序》

sd-70 ①韩氏　②般阳长山　③无　④1280 年左右　⑤1321 年　⑥《至正集》卷五十《故奉直大夫金河北河南道肃政廉访司事赠朝列大夫秘书少监骑都尉高阳郡伯韩公神道碑铭并序》

济南路

sd-71 ①张氏　②济南　③无　④1265 年左右？　⑤1285 年左右　⑥《紫山集》卷十五《张彦明世德碑铭》

sd-72 ①裴氏　②济南　③无　④1263 年以后　⑤1285 年左右　⑥《中庵集》卷四《故行中书省参议裴公神道碑铭》《故行中书省参议裴公墓志铭》

sd-73 ①潘氏　②济南　③有（金代监邳州醋）　④1244 年　⑤1293 年　⑥《中庵集》卷八《奉训大夫淮东淮西都转运副使潘公神道碑铭》

sd-74 ①王公　②济南　③有（金代六宫大使）　④1290 年左右　⑤1310 年左右　⑥《中庵集》卷八《故金宫使王公墓碑》

sd-75 ①赵氏　②济南　③无　④1250 年左右　⑤1293 年　⑥《松雪斋文集》卷八《赵郡谦甫墓碣》

sd-76 ①姚氏　②济南　③无　④1240 年以前　⑤1300 年左右　⑥《张忠文公文集》卷十九《济南姚氏先德碑铭有序》

sd-77 ①? 氏　②济南　③无　④1230 年以前　⑤1270 年左右　⑥民国《齐东县志》卷六《济南路行军马万户侯神道碑》

sd-78 ①安氏　②济南　③不详　④1254 年以前　⑤1320 年左右　⑥乾隆《历城县志》卷二十四《济南安氏先茔碑》

sd-79 ①刘氏　②历城　③不详　④1282 年以前　⑤1300 年左右　⑥《养蒙先生文集》卷四《嘉兴路总管府推官刘君先茔碑》

sd-80 ①张氏　②历城　③无　④1236 年以前　⑤1295 年左右　⑥《中庵集》卷五《进义张公墓碑》、乾隆《历城县志》卷十七《张仁神道碑铭》

sd-81 ①李氏　②济南历城　③有（金代进士及第，任潍州知州）　④1250 年以前　⑤1317 年　⑥《中庵集》卷九《济南李氏先茔碑铭》

sd-82 ①侯氏　②济南历城　③有（金代明威将军）　④1280 年左右？　⑤1320 年左右　⑥《张忠文公文集》卷十九《济南历城县侯氏先茔碑铭》

sd-83 ①袁氏　②济南历城　③无　④1270 年左右？　⑤1330 年左右　⑥《张忠文公文集》卷二十一《处士袁君墓表铭》

sd-84 ①张氏　②历城　③不详　④1240 年以前　⑤1340 年左右　⑥《圭斋文集》卷九《元封秘书少监累赠中奉大夫河南江北等处行省参知政事护军追封齐郡公张公先世碑》

sd-85 ①张氏　②章丘　③无　④1260 年左右　⑤1340 年左右　⑥道光《章邱县志》卷十四《张斯和墓碑》

sd-86 ①武氏　②章丘　③不详　④1260 年左右？　⑤1320 年左右　⑥道光《章丘县志》卷十四《武德碑铭》

sd-87 ①段氏　②济南章丘　③有（金代济南录事功曹）

④13 世纪 30 年代　⑤1250 年以前　⑥道光《章丘县志》卷
十六《故广威将军济南路行台参议官段公神道碑铭》

　　sd-88 ①张氏　②济南章丘　③无　④1269 年　⑤1300 年
左右　⑥《全元文》卷二百九十七《中书参知政事张公先茔碑铭》

　　sd-89 ①张氏　②济南章丘　③有（金代武略将军·监阳丘
燕镇酒）　④1260 年以后　⑤1310 年左右　⑥《牧庵集》卷
二十六《朝列大夫飞骑尉清河郡伯张君先墓碣》、《归田类稿》
卷十七《先茔碑铭》、《金华黄先生文集》卷二十九《故陕西诸
道行御史台中丞赠摅诚宣惠功臣荣禄大夫陕西等处行中书省平章
政事柱国追封滨国公谥文忠张公祠堂碑》、《归田类稿》卷首所
载《大元敕赐故西台御史中丞赠摅诚宣惠功臣荣禄大夫陕西等处
行中书省平章政事柱国追封滨国公谥文忠张公神道碑铭》

　　sd-90 ①冯氏　②济南章丘　③无　④1272 年　⑤1280 年
左右　⑥《中庵集》卷五《冯氏先茔碑铭》

　　sd-91 ①牛氏　②济南章丘　③无　④1234 年以前　⑤1280
年左右　⑥《中庵集》卷五《牛氏先德碑铭》

　　sd-92 ①魏氏　②济南章丘　③无　④1253 年以前　⑤1270
年左右　⑥《中庵集》卷五《故山东转运详议魏公墓志铭》

　　sd-93 ①赵氏　②济南章丘　③无　④1240 年以前　⑤1280
年左右　⑥《中庵集》卷七《武略将军千户赵君墓道碑铭》

　　sd-94 ①王氏　②济南章丘　③无　④1240 年以前　⑤1320
年左右　⑥《中庵集》卷九《济南王氏先德碑铭》

　　sd-95 ①刘氏　②济南章丘　③有（金代长清丰齐税监）
④1232 年以前　⑤1315 年左右　⑥《中庵集》卷十一《外祖赵
氏碣铭》《先府君迁祔表》《亡弟刘乙圹铭》《下殇二子圹铭》、

《楚国文宪公雪楼程先生文集》（以下简称《雪楼集》）卷十九
《彭城郡献穆侯刘府君神道碑铭》、卷二十《彭城郡刘文靖公神
道碑铭》，《中庵集》卷首《敕赐故翰林学士承旨赠光禄大夫柱
国追封齐国公刘文简公神道碑铭并序》

　　sd-96 ①武氏　②济南章丘　③无　④1260年以前　⑤1310
年左右　⑥道光《章丘县志》卷十四《阳丘武氏昭先碑铭》

　　sd-97 ①许氏　②济南章丘　③无　④1270年左右？
⑤1310年左右　⑥《张忠文公文集》卷十九《济南阳丘许氏先
茔碑铭并序》

　　sd-98 ①杨氏　②济南章丘　③无　④1276年以后　⑤1310
年左右　⑥《张忠文公文集》卷十九《章丘杨氏先茔碑铭》

　　sd-99 ①程氏　②章丘　③不详　④1260年以前　⑤1345
年　⑥《滋溪文稿》卷十八《大元赠奉训大夫博兴知州程府君墓
碑铭》

　　sd-100 ①刘氏　②章丘　③有（金代长清丰齐税监）
④1234年以前　⑤1320年左右　⑥道光《章丘县志》卷十四《刘
景石神道碑》

　　sd-101 ①姚氏　②阳丘　③无　④1232年以前　⑤1280年
左右？　⑥《中庵集》卷十七《姚氏昭先碑铭》

　　sd-102 ①商氏　②阳丘　③无　④1260年左右　⑤1293年
⑥《中庵集》卷十七《商氏世德碑铭》

　　sd-105 ①宋氏　②阳丘　③无　④1234年以前　⑤1291年
⑥《中庵集》卷十八《宋氏先茔之记》

　　sd-106 ①崔氏　②阳丘　③无　④1260年左右？　⑤1290
年左右？　⑥《中庵集》卷十八《阳丘崔氏先茔之记》

sd-107　①张氏　②济南阳丘　③无　④1276年以后　⑤1318年　⑥《归田类稿》卷十二《阳丘张氏先茔碣铭》

sd-108　①潘氏　②济南阳丘　③不详　④1260年左右？⑤1312年　⑥《归田类稿》卷二十二《元故国子博士潘君墓志铭》

sd-109　①秦氏　②济南济阳　③不详　④1232年　⑤1253年　⑥乾隆《济阳县志》卷十二《镇抚秦公先德碑》

sd-110　①张氏　②济南济阳　③无　④1250年以前　⑤1265　⑥乾隆《济阳县志》卷十二《张总管世德碑铭并序》

sd-111　①贺氏　②济阳　③不详（据记载，金代有族人进士及第）　④1270年左右？　⑤1310年　⑥《中庵集》卷二十《赠奉训大夫飞骑尉渤海县男贺公墓道碑铭》

sd-112　①李氏　②济南济阳　③不详　④1268年左右⑤1310年左右　⑥民国《续修济阳县志》卷十七《李氏先茔碑铭》

sd-113　①黄氏　②邹平　③无　④1250年以前　⑤1291年⑥《中庵集》卷十八《梁邹黄氏先茔之记》

sd-114　①刘氏　②济南邹平　③无　④1262年以前⑤1299年　⑥《中庵集》卷十六《资德大夫商议尚书省事刘公墓铭》

sd-115　①贾氏　②济南邹平　③无　④1260年以前⑤1293年　⑥《中庵集》卷十七《邹平贾氏昭先碑铭》

sd-116　①刘氏　②济南邹平　③有（金代益都总管府掾）④1232年　⑤1325年　⑥《张文忠公文集》卷二十《济南刘氏先茔碑铭》

sd-117　①董氏　②商河　③无　④1260年以后　⑤1320年左右？　⑥《中庵集》卷七《奉议大夫规运所提点董君墓铭》

　　sd-118 ①伊氏　②济阳　③无　④1240年左右　⑤1273年左右　⑥《中庵集》卷十《济阳伊氏先茔之记》

　　sd-119 ①曹氏　②棣州　③有（金代曹州都目官）　④1260年以前　⑤1290年左右?　⑥《中庵集》卷九《林棠曹氏先德碑铭》

　　sd-120 ①高氏　②棣州无棣　③不详　④1260年以前　⑤1320年左右?　⑥《黄文献集》卷十上《济南高氏先茔碑》《高仁墓�“》

　　sd-121 ①焦氏　②济南青城　③有（金代长山簿）　④1270年左右?　⑤1320年　⑥咸丰《武定府志》卷三十五《大中大夫中山郡焦侯碑》

　　sd-122 ①赵氏　②滨州渤海　③无　④1260年以前　⑤1320年左右　⑥《中庵集》卷九《承事郎西蜀四川道肃政廉访司经历赵君墓道碑铭》

　　sd-123 ①王氏　②滨州沾化　③无　④1340年以前　⑤1352年　⑥《秋声集》卷十《王伯颜死节传》

　　sd-124 ①王氏　②东皋　③无　④1234年以后　⑤1304年　⑥《中庵集》卷十《东皋王氏新茔碣铭》

　　sd-125 ①郑氏　②东皋　③无　④1269年以前　⑤1308年　⑥《中庵集》卷十《东皋郑氏新茔碣铭》

　　sd-126 ①檀氏　②济南历城　③无　④1341年以前　⑤1341　⑥《北京图书馆藏中国历代石刻拓本汇编》卷五十《檀氏先茔碑》

　　泰安州

　　sd-127 ①李氏　②长清　③有（金末有出仕为"法司"者）

④ 1270 年左右？　　⑤ 1330 年左右　　⑥民国《长清县志》卷十《长清县李氏茔碑》

sd-128　①李氏　②泰安长清　③无　④ 1232 年以前　⑤ 1280 年左右　⑥《中庵集》卷二十《齐河县尹李公墓碑》

sd-129　①朱氏　②长清　③无　④ 1220 年　⑤ 1280 年左右　⑥《秋涧集》卷五十二《泰安州长清县朱氏世系碑铭并序》

sd-130　①朱氏　②泰安新泰　③无　④ 1260 年以前　⑤ 1316 年　⑥《滋溪文稿》卷十七《元故通议大夫徽州路总管兼管内劝农事朱公神道碑》

东平路

sd-131　①王氏　②东平　③有（金代无棣令）　④ 1234 年以前　⑤ 1311 年　⑥《紫山集》卷十六《王忠武墓碑铭》，《清容居士集》卷二十九《翰林学士承旨赠大司徒鲁国王文肃公墓志铭》、卷三十二《翰林承旨王公请谥事状》

sd-132　①王氏　②东平　③有（金代"显官"）　④ 1270 年左右　⑤ 1314 年左右　⑥《水云村泯稿》卷八《奉议大夫南丰州知州王公墓志铭》

sd-133　①张氏（蒙古）　②东平　③无　④ 1237 年以前　⑤ 1290 年左右　⑥《侨吴集》卷十二《元从仕郎广济库提领张君墓志铭》

sd-134　①吕氏　②东原　③无　④ 1240 年以前　⑤ 1300 年左右　⑥《墙东类稿》卷十二《武节将军吕侯墓志铭》

sd-135　①陈氏　②东平汶上　③无　④ 1300 年以后　⑤ 1330 年左右　⑥《中庵集》卷十六《赠奉议大夫骁骑尉聊城县子陈公墓道碑铭》

sd-136 ①赵氏　②东平汶上　③无　④1300年左右?
⑤1310年左右?　⑥《剡源戴先生文集》（以下简称《剡源集》）
卷二十《东平赵氏述》

sd-137 ①王氏　②汶上　③无　④1280年以前　⑤1316年
⑥《清容居士集》卷二十七《王氏先茔碑铭》

sd-138 ①王氏　②阳谷　③无　④1234年以前　⑤1305年
⑥民国《阳谷县志》卷十二《王氏世德碑》

sd-139 ①至迺丹家（蒙古）　②阳谷　③有（世代为"部长"）
④1211年以前　⑤1340年左右　⑥《申斋集》卷八《大元宣武
将军韶州路达鲁花赤爱不哥察儿公神道碑》

sd-140 ①赵氏　②东平阳谷　③无　④1230年以前
⑤1308年　⑥《张忠文公文集》卷二十二《故中议大夫平江海
道都运万户赵公墓志铭》

东昌路

sd-141 ①奥屯氏（女真）　②东昌　③有（金代兵马统制都
元帅、内外点检权枢密院事、京西等处兵马都元帅、世袭谋克）
④1234年左右　⑤1330年左右?　⑥《至正集》卷五十一《赠
嘉议大夫济南路总管上轻车都尉追封博平郡侯奥屯公神道碑并
序》

sd-142 ①杨氏　②莘县　③有（北宋时代易州仪曹，金代永
定军节度使·郊社署令·监归德酒）　④1250年以前　⑤1330
年左右?　⑥《牧庵集》卷二十八《唐州知州杨公墓志铭》、《雪
楼集》卷十九《莘县杨氏先茔碑》、《滋溪文稿》卷二十《元故
两浙运司浦东场盐司丞杨君墓志铭》

sd-143 ①杨氏　②莘县　③有（前项杨氏分枝）　④1276

年以前　⑤1330年左右？　⑥《滋溪文稿》卷二十《莘县杨氏先茔碣铭》

　　sd-144 ①宋氏　②东昌莘县　③无　④1260年以前　⑤1295年左右　⑥《剡源集》卷十七《宋氏墓表》

　　sd-145 ①李氏　②莘县　③有（金代莱州观察判官·方城主簿·冠氏贾镇商酒都监）　④1260年以前　⑤1320年左右？⑥《莘县志》卷九《赠奉直大夫冠州知州飞骑尉追封莘县男李侯墓碑铭并序》

　　sd-146 ①王氏（女真）　②莘县　③有（金代上京留守·总帅）　④1290年左右　⑤1327年　⑥《归田类稿》卷十二《有莘王氏先德碑铭有序》

　　sd-147 ①韩氏　②莘县　③无　④1310年左右　⑤1320年左右　⑥康熙《莘县志》卷八《赠冠州知州韩君墓志铭并序》

　　sd-148 ①刘氏　②莘县　③无　④1252年　⑤1330年　⑥《吴文正公集》卷三十七《故教谕刘君墓碣》

　　sd-149 ①刘氏　②东昌堂邑　③无　④1274年左右　⑤1321年　⑥《吴文正公集》卷三十三《元赠少中大夫轻车都尉彭城郡刘侯封彭城郡张氏太夫人墓碑》

　　sd-150 ①徐氏　②东昌聊城　③无　④1280年左右　⑤1320年左右　⑥《巴西文集》卷下《故东昌徐君夫人赵氏墓志铭》

　　济宁路

　　sd-151 ①蔡氏　②济宁钜野　③无　④1280年以前　⑤1333年　⑥《吴文正公集》卷三十四《元赠承务郎山东东西道宣慰司经历蔡君墓表》

sd-152 ①姚氏 ②济宁钜野 ③有（金代"右班"）④1276年以前 ⑤1317年以后 ⑥《吴文正公集》卷七十三《元赠奉政大夫高唐知州骁骑尉封郓城县子姚府君墓碣铭》

sd-153 ①完颜氏（女真） ②济宁钜野 ③不详 ④1236年以前 ⑤1309年 ⑥民国《续修钜野县志》卷七下《完颜氏先茔碑》

sd-154 ①罗氏 ②钜野 ③不详 ④1260年以前 ⑤1339年 ⑥《至正集》卷六十二《故奉议大夫同知广平路总管府事致仕罗公墓碑》

sd-155 ①李氏 ②郓城 ③有（金代河南府推官、大名府检法） ④1260年以前 ⑤1285年 ⑥《紫山集》卷十七《承直郎江西等处榷茶都转运司副使李公神道碑》

sd-156 ①史氏 ②郓城 ③无 ④1295年左右 ⑤1347年 ⑥《金华黄先生文集》卷二十六《集贤大学士荣禄大夫史公神道碑》

sd-157 ①申屠氏 ②郓城 ③有（金代考城令） ④1270年以前 ⑤1330年左右？ ⑥《吴文正公集》卷三十四《故善人申屠君墓表》

sd-158 ①徐氏 ②济州 ③无 ④1238年 ⑤1310年左右 ⑥《清容居士集》卷二十九《滕县尉徐君墓志铭》

sd-159 ①和氏 ②济州任城 ③无 ④1273年 ⑤1334年 ⑥《滋溪文稿》卷十七《元故奉议大夫河南行省员外郎致仕赠嘉议大夫真定路总管和公墓碑铭》

sd-160 ①李氏 ②单州砀山 ③无 ④1234年以前 ⑤1309年 ⑥《牧庵集》卷二十七《招抚使李君阡表》

sd-161 ①康氏 ②单州砀山 ③有（金代尚书户部掾）

④ 1232 年　⑤ 1294 年　⑥《兰轩集》卷十六《故孔目康公墓碑铭》

　　sd-162 ①潘氏　②砀山　③有（详细不详）　④ 1232 年
⑤ 1283 年　⑥《兰轩集》卷十六《县令潘君墓碑》

　　sd-163 ①曹氏　②砀山　③不详　④ 1234 年以前　⑤ 1333
年　⑥《汉泉曹文贞公文集后录》《大元资善大夫陕西行御史台
中丞赠体忠守宪功臣资政大夫河南江北等处行中书省左丞护军追
封鲁郡公谥文贞曹公神道碑铭并序》、《滋溪文稿》卷十《元故
御史中丞曹文正公祠堂碑铭有序》

　　sd-164 ①申氏　②单州武城　③有（金代归德府医学教授）
④至元年间　⑤ 1300 年左右？　⑥《兰轩集》卷十六《泰安申
君墓碣铭》

　　sd-165 ①刘氏　②金乡　③无　④ 1310 年左右　⑤ 1326 年
⑥《滋溪文稿》卷二十一《金乡刘氏阡表》《彭城郡君耿夫人墓
志铭》

　　sd-166 ①韩氏　②沛　③无　④ 1318 年　⑤ 1371 年　⑥《闻
过斋集》卷五《元故资政大夫江南诸道行御史台侍御史韩公权厝
志》

　　sd-167 ①舒氏　②单父　③有（详细不详）　④国初
⑤ 1300 年左右？　⑥民国《单县志》卷二十二《大元赠太中大
夫济宁路总管轻车都尉追封平阳郡侯舒公墓碑铭》

　　sd-168 ①张氏　②济宁虞城　③有（金代大河埽军长）
④ 1270 年左右？　⑤ 1300 年左右　⑥《清河集》卷六《清河郡
伯张公墓碑铭》

　　曹州

　　sd-169 ①蔡氏　②曹州　③无　④ 1250 年以前　⑤ 1324 年

⑥《清容居士集》卷二十六《奉政大夫同知东昌路总管府事蔡公神道碑铭》

　　sd-170 ①张氏　②曹州楚宫　③无　④1260年以前　⑤1286年　⑥《芳谷集》下《楚宫老人墓志铭》

　　sd-171 ①刘氏　②曹州成武　③无　④1280年左右　⑤1300年左右　⑥《闲居丛稿》卷二十四《刘君墓志铭》

　　sd-172 ①刘氏　②曹州禹城　③不详　④1252年以前　⑤1340年左右？　⑥民国《禹城县志》卷八《刘氏先茔碑志》

　　恩州

　　sd-173 ①陈氏　②恩州　③无　④1260年以前　⑤1291年　⑥《中庵集》卷二十《东阳陈公墓道铭》

　　冠州

　　sd-174 ①高氏（女真）　②冠州　③有（金代共有节度使10人、太师1人）　④1234年以前　⑤1340年左右　⑥《道园类稿》卷四十《高庄僖公神道碑》

　　sd-175 ①杜氏　②阳平　③有（金代鸡泽县令）　④1260年以前　⑤1300年左右　⑥民国《冠县志》卷九《赠嘉议大夫追封京兆郡侯杜氏神道碑铭》

　　sd-176 ①樊氏　②冠氏　③无　④1255年　⑤1320年左右　⑥《傅与砺文集》卷九《故中奉大夫湖广等处行中书省参知政事赠推忠宣治力功臣通奉大夫江浙等处行中书省参知政事护军追封上党郡公谥忠定樊公行状》

第二节　河北平原西部

　　真定路

hb-1 ①郝氏　②真定　③有（金代司里参军、卫军钤辖）④ 1242 年左右　⑤ 1280 年　⑥《秋涧集》卷五十四《资德大夫中书右丞益津郝氏世德碑铭并序》

hb-2 ①郭氏　②真定　③不详　④ 1270 年左右　⑤ 1335 年⑥《伊滨集》卷二十三《元故应奉翰林文字从仕郎郭君墓碣》

hb-3 ①左氏　②真定　③无　④ 1258 年　⑤ 1309 年　⑥《滋溪文稿》卷二十一《有元赠奉训大夫礼部郎中左君墓碣铭》

hb-4 ①范氏　②真定　③有（金代同知静难军节度使兼邠州观察使）④ 1260 年以前　⑤ 1325 年　⑥《清容居士集》卷三十《金事范君墓志铭》

hb-5 ①王氏　②真定　③无　④ 1230 年　⑤ 1298 年　⑥《常山贞石志》卷十六《王善夫人李氏墓铭》、卷十八《藁城王氏宗系图碑》，《道园类稿》卷四十四《太原郡伯王公墓碑》

hb-6 ①皇氏　②真定　③无　④ 1226 年以前　⑤ 1300 年左右　⑥《常山贞石志》卷二十一《元故宣武将军前卫亲军千户皇公墓志铭》

hb-7 ①杨氏　②真定　③不详　④ 1257 年　⑤ 1334 年　⑥《滋溪文稿》卷十六《杨氏东茔碑铭》

hb-8 ①阎氏　②真定　③有（金代林州元帅府经历）④ 1260 年以前　⑤ 1339 年　⑥《滋溪文稿》卷十八《故承务郎杞县尹阎侯墓碑》

hb-9 ①赵氏　②真定　③无　④ 1234 年以前　⑤ 1340 年左右？　⑥《滋溪文稿》卷十五《元故武义将军漳州新军万户府副万户赵公神道碑铭并序》

hb-10 ①冯氏　②真定　③有（金代高官辈出）　④ 1270 年

以前　⑤1280 年左右　⑥《牧庵集》卷二十一《中书右三部郎中冯公神道碑》

hb-11 ①刘氏　②真定　③无　④1227 年以前　⑤1273 年左右　⑥《古今文钞》卷七十《征行百户刘君墓碣铭》

hb-12 ①王氏　②真定　③有（辽代户部侍郎、密州观察判官，金代左司员外郎、户部员外郎、监察御史）　④1260 年以前　⑤1323 年　⑥《马石田先生文集》（以下简称《石田集》）卷十三《监黄池税务王君墓碣铭》

hb-13 ①崔氏　②真定　③不详　④1230 年以前　⑤1340 年左右？　⑥《滋溪文稿》卷二十三《崔孝廉传》

hb-14 ①赵公　②真定　③无　④1260 年左右　⑤1283 年　⑥《巴西文集》卷下《故温州宣课都提举赵公墓志铭》

hb-15 ①杜氏　②真定　③有（金代万夫长）　④1270 年左右　⑤1341 年　⑥《滋溪文稿》卷十六《真定杜氏先德碑铭》

hb-16 ①窦氏　②真定　③无　④1285 年以前　⑤1334 年　⑥《滋溪文稿》卷十九《元故尚医窦君墓铭》

hb-17 ①韩氏　②真定　③有（金代千夫长）　④1269 年左右　⑤1331 年　⑥《滋溪文稿》卷二十二《资善大夫太医院使韩公行状》

hb-18 ①苏氏　②真定　③无　④1275 年以前　⑤1353 年　⑥《巴西文集》《苏府君墓碑》，《道园类稿》卷四十四《岭北行省左右司郎中苏公墓碑》、卷四十五《苏氏先茔碑》，《金华黄先生文集》卷三十《处士苏公墓表》，《至正集》卷四十七《敕赐故中宪大夫岭北等处行中书省左右司郎中赠集贤直学士亚中大夫轻车都尉追封真定郡侯苏公神道碑铭并序》

hb-19 ①张氏　②真定　③不详　④1290年左右　⑤1290年左右　⑥《国朝文类》卷五十六《真定张君墓表》

hb-20 ①甄氏　②真定　③无　④1313年左右　⑤1335年⑥《滋溪文稿》卷十五《元故金浙东海右道肃政廉访司事甄君墓碑铭》

hb-21 ①解氏　②真定　③无　④1238年以前　⑤1308年⑥《牧庵集》卷二十五《少中大夫轻车都尉渤海郡侯解公坟道碑》

hb-22 ①范氏　②真定　③有（金代吏部郎中）　④1260年以前　⑤1320年左右?　⑥《金华黄先生文集》卷三十八《朝列大夫杭州路总管府治中致仕范府君墓志铭》

hb-23 ①田氏　②藁城　③无　④1270年左右　⑤1306年⑥《雪楼集》卷十七《故徽政院中议田君墓志铭》

hb-24 ①王氏　②真定藁城　③无　④1260年以前⑤1311年　⑥《雪楼集》卷十八《藁城王公墓志铭》

hb-25 ①张氏　②真定藁城　③无　④1260年以前⑤1331年　⑥《滋溪文稿》卷十四《濮州儒学教授张君墓志铭》

hb-26 ①赵氏　②藁城　③无　④1238年以前　⑤1290年⑥《牧庵集》卷二十八《中奉大夫荆湖北道宣慰使赵公墓志铭》

hb-27 ①安氏　③真定藁城　③有（金代修武校尉）④1266年　⑤1320年　⑥民国《藁城县志》卷十二《安石峰先生墓表》，《默庵安先生文集》卷五《石峰府君行状》《故承事郎同知绵州事安公墓志》《素庵先生墓志铭》，《滋溪文稿》卷十四《安先生墓志铭》、卷二十二《默庵先生安君行状》，《清容居士集》卷三十《真定安敬仲墓表》

hb-28 ①张氏　②藁城　③不详　④1230年以前　⑤1330

年左右？　⑥《滋溪文稿》卷十四《故真定路儒学教授节轩张先生墓志铭》

hb-29 ①马氏　②真定晋州　③有（北宋镇州判官）④1274 年　⑤1309 年　⑥《申斋集》卷十一《承德郎武昌路推官马君墓志铭》

hb-30 ①王氏　②真定晋州　③不详　④1290 年左右⑤1375 年　⑥《夷白集》卷十二《王处士墓志铭》

hb-31 ①王氏　②宁晋　③有（金代束鹿县窦家庄酒监）④1227 年以前　⑤1273 年　⑥《紫山集》卷十八《龙虎卫上将军安武军节度使兼行深冀二州元帅府事王公行状》

hb-32 ①陈氏　②宁晋　③无　④1253 年　⑤1277 年　⑥《秋涧集》卷五十四《大元故中奉大夫浙东道宣慰使陈公神道碑铭》

hb-33 ①张氏　②宁晋　③不详　④1285 年左右　⑤1323年左右？　⑥《滋溪文稿》卷十六《宁晋张氏先茔碑铭》

hb-34 ①李氏　②宁晋唐城　③无　④1219 年　⑤1274 年⑥《秋涧集》卷六十《大元故广威将军宁晋县令李公墓碣铭》

hb-35 ①赵氏　②赵州宁晋　③不详　④1260 年以前⑤1309 年　⑥《黄文献集》卷八上《福州路总管赠嘉议大夫太府卿上轻车都尉追封天水郡侯谥景惠赵公墓志铭》

hb-36 ①王氏（穆氏？）　②赵州宁晋　③有（金代承信校尉）④1230 年以前　⑤1333 年　⑥《古今文钞》卷七十、同治《畿辅通志》卷一百七十四、四库本《中州名贤文表》卷二十九《参知政事王公神道碑》、《滋溪文稿》卷二十三《元故参知政事王宪穆公行状》

hb-37 ①荆氏　②赵州宁晋　③无　④1238 年　⑤1280 年

左右　⑥《秋涧集》卷六十《故赵州宁晋县善士荆君墓碣铭》

hb-38 ① 史 氏　② 蠡州博野　③ 无　④ 1260 年 以 前
⑤ 1278 年　⑥《秋涧集》卷四十八《故蠡州管匠提领史府君行状》

hb-39 ①王公　②蠡州博野　③无　④ 1214 年　⑤ 1333 年
⑥《牧庵集》卷二十一《怀远大将军招抚使王公神道碑》、《吴
文正公集》卷三十三《大元少中大夫江州路总管赠太中大夫秘书
大监轻车都尉太原郡侯王安定公墓碑》

hb-40 ①邓氏　②蠡州　③有（金代保州刺史）　④ 1227 年
以前　⑤ 1341 年　⑥《至正集》卷六十一《故浙西道宣慰司都
事赠嘉议大夫礼部尚书上轻车都尉南阳郡侯邓公神道碑铭并序》

hb-41 ① 霍 氏　② 祁 州　③ 不 详　④ 1260 年 左 右?
⑤ 1277 年　⑥《青崖集》卷五《蒲阴霍君墓碣铭》

hb-42 ①刘氏　②祁州　③无　④ 1230 年以前　⑤ 1277 年
⑥《静修集》卷八《怀孟万户刘公先茔碑铭》

hb-43 ① 尚 氏　② 祁州深泽　③ 无　④ 1260　⑤ 1327 年
⑥《古今文钞》卷七十、《中州名贤文表》卷二十九《平章政事
致仕尚公神道碑》

hb-44 ①耿氏　②祁州束鹿　③不详　④ 1214 年　⑤ 1300
年左右?　⑥同治《畿辅通志》卷一百六十九《耿公先世墓碑》

hb-45 ① 刘 氏　② 真 定 行 唐　③ 无　④ 1260 年 以 前
⑤ 1279 年　⑥《秋涧集》卷五十五《故提刑按察佥事刘公墓碑
铭并序》

hb-46 ①邸氏　②行唐　③不详　④ 1224 年以前　⑤ 1290
年左右　⑥《青崖集》卷五《总押七路兵马邸公神道碑铭》、《牧
庵集》卷十七《颍州万户邸公神道碑》

hb-47 ①苏氏　②真定元氏　③有（金代安武军节度使）
④1270年左右？　⑤1330年左右？　⑥《滋溪文稿》卷二十一
《元故建昌州判官苏君墓碣铭》

hb-48 ①呼延氏　②赵州　③不详　④1260年以前
⑤1276年　⑥正德《赵州志卷》卷五《县尹呼延公碑》

hb-49 ①孙氏　②真定武强　③无　④1234年以前
⑤1286年　⑥《静修集》卷十七《武强尉孙君墓铭》

hb-50 ①卢氏　②深州武强　③无　④1260年以前
⑤1315年　⑥《清容居士集》卷三十一《卢母王夫人墓志铭》

hb-51 ①李氏　②静安　③不详　④1260年以前　⑤1320
年左右？　⑥《牧庵集》卷二十六《河内李氏先德碣》、乾隆《怀
庆府志》卷三十一《郇王府长史李公墓志铭》

hb-52 ①靳氏　②深州静安　③不详　④1269年左右
⑤1296年左右　⑥《柳待制文集》卷十一《元故武略将军邓州
新军万户府管军下千户赠武义将军飞骑尉追封静安县男靳公墓碑
铭并序》

hb-53 ①王氏　②安平　③有（金代长山令）　④1268年以
前　⑤1333年　⑥同治《畿辅通志》卷一百七十四《广东按察
副使王纲墓神道碑铭》、光绪《深州风土记》卷十一中《元安平
王氏世德之碑》

hb-54 ①王氏　②真定安平　③不详　④1310年左右？
⑤1335年　⑥《滋溪文稿》卷十三《礼部员外郎王君墓志铭》

hb-55 ①李公　②深州安平　③无　④1248年以前
⑤1320年左右　⑥《深州风土记》卷十一《故长官李公碑铭》

hb-56 ①滕氏　②中山　③不详　④1260年以前　⑤1295

年　⑥《牧庵集》卷二十六《国子司业滕君墓碣》

hb-57 ①张氏　②中山　③有（金代有族人出仕，但细节不详）　④1272年左右？　⑤1326年　⑥《滋溪文稿》卷十五《亚中大夫山东道宣慰副使致仕张公墓志铭》

hb-58 ①田氏　②中山　③无　④1232年以前　⑤1309年　⑥《雪楼集》卷十九《赵国公田府君神道碑铭》

hb-59 ①王氏　②中山　③无　④1227年以前　⑤1337年　⑥《元史》卷一百七十八《王结传》、《滋溪文稿》卷二十三《元故资政大夫中书左丞知经筵事王公行状》

hb-60 ①王氏　②中山　③有（金代唐县主簿）　④1290年左右　⑤1341年　⑥《滋溪文稿》卷十七《元故太中大夫大名路总管王公神道碑铭》

hb-61 ①王氏　②中山　③无　④1232年以前　⑤1330年左右？　⑥《滋溪文稿》卷十《故河东山西道肃政廉访使赠礼部尚书王正肃侯墓志铭》

hb-62 ①王氏　②中山　③无　④1260年以前　⑤1329年　⑥《滋溪文稿》卷十《秘书少监王公墓志铭》

hb-63 ①赵氏　②中山　③无　④1260年以前　⑤1331年　⑥《滋溪文稿》卷十八《故曹州定陶县尹赵君墓碣铭》

hb-64 ①寇氏　②中山安喜　③不详　④1238年以前　⑤1280年　⑥《静修集》卷十七《处士寇君墓表》

hb-65 ①张氏　②中山无极　③无　④1232年以前　⑤1295年　⑥《牧庵集》卷二十三《真定新军万户张公神道碑》、民国《无极县志》卷十六《大元故宣授管军千户张公墓碑》

hb-66 ①何氏　②无极　③不详　④1220年以前　⑤1350

年　⑥民国《无极县志》卷十六《故滨州渔逸何先生墓碣铭》

　　hb-67 ①甄氏　②真定无极　③有（北宋武康军节度掌书记，金代嵩州刺史·户部主事）　④1280年左右　⑤1335年　⑥《滋溪文稿》卷二十一《甄母墓志铭》《甄德修墓铭》

　　hb-68 ①郭氏　②无极　③不详　④1260年以前　⑤1347年　⑥《滋溪文稿》卷十一《故少中大夫同金枢密院事郭敬简侯神道碑铭并序》、卷二十《元赠中顺大夫中山知府郭府君墓表》

　　hb-69 ①关氏　②真定新乐　③不详　④1320年左右　⑤1350年　⑥《滋溪文稿》卷二十《元故承务郎真定等路诸色人匠总管关君墓碑铭》

　　hb-70 ①高氏　②平山　③有（金代滑州同知）　④1250年以前　⑤1309年　⑥《牧庵集》卷二十三《有元故少中大夫淮安路总管兼府尹兼管内劝农事高公神道碑》、《勤斋集》卷三《元故淮安路总管高公墓志铭》

　　hb-71 ①董氏　②真定灵寿　③不详　④1270年以前　⑤1285年　⑥《牧庵集》卷二十五《灵山先生董君实坟道碑》

　　hb-72 ①何氏　②真定灵寿　③无　④1290年左右　⑤1330年左右？　⑥《滋溪文稿》卷二十一《故赠奉训大夫同知中山府事何君墓碣铭》

　　hb-73 ①郑氏　②真定灵寿　③无　④1238年以前　⑤1333年　⑥《常山贞石志》卷十九《元赠推忠宣力功臣荣禄大夫中书平章政事□国赵国郑武毅公神道碑》、《滋溪文稿》卷十八《右卫亲军千户郑君墓碑》

　　hb-74 ①吴氏　②冀州信都　③无　④1270年左右　⑤1319年　⑥民国《冀县志》卷八《渤海郡侯吴绎世庆墓铭》

hb-75 ①郑氏　②冀州枣强　③不详　④1234年以前　⑤1347年　⑥《滋溪文稿》卷二十《皇元赠通议大夫翰林直学士上轻车都尉荥阳郡侯郑公神道碑铭并序》

hb-76 ①张氏　②真定南宫　③无　④1260年以前　⑤1301年　⑥《柳待制文集》卷十一《元故将仕郎婺州路义乌县主簿赠亚中大夫东平路总管轻车都尉追封清河郡侯张公墓碑铭有序》

hb-77 ①刘氏　②冀州南宫　③无　④1276年左右　⑤1331年　⑥《黄文献集》卷八上《真定路深州知州致仕刘公墓志铭》

hb-78 ①董氏　②真定柏乡　③无　④1284年　⑤1292年　⑥《张忠文公文集》卷十九《真定柏乡董氏先茔碑铭》

hb-79 ①贾氏　②赵州柏乡　③无　④1280年左右　⑤1320年左右？　⑥《吴文正公集》卷三十三《赵郡贾氏先茔碑》

hb-80 ①冯氏　②赵州柏乡　③无　④1220年以前　⑤1311年　⑥《石田集》卷十三《朝请大夫大名路治中致仕冯君先茔碑铭》

hb-81 ①张氏　②柏乡　③有（金代郑州节度使）　④1234年以前　⑤1326年　⑥康熙《柏乡县志》卷八《大元清河郡侯张公神道之碑》

hb-82 ①赵氏　②柏乡　③有（金代"将军"）　④1260年以前　⑤1290年左右？　⑥康熙《柏乡县志》卷八《忠显校尉管军总把赵或碑》

hb-83 ①董氏　②赵州柏乡　③无　④1260年以前？　⑤1340年　⑥《滋溪文稿》卷二十三《故嘉议大夫江西湖东道

肃政廉访使董公行状》

　　hb-84①武氏　②赵州平棘　③无　④1274年　⑤1300年左右　⑥《雪楼集》卷二十二《濮州临清县主簿武先生墓表》

　　hb-85①李氏　②高邑　③无　④1269年　⑤1335年　⑥《滋溪文稿》卷十六《高邑李氏先德碑铭》

　　顺德路

　　hb-86①苏氏　②顺德　③有（金代猛安谋克·拱卫指挥使）　④1260年左右？　⑤1320年左右？　⑥《吴文正公集》卷三十三《元赠亚中大夫轻车都尉怀孟路总管武功郡侯苏府君墓碑》

　　hb-87①郭氏　②顺德邢台　③不详　④1262年　⑤1316年　⑥《涵芬楼古今文钞》卷六十二《知太史院事郭公行状》

　　hb-88①刘氏　②邢台　③有（金代邢州节度副使）④1234年以前　⑤1274年　⑥《藏春集》卷六《故光禄大夫太保赠太傅仪同三司谥文贞刘公行状》

　　hb-89①董氏　②邢台　③无　④1227年以前　⑤1299年⑥《中庵集》卷七《赠嘉议大夫工部尚书上轻车都尉陇西郡侯董公神道碑铭》

　　hb-90①张氏　②邢州沙河　③无　④1238年以前⑤1290年左右　⑥成化《顺德府志》卷三《张氏先德之碑》

　　hb-91①霍氏　②唐山　③有（金代数人任县税监、邢州孔目官）　④1260年以前　⑤1290年左右？　⑥《紫山集》卷十五《霍金事世德碑铭》

　　hb-92①解氏　②广宗　③无　④1260年以前　⑤1280年左右？　⑥《紫山集》卷十八《邢洺路都总管府从事解君墓碣铭》

广平路

hb-93 ①程氏　②广平　③无　④1260 年左右？　⑤1296 年　⑥《清容居士集》卷二十九《磁州知州程君墓志铭》

hb-94 ①李氏　②邯郸　③无　④1234 年以前　⑤1280 年左右？　⑥《紫山集》卷十六《故磁州安抚使李公神道碑铭》

hb-95 ①窦氏　②广平肥乡　③有（金代州典史）　④1276 年以后？　⑤1280 年　⑥雍正《肥乡县志》卷五《大学士窦公神道碑》

hb-96 ①毛氏　②广平肥乡　③有（金代扶沟主簿）　④1260 年以前　⑤1289 年　⑥《牧庵集》卷二十七《鄢陵主簿毛府君阡表》

hb-97 ①忽珊家（蒙古）　②广平曲周　③不详　④1260 年以前　⑤1330 年左右　⑥《至正集》卷五十六《赠金太常礼仪院事蒪克笃公神道碑铭》、卷五十七《故通议大夫江西等处榷茶都转运使万公神道碑铭并序》

hb-98 ①李氏　②磁州　③不详　④1260 年以前　⑤1324 年　⑥《黄文献集》卷八下《奉议大夫御史台都事李公墓志铭》

hb-99 ①高氏　②磁州滏阳　③不详　④1234 年以前　⑤1284 年　⑥《牧庵集》卷二十五《磁州滏阳高氏坟道碑》

hb-100 ①李氏　②磁州滏阳　③无　④1269 年　⑤1334 年　⑥《吴文正公集》卷三十三《有元朝列大夫抚州路总管府治中致仕李侯墓碑》

hb-101 ①马氏　②磁州滏阳　③无　④1260 年以前　⑤1330 年左右？　⑥《道园类稿》卷四十四《户部尚书马公墓碑》

hb-102 ①张氏　②滏阳　③有（金代管军千户）　④1260

年以前　⑤1291 年　⑥《紫山集》卷十七《大元故奉训大夫知宿州事张公神道碑铭》

　　hb-103 ①王公　②磁州武安　③有（金末昭义军节度副使）④1260 年以前　⑤1290 年左右?　⑥《西岩集》卷十九《故昭义军节度副使王公碑铭》

　　hb-104 ①郑氏　②成安　③无　④1260 年以前　⑤1280 年⑥《紫山集》卷十五《成安郑氏世德之碑》

　　hb-105 ①刘氏　②威州洺水　③无　④1234 年以前⑤1290 年左右?　⑥嘉靖《威县志》卷二《都元帅刘恩先茔碑铭》

　　hb-106 ①邵氏　②广平威州　③不详　④1276 年以前⑤1352　⑥《麟原前集》卷二《邵巡检墓志铭》

　　hb-107 ①杜氏　②广平曲梁　③无　④1234 年以前⑤1282 年　⑥《紫山集》卷十六《大元故元帅左监曲周县令杜公神道碑铭》

　　hb-108 ①赵氏　②洺州　③有（辽代千夫长、金代监上祭酒）④1260 年以前　⑤1290 年左右?　⑥《牧庵集》卷二十五《太仓监赵君神道碣》

　　hb-109 ①李氏　②洺水　③有（北宋朝散大夫、金代同知鄜州节度使）　④1272 年以前　⑤1272 年　⑥《静修集》卷十七《洺水李君墓表》

　　hb-110 ①张氏　②广平洺水　③无　④1280 年左右?⑤1320 年左右?　⑥《墙东类稿》卷十三《广平张公墓志铭》

　　hb-111 ①刘氏　②洺水　③无　④1270 年以前　⑤1328 年⑥《道园类稿》卷四十一《翰林学士承旨刘公神道碑》

　　hb-112 ①秦氏　②广平洺水　③不详　④1300 年左右?

⑤1337年　⑥《道园类稿》卷四十三《天水郡侯秦公神道碑》

hb-113 ①王氏　②井陉　③不详　④1300年　⑤1345年
⑥民国《井陉县志》卷十四《赠通议大夫王顺神道碑》

彰德路

hb-114 ①李氏　②彰德　③无　④1238年　⑤1348年　⑥
《至正集》卷五十九《故承事郎河东山西道提刑按察司经历李公
墓碑》、卷六十二《故亚中大夫福州路总管兼管内劝农事李公墓
志铭》

hb-115 ①田氏　②彰德路　③有（金代镇南军节度副使兼户
部侍郎）　④1260年以前　⑤1313年　⑥《松雪斋文集》外集
《田师孟墓志铭》

hb-116 ①杜氏　②彰德　③有（金代敦武校尉）　④1250
年以前　⑤1292年　⑥《紫山集》卷十八《奉直大夫金江西湖
东道肃政廉访司事杜公墓志铭》

hb-117 ①高氏（女真）　②彰德　③有（金代辅国上将军，
同知泽州事·南京左警巡院使）　④1280年以前　⑤1280年左
右？　⑥《紫山集》卷十八《隐士高君墓志铭》

hb-118 ①邢氏　②安阳　③无　④1250年　⑤1345年　⑥
《至正集》卷五十九《故嘉议大夫东昌路总管兼本路诸军奥鲁总
管内劝农事邢公墓志铭》、《清容居士集》卷二十七《邢氏先茔
碑》、嘉庆《安阳县志》卷一十二、《古今文钞》卷七十《致仕
礼部尚书邢公神道碑铭》

hb-119 ①郭氏　②安阳　③无　④1273年　⑤1345年　⑥
《至正集》卷五十九《故集贤直学士兼国子祭酒郭公墓志铭》

hb-120 ①王氏　②安阳　③不详　④1276年以前　⑤1349

年　⑥《至正集》卷六十二《故中议大夫同金通政院事致仕王公墓志铭》

　　hb-121 ①梁氏　②安阳　③无　④1260　⑤1346年　⑥《至正集》卷五十六《故朝请大夫山南湖北提刑按察副使梁公神道碑铭》、卷五十九《黄岩知州梁君墓志碑》

　　hb-122 ①胡氏　②彰德安阳　③无　④1310年左右？⑤1338年　⑥《道园类稿》卷四十六《胡彦明墓志铭》、《至正集》卷五十三《元故中奉大夫江北淮东道肃政廉访使胡公墓志铭》、《伊滨集》卷二十四《故赠中奉大夫江浙等处行中书省参知政事护军魏郡公胡公行状》、《石田集》卷十二《敕赐赠参知政事胡魏公神道碑》

　　hb-123 ①赵氏　②安阳　③不详　④1260年以前　⑤1340年左右　⑥《至正集》卷五十二《故中顺大夫同知潭州路总管府事致仕赵公墓志铭》

　　hb-124 ①赵氏　②彰德安阳　③有（金代礼部尚书）④1256年　⑤1330年左右？　⑥《道园类稿》卷四十一《天水郡伯赵公神道碑》、卷四十三《湖南宪副赵公神道碑》，《全元文》卷四十九《故朝列大夫金燕南河北道肃政廉访司事中议大夫上骑都尉礼部侍郎追封天水郡伯赵公行状》，《吴文正公集》卷三十三《大元故朝列大夫金燕南河北道肃政廉访司事赵侯墓碑》，《石田集》卷十二《金燕南河北道肃政廉访司事赵公神道碑》

　　hb-125 ①杨氏　②安阳　③不详　④1310年左右　⑤1343年　⑥《至正集》卷五十八《故西华县尹杨君墓志铭》

　　hb-126 ①庄氏　②安阳　③不详　④1300年左右　⑤1346年左右　⑥《至正集》卷五十八《赠朝列大夫秘书少监骑都尉安

阳郡伯庄公墓志铭》

　　hb-127 ①徐氏　②安阳　③不详　④ 1270 年以前　⑤ 1344 年　⑥《至正集》卷五十八《元故集贤侍讲学士中奉大夫徐公墓志铭》

　　hb-128 ①杜氏　②安阳　③无　④ 1276 年以后　⑤ 1342 年⑥《滋溪文稿》卷二十二《元故徵士赠翰林学士谥文献杜公行状》、嘉庆《安阳县志》卷十《皇元东昌路总管府推官杜君墓碑》、《安阳县金石录》卷十二《皇元敕赐赠翰林学士杜文献公神道碑》、《至正集》卷五十六《司狱杜君墓志铭》

　　hb-129 ①李氏　②安阳　③无　④ 1270 年以前　⑤ 1280 年左右　⑥《紫山集》卷十六《李隐者墓碑》

　　hb-130 ①韩氏　②安阳　③无　④ 1276 年以前　⑤ 1299 年⑥嘉庆《安阳县志》卷九《韩氏新茔世德之碑》

　　hb-131 ①瓜尔佳氏（女真）　②彰德安阳　③有（世袭猛安）④ 1270 年以前　⑤ 1291 年　⑥《紫山集》卷十八《瓜尔佳隐士墓志铭》

　　hb-132 ①蔡氏　②安阳　③无　④ 1260 年以前　⑤ 1287 年⑥《紫山集》卷十八《从仕郎真定阜平县尹蔡君墓志铭》

　　hb-133 ①吕氏　②安阳　③有（金代同知浑源州、卫州税监）④ 1260 年以前　⑤ 1309 年　⑥《牧庵集》卷二十四《故从仕郎真州路总管府经历吕君神道碑铭》

　　hb-134 ①梁氏　②彰德安阳　③无　④ 1276 年以前⑤ 1300 年　⑥《牧庵集》卷二十五《奉训大夫知龙阳州孝子梁氏神道碣》

　　hb-135 ①胡氏　②彰德安阳　③有（金末行军副统）

④1274年　⑤1307年　⑥《剡源集》卷十五《安阳胡氏考妣墓志铭》

hb-136 ①邓氏　②安阳　③有（金代秘书丞）　④1267年　⑤1278年　⑥《兰轩集》卷十六《宣授武德将军邓公新建祖茔之碑》

hb-137 ①赵氏　②相州　③无　④1280年左右？　⑤1328年　⑥《道园学古录》卷十九《赵曼龄墓志铭》

hb-138 ①李氏　②相州　③无　④1260年以前　⑤1287年⑥《紫山集》卷十八《正议大夫两浙都转运使李公墓志铭》

hb-139 ①王氏　②临漳　③无　④1260年以前　⑤1274年⑥《紫山集》卷十六《王晋卿父王隐士神道碑》、《西岩集》卷二十《王君行状》

hb-140 ①李氏　②林虑　③无　④1227年　⑤1280年　⑥《紫山集》卷十八《显武将军安阳县令兼辅岩县令李公墓志铭》

hb-141 ①张氏　②汤阴　③无　④1260年以前　⑤1343年⑥《至正集》卷五十八《赠通议大夫大都路都总管上轻车都尉清河郡侯谥庄惠张公神道碑铭》

hb-142 ①许氏　②汤阴　③不详　④1290年左右？⑤1364年　⑥《至正集》卷六十四《亡兄大理知事公志》、《安阳县金石录》卷十一《有元赠中奉大夫湖广等处行中书省参知政事护军追封鲁郡公许公神道碑铭并序》

hb-143 ①张氏　②汤阴　③不详　④1279年以前　⑤1288年　⑥《邺下冢墓遗文》下《有元赠宣武将军左都威卫千户骑都尉追封清河郡伯张公墓志铭并序》

hb-144 ①唐氏　②汤阴　③无　④1260　⑤1308年　⑥《紫

山集》卷十八《唐金事先德墓志铭》、《养吾斋集》卷二十九《唐珪神道碑铭》

　　大名路

　　hb-145 ①任氏　②大名　③不详　④1270年以前　⑤1277年　⑥康熙《峰县志》卷三《任公德政记》

　　hb-146 ①毛氏　②大名　③有（北宋泗水令，金代永年簿、潞州录事、临淮簿、魏县五星镇酒监、渭南令、通许醋监）④1260年以前　⑤1256年　⑥《陵川集》卷三十五《广威将军潞州录事毛君墓志铭并序》

　　hb-147 ①高氏（女真）　②大名　③有（金代世袭猛安）④1276年以后　⑤1310年左右?　⑥《剡源集》卷二十《千户高君行述》

　　hb-148 ①刘氏　②大名　③有（金代司皁事·邓州节度副使）④1280年以前　⑤1313年左右?　⑥《吴文正公集》卷七十三《元故少中大夫吉州路总管刘侯墓志铭》

　　hb-149 ①靳氏　②大名　③无　④1280年以前　⑤1311年⑥《松雪斋文集》卷九《故昭文馆大学士资德大夫遥授中书右丞商议通政院事领太史院事靳公墓志铭》

　　hb-150 ①高氏　②大名　③有（金代节度使十人以上）④1260年以前　⑤1329年　⑥《清容居士集》卷三十《高夫人葬记》、《滋溪文稿》卷十一《元故赠推诚劾节秉义佐理功臣光禄大夫河南行省平章政事追封魏国公谥文贞高公神道碑铭有序》

　　hb-151 ①赵氏　②大名　③不详　④1280年左右?⑤1316年　⑥正德《大名府志》卷十《赵氏碑阴记》

　　hb-152 ①刘氏　②大名　③有（金末义军千户）　④1234

年以前 ⑤1310年左右？ ⑥《道园类稿》卷四十二《管军千户刘侯神道碑》

hb-153 ①王氏 ②大名 ③无 ④1290年左右 ⑤1320年左右 ⑥《道园学古录》卷二十《王伯益墓表》

hb-154 ①齐氏 ②大名 ③不详 ④1280 ⑤1349年 ⑥《滋溪文稿》卷九《故太史院使赠翰林学士齐文懿公神道碑铭》

hb-155 ①郭氏 ②大名 ③不详 ④1275年左右 ⑤1327年 ⑥《运使复斋郭公言行录》

hb-156 ①孙氏（女真） ②大名 ③有（金代军资库使）④1260年以前？ ⑤1315年 ⑥《墙东类稿》卷十二《中大夫江东肃政廉访使孙公墓志铭》

hb-157 ①梁氏 ②大名元城 ③无 ④1234年以前 ⑤1317年 ⑥《清容居士集》卷二十六《武义将军梁公神道碑》

hb-158 ①席氏 ②大名元城 ③无 ④1260年以前 ⑤1316年 ⑥《柳待制文集》卷十《故奉议大夫监察御史席公墓志铭有序》

hb-159 ①元氏 ②大名清河 ③无 ④1270年以前 ⑤1322年 ⑥《吴文正公集》卷三十二《元赠中奉大夫吏部尚书护军清河郡元孝靖公神道碑》、《清河集》卷五《元氏清河新阡表》、《张文忠公文集》卷二十《故翰林学士资善大夫知制诰同修国史赠具官谥文敏元公神道碑铭》、民国《清河县志》卷十六、《古今文钞》卷七十《翰林学士元文敏公神道碑》

hb-160 ①李氏 ②大名东明 ③有（金末义军提控）④1260年左右 ⑤1335年左右 ⑥《道园类稿》卷四十四《国子助教李先生墓碑》

hb-161 ①朝坤家（蒙古？）　②大名浚州　③不详
④1234 年以前　⑤1295 年　⑥《雪楼集》卷十六《南剑路总管府判官忠都君墓志铭》

hb-162 ①宋氏　②滑州白马　③无　④1280 年左右
⑤1351 年　⑥民国《滑县县志》卷七《东郡宋氏世德碑》、卷八《宋公逸夫墓表》，《至正集》卷六十三《有元故中奉大夫陕西诸道行御史台侍御史宋公墓志铭》

hb-163 ①李氏　②滑州白马　③无　④1246 年以前
⑤1320 年左右？　⑥《清容居士集》卷二十六《武略将军裕州知州李公神道碑铭》

hb-164 ①马哥家（蒙古）　②滑州白马　③不详　④1260 年以前　⑤1313 年　⑥《吴文正公集》卷三十五《故奉议大夫安定州达鲁花赤秃忽赤墓表》

hb-165 ①师氏（党项）　②大名濮阳　③有（西夏管僧官）
④1208 年　⑤1326 年　⑥《柳待制文集》卷十《师氏先茔碑铭并序》

hb-166 ①王氏（女真）　②开州濮阳　③有（金代统军使）
④1276 年以后　⑤1290 年　⑥《黄文献集》卷九上《赠奉议大夫大名路滑州知州骁骑尉追封白场县子王府君墓志铭》

hb-167 ①卢氏　②开州濮阳　③无　④1232 年以前
⑤1369 年　⑥《金华黄先生文集》卷二十三《元故正议大夫卫辉路总管兼本路诸军奥鲁管内劝农事知河防事卢公行状》、《黄文献集》卷八上《亚中大夫汉阳知府致仕卢公墓志铭》、《强斋集》卷四《元奉议大夫常州路宜兴州知州卢公行状》《有元奉议大夫常州路宜兴州知州卢公劝厝志》

hb-168 ①唐兀台家（党项）　②开州濮阳　③不详
④1259年以前　⑤1358年　⑥《述善集》卷二《崇义书院田记》
《有元澶渊官人寨创建庙学记》《崇义书院记》、卷三《大元赠
敦武校尉军民万户府百夫长唐兀公碑铭并序》

hb-169 ①伯颜宗道家（葛禄）　②濮阳　③不详　④1259
年以前　⑤1258年　⑥《元史》卷一百九十《伯颜传》、正德《大
名府志》卷十《伯颜宗道传》

hb-170 ①杜氏　②开州清丰　③有（细节不详）　④1228
年以前　⑤1320年左右？　⑥嘉靖《新修清丰县志》卷十五《元
大名路开州录事权开州事赠亚中大夫广平路总管轻车都尉追封京
兆郡侯杜公墓志铭》

hb-171 ①阿鲁家（回鹘?）　②大名清丰　③不详
④1234年以前　⑤1311年　⑥《清容居士集》卷二十六《资善
大夫资国院使赠资政大夫江浙等处行中书省左丞上护军顺义郡公
谥贞惠玉吕伯里公神道碑铭并序》

hb-172 ①郭氏　②大名　③不详　④1277年左右　⑤1331
年　⑥《清容居士集》卷二十七《有元故赠中宪大夫中书吏部侍
郎骑都尉陈留郡伯郭公神道碑铭》《运使复斋郭公言行录》《编
类运使复斋郭公敏行录》

濮州

hb-173 ①张氏　②濮州馆陶　③无　④1230年以前
⑤1254年　⑥光绪《馆陶县志》卷十一《张元帅墓志铭》

hb-174 ①朱氏　②馆陶　③有（具体不详）　④1220年
⑤1273年　⑥《紫山集》卷十八《武略将军彰德录事朱公墓志铭》

hb-175 ①左氏　②濮州朝城　③无　④1260年左右

⑤1314年 ⑥《中庵集》卷八《故中顺大夫开州尹左公墓道碑铭》

hb-176①侯氏（女真） ②濮州鄄城 ③有（金代殿前将军）④1280年以前 ⑤1323年 ⑥《清容居士集》卷三十一《侯母王夫人墓志铭》

hb-177①琔赤家（党项） ②濮州鄄城 ③不详 ④1263年以前 ⑤1330年左右? ⑥《道园类稿》卷四十四《平江路达鲁花赤黄头公墓碑》

第三节 奉元路

fy-1①冉氏 ②奉元 ③无 ④1270年以前 ⑤1317年⑥《榘庵集》卷七《仓使冉晦卿墓志铭》

fy-2①赵氏 ②奉元 ③无 ④1278年左右 ⑤1319年⑥《榘庵集》卷八《将仕郎赵君墓志铭》

fy-3①常氏 ②奉元? ③无 ④1274年以前 ⑤1321年⑥《榘庵集》卷八《太医常惟一墓志铭》《承事郎常谦墓志铭》

fy-4①冯氏 ②奉元 ③无 ④1270年以前 ⑤1321年⑥《榘庵集》卷八《儒林郎冯君墓志铭》

fy-5①李氏 ②奉元 ③有（金代天成县令） ④1212⑤1300年 ⑥《榘庵集》卷五《李登仕墓志铭》

fy-6①李氏 ②安西 ③有（金代"税使"） ④1273年以后 ⑤1326年 ⑥《榘庵集》卷五《封承直郎国子监丞李公墓志铭》

fy-7①李氏 ②奉元 ③无 ④1231年以前 ⑤1327年⑥《榘庵集》卷五《李君和甫墓志铭》《中书左右司郎中李公新阡表》

　　fy-8 ①李氏　②奉元城南　③无　④1276年左右　⑤1315年　⑥《榘庵集》卷五《从仕郎李君墓表》

　　fy-9 ①贺氏　②京兆　③无　④1260年以前　⑤1346年　⑥《元史》卷一百六十七《贺仁杰传》、《牧庵集》卷十七《光禄大夫平章政事商议陕西等处行中书省事赠恭勤竭力功臣仪同三司太保封雍国公谥忠贞贺公神道碑》、《道园学古录》卷十三《贺丞相神道碑》

　　fy-10 ①李氏　②京兆　③无　④1260年以前　⑤1306年　⑥《勤斋集》卷四《元故承直郎甘州总管府判官李侯墓志铭》

　　fy-11 ①仇氏　②京兆　③有（金代临潢县令、兰州司法、明威将军等）　④1271年　⑤1300年　⑥《涵芬楼古今文钞》卷七《福建廉访副使仇公神道碑》、《柳待制文集》卷十《有元故奉议大夫福建闽海道肃政廉访副使仇君墓碑铭并序》

　　fy-12 ①吕氏　②京兆　③无　④1261年　⑤1346年　⑥《滋溪文稿》卷七《元故翰林侍读学士赠陕西行省参知政事吕文穆公神道碑铭》

　　fy-13 ①赵氏（女真）　②京兆　③有（金代积石州知州）　④1234年以前　⑤1314年　⑥《榘庵集》卷六《少中大夫嘉定路总管赵公神道碑铭》

　　fy-14 ①耿氏　②京兆　③无　④1270年以前　⑤1321年　⑥《榘庵集》卷六《耿伯祥墓志铭》、卷七《耿彦清墓志铭》

　　fy-15 ①同氏　②京兆　③无　④1260年　⑤1331年　⑥《榘庵集》卷七《族兄钦夫墓志铭》《元故奉议大夫太子左赞善榘庵先生同公行状》《元故太子左赞善赠翰林直学士亚中大夫同文贞公神道碑铭并序》

fy-16 ①郑氏　②京兆　③无　④1260 年左右？　⑤1322 年　⑥《槊庵集》卷五《司竹监提领郑君墓志铭》

fy-17 ①赵氏　②京兆　③无　④1276 年　⑤1280 年　⑥《青崖集》卷五《有元故京兆医学教授赵公墓志铭》

fy-18 ①牛氏　②长安　③不详　④1271 年左右？　⑤1334 年　⑥《燕石集》卷十三《奉元路总管致仕牛公神道碑铭有序》、卷十四《赠凤翔知府牛公神道碑铭有序》

fy-19 ①毛氏　②长安　③无　④1253 年左右？　⑤1311 年　⑥《槊庵集》卷六《鹰房民匠总管毛公墓志铭》《毛长官墓志铭》

fy-20 ①白氏　②京兆长安　③无　④1271 年以后　⑤1303 年　⑥《槊庵集》卷六《白君宝墓志铭》

fy-21 ①张氏　②长安　③有（金代敦武校尉）　④1260 年以前　⑤1304 年　⑥《槊庵集》卷六《兴元路行用库使张君墓志铭》

fy-22 ①翟氏　②京兆长安　③无　④1294 年　⑤1310 年　⑥《槊庵集》卷六《监纳翟君墓志铭》

fy-23 ①辅氏　②长安　③有（细节不详）　④1280 年以前　⑤1280 年　⑥《槊庵集》卷七《辅君明之墓志铭》

fy-24 ①瓜尔佳氏（女真）　②长安　③无　④1260 年以前　⑤1316 年　⑥《槊庵集》卷七《奉议大夫甘肃省理问瓜尔佳公墓志铭》

fy-25 ①任氏　②长安　③无　④1238 年　⑤1250 年左右　⑥《寓庵集》卷七《故宣差丝线总管兼三教提举任诔辞》

fy-26 ①梁氏　②长安城中　③不详　④1282 年　⑤1318

年　⑥《榘庵集》卷七《提举梁君墓志铭》

　　fy-27①张氏　②长安　③无　④1320年左右？　⑤1328年　⑥《榘庵集》卷五《故张君彦谌墓志铭》

　　fy-28①田氏　②咸宁　③无　④1260年以前　⑤1270年左右？　⑥《寓庵集》卷七《故宣差京兆府路都总管田公墓志铭》

　　fy-29①党氏　②咸宁　③无　④1297年　⑤1310年左右？⑥《闲居丛稿》卷二十五《节妇曹氏墓志铭》

　　fy-30①郭氏　②咸宁　③不详　④1260年以前　⑤1321年　⑥《榘庵集》卷六《赠嘉议大夫礼部尚书郭公神道碑铭》

　　fy-31①陈氏　②京兆咸宁　③有（金代密令、千夫长）④1314年以前　⑤1314年　⑥《榘庵集》卷七《陈君墓志铭》

　　fy-32①焦氏　②咸宁　③不详　④1280年以前　⑤1317年　⑥《榘庵集》卷七《阴阳提举焦君墓志铭》

　　fy-33①郭氏　②咸宁　③无　④1274年以前　⑤1321年⑥《榘庵集》卷八《郭君秉彝墓志铭》

　　fy-34①杨氏　②京兆高陵　③有（金代太常臣）　④1282年　⑤1327年　⑥《牧庵集》卷十八《领太史院事杨公神道碑》、民国《蒲城文献征录》上《元集贤学士国子祭酒高陵杨公神道碑》

　　fy-35①雷氏　②高陵　③无　④1240年　⑤1330年　⑥《榘庵集》卷七《临潼县尉雷君墓志铭》、卷五《承务郎西和州同知雷君墓志铭》《奉训大夫致仕雷君墓志铭》、嘉靖《高陵县志》卷七《赠华州知州雷贵墓碣》

　　fy-36①李氏　②华州　③无　④1257年　⑤1263年　⑥《寓庵集》卷七《故京兆路都总管府提领经历司太傅府都事李公墓志铭》

fy-37 ①郭氏　②华州蒲城　③无　④1260 年　⑤1268 年
⑥《寓庵集》卷七《陕蜀行中书省左右司员外郎郭公行状》

　　fy-38 ①奥屯氏　②蒲城　③有（金代益都府兵马总管、
新平县令、世袭谋克）　④1227 年　⑤1306 年　⑥《寓庵
集》卷七《大元故宣差万户奥屯公神道碑》、《永乐大典》卷
三千五百八十七《大元故昭武大将军嘉定路总管奥屯公神道碑铭
有序》

　　fy-39 ①王氏　②蒲城　③无　④1300 年左右　⑤1337 年
⑥《金石萃编未刻稿》卷下《蒲城义门王氏先茔碑铭有序》、光
绪《蒲城县新志》卷七《义门王氏祠堂碑》、《危素士全集》卷
十二《元故奉议大夫行宣政院经历王公墓志铭》

　　fy-40 ①夹谷氏（女真）　②华州奉先　③有（金代世袭谋克）
④1227 年以前　⑤1262 年　⑥《寓庵集》卷七《故京兆路都总
管府提领经历司太傅府都事李公墓志铭》

　　fy-41 ①李氏　②华州奉先　③有（金代郡法曹）　④1244
年　⑤1273 年　⑥《寓庵集》卷八《故谘议李公墓碣铭并序》

　　fy-42 ①苏氏　②临潼　③有（金代金吾卫上将军、昭勇大
将军）　④1270 年左右？　⑤1320 年左右　⑥《永乐大典》卷
二千四百零五《礼部员外郎苏君先茔碑》

　　fy-43 ①王氏　②蓝田　③无　④1260 年以前　⑤1295 年
⑥《勤斋集》卷四《故中顺大夫山南道廉访副使王公墓志铭》

　　fy-44 ①王氏　②蓝田　③有（金代商州通判、蓝田尉）
④1260 年以前　⑤1320 年左右？　⑥《金华黄先生文集》卷
二十九《蓝田王氏先茔碑》

　　fy-45 ①张氏　②耀州三原　③无　④1285 年左右？

⑤1344 年　⑥《勤斋集》卷四《故孝义张君墓碣铭》、《榘庵集》卷八《封奉议大夫张君墓志铭》、《滋溪文稿》卷二十《皇元封奉议大夫铅山知州骁骑尉泾阳县子张府君墓碑》、乾隆《三原志》卷十三《元故赠中顺大夫兵部侍郎上骑都尉清河郡伯京兆张公碑铭》

　　fy-46 ①巩氏　②奉元蛰屋　③有（金代监军）　④1234 年以前　⑤1295 年　⑥《闲居丛稿》卷二十五《巩氏先茔之表》

　　fy-47 ①赵氏　②京兆云阳　③无　④1250 年以前　⑤1330 年左右?　⑥嘉靖《泾阳县志》卷十《潞国忠简赵公神道碑铭并序》、《勤斋集》卷二《元故荣禄大夫平章政事议陕西等处行中书省事赵公墓志铭》

　　fy-48 ①潘氏　②同州白水　③有（北宋县令）　④1283 年⑤1301 年　⑥《牧庵集》卷二十七《安西路同州儒学正潘君阡表》

　　fy-49 ①王氏　②同州朝邑　③无　④"国初"　⑤1325 年　⑥康熙《朝邑县后志》卷八、民国《续修陕西通志稿》卷一百六十《王氏世德碑》

　　fy-50 ①王氏　②奉元同州　③无　④1260 年以前?⑤1313 年　⑥《榘庵集》卷七《承直郎成都路判官王君墓志铭》

　　fy-51 ①傅氏　②华原　③无　④1260 年以前　⑤1321 年⑥《勤斋集》卷四《故中顺大夫江东建康道肃政廉访司傅公墓志铭》、《榘庵集》卷八《朝列大夫金汉中道廉访司事傅公墓志铭》

　　fy-52 ①张氏　②古豳三水　③有（金末敦武校尉）④1255 年　⑤1288 年　⑥《全元文》卷十九《大元故从仕郎韩城县尹张公墓志铭并序》

　　fy-53 ①王氏　②乾州　③无　④1316 年以前　⑤1316 年

⑥《榘庵集》卷七《王君辅先生墓志铭》

　　fy-54 ①杨氏　②乾州奉天　③无　④ 1238 年　⑤ 1255 年
⑥《遗山集》卷二十三《故河南路课税所长官兼廉访使杨君神道碑铭》、《元史》卷一百五十三《杨奂传》、《国朝名臣事略》卷十三《杨奂传》、民国《乾县新志》卷十《程夫人墓碑》

　　fy-55 ①李氏　②武功　③不详　④ 1294 年以前　⑤ 1321
年　⑥《榘庵集》卷八《李君文卿墓志铭》

　　fy-56 ①李氏　②三原　③无　④ 1270 年左右？　⑤ 1325
年　⑥《榘庵集》卷五《赠奉议大夫奉元路总管府治中李君墓表》

注释

　　1　《元史》卷八十一《选举志一》："然当时仕进有多岐，铨衡无定制，其出身于学校者，有国子监学，有蒙古字学、回回国学，有医学，有阴阳学。其策名于荐举者，有遗逸，有茂异，有求言，有进书，有童子。其出于宿卫、勋臣之家者，待以不次。其用于宣徽、中政之属者，重为内官。又荫叙有循常之格，而超擢有选用之科。由直省、侍仪等入官者，亦名清望。以仓庾、赋税任事者，例视冗职。捕盗者以功叙，入粟者以赀进，至工匠皆入班资，而舆隶亦跻流品。诸王、公主宠以投下，俾之保任。远夷、外徼，授以长官，俾之世袭。凡若此类，殆所谓吏道杂而多端者欤。矧夫儒有岁贡之名，吏有补用之法。曰掾史、令史，曰书写、铨写，曰书吏、典吏，所设之名，未易枚举。曰省、台、院、部，曰路、府、州、县，所入之途，难以指计。虽名卿大夫，亦往往由是跻要官，受显爵，而刀笔下吏，遂致窥权势，舞文法矣。"

　　2　详见樱井智美：《赵孟𫖯的活动及其背景》（《赵孟𫖯

の活動とその背景》），《东洋史研究》第 56 卷第 4 号，1999 年；
《元代集贤院的设立》（《元代集賢院の設立》），《史林》第
83 卷第 3 号，2000 年；《元代的儒学提举司——以江浙儒学提
举为中心》（《元代の儒学提举司—江浙儒学提举を中心に—》），
《东洋史研究》第 61 卷第 3 号，2002 年。另见宫纪子：《蒙元
时代的出版文化》（《モンゴル時代の出版文化》），名古屋大
学出版会，2005 年。

　　3　植松正：《关于元代江南的地方官任用》（《元代江南
の地方官任用について》），《元代江南政治社会史研究》，汲
古书院，1997 年，原载《法制史研究》第 38 卷，1989 年；萧启
庆：《元代科举与菁英流动：以元统元年进士为中心》，选自《元
朝史新论》，允晨文化实业股份有限公司，1999 年，原载《汉
学研究》第 5 卷第 1 号，1987 年；桂栖鹏：《元代进士研究》，
兰州大学出版社，2001 年。

　　4　《元典章》卷二《典章八·官制二·承荫》，军官年
二十岁承袭条："至大四年闰七月初五日，枢密院奏：'军官弟
姪儿男，年纪到十八岁呵，委付者。'么道，世祖皇帝立定体例
来。在后，完者秃皇帝时分，'小孩儿每不到十八岁的，到十八
岁也，么道，说谎交奏了委付的上头，军头勾当有用着呵，小孩
儿每耽误了勾当去也。交他每年纪到二十岁呵，委付者。'么道，
再奏过，立定体例来。如今上位根底明白奏过，已后军官弟姪儿
男，依着在先体例里，交年纪到二十岁委付。于内年纪不到二十
岁，说谎到二十也，么道，别了圣旨，保的官吏人等要罪过呵，
怎生商量来。么道。奉圣旨：'似那般说谎的人每根底，交监察
每，廉访司官人纠察，要罪过者。'钦此。咨请钦依施行。"

5　《元典章》卷二《典章八·官制二·承荫》，民官子孙给据承袭条："大德三年二月，江西行中书省，移准中书省咨，为广东道宣慰司呈，本道五品以上官员，朝廷铨注，应副铺马赴任，回则应副站船分例。身故官员妻儿，亦验品级，一体应付站船分例。卑司看详在任身故官员合荫之人，年未及二十五岁，随即倒给解由，移咨都省，候承荫人年及，依例叙用，请定夺。准此。送吏部照拟得：至元五年十二月初七日，承奉中书省劄付云云。今承见奉本部参详，职官子孙，合依通例叙荫。所据倒给承荫解由，应付站船气力出广一节，宜从所拟。具呈照详。得此。议得今后彼处在任官员身故，依例随时给据，付子孙收执，听候求仕，余准吏部所拟。除外，咨请依上施行。"

6　《元典章》卷二《典章八·官制二·承荫》军官降等承袭条："至元十五年月，枢密院正月十五日塔鲁田地里有时分，孛罗副枢等奏：'军官每为他每有功上，升迁做大名分了呵，他每元旧职事，又教他的孩儿弟姪承袭。今后罢了呵，却交别个有功底军官每承管。若阵亡了底，教承袭。病死底，降等承袭。总把、百户病死年老，不教承袭。这般呵，怎生。'奏呵，奉圣旨：'行底是。那般者。'钦此。"

7　《元史》卷三十二《选举志二·铨法上》："（至元）二十一年诏：'万户、千户、百户分上中下三等，定立条格，通行迁转。以三年为满，理算资考，升加品级。若年老病故者，令其子弟依例荫叙。'是年，以旧制父子相继，管领元军，不设蒙古军官，故定立资考，三年为满，通行迁转。后各翼大小军官俱设蒙古军官，又兼调遣征进，俱已离翼，难与民官一体迁转荫叙，合将万户、千户、镇抚自奏准日为始，以三年为满，通行迁转。

百户以下，不拘此例。"

8 《元史》卷八十三《选举志三·铨法中》："至元四年诏，诸官品正从分等，职官用荫，各止一名。"

9 《圭斋文集》卷九《元封秘书少监累赠中奉大夫河南江北等处行省参知政事护军追封齐郡公张公先世碑》。

10 《全元文》第十一册《提领刘氏迁葬祖茔之记》。

11 《牧庵集》卷二十六《朝列大夫飞骑尉清河郡伯张君先墓碣》。

12 《吴文正公集》卷三十四《元赠承事郎封丘县尹朱君墓表》。

13 牧野修二：《元代勾当官体系研究》（《元代勾当官の体系的研究》），大明堂，1979 年。

14 详细情况如下：

① sd-110 济阳张氏，张炳。任济南府令史十年，于中统元年（1260 年）为中书省令史，至元二年（1265 年）任宣授济南路诸军奥鲁总管。（乾隆《济阳县志》卷十二《张总管世德碑铭并序》）

② sd-111 济阳贺氏，贺复。推测在 1270 年以前由济南府令史升为历宣阃、秋官、宥府至中书左曹，官至奉政大夫、徽政院都事。（《中庵集》卷七《赠奉训大夫飞骑尉渤海县男贺公墓道碑铭》）

③ sd-114 邹平刘氏，刘楫。县吏出身，历任盐务掾等职，于至元初受制国用使司推荐，为滨州盐判官。官至资德大夫·中书左丞·商议中书省事。（《中庵集》卷八《资德大夫尚书左丞商议尚书省事刘公墓铭》）

④ sd-119 棣州曹氏，曹昱（1213—1293 年）。金末动乱之际，受棣州汉人军阀韩某任命，为厌次县史，后升迁为典史。中统元年（1260 年），韩某就任滨棣安抚使，擢曹昱为安抚司提控案牍。镇压李璮之乱时功绩卓然，至元丁卯年（1267 年）受任为山东转运照磨官。（《中庵集》卷九《林棠曹氏先德碑铭》）

⑤ sd-73 济南潘氏，潘琚（1227—1292 年）。十八岁推择为吏，后受辟召于开府山东的转运司田侯，任转运知事，官至奉训大夫·淮东淮西都转运副使。（《中庵集》卷十六《奉训大夫淮东淮西都转运副使潘公神道碑铭》）

15 《潍县志稿》卷四十《赵氏墓碑》《赵知事先茔记》。

16 《归田类稿》卷首《大元敕赐故西台御史中丞赠摅诚宣惠功臣荣禄大夫陕西等处行中书省平章政事柱国追封滨国公谥文忠张公神道碑铭》："（养浩）年十七八，以才隽闻。甫踰冠，部使者荐之，遂计偕入京。时太傅鲁国康里文贞公以平章居政府，方汲引多士。公裒书往谒，一见许以国士。辟掾礼部，一时名人，如猴山陈文靖公、中庵刘文简公皆为知己。"

17 民国《潍县志》卷四十一《故高公墓志铭》。

18 《全元文》第二十四册《医学正范公祖茔记》。

19 《昌乐县续志》卷十七《刘氏先茔之记》。

20 《石田文集》卷十三《朝请大夫大名路治中致仕冯君先茔碑铭》。

21 《牧庵集》卷二十一《怀远大将军招抚使王公神道碑》；《吴文正公集》卷三十三《大元少中大夫江州路总管赠太中大夫秘书大监轻车都尉太原郡侯王安定公墓碑》。

22 从地方吏员向部令史迁转的路途正式确立，是在至元六年（1269年）。参见《元典章》卷六《典章一二·吏制·儒吏》随路岁贡儒吏条。

23　详情如下：

①hb-3 真定左氏，左焕。任山东宪司书吏后迁为中书掾，后就任为从仕郎·拱卫直都指挥使司经历。再迁奉训大夫·中尚监丞（《滋溪文稿》卷二十一《有元赠奉训大夫礼部郎中左君墓碣铭》）。

②hb-8 真定阎氏，阎琛（1220—1299年）。受真定府辟为掾曹，历任真定府检法官、税务使。至元二年（1265年）迁转法施行后，转任真定路总管府知事。至元四年（1267年）就任将仕郎·开元路宣抚司主事。历任益都路总管府经历、赵州晋宁县尹、藁城县尹，元贞初年以承务郎·杞县尹致仕（《滋溪文稿》卷十八《故承务郎杞县尹阎侯墓碑》）。

③hb-18 真定苏氏，苏志道（1228—1320年）。长于吏事，受真定府总管姚天福之荐为府吏（1294—1297年）。为山西河东道按察司书吏，受程思廉推择，受任为监察御史书吏。迁转户部令史、枢密院中书省掾，为承直郎·中书省检校官。死于中宪大夫、岭北等处行中书省左右司郎中任上。（《道园类稿》卷四十四《岭北行省左右司郎中苏公墓碑》，《至正集》卷四十七《敕赐故中宪大夫岭北等处行中书省左右司郎中赠集贤直学士亚中大夫轻车都尉追封真定郡侯苏公神道碑铭并序》）

④hb-48 赵州呼延氏，呼延彦玉。弱冠即为群吏，受真定总管史公赏识，为巨盈库使。后至总管府令史，至元三年（1266年）知提领案牍事。至元六年（1269年）为户部令史，十三年（1276年）为平棘县令。（正德《赵州志》卷五《县尹呼延公碑》）

⑤ hb-76 南宫张氏，张演（约 1230—1301 年）。以真定府史出仕。受按察司推举，升迁为潭州湘阴县丞，转任江西榷茶都转运司知事。后受行御史台之命，任山南湖南道提刑按察司知事，再受廉访使命，就任瑞州瑞昌县主簿兼尉。历任真主建康溧阳县主簿、义乌县主簿。（《柳待制文集》卷十一《元故将仕郎婺州路义乌县主簿赠亚中大夫东平路总管轻车都尉追封清河郡侯张公墓碑铭有序》）

⑥ hb-91 唐山霍氏，霍肃郎。以县吏出仕，后主宣徽院事。至元丁丑年（1277 年）为安庆路总管府判官，其后历任镇江路总管府治中、杭州总管府治中、扬州总管府治中、同知两浙总市舶司事、奉训大夫·金山东东西道提刑按察司事。（《紫山集》卷十五《霍金事世德碑铭》）

⑦ hb-92 广宗解氏，解晏。金国灭亡后不久，即以县吏出仕，历任帅府令史、总管府掾，后就任府从事兼提领匠局官长。（《紫山集》卷十八《邢洺路都总管府从事解君墓碣铭》）

⑧ hb-102 滏阳张氏，张裕（1222—1291 年）。初为磁州州吏，庚戌年（1250 年）升迁为本州从事。中统元年（1260 年）受宣抚司推举，为滏阳令，历任成安令、沙河令、邢台令。至元十年（1273 年）任承事郎·武清县尹。转任承务郎·同知清州事，承直郎·西京总管府判官，至元二十八年（1291 年）年为奉训大夫、知宿州事。（《紫山集》卷十七《大元故奉训大夫知宿州事张公神道碑铭》）

⑨ hb-124 安阳赵氏，赵思恭（1238—1296 年）。1257 年，十九岁受彰德守高公鸣辟，为府史。贡部，为河北河南道巡行劝农使侯公爵辟为劝农书吏。历任刑部令史、大司农掾、宣徽院掾，

至元十六年（1279 年）就任承事郎·宣徽院照磨，兼管勾承发架阁。历任宣徽院主事、宣徽院经历、燕南河北道提刑按察司判官、监察御史，官至朝列大夫·金燕南河北道肃政廉访司事。（《道园类稿》卷四十三《湖南宪副赵公神道碑》，《傅与砺文集》卷十《故朝列大夫金燕南河北道肃政廉访司事赠中议大夫上骑都尉礼部侍郎追封天水郡伯赵公行状》）

⑩ hb-132 安阳蔡氏，蔡玠（1214—1282 年）。以彰德府掾出仕，中统元年（1260 年）受辟为中书省掾。历任本路运司经历官、浚州判官、真定阜平县尹。（《紫山集》卷十八《从仕郎真定阜平县尹蔡君墓志铭》）

⑪ hb-174 朝城左氏，左庭（1242—1314 年）。以濮阳王匠局吏出仕，受州达鲁花度礼班公知遇，被濮州尹徐公提拔为州吏。转任曹州吏，至元甲申年（1284 年）岁贡为吏部掾。受刑部尚书马公赏识，由省掾改任知差，后再改为承事郎·吏部主事。官至朝列大夫·潭州路总管府治中。（《中庵集》卷八《故中顺大夫开州尹左公墓道碑铭》）

24　详见牧野修二：《元代儒学教育——以教育课程为中心》，（《元代の儒学教育—教育课程を中心として—》），《东洋史研究》第 37 卷，1979 年；牧野修二：《元代勾当官体系研究》，第 196—201 页。

25　hb-92 广宗解氏的解时，以岁贡儒吏选充为御史台掾，后受任为怀孟路总管府经历官（《紫山集》卷十八《邢洺路都总管府从事解君墓碣铭》）。

26　《道园学古录》卷二十《王伯益墓表》。

27　《秋涧集》卷三十五《上御史台书》："至元五年十月

日，前翰林修撰王恽言：‘……中书政本机务所出，整肃纠绳之者，不可缺也。官或备员未得其人，擢任荐升之者，不可宽也。综劾之权，内外惟一，强御巽懦之际，不可异也。大臣当任责也，反循嘿而无所建明，小臣当奉职也，或僭越觊觎微幸，而至于臣门如市，请谒公行，名器大权，假授失当。’"另见《石田文集》卷十三《弹中书参议博啰等官》："近为太师右丞相土门脱儿滥用人员，窒塞常选，已尝论列。今察知，中书参议博啰、刘吉等四人，俱系土门脱儿腹心之人，依凭请托，假借权势。博啰乃前尚书省得罪之人，刘吉乃宣政院起身之冗吏，左司都事冯翼霄在宣政院侥幸骤进，右司都事刘允忠乃胥吏微品，朦胧奏准，起复丧次，以图躁进。如此四人列居显要，赞画政事。岂惟玷辱名爵，实废清议。宜从宪台奏罢。"相关史料数量很多。

　　28　《滋溪文稿》卷十七《元故太中大夫大名路总管王公神道碑铭》。

　　29　民国《井陉县志》卷十四《赠通议大夫王顺神道碑》。

　　30　《道园类稿》卷四十三《天水郡侯秦公神道碑》。

　　31　光绪《深州风土记》卷十一中《元安平王氏世德之碑》。

　　32　《黄文献集》卷八下《奉议大夫御史台都事李公墓志铭》。

　　33　《元史》卷八十三《选举志二·铨法中》："（至元）二十七年诏，……正七品子酌中钱谷官，从七品子近下钱谷官。"

　　34　《滋溪文稿》卷二十二《资善大夫太医院使韩公行状》。

　　35　《元史》卷九十《百官志六》："司天监，秩正四品，掌凡历象之事。提点一员，正四品，司天监三员，正四品，……天文生七十五人。"

　　36　《滋溪文稿》卷九《故太史院使赠翰林学士齐文懿公神

道碑铭》。

37　宫纪子：《程复心〈四书章图〉出版始末考——江南文人的保举》（《程復心〈四書章図〉出版始末攷—江南文人の保挙—》），详见其著：《蒙元时代的出版文化》，原载《内陆亚洲语言研究》（《内陸アジア言語の研究》）第 16 卷，2001 年。

38　樱井智美：《元代的儒学提举司——以江浙儒学提举为中心》（《元代の儒学提挙司—江浙儒学提挙を中心に—》），《东洋史研究》第 61 卷第 3 号，2002 年，第 68 页。宫纪子：《"对策"的对策——科举与出版》（《「対策」の対策—科挙と出版—》），收于其著《蒙元时代的出版文化》，第 463 页注 37。

39　《元史》卷一百七十八《王结传》，《滋溪文稿》卷二十三《元故资政大夫中书左丞知经筵事王公行状》。

40　《元典章·刑部卷三·典章四一·谋反》平民乱言作歹条，记载了名叫木八剌的回回农民，为求"请受官员"，诬告同乡汉人农民散布蒙元统治将终谣言的事件。据他所称的谣言内容"如今，真定府背后河元曲吕来，直了也。汉儿皇帝出世也"非常具体地描述了河北的地理信息，或可以推测他住在华北地区。他的诬告成功地传到了皇帝耳中，皇帝派出处罚这些汉人农民的使者，而木八剌则在六日后得以亲至隆福宫。他在门前向某校尉问曰："官里有那无太子？有那无太后？有那无多少怯薛歹？"认为其可疑的校尉对他进行了搜查，从他身上发现了记录诬告计划的纸张。连一介农民也充分认识到当时中央政府的权力结构，以及个人关系的重要性，应该说这体现了凭借个人关系出仕这条途径的有效性在当时广为人知。

41　《至正集》卷三十六《送朱安甫游大都序》："栝距京

师半万里，水浮江淮，陆走徐衮，舟御舆戛，累数月然后至。至则米珠肉玉，旅食费良苦。然午门之外，东南人士游其间者，肩相摩，武相蹿也。盖其游未始无所求，其求也，未始无所挟。儒者挟其学，才者挟其文，辨者挟其画，巧者挟其艺。随其所挟，而致其求，求焉而遂，挟焉而获，则上书阙下，朝奏夕召可也。奏赋子虚，上可方给札可也。浩饮新丰，徒步御史可也。赋诗沈香亭，白衣供奉可也。斯其大者尔。若夫季主之卜，越人之方，唐举之风鉴，虚中之禄命，与夫抱寸能，负曲艺，幸而奇中偶合，皆可以仰大官而食厚禄。乘坚策肥，雍容都市者往往是。以故游者日众，求者日滋。然挟而不一售，求而不一获，伥伥而往，贸贸而归者，亦其少也耶。其亦有命存乎其间耶。"

42　《滋溪文稿》卷十九《元故尚医窦君墓铭》。

43　《牧庵集》卷二十六《河内李氏先德碣》、乾隆《怀庆府志》卷三十一《郐王府长史李公墓志铭》。

44　《吴文正公集》卷三十三《赵郡贾氏先茔碑》。

45　松田孝一：《元朝的分封制——以安西王的事例为中心》（《元朝期の分封制—安西王の事例を中心として—》），《史学杂志》第 88 卷第 8 号，1979 年，第 42—45 页。

46　不过，冲田道成、加藤聪、佐藤贵保、高桥文治、中村健太郎、向正树、山本明志等著《〈乌台笔补〉研究》（《乌台笔補の研究》）（汲古书院，2007 年）中，对《秋涧集》卷八十五《乌台笔补》三《事状》《论关陕宜状》进行注释并指出，"就'关陕'当时所处的情况而言，仅能考虑到其作为确保以攻打南宋为前提的点和线的意义"（第 160 页），至元初期（该注释将《论关陕宜状》的成文时间确定为至元八年九月以前），京兆府周边的治安维持和户籍的掌控都非常困难。

47　《槲庵集》卷六《少中大夫嘉定路总管赵公神道碑铭》。

48　《槲庵集》卷五《李登仕墓志铭》。

49　嘉靖《泾阳县志》卷十《潞国忠简赵公神道碑铭并序》，《勤斋集》卷二《元故荣禄大夫平章政事议陕西等处行中书省事赵公墓志铭》。

50　《燕石集》卷十三《奉元路总管致仕牛公神道碑铭有序》，卷十四《赠凤翔知府牛公神道碑铭有序》。

51　《元史》卷八十三《选举志三·铨法中》："枢密院典吏、铨写，依御史台典吏一体，六十月转部，转补不尽，六十月已上，于都目内任用。御史台典吏，遇察院书吏有缺，从上挨次转补，通理六十月，补各道按察司书吏。部令史有缺，亦行收补。"另参见牧野修二：《元代勾当官体系研究》，第74—89页。

52　详见牧野修二：《元代勾当官体系研究》，第142—145页。

53　例如 sd-73 济南潘氏潘琚（1227—1292 年），十八岁受荐举为吏员，后受到开府于山东的转运司田侯辟召，就任转运知事（《中庵集》卷十六《奉训大夫淮东淮西都转运副使潘公神道碑铭》；sd-119 棣州曹氏曹昱（1213—1293 年），在中统元年（1260 年）滨棣安抚司设立之时，受辟为安抚司提控案牍（《中庵集》卷九《林棠曹氏先德碑铭》）；hb-166 濮阳王氏王大用，则被荐举为江东按察司书吏（《黄文献集》卷九上《赠奉议大夫大名路滑州知州骁骑尉追封白场县子王府君墓志铭》）等。而本章探讨的地区也同样有很多类似事例。

54　以上安西王领沿革的相关内容，详见松田孝一的《元朝的分封制——以安西王的事例为中心》。

55　详见松田孝一：《元朝的分封制——以安西王的事例为中心》，第 65 页。

56　详见牧野修二：《元代勾当官体系研究》，第 91—101 页。

57　此外，例如序号 18 耿廷望（1263—1321 年），在被陕西行尚书省（上文提到的 1280 年新继任安西王阿难答的统治权缩小过程中设置的行省）选充为副掌仪局两年之后，被安西王（从时间来看应指阿难答）任命行尚书省掾，后历经行中书省提控，于大德八年（1304 年）任从仕郎·延安延川县尹。值得注意的是阿难答介入行省人事任命这一点。先行研究也曾指出，这暗示着成宗铁穆耳即位后，阿难答的势力有所复苏，对陕西行省有很大影响力的事实。详见松田孝一：《元朝的分封制——以安西王的事例为中心》，第 54—56 页。

58　具体细节如下：

序号 13 雷禧（1253—1330 年）。至元二十五（1288 年）任奉天县主簿兼尉，历任安西王领地方官。至治二年（1322 年）为承务郎·同知金州事。

序号 14 梁大用（1246—1318 年）。受安西王信任，历任安西王掌膳局提举、安西王掌膳局正。至大四年（1311 年），被詹事院（阿难答伏诛后管理旧安西王领的机构）任命为人匠总管府经历。

序号 19 樊珪。安西王领被废除后，于延祐元年（1314 年）年宣授为忠翊校尉·管领崇庆等处怯怜口民匠长官。吉州路约有安西王分拨于江南的六万五千户口。详见松田孝一：《元朝的分封制——以安西王的事例为中心》，第 58 页。

59　《元史》卷四十《顺帝本纪三》至元五年秋七月戊寅条：

"戊寅，诏诸王位下官毋入常选。"同至元六年冬十月辛卯条：
"辛卯，诏各爱满人不许与常选。"

第十章

作为新设出仕途径的科举制度

前言

上一章开头提到，关于科举实施给蒙元时代的华北带来的社会影响，至今尚无先学进行过深入考察，不明之处很多。对于蒙元时代的科举，历来的讨论都是将之作为政策、制度、政治史的延续。[1] 近年来虽有宫纪子通过对出版、文化事业的研究，深入探讨了科举实施前后江南士人层的动向，但总体而言，就现存史料的情况来看，想要对该时期华北地区的出版及书籍流通情况进行相同研究，难度极大。[2]

当然，从蒙元时代初期起，华北地区的各种文字资料中就出现了支持科举实施的意见，而且，考虑到科举的实施是从忽必烈时代起，就是包括多数汉人（原金国领土出身者）在内的文人官僚们长期策划、翘首以盼的事，[3] 可以说科举在华北地区也无疑长久备受期待，其实施更是众望所归。不过，这里有一个最大的问题，即蒙元时代的科举，每次最多亦不过产生汉人及第者25人，这点人数对整个华北社会究竟能产生多大的影响？况且，整个蒙

元时代的科举及第人数合计千余人左右，名义上汉人及第人数占
四分之一，即 250 人左右，而事实上很多时候全部及第人远远没
有达到千人的名额，因此实际的汉人人数并不及 250 人。即便算
上同样居住在华北的蒙古、色目（左榜）进士，其总数也断不会
超过 500 人。

恢复科举考试以后的南宋旧疆内，不时有文章一边缅怀南宋
科举，一边感慨蒙元时代科举在历代科举中亦显得尤为狭窄，[4]
而在同时期的华北，却几乎不见类似的对比前朝而感怀现实、表
达观点的史料。另一方面，涉及科举恢复之后的社会风气及出仕
途径变化的史料本身数量也极少。因而与科举恢复及其对华北士
人层的影响相关的问题，长久以来一直被学界忽视。

不过，需要注意的一点是，科举不过是蒙元时代多种出仕途
径之中的一种。这即是说，参加科举是应举者在对比其他出仕途
径之后做出的选择，而这也是蒙元时代科举最大的特点。若能使
考察对象不受制于科举本身，而是将其他出仕途径也纳入视野，
进行比较，或许能为蒙元时代科举的定位及其社会影响的考察打
开新的思路。

遗憾的是，我们不得不承认，由于史料限制，对于 1330 年
至 1368 年的大约 40 年间的出仕倾向变化，像上一章一样做大量
定点观察的方法是不可行的。不过，在上一章考察的基础上探讨
科举应举者的动向，不仅能得知人们在怎样的情况下会选择应举，
同时也能对其他出仕途径怎样继续发挥作用、怎样持续吸引人们
的注目这一点有相应的认识。

值得庆幸的是，萧启庆花费巨大的精力，以各种登科录为中
心，仔细收集并整理了科举及第士人的信息。得益于他庞大研究

成果的公开发表，现在我们对于这些科举及第士人的出生地、个
人经历，甚至包括其家族来历，都有了较为详细的认识，其信息
量之大，在以前是难以想象的。本章将在萧启庆研究的基础上，
将蒙元时代的科举作为一种新设出仕途径来重新理解，同时考察
当时人们选择应举的背景。

第一节　作为新设出仕途径的科举恢复措施的定位

从结论来说，作为出仕途径来看，科举的最大特色被许有壬
描绘得淋漓尽致：

> 士出门持数幅纸，始终缀文才十一首，即得美官，拔出
> 民上矣。彼辈金舟粟，费以万计，得一命，寻复夺之，而吾
> 一毫无费也。胥吏辈自执役，几转而得禄，少不下二十年始
> 出官，而吾自乡试至竣事才十月尔。则吾之报称，宜何如
> 哉？[5]

正如植松正所指出的，与"汉人、南人不得就高官"的固有
印象相反，科举及第之人在及第之后很快便可任从六品至正八品
（偶有例外，任正九品）官职，以后若迁转顺利，完全可能达到
高官之位。[6]除了通过推荐或个人关系获得任官机会，这在当时
的出仕途径中可以说是破格待遇了。而且，在第一次科举实施时，
还有以下规定发布：

> ［延祐元年（1314 年）十月乙未］敕：吏人转官，止

从七品，在选者降等注授。[7]

　　这条规定可以说是剥夺了在官僚界占了大半的吏员出身者向中高级官职升迁的可能性，从结果上来说，等于将之转而交予了科举及第者。从七品官虽有恩荫子孙的资格，但其所荫官职乃为最低等级，基本不过许以自下县、下州的钱谷官出仕。[8]这即是说，从制度上而言，吏员出身之人世代相继获得任官机会的可能性大为减少。这一变革与上述史料所说的吏员升迁的限制相为表里，足以使得吏员这一出仕途径的吸引力就此衰减。可以说，延祐元年十月的敕令，是对原有升迁体系的大幅改变，尤其在无形中提升了科举这一不经由个人推荐、个人关系的出仕途径的地位。

　　不过，突然给予最多不过百人的科举及第者如此大的特权，势必会带来官僚机构的大混乱。就连身为延祐二年（1315 年）进士、后来在科举被废止的一段时间里为之存续而奔走抗议的许有壬，也针对该规定提出了以下观点。

　　　　钦奉圣旨节该："汉儿吏道，从七品以上休委付者。教授、秀才并职官内取的令史，依旧例委付者。"又宪台奏准："监察御史、廉访司依保守令例，每岁各举谙练刑名者一人，注充推官。"……仁宗皇帝励精图治，痛惩其弊而一新之。由吏出身者，限以从七，不使秩高权重，得以纵恣。设立科举，取人以德行为首，试艺以经术为先，求贤之方，视古无愧。但科举未行之时，以吏取人，实学之士亦未免由此而进，一概限之，不无同滞。……合无自颁行科举诏书日为始，以前该降吏员，量许升至三品，以后入役者从五品止。庶贤愚无同滞之患，官府有得人之效。[9]

爱育黎拔力八达庙号仁宗，因此可以肯定这篇文章作于爱育黎拔力八达的庙号拟定并祭祀太庙的延祐七年（1320 年）八月以后，[10] 很可能在许有壬担任南台监察御史的至治二年（1322 年）。[11] 无独有偶，孛尤鲁翀也曾在任监察御史的延祐五年（1318 年）左右提出过同样的建议。[12] 或许是由于这些声音的出现，至治三年（1323 年）十月，吏员出身者的升迁上限被提高到了正四品。[13] 其后对吏员所设的升迁限制又经历了怎样的变化，现存史料并未明确，但至少在科举恢复之后 10 年左右的时间里，科举及第者始终保持着官制上的优势地位。

不过，笔者在后面的第十四章中还会详细举例论述，受蒙古王侯或高官青睐的吏员甚至是布衣获得高官之位的情况，在该时代的史料中也频繁可见。很显然，纵使朝廷早有明令，绕开这条明令寻找捷径，其实亦不是难事。该规定实施的实际情况，正如至元元年（1335 年）年围绕废除科举制度的争论所象征着的：

至元元年，……时罢科举诏已书，而未用宝。参政许有壬入争之。……伯颜又曰："今科举取人，实妨选法。"有壬曰："古人有言'立贤无方'，科举取士，岂不愈于通事、知印等出身者？今通事等天下凡三千三百二十五名，岁余四百五十六人。玉典赤、太医、控鹤，皆入流品。又路吏及任子，其途非一。今岁自四月至九月，白身补官受宣者七十二人，而科举一岁[14] 仅三十余人。太师试思之，科举于选法果相妨耶？"[15]

伯颜所称的"今科举取人，实妨选法"，显然是以上文提到的科举实施所带来的吏员迁转体系的改变为前提的。总之，对于伯颜的主张，许有壬以具体数字为据，予以反驳，清楚地表明了非但进士及第实为狭窄之路，而且由吏员、荐举、个人关系等途径实现的出仕，在科举恢复之后也并无衰退迹象。[16] 实际上，在科举恢复举行之后，知识人（士、士人）对以吏员出仕的途径持肯定态度的文章仍不少见。[17]

另外，科举的及第名额的确十分稀少，但正如李治安所指出的，学子在参加乡试、会试的阶段，就有其他可供备选的出仕途径。[18] 首先，延祐二年（1315 年）的科举举行了会试、殿试，当时的会试中落榜的考生，参酌年龄与出身，无一例外地授了从七品致仕、学校官（教授、山长、学正）的职位，对已经出仕身有官职之人，则给予了升迁的优待。[19] 这虽是仅限于第一次科举的特别措施，但实际上，后来的科举也对落第之人进行了相应的补偿：

> 泰定元年三月，中书省臣奏："下第举人，仁宗延祐间，命中书省各授教官之职，以慰其归。今当改元之初，恩泽宜溥。蒙古、色目人年三十以上并两举而不第者，与教授；以下与学正、山长。汉人、南人年五十以上并两举不第者，与教授；以下与学正、山长。先有资品出身者，更优加之。不愿仕者，令备国子员。后勿为格。"从之。自余下第之士，恩例不可常得，间有试补书吏以登仕籍者。惟已废复兴之后，其法始变，下第者悉授以路府学正及书院山长。又增取乡试备榜，亦授以郡学录及县教谕。于是科举取士，得人为盛焉。[20]

　　这即是说，最初不过是临时的补偿措施，其后也多次施行，至正元年（1341 年）年科举复兴之际，更成了定例。自延祐年间至泰定年间，只要能进入会试，就能保证至少以学校官职位出仕，而到了至正元年科举复兴之后，不仅是会试落第者，就连乡试中落第的成绩相对优秀之人，也会被授予州学录或县教谕的职位。更甚者，会试落第之人有了成为中央官衙吏员的机会，[21] 还有学者推测，他们可以以非正规学生的身份进入国子监，成为伴读。[22] 关于后者，下文将会详述。

　　不过，这种作为第二选择的出仕途径远远算不上有利。14 世纪初以来，以学校官出仕并入流成为资品官所需的时间大大增加，停留在学校官职位上二三十年，也不是罕事。这种情况愈演愈烈，最终学校官被允许于在任期间转任为流外杂职的巡检。[23] 如此一来，即便在地方官学辗转终其一生，至少能够得到地方知识人代表的名声，[24] 应该有很多人对此心满意足，但这对于渴望高官厚禄的人来说绝不是一个有吸引力的选择。要成为中央官衙吏员或是国子伴读，前提是需要在乡试中取得突破，而这本身就是最大的难题，因此这两条路并非很现实的选择。这就是说，除了那些从一开始就以成为学校官为目标的人以外，普通人若不能跻身全国 300 人的会试应考名额，那么科举对他们而言将是一个获得回报概率极小的赌注。明清时代科举学子在各个考试阶段都有机会获得各种社会福利或出仕机会，这是元代科举所不具备的特点。另外，在南宋时期，参加科举本身就是保证社会地位的手段，也是地方化倾向较强的士人层的基盘所在，而至于蒙元时代的华北是否也存在类似社会情况，下一章将另作讨论。

第二节　国子监与科举的连接点

从及第者名额就可以明显看出，以正常途径科举及第非常困难。不过事实上，只要肯迂回一下，就会发现科举这一大难关也是可以攻克的。所谓迂回之道，指的就是上一节引用的泰定元年三月的中书省上奏中提到的"不愿仕者，令备国子员"所说的国子监。

蒙元时代的国子监，原型创设于 1223 年，[25] 在忽必烈在位期间已经过相应整顿，但作为教育机构组织体系的完成，乃是进入成宗铁穆耳朝以后。根据王建军的研究，蒙元时代的国子监一共分为"国子监"、"蒙古国子监"以及"回回国子监"三种类型。其中，回回国子监很大程度上是作为一种使用波斯语的特别技能培养机构而存在，教师和学生数量在最多的时候也不过 52 名。与之相对，国子监与蒙古国子监在规模最盛之时，人数分别达到了 150 名和 200 名，入学学生基本上是七品以上朝官的子孙，不过除他们以外，得到三品以上朝官推荐的，也可作为陪堂生参加授课（需自己负担每月十五两的学费、生活费）。陪堂生与伴读虽然都不算正规的国子生，但可以参加每个月的例行考试，成绩优秀者则有可能升为国子生。国子监设立之初，上课的内容主要是许衡主倡的北方理学的考究，而科举实施之后则渐渐向应举之学倾斜。

入学国子监有三点有利之处。第一点，上舍生有通过岁贡出仕的可能性（其中蒙古人出仕为六品官，色目人为正七品，汉人为从七品）。爱育黎拔力八达即位后，确立了可以通过国子监内部考试（贡试）而出仕的规定，[26] 而具备参加贡试资格的高等生

员（国子上舍生）名额为 40 人。[27] 要成为上舍生，需要通过被
称为积分法的内部考试，以（陪堂生→伴读→）外舍生→内舍生
→上舍生的顺序升级。所谓积分法，是指累计每月考试的成绩，
一年内取得一定成绩的学生，便可向上一级升进。第二点，国子
监在读中也有可能受到各衙门的举荐，获得出仕的机会。[28]

而第三点，也是最重要的一点，在国子监内部考试（贡试）
中取得优异成绩的人，可以获得免去乡试而直接参加会试的资格。
科举考试在至元元年（1335 年）一度被废止，至正元年（1341
年）再度恢复，此时国子生只要在内部的贡试中合格，最多可以
有 120 人参加会试，朝廷为这些人新增了 18 个及第名额。[29] 这
即意味着科举作为一种出仕途径，与国子监联结在了一起。蒙元
时代参加会试，首先需要突破全国仅 300 个合格名额的乡试，[30]
这才是科举中的最大难题。而另一方面，蒙古国子监、国子监中
的国子生，包括陪堂生、伴读在内，14 世纪 30 年代初的名额一
共也不过 560 人左右。[31]

总之，虽然内部考试的合格概率远比一般科举更低，但国子
生只要能在贡试中合格，便可以得到免去乡试的特别待遇，因此
努力让族中子弟入学的事例屡见于史料，从某种意义上来说也是
理所当然。就这样，科举作为出仕途径中的一种，在史料上多与
国子监一同被记录为"学校贡举之制"，逐渐开始被视为一个
整体。[32]

第三节　从及第者的实例看由科举、国子监出仕的益处

当然，蒙元时代的应举者，大部分应该都出身于具备一定学

识的士人家族，但正如前两节中指出的，当时存在多种出仕途径，
"地方精英层、士人层基本上都以科举为目标"这一在宋金时期
相当普遍的模式并不成立。那么，在蒙元时代的华北地区，对于
科举的恢复以及国子监的出现，究竟是哪些人表示出了积极的响
应？当然，或许当时仍有很多人视科举考试为知识人的天职，但
在那个时代，科举毕竟不是评价自己学识的唯一标准。既然如此，
我们或许可以假设，在多个选项中选择科举应试，应当具有一定
的意义或是实际利益。而这个假设的实证，与作为出仕途径的科
举的定位是分不开的。在这里，本节就将基于几个实例，具体考
察通往应举之路的过程。

　　首先值得一提的是汤阴许氏，其代表人物之一便是在延祐二
年（1315年）第一次科举中进士及第的许有壬（1287—1364年），
上一节中也引用过其文章。许氏一族世代居于彰德路汤阴县，但
关于金代以前的情况，史料中全无记载。第一个留下详细经历的
族人，是许有壬之父熙载（1261—1327年），他因外舅任职于
湖广行省，借其便利游学于"东南"（一般而言，广义指原南宋
疆域，狭义则指江南一带），在那里得遇"当道所知"，有幸以
湖广行省之檄被任命为德庆路提控案牍。任职于路，即是以地方
吏员身份出仕。其后他历任长沙税使、临江抚州两路总管府照磨、
将仕郎·湖广行中书省理问所知事，最终以从仕郎·会福院照磨
兼管勾承发架阁库致仕。作为这个时期的地方吏员出身者，他算
是十分成功的例子，甚至以从仕郎（从七品）之身，获得了恩荫
子孙的资格。不过，许有壬及其兄长有恒（1284—1329年）都
没有选择承父恩荫出仕。前文已经提到，从七品官僚的恩荫级别
最低，承荫的大多是任下县、下州的钱谷官。而且，上一节及之

前的内容中也曾论及，在许有壬兄弟成年的 14 世纪初，地方吏员的迁转途径不断变得漫长，冗吏、冗官问题日益严重，或许正是因此，他们才会首先想到寻找其他的出仕途径。起初，长子有恒自幼便随父赴任鄂州，在那里学习了蒙古语。他的经历不甚明确，只知道后来就任大宁路学正，最终死于大理路军民总管府知事任上。

　　出生在这样一个家族中的许有壬，经过在乡里的学业修习，20 岁时与兄长一样，以学校官身份出仕，任开宁路学正（与兄长一样任官经过不详），升任为教授之后便转任为山北廉访司书吏。这正是从学校官转任为廉访司书吏的迁转途径。[33] 随后，他在延祐二年（1315 年）的科举中进士及第，受任为知辽州事，历任吏部主事、南台御史、詹事院中议、中书左司员外郎。后来也继续顺利升迁，先后任中书参知政事、翰林学士承旨、知经筵事、集贤大学士、集贤大学士兼太子左谕德，最终于至正十七年（1357 年）致仕。

　　从史料中可知，许有壬之弟有仪曾历任经筵检讨、武昌水陆事产副提举，除此之外细节不详。留下了更为详细的信息的是幼弟有孚，他以国子上舍生身份于至顺元年（1330 年）进士及第，受任为承事郎·湖广等处儒学副提举，后来成为湖广行省检讨官。[34]

　　以上汤阴许氏的事例，在以吏员出身、学校官身份入流资品官的过程逐渐变得复杂、时间逐渐变长的 13 世纪末至 14 世纪初，可以说是中低级官僚家族中尽其所能探索对己有利的出仕途径的典型。父亲的恩荫既没有入流资品官的保证，且对象也仅限一人，许有壬四兄弟都要寻求成功出仕，那就必须各自考虑安身立命之道。结果正如上文所述，长子有恒以通晓蒙古书谋得出路，次子有壬任学校官之后参加了科举，唯有三子有仪经历不详（也有通过荐举或个人关系的可能性），四子有孚则选择了入学于国子监。

值得注意的是，许氏兄弟并非一开始就以应举为唯一目标，而是同时积极尝试了其他可以选择的出仕途径。尤其是对于没有任何个人关系（根脚）的许有壬，既然不能游学京师猎取官职，显然考虑科举相关的途径才是达成日后身居高位最实际的方法。《燕石集》中记录的大都宋氏的宋本（1281—1335 年）的例子，也直接说明了这种情况：

> 公讳本，字诚夫，初讳克信，世燕人。……以俊秀子弟补江陵路儒学弟子员，学业精熟，才器通敏，为宪使陵川郝采麟文征所知，将擢为宪掾。会薨，公不能求知他人，遂辍焉。或劝从事学官阶，是获职教一县，公亦不答。十一年，户部公薨，槁殡江陵。……公至是孤，益贫苦，殆无以衣食，丧祭哀戚之余，教童七八十人，讲授纷沓，亲理米盐杂物。……皇庆元年，宪使李彧从周熟公才谞，荐为河北河南道肃政廉访司掌书，客汴久，不乐，去省母。时仁庙诏以科举取士，公曰："朝廷待士如此，吾志决矣。"河南司宪凡四檄辟之，竟不赴。延祐三年，范阳夫人弃养，权合葬江陵。六年，挈家北还，名动京师。……七年，英宗即位，大魁大都乡试。至治元年廷对，为天下第一，赐进士出身及第。[35]

宋本祖父未曾出仕，父官至忠翊校尉（正七品）。但宋本并未以父亲的恩荫出仕。与成为廉访司掾史的机会失之交臂后，即便有就任官职之利可图，他还是辞去了县教谕、廉访司掌书（任期满后可迁转为府、州提控案牍）[36]之职。无论是县教谕还是廉访司掌书，达到资品官都需要花费相当长的时间，这与承父恩荫任钱谷官的途径差别并不大。或许他辞任的理由，就在于希望寻求更好的出仕途径。参加科举对他来说，就如同游学京师猎取官职一样，可以说是改变现状的最后手段。

在现有的出仕途径或恩荫制度渐渐失去吸引力的情况下，对于那些攀附关系无望，同时却又渴求以良好条件出仕的人来说，参加科举虽然及第可能性极低，却不失为一条值得一试的道路。除了许有壬和宋本以外，还有出生于沛县的韩准（1299—1371年），父祖辈无人出仕，自身亦无官无位，凭借进士及第，最终官至资政大夫、侍御史，[37]类似例子很多。另据萧启庆研究，蒙元时代的汉人科举及第者中，家族来历明确的、父祖曾任资品官的比例仅占 14.93%，也就是说大多数及第者都是韩准一样的布衣，或出身于成员仅为低级官吏、学校官的家族。[38]而这也佐证了上文提到的作为出仕途径的科举的地位以及应举者的境遇。

进而言之，即便是高官子弟，具备能够保证出仕为资品官的恩荫资格，承荫名额也仅有一人，对于不能承荫的诸子、庶子来说，只要对学识有自信，科举便是值得选择的出仕途径之一。例如泽州高平宋氏一族中，历任德州教授、国史院编修官、南漳县尹的宋景祁之子宋翼（1267—1332年），便是以荐举获得官职，受推为大都路儒学正，后来转任怀庆路教授之际，受到还在潜邸的仁宗爱育黎拔力八达的知遇，在后者即位后迅速升迁，于天历二年（1329年）以奉议大夫·同金太常礼仪院事致仕。翼有三子，长子众昌承恩荫，以太子院校书郎出仕；次子绍昌，至正壬午年（1342 年）进士及第，受任为崇福寺照磨；三子同昌为国子生。[39] 若是没有个人关系，次子、三子都只能以吏员或学校官等身份出仕，并无能够晋升为资品官的保障。

特别是在贡试制度确立以后，包括布衣在内的许多家族都积极将子孙送入国子监，这种现象在史料中尤其多见，不过其中也不乏高官的族中子弟。史料中记载了具体信息的，有太原阳曲王得福（1236—1315 年）的例子，他于至元初年上京，受宰相之召，擢用为省中主医事，在其子晦被任命为御药院大使后，他便将精力倾注于其孙守诚的教育上。后来守诚进入国子监，于泰定元年（1324 年）进士及第。[40] 再如"早用才敏，跻荣仕路"，官至江西湖东道肃政廉访使的大名濮阳师克恭（党项），[41] 三子之中除了夭折的长子（可能为承荫之子）外，将余下二子都送入国子监，克恭之弟脱脱木儿（Toγtemür）之子孛罗（Bolud）也参加了科举。入学国子监的克恭二子中，次子晋在科举考试中合格，出任承事郎·同知泗州事，孛罗也与泰定元年（1324 年）进士及第。像这个家族的情况，在没有承荫资格的前提下，若希望出仕立身，入学国子监自然是一个非常有利的选择。

第四节　作为出仕途径的科举、国子监的穷途

科举虽然是为数不多的能够在短时间内身居高位的方法之一，但毕竟及第的可能性极低，而且其考察方法的客观性、公平性也始终备受怀疑。实际上，从首次举行科举开始，对其评判结果表示不满的情绪便经常出现，对此，史料中有如下记载：

> 延祐初元，诏郡县宾兴多士，……时贡举初兴，试者锐
> 于一得，既而被黜者哗言不止，至作诗歌讥诋主司。[42]

这种骚动时有发生，如至正乙酉年（1345 年）也发生了类
似事件：

> 乙酉取士不公，士人揭文以谤之云："设科取士，深感
> 圣朝之恩。倚公行私，无奈吏胥之弊。……"……后云一样
> 五千本印行。[43]

科举以论文评判为主要科目，不可能得出一个让所有人都心
服口服的标准答案，自然难免出现这样的结果。

经由国子监出仕是一条十分有利的途径，但随着这一事实逐
渐广为人知，学生数也随之增加，考试中的竞争自然愈加激烈。
比起南人，蒙古、色目及华北出身之人中高官辈出的家族显然更
多，加之占尽地利，尤其是在国子监设立之初，这些人的数量在
国子监中占绝对优势。虞集就在至顺辛未年（1331 年）指出，
包括非正规学生（陪堂生、伴读）在内、多达 560 名的国子监在
籍学生中，南人仅有数人。[44]然而到了后来，自至正元年（1341
年）允许通过国子监参加会试的规定出台后，南人及一般家庭子
弟的入学在史料中也明显有增加的倾向，陪堂生、伴读的数量达
到了正规国子生的两到三倍，[45]甚至出现了从入学国子监到出仕
获得学校官职位，实际上花费大约 20 年的例子。[46]到了如此地步，
无法适应国子监的竞争、半途而废的退学学生也多有增加，[47]而
通过国子监实现进士及第的希望，自然也变得越来越渺茫。身为

延祐二年（1315 年）进士的真定王沂，就曾在至正年间（1341—1368 年）任国子博士之时，作了如下文章，安慰自己未能科举及第的学生：

> 河南赵叔仪始来京师，居嚣烦之域，未尝不静暇也；混纷华之境，未尝不肃洁也。其于学，审所谓疑者而通之，求所谓是者而正之，以故余爱之且畏之也。其后余教国子，叔仪亦鼓箧而进。诸生旬沐岁省皆散去，独闭一室，未尝窥户，寒抄署讲，寝食失期，往往心悟所以然。作场屋文字，机键开阖，云蒸川流，腴泽粹好，义理益发。既而试于有司，诎于不已知。闻者翕然嗟之。余谓不然。大雅曰"誉髦斯士"，又曰"蒸我髦士"，非科举所谓士也。誉之所不加，蒸之所不及，科举蔽之也。以科举论天下士，失士甚矣。[48]

国子监作为极具优势的出仕途径，在受到众目关注的同时，科举及第名额、贡举人数始终固定不变，通过国子监应举，逐渐流为与普通方法应举一样的道路，也就在意料之中了。总而言之，较之其他出仕途径，尤其是荐举、个人关系，科举之路终究仍是太过坎坷，而国子监作为通往科举及第的近路的时代，也实在太过短暂。

结语

从新设的出仕途径的角度来看，科举的最大特色，已然为许有壬一语道破，即仅仅在两次考试中合格，便有可能迅速升迁，身居高位。在地方吏员的迁转道路逐渐变得复杂、漫长，且与之相表里的冗官问题日渐严峻的同时，14世纪初，恩荫带来的实际利益也在不断减少，可以说科举的恢复确实带来了新奇的冲击。至于人们选择科举的原因，除了知识人自负之心的表露，首先应该考虑的就是他们对于迅速升迁高官之位的期待。

　　然而仅仅过了不久，及第名额不见增加，经由国子监应举的捷径也因竞争日渐激烈而同样成为难以攻克的大关。正如我们在上一章中所看到的，与蒙古王侯或高官之间的个人关系，以及上京猎取官职的活动，在整个蒙元时代都可以说是通往利禄荣华的近道，而即便作为中央吏员出仕，只要能得到高官的认可，有可以依凭的个人关系，仍有可能身登高位。这即表明，对于追求以良好条件出仕的人来说，若非执着于进士及第之名誉，那么蒙元时代的科举并不能算是一个特别有吸引力的选择。下一章将要探讨的蒙元时代华北地区科举应举人数，也如实反映了这一点。

注释

　　1　相关研究主要有对科举制度概要进行整理的——田中萃一郎：《关于元代官吏登庸法》（《元の官吏登庸法について》），《史学杂志》（《史学雑誌》）第27卷第3号，1915年；箭内亘：《元代社会的三个阶级》（《元代社会の三階級》），《满鲜地理历史研究报告》（《満鮮地理歴史研究報告》）三，1916年；有高岩：《元代科举考》（《元代科举考》），《史潮》第2卷第2号，1932年；杨树藩：《元代科举制度》，《台湾政治大学学报》第17号，1968年；丁昆健：《元代的科举制度》，《华学月刊》第124、125期，1982年。另外，安部健夫《元代知识人与科举》（《元

代知識人と科挙》）〔《元代史研究》（《元代史の研究》），
创文社，1972 年，原载《史林》第 42 卷第 6 号，1959 年〕主要
涉及蒙元时代初期华北士人对科举支持与否的路线对立，以及其
与科举实施的关系；宫崎市定《围绕元朝统治下蒙古官职所见的
蒙汉关系》（《元朝治下の蒙古の官職をめぐる蒙漢関係》）（《东
洋史研究》第 23 卷第 4 号，1965 年）则指出，科举实施的背景
在于蒙古人试图在汉人进入政界的风潮中保持自己的官职；姚大
力《元朝科举制度的行废及其社会背景》（《元史及北方民族史
研究集刊 6》，1982 年）认为，科举实施是汉人的社会力量越来
越让蒙元统治者感到不可忽视而产生的结果；萧启庆则在《元代
科举与菁英流动：以元统元年进士为中心》（《元朝史新论》，
允晨文化实业股份有限公司，1999 年，原载《汉学研究》第 5
卷第 1 号，1987 年）、《元代蒙古色目进士背景的分析》（《元
代的族群文化与科举》，联经出版公司，2008 年，原载《汉学研究》
第 18 卷第 1 号，2000 年）中指出，科举实施与北方民族集团中
的儒学修习之风有关。植松正《关于元代江南的地方官任用》（《元
代江南の地方官任用について》）（《元代江南政治社会史研究》，
汲古书院，1997 年，原载《法制史研究》第 38 号，1989 年）则
明确了进士及第者确实可能身居高位，并推测科举实施的背景在
于大德年间江南地区的官员不足。此外，森田宪司《关于元朝的
科举资料》（《元朝の科挙資料について》）（《元代知识人与
地方社会》，汲古书院，2004 年）分析了蒙元时代关于科举的
史料情况；宫纪子《程复心〈四书章图〉出版始末考——江南文
人的保举》（《程復心〈四書章図〉出版始末攷—江南文人の保
挙—》）（《蒙元时代的出版文化》，名古屋大学出版社，2005

年，原载《内亚语言研究》第 16 号，2001 年）则将科举实施的实践者李孟与江南士人的保举联系起来，对其人物实际形象作了考察。

2 宫纪子：《“对策”的对策——科举与出版》（《「対策」の対策—科挙と出版—》），《蒙元时代的出版文化》，原载《古典学的现在》（《古典学の現在》）五，文部科学省科学研究费补助金特定领域研究《古典学的重构》（《古典学の再構築》），2003 年，第 385 页。

3 参见宫纪子：《“对策”的对策——科举与出版》，第381 页，以及樱井智美：《关于元代科举考试的携带物品许可——以〈文场备用排字礼部韵注〉为中心》（《元代科挙受験持込許可書をめぐって—『文場備用排字礼部韻註』を中心に—》），《中国近世社会秩序的形成》（《中国近世社会の秩序形成》），京都大学人文科学研究所，2004 年。

4 正德《建昌府志》卷十五《新城县进士题名记》：“皇元诞膺天命，奄有四海，声教所暨，悉主悉臣。至于仁宗，文德洽海内。延祐初元，肇行贡举。其蒙古、色目、汉人、南人，咸以经明行修举焉。此元朝科目之盛，亘古莫能及也。前宋止东南一隅，士之获与科甲者犹曰匪易。矧今天下混一，三年大比，随计上京师者三百人，而以百人登第，则凡由此而仕者，厥惟艰哉。”另见嘉庆《湖广图经志书》卷十二《进士题名记》：“宋祥符间，郑尚而下，至宝祐二百余年，衡阳由进士举登第者六十有一。皇元设科取士，自延祐甲寅始，逮至元乙亥，前后八科，湖广省贡士通得二百二十有四人。衡则有彭寿之父倡之于前，护都石花等继之于后，五人而已。较之于前代，虽有多寡之殊，亦不可谓无人矣。才难之叹，不其然乎。"

　　5　《至正集》卷三十二《送冯照磨序》。

　　6　见植松正：《关于元代江南的地方官任用》，第256—259页。

　　7　《元史》卷二十五《仁宗本纪》延祐元年十月乙未条。

　　8　《元史》卷八十三《选举志·铨法中》："大德四年，省议，诸职官子孙荫叙，正一品子正五品叙，从一品子从五品叙。……从七品子近下钱谷官。"

　　9　《至正集》卷七十五《吏员》。

　　10　《元史》卷二十七《英宗本纪》："（延祐七年八月）丙辰，祔仁宗圣文钦孝皇帝、庄懿慈圣皇后于太庙。"

　　11　《元史》卷一百八十二《许有壬传》："至治元年，迁吏部主事。二年，转江南行台监察御史。"

　　12　《元史》卷一百八十三《孛术鲁翀传》："时有旨，凡以吏进者，例降二等，从七品以上不得用。翀言：'科举未立，人才多以吏进。若一概屈抑，恐未足尽天下持平之义。请吏进者、宜止于五品。'许之，因著为令。"从传记内容来看，似乎吏员升迁的限制由于孛术鲁翀的建言而被取消，但实际上《元史》卷二十七《英宗本纪》延祐七年三月戊戌条有言"戊戌，……定吏员秩止从七品，如前制"，可见《孛术鲁翀传》中或有贻误，抑或建议被采纳后又出于某种原因而重新进行了限制。

　　13　《元史》卷二十九《泰定帝本纪》至治三年十二月乙酉条："定吏员出身者秩正四品。"

　　14　指将三年一次的科举取士的人数平均为每年。这里许有壬所说的应该是元统元年的进士及第人数，当时正好为一百名。

见《元史》卷八十一《选举志一·科目》："延祐二年春三月，廷试进士，赐护都答儿、张起岩等五十有六人及第、出身有差。五年春三月，廷试进士护都达儿、霍希贤等五十人。至治元年春三月，廷试进士达普化、宋本等六十有四人。泰定元年春三月，廷试进士捌刺、张益等八十有六人。四年春三月，廷试进士阿察赤、李黼等八十有六人。天历三年春三月，廷试进士笃列图、王文烨等九十有七人。元统癸酉科，廷试进士同同、李齐等，复增名额，以及百人之数。"

15　《元史》卷一百四十二《彻里帖木儿传》。

16　反映类似情况的史料还有很多。例如《存复斋集》卷四《送强仲贤之京师序》就提到："国家承平垂七十年，治教休明，百度具张，而取士之科尤广。凡入官者，首以宿卫近侍，次以吏业循资。盖近侍多世勋子孙，吏业多省台旧典。自此或以科举，或以保荐，内则省台院部，外则路府州县，咸以岁月计迁，九品分班，森布天下，可谓盛矣。而百家九流之人，亦杂出于其间，岂遴选之多，而士之所以求进者，亦不专以儒术欤。古者为官择人，今则因人授官。古者选官侍从，今则侍从出官。古者乡贡里选，今则归官乡里。此汉世取士之杂，流弊至此，而人不之察，故每有侥幸之心，而奔竞之习相踵矣。"另有《元史》卷一百八十五《韩镛传》曰："韩镛，字伯高，济南人。延祐五年中进士第，授将仕郎、翰林国史院编修官。……泰定四年，转国子博士，俄拜监察御史。当时由进士入官者仅百之一，由吏致位显要者常十之九。"

17　例如《白云集》卷三《代人上书补儒吏》："今圣天子下明诏，设科取士而官之，德至渥也。有不得预于此者，则使由吏以进。夫取才于学，周制也。选官于吏、汉法也。由儒入吏，由吏拜官，则兼周汉之任人。然则今之为吏者可谓贵，而士之生斯世可谓幸矣。"

18　详见李治安：《元代乡试与地域文化》，《元代文化研究》第 1 辑，2001 年；《元代乡试新探》，选自《元代政治制度研究》，人民出版社，2003 年。

19　《元史》卷八十一《选举志一·科目》："若夫会试下第者，自延祐创设之初，丞相帖木迭儿、阿散及平章李孟等奏：'下第举人年七十以上者，与从七品流官致仕。六十以上者与教授。元有出身者，于应得资品上稍优加之。无出身者与山长、学正。受省劄，后举不为例。今有来迟而不及应试者，未尝区用。取旨。'帝曰：'依下第例恩之，勿著为格。'"另见《归田类稿》卷首所载《大元敕赐故西台御史中丞赠摅诚宣惠功臣荣禄大夫陕西等处行中书省平章政事柱国追封滨国公谥文忠张公神道碑铭》："贡举初立，转礼部侍郎。明年，进士集京师，或谓试之严，可得真材，公曰：'场屋废且百年，一旦急之，得士必不广，恐沮后来。'竟议如公，策而不第者，皆赐秩有差。"

20　《元史》卷八十一《选举志一·科目》。

21　牧野修二：《元代勾当官体系研究》（《元代勾当官の体系的研究》），大明堂，1979 年，第五章"令史与掾史"（「令史と掾史」）。

22　王建军：《元代国子监研究》，澳亚周刊出版有限公司，2003 年，第 311—312 页。

23　《滋溪文稿》卷六《送韩伯敬赴杜浦巡检序》："儒者之为学官，由县而州而路，积百五十月始入流选。其迁调之淹，需次之久，近者二十余年，远者或三十年，而其人亦老矣。朝廷知其然，略更其制，愿为巡徼官者听，南士调广海，中州士调江南。夫天生民而为之士，宁无豪杰有为之才，倜傥不羁之器。顾使跋涉江湖风涛之险，触冒蛇虺瘴雾之毒，其亦可怜也哉！士之往者又岂得已也哉！……唐山韩伯敬由真定儒学正调江南杜浦巡检，将行求言，故书是以赠。"

24　详见森田宪司：《作为碑文撰写者的知识人》（《碑文の撰者としての知識人》），收入《元代知识人与地方社会》。该文为《关于济南路教授李庭实——作为碑文撰写者的教官》（《済南路教授李庭実をめぐって—碑文の撰者としての教官層—》）[昭和五十七年度科学研究费综合研究（A）研究成果报告书《关于中国士大夫阶级与地方社会关系的综合研究》（《中国士大夫階級と地域社会との関係についての総合的研究》），1983 年]与其著《从碑记的撰述看宋元之交的庆元士大夫》（《碑記の撰述から見た宋元交替期の慶元における士大夫》）（《奈良史学》第 17 卷，1999 年）两篇文章合并修改而成。另见陈高华：《元代的地方官学》，《元史论丛》第五辑，1993 年。在南方，也有不少文章将学校官作为集"士誉"的职位，与吏职区别看待。例如《巴西集》卷上《送蒲廷瑞北游序》："廼今成都蒲君廷瑞始游云南，又自蜀沿江汉、历闽峤，由雁宕、赤城、甬东以来钱塘。其生益后于余，而意气瑰迈不群，且练习世故，皆余所爱慕以为不可及者。往为儒官，驰士誉，宪府用荐者补佐史，不肯婾阿苟禄去，将道金陵，上京师。"

25　高桥文治：《太宗窝阔台癸巳年皇帝圣旨译注》（《太宗オゴデイ癸巳年皇帝聖旨訳註》），《追手门学院大学文学部纪要》（《追手門学院大学文学部紀要》）第 25 号，1991 年。

26　《元史》卷八十一《选举志一·学校》："成宗大德八年冬十二月，始定国子生，蒙古、色目、汉人三岁各贡一人。十年冬闰十月，国子学定蒙古、色目、汉人生员二百人，三年各贡二人。武宗至大四年秋闰七月，定生员额二百人。冬十二月，复立国子学试贡法，蒙古授官六品，色目正七品，汉人从七品。试蒙古生之法宜从宽，色目生宜稍加密，汉人生则全科场之制。仁宗延祐二年秋八月，增置生员百人，陪堂生二十人，用集贤学士赵孟頫、礼部尚书元明善等所议国子学贡试之法更定之。"

27　《元史》卷八十一《选举志一·学校》："仁宗延祐二年秋八月，……每岁终，通计其年积分，至八分以上者升充高等生员，以四十名为额。内蒙古、色目各十名，汉人二十名。岁终试贡，员不必备，惟取实才。"

28　详见王建军《元代国子监研究》。

29　《元史》卷四十《顺帝本纪》至元六年十二月条："十二月，复科举取士，制国子监积分生员，三年一次依科举例，入会试，中者取一十八名。"另见《滋溪文稿》卷三《国子生试贡题名记》："于是，国子积分生试者百二十人，中选者十有八人，将登名于石。"

30　关于蒙元时代的乡试，详见李治安《元代乡试与地域文化》《元代乡试新探》两文。

31　《道园类稿》卷四十七《倪行简墓志铭》："成均弟子员，常五百六十人。"

32　《滋溪文稿》卷九《元故太史院使赠翰林学士齐文懿公神道碑铭》："仁宗自居潜宫，嘉尚儒术。及其即位，学校贡举之制兴矣。"

33　详见牧野修二：《元代勾当官体系研究》，第83—89页。

34　以上汤阴许氏的信息，来自《元史》卷一百八十二《许有壬传》、《至正集》卷六十四《亡兄大理知事公志》、《安阳县金石录》卷十一《有元赠中奉大夫湖广等处行中书省参知政事护军追封鲁郡公许公神道碑铭并序》。

35　《燕石集》卷十四《故集贤直学士大中大夫经筵官兼国子祭酒宋公行状》。

36　此乃据延祐三年（1316年）的规定。宋本就任数年前的情况不详，但应不会有太大差别。《元史》卷八十三《选举志三·铨法中》记载："延祐三年部拟，行台、察院书吏、各道廉访司掌书、元系吏员出身者，并依旧例以九十月为满，依汉人吏员降等，于散府诸州案牍内选用，任回依例升转。"

37　《闻过斋集》卷五《元故资政大夫江南诸道行御史台侍御史韩公权厝志》。

38　萧启庆：《元代科举与菁英流动：以元统元年进士为中心》，选自《元朝史新论》，允晨文化实业股份有限公司，1999年，第162—173页，原载《汉学研究》第5卷第1号，1997年。

39　《山右石刻丛编》卷三十九《元故朝散大夫金太常礼仪院事宋公墓碑》。

40　《元史》卷一百八十三《王守诚传》、《道园类稿》卷四十六《王宜之墓志铭》。

41　《柳待制文集》卷十《师氏先茔碑铭并序》。

42　《滋溪文稿》卷十四《濮州儒学教授张君墓志铭》。

43　《至正直记》卷四《乙酉取士》。

44　《道园类稿》卷四十七《倪行简墓志铭》："成均弟子员常五百六十人，江南之士在列者数人耳。"

45　王建军：《元代国子监研究》，第 308—310 页。

46　《关礼部文集》卷十五《送舒生序》："番阳舒生元以国子伴读授宗仁卫教授，需次京师，将暂还其乡，过予，请一言以别。予闻国初时监举伴读之选甚严，而精如耶律公有尚、高公凝、姚公燧，皆此焉出。今之在朝廷号名公卿者，犹可历数也。近岁法弛而弊兴，其进也不以材，其试也不以程，矫辞而谒告，旷职而家居，循日计月候期，至得仕如探囊取物，议者咸以为言，而未有能奋然起而更之者。盖积习既深，而觊幸者之所不乐故尔。虽然，法之行于昔也，得人固多。法之斁于今也，又岂无一二才且良者居其间，可以执一论乎？生由泰定初补四门生，至顺间为伴读，而至今几二十年，尚及接前人之休风，其进选也，公其传习也勤，受命而职，教以其淑诸人者远以淑后之人，吾知其必能也。"

47　王建军：《元代国子监研究》，第 330—331 页。

48　《伊滨集》卷十四《送赵叔仪序》。

第十一章
蒙元统治下的华北地区应举人数

前言

本书到上一章为止多次提及，关于蒙元时代华北地区科举恢复的影响，从现有研究中能够了解到的具体细节十分有限。尤其是科举的重新举行究竟在多大程度上吸引了时人的关注，对于这一问题我们可以说是一无所知。这种缺失产生的原因，固然在于史料上的制约，而且就目前而言，想要像研究宋金时代一样对科举人数进行大致推算，也不是一件易事，更不可能像明清时代一样，得出相对具体的数字。

尽管如此，在对本书所设定的研究课题进行考察之际，推算应举人数无疑是必不可少的一个环节。因此本章将竭尽所能，利用所有现存史料，对蒙元时代华北地区的应举人数试作一探讨。众所周知，科举恢复以前，元朝也以儒人选试的形式实行过几次大规模的考试，先行研究业已指出，这些考试在当时的人看来，无疑就相当于科举。因此，作为考察科举人数的前提，本章将首先从探讨儒人选试的应试人数开始。

第一节　儒人选试的合格人数及应试情况

如上所述，要讨论蒙元时代的科举及应举者的相关情况，该时代特有的户计（户籍划分）——"儒户"，以及出身于此的"儒人"，都是重要的考察对象。为了选拔儒人而实施的，正是被称为"儒人选试"的数次考试。根据相关史料，与儒人相关的考试举行的时间分别是①戊戌年（1238 年）、②至元七年（1270 年）、③至元十年（1273 年）、④至元十一年（1274 年）、⑤至元十三年（1276 年）、⑥至元十七年（1280 年），共计六次。本节将围绕这些考试的具体实施情况，以应试人数为中心，厘清需要注意的几点问题。

一、戊戌选试

戊戌选试是蒙元政权首次实施的儒人选试。此次共有 4030人合格，在所有人都免去差役的基础上，选通晓世情之人任命为籍贯所在州县的议事官。[1]关于此次选试的合格人数，光绪《潞城县志》卷三《王公迁封墓志》中记载，潞城王良弼的学生应试于平阳，以第 147 的名次合格。[2]另据光绪《山西通志·艺文志·重修庙学记》所记，当时处于汉人军阀段氏势力范围内的泽州，州学中有大量学生参加考试，两府试（指在太原和平阳举行的选试。泽州的学生很可能出于籍贯等原因，分别于两处参加了考试，但相关细节不详）合格人数共计 122 人。[3]这也就是说，平阳选试的合格人数至少在 147 人以上，而仅将泽州的应试人数一分为二，平均于平阳和太原两地，太原选试的合格人数也在 60 人以上。虽然有赖于段氏的努力，泽州州学的复兴相对较早，且该地也算是儒士集中的地区，但从戊戌选试之际，连奴隶身份的士人（驱儒）都被赐予了应试机会这一点来看，很难想象泽州的应试人数能占全部合格人数的大半，因此应该可以认定，平阳、太原的合格总人数至少应是泽州合格人数的数倍。

　　单纯地将4030名合格人数分配到现存史料诸事例中出现的选试考场［平阳、西京、东平、大名、益都、河北西路（真定？）、武川］，每处的合格人数大约为575人。不过与此同时，还应该考虑到有一些考场并未记载于史料中（例如作为各地区中心都市的京兆、汴京、燕京、上京等地，显然应该举行过选试），假设考场有十处以上，那么每一处合格人数就为300～400人。即便考虑到各地的地域差别，这个数字也较为合理。另外，从考场所在地来看，戊戌选试极有可能是对前章中提到的金代府试的模仿。

　　戊戌选试的合格人数达到了4000人，这个数字应该较为可信。遗憾的是，我们无法确知该时期的合格标准，因此无法推算出当时究竟有多少人参加了考试。不过，这次选试的负责人大多是参加过金代科举，或是曾出仕于金国，有着近距离观察金朝制度的经验的人，再加上上面提到的实施选试的考场与金代府试相似，或许可以认为，就连选试的内容，也很可能模仿了金代科举。假设其合格率与金代后期府试一样，为大约5倍的倍率，应试人数就为2万人左右，这个数字相当于金代中期的水平，但考虑到战争带来的混乱，以及连驱儒都被召集起来的彻底性态度，这个数字应不为过。至少这一时期没有史料表明应试者全部合格，那么应试人数最少也应达到合格人数的两倍，即8000人到1万人左右。

二、至元七年

该年举行的选试中合格的事例，目前能够确认的仅有一件。[4]但由于缺少相关史料，该事例的背景无法明确，也无法考察应试总人数。据次年至元八年公布的《户口条画》，中统四年（1263 年）分拨时被认定为儒人的，"今次"再次保勘免差，[5]至元七年的合格者很可能就是这次保勘之际的某考试中的合格者。

三、至元十年

能够确认的事例仅有一件，[6]为戊戌选试中合格者之子，在移居之地以明经合格。这个例子的背景也同样难以明确，也没有关于应试人数的信息。也有可能是很多儒人没有接受上文提到的至元八年公布户口条画之前的儒人认定（保勘），于是为了将认定进行得更为彻底，蒙元于至元十年再次进行了认定考试。

四、至元甲戌年（十一年）

这一年的合格者事例只有一个，可能是在京兆府应试。[7]关于这个事例，相关史料作了如下说明：

> ……至元十载，皇子安西王胙土关中，秦蜀夏陇，悉归控御。……间者有司以旧制儒其户者止当复身。贤王虑文风不振，特颁教令，凡士之居境内，皆隶儒籍，乃全复其家，敕所在毋扰。[8]

很可能是安西王在至元十年的分封之后，便马上举行了儒人认定。从这份史料中看不出任何举行考试的迹象，而是"凡士之居境内，皆隶儒籍"，但这里的"士人"标准为何，全无定论，史料的真实度很难肯定。事实上，《榘庵集》卷七《阴阳提举焦君墓志铭》中还提到，"至元甲戌，（或为忽必烈受安西王委托）诏遣使择通儒术者不事征役，君一试中等"，明确表示了没有进行选拔考试。若是以居住在安西王领内的所有士人为对象，便应该有相当多的应试者闻风而来，而其他同时代的史料中，对此也没有任何记载描述。

另外，在 13 世纪 40 年代的河西（主要指原西夏领土）有一个著名的事例，即接受高智耀建言的阔端（Köden）对领内的儒人全部予以了免差，[9] 可知至少在忽必烈朝的前半期，蒙古王侯对自己投下或位下的儒人单独实施过某些政策。

五、至元十三年

这一年的选试是认定华北的儒人和儒户的最终考试，华北 3980 名儒人的人数便是在此时确定的。由于并没有证据表明蒙元政权有意增加儒人户的数量，参考戊戌年 4030 人左右的合格人数，上述至元十三年的数字应该也是较为可信的。在这一年，有些家族首次出现合格者，[10] 但也有很多家族如《辍耕录》卷二《高学士》中所说"国朝儒者，自戊戌选试后，所在不务存恤，往往混为编氓"，即戊戌选试以后便江河日下，再不能在后来的选试中获得一席之地，或是经济、社会地位没落，无法再维持儒户地位，渐渐被新兴的儒户家族取代。因而这次选试的应试人数，应该也不会比戊戌选试少。

六、至元十七年

该年只有一个例子，即父亲为至元十三年选试中合格的儒人，未能任官便早逝，其子在至元十七年的选试中合格。严格意义上来说，这个例子更应该算作个别的认定考试。[11] 这个例子同时也表明，至元十三年举行选试确定儒户之后，儿子继承父亲儒人身份之际，也须参加考试，合格即被认定为"中第"。[12]

以上是本章对能够通过现有史料确认的六次选试分别进行的考察。若如上文所述，蒙元时代的选试模仿了金代科举，考虑到金末战乱的影响，以及进入蒙元时代以后出仕途径的多样化，我们有理由认为4030人与3980人这两个数字，作为府试级别的考试的合格人数，应算是较为合理的。虽然无法明确选试的合格倍率为多少，不过若假设为2倍，应试人数便在不足1万；为5倍时则应试人数约为2万。金代科举中，各阶段考试的合格倍率都不会超过5倍。若合格倍率达到10倍，应试人数便有4万人左右，达到20倍，则应试人数为8万人左右，然而基于金代的应试人数，即便考虑到应试者中有很多不学无术却渴盼偶然中第之辈的可能性，仍很难想象合格倍率会达到10倍或20倍。

第二节　蒙元时代的科举应举人数

蒙元时代华北地区应举人数的相关史料，比起金代显得更为贫乏。堪称罕见的史料之一，即苏天爵（1294—1352年）的《燕南乡贡进士题名记》，其中对14世纪中期真定的乡试作了如下叙述：

> 昔者皇庆之时，肇定乡试之所，由两都、十一行省、河山之东二宣慰司及真定、东平共十有七。……其试于真定者，河间、保定、顺德、广平、大名、彰德、卫辉、怀庆九路，取合格者二十有一，国士、诸国士各五，汉士十一。其始也，

或阖郡不荐一人，今则应书之士几六百人，是可尚矣。[13]

文中所说"阖郡不荐一人"的情况是否真实，暂且不论，关于后来真定的乡试应试人数"几六百人"，应该是很接近事实的。关于这个数字，有两种解释，即参加乡试的总人数为600人，或是一州的应试者约为600人。若为后者，据《元史·地理志》，这一时期河间、保定、顺德、广平、大名、彰德、卫辉、怀庆九路下辖州共有28个，那么参加乡试的总人数就达到了16800人。这个数字占金代章宗朝最大应试人数的一半以上，若果真如此，就意味着进入蒙元时代以后，这一地区科举应举人数出现了急剧的增加。

究竟哪个解释更为合理，现阶段很难断言，就笔者所见，可能前者更为自然可信。因为据《元史·地理志》，至顺元年（1330年）上述九路的总人口共为1109515人。上面讨论的真定乡试的举行，在至顺元年大约20年之后，但当时红巾之乱尚未波及华北地区，人口出现急剧变化的可能性很小。假设总人口的半数为男性，应试人数为16800人的话，就意味着男性每33人之中就有1人参加了乡试。当然，这里估算的男性人口中还包括儿童和老人，以及零散农民，因此实际上应试者在总人口中所占比重还应该更高。众所周知，一般而言参加科举需要经济上、时间上有大量富余，在这个前提下，很难相信应举者会是如此高密度的存在。另外，从第九章第二节中讨论的该地区出仕途径变化的情况来看，该地居民对科举似乎并未抱有很大兴趣。

下文中还会详细探讨，这一时期的华北科举中，南方人伪造籍贯越境应试的情况时有发生，他们蜂拥参加真定乡试的可能性也不能否定。不过，在户籍所在地应试的大原则，在蒙元时代也未有改变，如若果真发生这些违反规定越境应试之人造成真定乡试应考人数显著增加的情况，很难想象苏天爵等官员会对之视而不见。从这一点也可以看出，应试人数达到16800人的可能性极低。

另外一份宝贵的史料记载，来自《宋元科举题名录》中的《山东乡试题名记》，记录了至正十年（1350年）秋天在济南举行的乡试：

> 有题名自至正十年秋始。初，宪使中奉公八都等议曰："济南居山东上游，三岁大比，宣慰司所部三路十有三州四十有六县之士来试于兹。若峄州及滕之邹县、滕县，近虽割置淮东徐郡，而士缘故籍贡试如初岁之来者不下四五百人。"14

据《元史·地理志》，当时滕州下辖县仅有邹、滕两县。也即是说，单从山东宣慰司所辖州的总数来考虑，若采用这个说法，四五百人这一数字就为在济南应试总人数的十三分之二，可推定济南乡试应试人数为2700～3300人。

从以上真定、济南的例子可知，蒙元时代华北地区应科举人数的推算，比金代更为困难。假设华北地区所有举行乡试的考场（大都、上都、河南、陕西、辽阳、山西、河东、东平、真定）人数平均，都与济南相同，那么总人数就达到19000至23000人。不过，正如我们在上面看到的，真定的应试人数可以推定为600人左右，而实际上，各地区的乡试参加人数之间应该有相当大的差别。例如，大都人口众多，完全有理由相信其应试人数比济南更多。而一方面，辽阳等地本身人口较少，应试人数自然也会相应减少。

另外值得一提的一点是，关于蒙元时代的南方，尤其是江南三省的乡试参加人数，苏天爵在《滋溪文稿》卷十四《濮州儒学教授张君墓志铭》中曾提到，"江南三行省每大比，士多至数千人"。事实上，据零星史料记载，延祐元年（1314年）江西行省参加乡试的人数为3000人，至正丁亥年（1347年）江浙行省的乡试中，选择《诗经》作为考试内容的应试者共有700人。[15] 把南方的这些数字与到前代为止应试人数的南北差异结合考虑，济南乡试的2700～3300人之数，应该可以说在华北地区算是相当多的。也就是说，假设华北其他考场都有与济南同等规模的应试人数，整个地区的乡试人数就为23000人，而这个数字应该是蒙元时代华北地区科举应举人数的最大值。

此外，关于华北各地的乡试，有一份史料《大元故翰林侍讲学士通奉大夫知制诰同修国史兼经筵宫曹公墓志铭》[至顺元年（1330年）]值得关注，宫纪子也曾多次强调其重要性。[16]

> 贡举之制，蒙古、色目士为右榜，汉、南为左榜。右榜士程试常宽，而魁选率取蒙古、汉人。又以士少登第不可理人，乃限年二十五听就试。以故举人或尝奴仆赘壻蒙古、色目，即冒主父外舅贯，寔籍南，曰"吾祖考尝在北"；齿未及，辄伪造之。[17]

该史料表明，为了在应试时寻求有利条件，自南方远道而来的应试者不在少数。出生于湖北沣阳，延祐四年（1317年）

湖广乡试第一名、延祐五年（1318 年）进士及第的忽都达而（Qutuγdar，1296—1349 年），其一子捏古思（Nigesü）在至正七年（1347 年）山东乡试中获得第二名，[18] 应也属于选择在北方参加乡试的一个例子。由此，我们须得考虑，史料中出现的蒙元时代华北乡试的应试人数，未必准确表明了华北地区的真实情况。

结语

本章对蒙元统治下的华北地区科举的应举人数作了一个大致估计，推算儒人选试参加人数约为 20000 人，延祐科举恢复之后科举参加人数最多为 23000 人。本书第一部的考察中曾提到，女真统治下的华北科举应试人数呈现出稳步增加的趋势，而后来的蒙元时代，人数却出现了明显的下降。关于这种现象的出现，在上一章及之前考察的基础上，还需要考虑到在当时出仕途径多样化的大背景中，科举已然失去了前代那样的凝聚力，这一点明明白白地反映在了应举人数上。

此前本书中屡次提及，在南宋时期的江南地区，科举应试人数明显增加，以官学生为中心的士人在徭役或案件裁决方面享受优待的惯例逐渐确立。那么，在本章中讨论的蒙元时代的华北地区，在科举已经很大程度上失去了凝聚力的情况下，士人层是否还能享受相关特权？在下一章中，笔者将围绕这个问题，对比金代、南宋时代士人层的情况，以蒙元时代的华北士人层为对象进行探讨。

注释

1　《元史》卷二《太宗本纪》九年秋八月条："（九年）秋八月，命摩和纳、刘中试诸路儒士，中选者除本贯议事官，得四千三十人。"卷一百四十六《耶律楚材传》："丁酉，……乃命宣德州宣课使刘中随郡考试，以经义、词赋、论分三科，儒人被俘为奴者亦令就试。其主匿弗遣者死。得士凡四千三十人，免为奴者四之一。"《静修先生文集》卷十七《处士寇君墓表》："天下既定，中书令耶律楚材奏疏，使分诸道设科选士，中者复其家终身，择疏通者补郡县详议。"

2　"……乃命子从师学问，年逢大有，乃就平阳戊戌之试，应赋论二科，选中一百四十七。"

3　"……我侯之敦谕举子，就两府试，预选者百二十有二人。"

4　赵州平棘出生的武震（1229—1285年）。详见《雪楼集》卷二十二《濮州临清县主簿武先生墓表》："至元七年，诏试儒生，中者复，遂中高第。"

5　《通制条格》卷二《户令》至元八年三月（户口条画）条："一，儒人户计。中统四年分拣过儒人内，今次再行保勘到委通文学，依旧免差。不通文学者，收系当差。"

6　博州李义（1216—1303年），据康熙《陵川县志》卷七《李尚书追封陇西郡侯神道碑》。

7　咸宁焦荣（1247—1317年），据《榘庵集》卷七《阴阳提举焦君墓志铭》。

8　《金石萃编未刻稿·陕西学校儒生颂德之碑并序》。

9　《庙学典礼》卷一秀才免差发条，夹注"公（高智耀）遂言：'西州多士。昔皆给复，今置传与编氓等，乞与蠲免。'太子从之。公奉旨归”。

10　潞州黎城的权秉忠（1249—1315 年），据《雪楼集》卷二十二《故翰林待制权君墓志铭》；博州堂邑焦养直（1237—1310 年），据《道园类稿》卷四十一《焦文靖公神道碑》。

11　济州徐天麟的事例，见《清容居士集》卷二十九《滕县尉徐君墓志铭》。

12　《清容居士集》卷二十九《滕县尉徐君墓志铭》："……子敬，至元十三年中明经，无禄即世。孙天麟，十七年亦中明经。"

13　《滋溪文稿》卷四《燕南乡贡进士题名记》。

14　《宋元科举题名录》，收入北京图书馆古籍珍本丛刊第二十一册，《山东乡试题名记》。

15　《水东日记》卷十二《胡石塘送诸生诗序》所引《送欣都、朱、庐、饶诸生会试京师诗序》："皇帝龙飞御天之三年十有一月，诏天下郡县兴贤者能者，明年行江浙中书省试士钱塘，凡一千二百有奇。"《佩玉斋类稿》卷八《江西乡试小录序》："至正四年秋八月，江西行省遵用诏书故事，合所部经明行修之士三千人，大试而宾兴之，举三岁之典也。"《东维子文集》卷八《送邹生奕会试京师序》："今年秋，江浙乡试，以《诗经》充赴有司者凡七百人，中式者仅十人而已。……至正丁亥冬十一月初吉序。"

16　见宫纪子：《"对策"的对策——科举与出版》（《「対策」の対策—科挙と出版—》），《蒙元时代的出版文化》（《モンゴル时代の出版文化》），名古屋大学出版会，2005 年，原载《古典学的现在》（《古典学の现在》）五，文部科学省科学研究费补助金特定领域研究《古典学的重构》（《古典学の再構築》），

2003 年，第 463 页注 36。

　　17　《山东嘉祥县元代曹元用墓清理简报》，收入《考古》
1983 年第 9 期。

　　18　《金华黄先生文集》卷二十七《嘉议大夫婺州路总管兼
管内劝农事捏古觯公神道碑》。

第十二章

蒙元时代华北社会中士人的地位

前言

本书第一部已经阐明，得益于金代女真人对科举、学校制度的积极整顿扩充，科举的应举者层扩大至整个华北地区。不过，在金国中央政府强有力的制约下，他们无法像南方士人层那样在徭役、案件审理方面享受特权，总体人数也远不及南方士人层。而且，第二部至上一章为止也反复指出，蒙元时代的科举只不过是多种出仕途径的其中之一，始终未能像前代一样占据独一无二的地位，应试人数与历代科举相比也显得非常少。

尽管与金代情况截然不同，但蒙元时代的史料中具有"士人"称谓之人频繁登场，也是众所周知的事实。而在这里尚存疑问的就是，同样被称为士人的两者，在社会地位上有着怎样的连续性和差异？

正如我们在第八章定襄县的事例中看到的，相关史料已经表明，即便在蒙元时代，拥有儒学修养的人在地方社会中也是受人仰视的存在。而在本书问题意识的语境中，我们需要追问的是，随着统治者从女真转向蒙古，这些人在法律、习俗上的地位发生了怎样的变化，抑或是一成不变？

基于以上问题，本章首先对该时代史料中"士人"的用例进行确认，在此基础上观察儒人的地位，官学、书院以及民间教育设施中学生的情况，围绕特权是否存在这一问题进行考察，并将最终结果与先行研究积累丰富的南宋时代江南士人层，以及本书第一部第三章中考察的金代华北士人层的相关认识作一比较。

第一节　蒙元时代华北地区"士人""士子""儒士"的用例

如上所述，蒙元时代"士人""士子""儒士"等用词在史料中频繁出现，例如光绪《赵州志》卷十三《增置学庄记》的记载"同签书枢密院事赵公名良弼既新赞皇庙学，又置学庄，买居人二户以赡给诸生。……委本州士人刘藻、杜邦彦、赵元粹等择选负郭良田，于州东赵村买地八百亩、州东北黎村买地二百亩"就表明，与金代一样，史料记载多将他们与一般民众区别开来。作为本节最基本的前提，首先有必要厘清这些词究竟被用在哪些人身上。本节首先以与第一部第三章同样的标准对之进行分类确认。

A类　①《秋涧集》卷八十《中堂事记上》："时官至省者，士人首以有无生理、通晓吏事，为问及取要所业文字盖审。夫资身之术，或能否从事及手笔何如耳。"②《牧庵集》卷十五《中书左丞姚文献公神道碑》："宋平，凡其侍从之臣，以士子入见者，必令见公，询其学行而官之。"③《紫山集》卷八《送朱金事诚甫浙东之任序》："安阳士人诚甫朱公，自监察御史，以不畏权势强御，直言不忌，出佥浙东廉访司事，中外以得人为贺。"
主要指具备儒学修养的官吏。

　　B类　①《山右石刻丛编》卷二十九《垣曲文庙记》："予
谓垣曲邑卑民少，素无儒士。"②《秋涧集》卷八十八《乌台笔
补·荐济南士人杨从周事》："今体访得济南士人前监察御史杨
清卿孙杨文郁，天姿雅厚而有文，子史群经，多所浃洽。"③《秋
涧集》卷三十六《太平县宣圣庙重建贤廊记》："（太平县学废，）
然至元八年夏，进义副尉平遥任兴嗣来主县簿，睹其如是，慨焉
兴感，乃祗会教官张铸孙某暨邑之士人，相与庀材，傲工经营。"④
民国《定县志》卷二十《增修府学记》："（购入学田，）于是
士子之饩廪治，藏修游息之所粗备。"主要以所有具备儒学修养
的知识人为对象，有时包括官学、书院的学生在内。此外，上文
中出现的光绪《赵州志》卷十三《增置学庄记》引用部分，下文
还有"余有七十亩为两庄募佃户耕种，委信厚干济生员管领，又
赎驱口一户王襄，掌学洒扫之役"之记载，表明文章中出现学生
（生员）一词时，除之以外的地方知识人多被称呼为士人。

　　C类　《至正集》卷三十二《送冯照磨序》："士出门持数幅纸，
始终缀文才十一首，即得美官，拔出民上矣。"指科举应举之人。

　　D类　《秋涧集》卷九十二《乌台笔补·事状·保士人杜之
材贾宗传状》："窥见新乡县布衣贾宗传、胙城县中选儒士杜之
材二人，性沈厚端亮，有文辞而通世务。"可见"儒士"一词有
时特指儒人，此例中的"中选"之说即为其明证。

　　由上述分类可知，除了D类以外，其他三类在使用上并无
严格的区别，与金代相同，几个词本义都是指"具备儒学修养的
知识人（儒者）"，这一意义在蒙元时代也没有发生改变。然而

上文也已提到，问题就在于从金代至蒙元时代，在地方社会中他们的身份构成与社会地位有没有发生变化。基于这些情况，下一节将就这些被称为"士人"的人在地方社会中的地位问题，从作为地方知识人群体，被明确赋予特殊身份与特权的儒人的角度出发，依次对官学、书院中的非儒人学生，以及民间教育设施加以考察。

第二节　地方社会中的儒人

要探讨蒙元时代华北士人群体的相关问题，该时代特有的户计（户籍划分）——儒户，以及出身于其中的儒人，是十分重要的考察对象。户计以儒学修养为选拔标准，设有特别的出仕途径，可以说是受国家认可的地方知识人群体。

历来的研究主要以江南地区为对象，将儒人作为地方社会中的一种阶级，或作为聚集了大部分前朝士人的集团来理解。[1]确实，儒人享有特别的出仕途径，并享受免差的特权，除了杀人等重罪以外，一般而言在刑法上与普通民户相区别，适用特别的审理程序（约会），很明显，他们在地方社会中的地位是很特殊的。但正如森田宪司曾多次强调的，就现有史料来看，蒙元时代的士人层中，并非所有人都是国家所掌握、了解的儒人。[2]而通过本书第八章中的个案研究也可以看到，儒人的地位区别并不严格，与"阶级"一词相去甚远。可以说，儒人不过是当时地方知识人群体中的一部分，而其他户计出身之人也自称"进士""乡贡进士""儒士"等，在地方社会中同样被视作读书人。

进入 14 世纪以后，由于儒人从以吏员、学校官身份出仕，到最终获得资品的时间不断变长，元朝于皇庆年间取消了约会制度，甚至暂时废除了免差的优待。[3] 不过，通过元统二年（1334 年）的圣旨可以确认当时存在免差，[4] 由此可知，直到蒙元时代的最后，儒人与普通民户仍然被区别对待。

　　考察这些儒人在地方社会中的地位，各种碑刻乃是最有用的史料，其中更以碑阴所刻题名记一类为主。著名的一个例子，是原碑现存于西安碑林第五展示室、[5] 拓本收录于《北京图书馆藏中国历代石刻拓本汇编》第 50 册第 136 页的《诸儒户题名录》。碑身最右记"宣圣殿庑重修既完树石勒记载事备已令将寔兴芳儒户刊列碑阴"字样，详细记录了参加重修的儒人姓名，以及他们与其祖先（儒人选试合格者）的亲属关系。其中包括隶属京兆府学的 42（43？）人，咸宁县学 18 人，长安县学 10（11？）人，以及寓居的 1 人。由此可见，虽不能确定是否全员，但隶属京兆府学的儒人一直到蒙元时代末期，都以修学地官学为中心，相互之间保持着联系。类似于这样的官学重修记等，记录有赞助重修的儒人名单的例子在蒙元一朝频繁出现，可以说，终蒙元一朝，至少在那些官学坚实存在并稳固发展的地区，儒人的集团始终存在。

　　另外，从题名记中的顺序等要素，也可以推测名单中的人与其他地方精英的关系。例如，据民国《新城县志》卷十五《大元保定路雄州新城县重修孔庙记》的描述，[6] 在县城里，儒人作为耆老，与社长、提领同格，在乡里则与都社长、社长、医工、县木匠作头、甲匠提控、寺主、前社长、前副使、前里正同格。这就是说，儒人与其他特殊户计（医户、匠户）、身任役职之人、曾任役职之人、首领官、曾任首领官之人、寺观住持等共同形成了新城县的地方精英层。据笔者管见，在其他碑刻的事例中，一般而言儒人、秀才也都是与社长、吏员、各种户计提控等同格刻录，这清楚表明了当时地方社会中儒人的地位。

由上述论证可知，蒙元时代的华北社会中，与作为地方精英享受社会特权的南宋时代士人层的形象最为相近的，就要数儒人群体。儒人的存在，是蒙元时代与金代华北社会最明显的差别。不过，正如我们在上一章中所看到的，整个华北的儒人人数在至元十三年（1276 年）确定为 3980 人，且没有迹象表明该人数后来尚有增加。而且上文也提到，并非所有地方知识人都被包括在儒人制度之中。在蒙元时代华北地区的科举及第者中，儒人毋宁说是少数派，[7] 这一事实也为上述问题点提供了佐证。

第三节　官学、书院中的非儒人学生

对于儒人来说，儒学修习是国家赋予的义务，而儒人本身也是蒙元时代华北地区身份最明确的地方知识人层。不过，州县的官学及书院中，还有除他们之外的学生。本书第一部第二章中提到，金代士人层并没有徭役、刑法上的特权优待，这一点是他们与同时期南宋士人层的明显差异之一。那么，蒙元时代华北地区的情况又如何？虽然能够回答这个问题的史料并不多，本节仍试图对此尽可能地加以探讨。

关于非儒户出身学生进入官学，《元典章》中有一份至元十九年（1282 年）公布的岁贡儒吏选拔规定，其中有如下内容：

一、诸州府直隶省部，皆有受敕教授，仰本路官于管下

> 免差儒户内选拣有余闲年少子弟之家，须要一名入府州学，
> 量其有无，自备束脩，从授读书，修习儒业。……非儒户而
> 愿从学试验，择学业有成，名第近上者充府州学生，仍申本
> 路本州照会，摽入学生之籍，依旧就学肄业。[8]

　　关于学生的"择学业有成，名第近上者"，可知应是举行了
某种选拔考试，遗憾的是其细节并不明确。又或许是并无明确的
考试规定，而将选拔之权交给各地学校官，由他们来进行斟酌选
择。第九章第二节中曾列举了大名王氏王伯益（1266—1313 年）
的例子，说他"生数岁，入乡校，旬月中已能习尽群儿所读书，
问难其师。……因劝其父某送诣郡学，未数月，又绌其同舍生如
乡校"，[9] 这里的"乡校"，不知是指义学、社学还是县学，但
王伯益作为乡学中成绩优秀之人被送往州学，应该正是"择学业
有成，名第近上者"的一个实例。

　　这些官学、书院中在籍学生的数量，各地参差不齐，[10] 难取
平均。在上一节看到的《诸儒户题名录》的事例中，京兆府学为
42（43？）人，咸宁县学 18 人，长安县学 10（11？）人。但
这只是儒人的人数，所有学生的实际人数应该比之更多。例如，
民国《单县志》卷二十《重修庙学碑》[至元十七年（1280 年）]
就提到"其从学者恒及百人"。此外，在延祐二年（1315 年）
的会试中落第而就任学校官的真定藁城张在（1276—1331 年）
执教于濮州学之时，时常有百余名学生从山东各地慕名而来。[11]
当然，这"百人""百余名"学生未必全是正规生，甚至"百"
之数字可能都只是修辞手法，不过笔者管见所及，这些事例中出
现的学生人数，应是同时代史料中出现的最大人数。

那么，这些官学生是否享有某些特权，尤其是像儒人或南宋士人一样的差发、徭役或刑法上的优待？关于这一点，虽然很多史料都明确记载了官学生的生活费是由学田保证的，但涉及免除徭役的问题，《元史》《元典章》《通制条格》等相关条例中均无任何记载。《勉励学校诏》等圣旨也只是规定以学田所得来支付学生的生活费，没有一言半语提及徭役。另外，《中庵集》卷七《皇庆改元岁奏议》（大德七年）在提议改善学校制度的背景下，给出方案称"生员入学者，与免本身杂役。能通一经者，免本身差发。通二经者及成功课者，除免本身差役外，本户杂泛全免三年。无成者，依旧当役"，由此可见，至少在大德七年（1303年）以前，并不存在针对官学生的免除徭役规定。而史料中也没有证据表明这个提议被采纳，应该可以断定它在整个蒙元时代都未能实施。不过，虽然数量有限，但14世纪的史料中还是记载了几个官学生被免除徭役的例子。

①同治《畿辅通志》卷一百十六《开州建庙学明伦堂记》[王鼎（1242—1320年）撰]："（知开州）顾尝病其庠舍僻陋，生徒懈弛，读书不数人，刀笔半之郡县。……侯自莅政，未遑他事，择行修之士复其身，以补弟子员，朔望躬临，明经会讲。"

②《中庵集》卷一《长山县学田记》[至大三年（1310年）]："大德丁未，余在京师，见中书掾许商孟君仲贤乞便亲，出尹长山。明年，……其县教王潜顷来谒余，曰：'吾尹孟君治事之外，旦至庙学观诸生讲授，课其进退，复子弟之入学者，里胥无敢窥其门。'"

③嘉靖《内黄县志》卷九《内黄县达鲁花赤安住去思碑铭》[天历二年（1329年）]："已而民安辑，有所盖藏，乃招县弟子，

以为学官弟子员，为除徭役。"

　　④《安阳县金石录》卷十《彰德路儒学创置雅乐重建讲堂记》
[天历二年（1329年）]："（彰德路总管马□言：）生徒若是寥索，
反不若一县□之多，□吾□劝□有不至者欤。吾闻之善为仕者，
以善诱民而利导之。□□□□□□□。凡诸生隶学者，悉捐杂徭，
勿令与凡民等。才德之优者，成秩序，擢贡之。既而生徒云集，
增广元额。"

　　不过，须得注意的是，上述所有免除徭役的特别待遇，都并
非出自该地区的学校官之令，而是地方官鉴于战乱所造成的混乱，
以及学校衰落等事态所采取的临时对策，应该看作前所未有的特
例。而且，并不是说但凡学校复兴之际，就一定会实行免除徭役
的措施，据笔者管见，学生仅能收到生活费补贴的案例反而占大
多数，例如《默庵集》卷三《石州庙学记》[大德十一年（1307年）]
中所说的"首选邑之秀民子弟，充州学生，仍拨系官间田若干亩，
以供养士之费"。换言之，就现存史料来看，免除学生徭役的措
施，一般仅是地方官为了振兴学校而偶尔实施的优待措施，并非
所有官学常有的定例。不过，各路所置的蒙古字学，确是从设置
之初就规定，免除学生本人的徭役。[12]

　　上文曾提及，除了一部分重罪，犯罪儒人适用与一般民户不
同的审判流程。而对非儒人官学生，史料中则不见任何审判上的
特别措施或减刑等优待。众所周知，根据蒙元时代的审判制度，
审判途径、法律体系都因户计划分和所属民族集团而异，在这种
情况下，很难想象非儒户出身者仅凭身处官学这一点，便能够与
儒人享受同样的特权。

　　另外，本书第一部第三章曾指出，金代士人的服装与一般庶

民并无太大差异。而到了蒙元时代，官学生已有规定的服装，例如至元十年（1273 年），庙学春秋二丁之际，该庙学的儒人和学生[13]就曾"襕带唐巾"举行释菜礼。[14]

关于蒙元时代的官学，还有一点需要留意的是，上文引用的《长山县学田记》中的"里胥无敢窥其门"，以及《开州建庙学明伦堂记》中的"读书不数人，刀笔半之郡县"等记载其实都表明，官学与其说是修习儒学之地，倒不如说是练习吏业之所。我们在第九章中已经看到，作为出仕途径之一，吏员出身在整个蒙元时代都十分盛行；还有研究表明，州县居民时常积极将族中子弟送到当地吏员身边学习。[15]考虑到以上情况，出于居民的需求以及吏员的意向，官学沦为吏业学习之处的情况很可能广泛存在。本书第三章注 51 引用部分表明，在金代的县学之中，也有许多学生成为吏员的例子，我们有理由认为，这种情况源自金代。不管怎样，练习吏业是学生进入官学的重要动机，这一点应是确凿无疑的。

此外，14 世纪前期的亦集乃路学中曾发生过一个问题，即当地一户人家请求教授接纳族中子弟作为学生，被教授拒绝之后，便雇用路学的生员负责子弟教育，结果似乎造成该生员再不肯回到学校。[16]表明官学的儒学教育已逐渐趋向有名无实的类似记载，在史料中屡屡可见，官学教育功能衰退的例子，应也不少。这就表明，并非整个华北地区所有州县中，都有身穿公服的官学生存在。

第四节　民间教育设施

在蒙元时代的华北地区，官学、书院在籍，被赋予免差特权的儒人，以及自费进入学校学习的官学生，可以说是拥有"学生"身份的最容易辨别的士人。不过在他们周围，还有进入乡学等私立教育设施修学的人，这些人形成了地方知识人群体的外围。史料中记载的关于这些人的活动，有以下几个例子值得一提。

①霸州益津县宫琪。"霸之益津人宫君琪，即其西乡所居作学舍，合诸庄子弟，俾肄业其中。且为庙、像先圣先贤，以春秋旦望奠谒如学官法。"[至顺二年（1331 年）][17]

②居住于村落百余家的邯城"隐士"郑居仁。"平昔业农，誓修孔子庙，建义学。买地于家傍，……仍割膏腴田二百亩以赡师生。"[乙亥年（1335 年）][18]

③奉元路临潼县好义乡李德邻。"奉元之属县曰临潼，乡曰好义，李姓德其名者，乃今见之。……岁饥，散所蓄粟麦千二百斛，折贷券二千五百余缗，周恤之多，有不可计。里人上其事，有司覆其实，旌门曰义士。既又创骊山书院，为屋若干楹、延师以诲凡弟子之从学者。割田二顷，给其廪饩。由是观之，所谓六行者，顾不彰彰明甚矣乎。今诏条设取士之科，以行实为首，则君为无愧矣。"[至正辛巳年（1341 年）][19]

④安肃高林里。"安肃高林里，距吾居五十里，闻有孔子庙，枉道而拜焉。询其创始复兴之由，里之耆老刘祯等言：'庙起于五代之际，久乃废毁。金大定间，乡先生孙直卿率里中豪族卢、刘、田三氏始修葺之，迄今至元庚辰，圮坏几尽。'祯，刘氏孙也。复率卢氏子孙共继先志，经营于其年之春。逮明年秋，庙貌

既尊，乃兴祭器，以祀事告成，且为乡约春秋释奠之礼，俾可以继。里人自以非学者而祀先圣，恐逾礼制，请就质焉。"[20]

蒙元时代的史料中，类似例子不在少数，可见这种活动是在饥馑之时提供食物、资源，或替他人还债乃至勾销债务，或在交通不便之地修建桥梁、供人休憩的驿站等善行的一环。有时甚至连地方官都乘民间讲学之便建设官学。例如《中庵集》卷一《蓨县庙学记》就记录了大德十一年（1307年），在有教官而无县学的景州附郭县下属的蓨县，"州之东北四十里许，有曰孙家镇者，居民阜繁，为蓨名镇，古谓之仁风里。先是，里儒郭渊暨其徒为文会讲习，因营隙地为室，位孔子，行释菜之礼。（知州）赵君一日过之，喜曰：'是可以立吾学矣。'……"表明县学是基于"里儒"们的活动而修建起来的。

在这些维护和重修学校的活动中，规模最大、史料数量也最多的是山西泽州一带进行的乡学建设、复兴活动。这一系列活动与上一节中讨论的乡贤祠的设立一样，都反映了从南方传来的新思潮。

> 明道先生殁几三百季，泽潞里馆岁昵淫祀而嬉优伶，才乏俗浇，识者兴叹。由金源而来，庙貌仅存者九而已。向翼教授怀孟北归，始记勾要。召为应奉翰林文字，又记釜山。继为修撰，又记河西。窥喜吾乡士人，可与为善，复叹今之守令，无循良以兴起之也。英庙临御，制诏台察，岁举守令。延祐七年，澄城簿郭质来宰是邑，政治大行，惟善以教。稽之旧典，大复米山等五十九里之文馆，像圣揭虔，光辉盛德，如瞻前仰高于阙里也。泰定元开甲子，皇上肇开经筵，赐进

士以公服之春，翼以御史出签淮西风纪，归展先垄于高良。米山里人牛用、张顺、赵良辅、牛忠、牛信、郭祥、赵世杰等曰："吾里虽陋，家计之余三百，今尹兴学，盍倡謇从，肖圣人天公，并绘十子于正室，以待礼奠。敢记诸丽牲，以示不朽。"[21]

关于泽州一带所谓"程子乡校"的扩大，杜正贞已有研究。杜氏指出，金末元初，郝经（1222—1275 年）等当地学者认为，金代以后的华北也传承了以伊洛之学为渊源的道统，因而对程颢在治平四年（1067 年）年至熙宁三年（1070 年）曾任晋城知县之事大加渲染，将程颢的就任作为学术传承的滥觞。随着这一认识在蒙元时代的官员之间普及，许多乡学都在"程颢设乡学，教化所辖之民"的号召提倡下建立起来，甚至成了为明清时代所继承的传统。[22]

如程子乡学这样始于官方斡旋的事业，其建设过程中受到地方官各种支援的可能性自然很高，然而却没有史料能够证明这些民间教育设施的学生或教师拥有特权或特殊待遇。而执教的"师""里儒"的实际形象，正如上文所举亦集乃路学的例子，是收取报酬的官学生，或是精英家族招聘的著名儒者，形式各不相同，但基本上都是附近的公认具备儒学修养之人。当然，我们无法因此而认定所有教师都有具备一定水准的修养，下至《通制条格》卷五《学令》[至元十年（1273 年）] 所批判的"处处村庄各社请教冬学，多系粗识文字之人"，上至集合乡里子弟亲自进行教授的许衡、刘因，应该说教师资质参差不齐，才是真实情况。

结语

以上本章所考察内容，可以总结如下。蒙元时代士人层与金代士人层之间最明显的差别，就在于儒人这一免除差发以及在刑法上享有特殊审判待遇的群体的出现。换言之，在南宋时期的江南，针对士人的优待措施并非王朝制度普及的结果，但在蒙元时代的华北地区，与南宋类似的特权人群的出现，却是在蒙元政权制度框架之中。而且，其形成与科举能力等要素无关，某些儒人一旦以集团的形式确定了人数，其他儒人便不可能再加入其中。非儒户出身之人也可进入官学、书院学习，但却不能与正规生一样享受徭役的免除和刑法上的特别待遇，即便偶有例外，也不过是个别特殊情况下的临时措施。另外，民间教育设施中的教师、学生则与前代一样，不属于享有特权的对象。

总而言之，蒙元时代的华北地区并不像南宋时期的江南，没有基于参加科举能力的有无而形成拥有特权的士人层。只因这种特权只有受到来自中央政府的制度上的支持才能成立，而相较士人层作为地方社会领导者倾向日趋明显的南宋，蒙元社会的契机则显得全然不同。

注释

1　详见大岛立子：《关于元代的儒户》（《元代の儒戸について》），《中岛敏先生古稀纪念论集》（《中嶋敏先生古稀記念論集》）下卷，汲古书院，1981 年，第 336 页；牧野修二：《元代的儒学教育——以教育课程为中心》（《元代の儒学教育—教育課程を中心として—》），《东洋史研究》第 37 卷，1979 年；

片山共夫:《关于元代的乡先生》(《元代の郷先生について》),
《蒙古研究》(《モンゴル研究》)15，1984年。

　　2　森田宪司:《研究课题与现状》(《研究の課題と現状》),
《元代知识人与地域社会》(《元代知識人と地域社会》)，汲
古书院,2004年。原标题为《元代汉族知识人研究课题(二)(三)》
(《元代漢人知識人研究の課題二、三》)，收入《中国——社
会与文化》(《中国—社会と文化—》)五，1990年，第24—28页。

　　3　详见牧野修二:《关于蒙元时代儒人户的差发(差役)
免除(下)》[《エケ·モンゴル時代における儒人戸の差発(差
役)免除について(下)》]，收入《近畿福祉大学纪要》(《近
畿福祉大学紀要》)第2卷第1号，2001年，第201页。另见
有高岩:《元代的司法制度——以约会为中心》(《元代の司法
制度　特に約会に就いて》)，《史潮》第6卷第1号，1936年;
岩村忍:《元典章刑部研究——刑罚手续》(《元典章刑部の研
究—刑罰手続》)，《蒙古社会经济史研究》(《モンゴル社会
経済史の研究》)，京都大学人文科学研究所，1966年，原载《东
方学报(京都)》第24号，1954年;陈高华:《元朝的审判机
构和审判程序》，《东方学报(京都)》第66号，1994年;海
老泽哲雄:《约会中的觉书》(《約会に関する覚書》)，《元
史刑法志研究译注》(《元史刑法志の研究訳注》)，1962年。

　　4　《元史》卷三十八《顺帝本纪》元统二年三月诏:"科
举取士，国子学积分，膳学钱粮，儒人免役，悉依累朝旧制。学
校官选有德行学问之人以充。"另见《元代白话碑集录·淇县文
庙圣旨碑》:"列圣相承，谆谆勉励，科举条章，国学典制，俱
以昭明。伏虑有司视为文具，怠于学行，皇帝即位作新学校的圣

旨，颁降四方，以期成效。……秀才儒户每不拣什么差发，依着世祖皇帝圣旨体例里休当者。……元统二年三月廿九日，大都有时分写来。"

5　详见饭山知保、井黑忍、舩田善之：《陕西、山西访碑行报告》（《陕西·山西訪碑行報告》），《史滴》第 24 号，2002 年，第 72 页。

6　"碑阴额曰重修孔子庙记，左曰德播千年，右曰功传万代，皆正书。以下悉书布施人之头衔及其里居。凡横分五列，直为二十七行。行之字数不一。第一列首曰：宣授管领随路本投下打捕鹰房人户达鲁花赤姬鉴，共占二行。次低二格曰：管领保定等路打捕鹰房人户提领王杰，亦占二行。次低四格曰：司吏凡四人。次低五格曰：东庶功德主凡十五人。次低四格曰：贴书凡一三人。次低四格曰：首领凡五人。次低四格曰：里正凡九人。以上共二十三行。第二列首行曰坊正。次祗待大使各若干人。次高二格曰院务提领。次高一格曰：大使各若干人。次高二格曰：站赤提领凡二人。次高一格曰：医学教谕一人。次高二格曰：蕲州院务提领一人。次高二格曰：在城耆老。下分社长、儒人各若干人。次曰检医管勾十四人。次曰容城县张景村、范阳县永乐村各一人，均高一格。第三列、四列、五列皆为本县村名村，皆平列。其下有都社长、社长、儒人、医工、本县木匠作头、甲匠提控、寺主、前社长、前副使、前里正各若干人。惟三列有雄易二州阴阳提领南马村高文秀。五列有前河间阴阳提领黄□村张协、各高一格。"

7　萧启庆：《元朝多族士人圈的形成初探》，《元朝史新论》，允晨文化实业公司，1999 年；原载《第二届宋史学术研讨会论文集》，中国文化大学，1996 年。以及其著：《元代科举与菁英流动：以元统元年进士为中心》，《元朝史新论》；原载《汉学研究》第 51 号，1997 年。

　　8　《元典章》卷六《典章十二·吏制·儒吏·随路岁贡儒吏》。

　　9　《道园类稿》卷四十三《天水郡侯秦公神道碑》。

　　10　官学无定员，例如大德十年（1306 年）就有规定曰"学粮赡养师生，天下通例，生员多寡，各随所宜"（《通制条格》卷五《学令》）。

　　11　《滋溪文稿》卷十四《濮州儒学教授张君墓志铭》："延祐初元，诏郡县宾兴多士，有司以君应诏，遂以春秋中其科。明年春，试礼部，下第。时贡举初兴，试者锐于一得，既而被黜者哗言不止，至作诗歌讥诋主司。君即日束书而归，曰：'是吾所学未至也。'朝廷方崇尚斯文，作兴士气，凡与计者，偕授以校官有差，君得真定儒学正。……乃循资调濮州教授，泊然赴官，振举学职。山东学子远近至者常百余人。"

　　12　《元史》卷八十一《选举志·学校》："至元六年秋七月，置诸路蒙古字学。十二月，中书省定学制颁行之，命诸路府官子弟入学。……愿充生徒者，与免一身杂役。"

　　13　原文为"陪位诸儒"。这或可认为主要是针对儒人的表达，但春秋释奠及每月朔望的仪礼，都是包括在籍儒人在内的所有生员都会参加的，因此这项关于服装的规定应该同样适用于非儒人学生。详见牧野修二：《元代生员的学校生活》（《元代生員の学校生活》），《爱媛大学法文学部论集 文学科编》（《愛媛大学法文学部論集　文学科編》）第 13 号，1980 年，第 17 页。

　　14　《元典章》礼部卷二《典章二十九·礼制二·服色·秀

才祭丁当备唐巾襕带》。

15　牧野修二：《元代勾当官体系研究》（《元代勾当官の体系的研究》），大修馆，1979 年，第 6—11 页。

16　《黑城出土文书（汉文文书卷）》，科学出版社，1991 年，第 195 页 F234：W10。"亦集乃路儒学教授所学□胡文整　谨呈，自到任以来，为本路急欠儒学教授，学校堕废□。总府劝谕儒户人民、良家子弟学习诗书。去后至四月□，杨只立古前来，向文整诉说，□只立古有学生一名汝勇，布交□学读书□，见将来，为文整不肯收接，却钱一十两分付本学生员许仲明收接。随有耳卜渠□□。如今，这张太平奴有孩儿一个，名昌娥儿。入学读书后，选日将来□。□从回说，你每学生不来，没体例。要你钞两当□，□不见生员前来习学诗书。社长王朵只立巴并杨只立古、胡不鲁罕、张太平□。□说，嘱实是不便。今将各人元与学课钱□。"

17　《文献集》卷七上《乡学记》。

18　乾隆《汤阴县志》卷二《邶城社学记》。

19　《闲居丛稿》卷二十《义士李德邻序引》。

20　《静修先生文集》卷十八《高林重修孔子庙记》。

21　《山右石刻丛编》卷三十三《有元泽州高平县米山宣圣庙记》。

22　杜正贞《村社传统与明清士绅：山西泽州乡土社会的制度变迁》（上海辞书出版社，2007 年）第四章"明清泽州的士绅社会"第一节"地方文化传统的建构——程子乡校的故事"。

第十三章

稷山段氏的金元时代

——11—14世纪山西汾水下游地区"士人层"的存续及变化

前言

在上一章中，笔者着眼于蒙元时代华北士人层的社会地位，将之与金代相比较，并做了探讨。但是，对于讨论蒙元时代华北"士人层"时必须厘清的一个重要基础知识，即金代士人层的连续性问题，目前尚缺明确的解答。我们在第十一章中已经看到，华北地区的科举应举人数在蒙元时代出现了大幅减少。此外，观察各种《登科录》就会发现，蒙元时代恢复科举以后，华北地区的及第者中所占比例更高的，并非与金代士人层关联性普遍较强的儒户，而是军户、民户等户计出身之人。[1]当然，金代以来的士人家族中，也有很多被分类于儒户以外的户计，但这种现象恰恰说明，就在无缘经历科举的几代人之间，原有的金代士人层已经悄然发生了不小的变化。

不过，除了本书第八章中讨论的限于县级的极个别事例以外，身处华北地方社会的金代士人层，在肇始于蒙元入侵的动乱中发生了怎样的变化，或者是在多大程度上还有继续存在的可能性，这些问题都尚未经过实证性的讨论。

遗憾的是，出于史料限制，关于金代士人层进入蒙元时代之后在多大程度上保持了其原有地位的疑问，已无法通过列举具体数值来论证。因此，本章选取了在金代有多人进士及第、进入蒙元时代以后也保持"以儒学为显姓"[2]之地位的山西汾水（汾河）下游地区稷山县段氏的事例，通过分析段氏家族成功的社会背景，在对比其他地方精英层动向的基础上，分析金代士人层从金进入蒙元时代时所面临的维持原有社会地位的问题。

第一节　汾水下游的地势特征与北宋时代的稷山段氏

现在的所谓汾水流域，一般分为三个部分：①源头开始沿吕梁山脉流至太原兰村，②太原兰村至洪洞石壁的平原地区、③洪洞石壁至万荣黄河河口，姑射山与乌岭山、中条山脉所夹的平原地区。唐宋时期，①地区为中原王朝与北方游牧势力边境地带，而②和③则是华北典型的农耕地带，也是自山西通往陕西、河南的交通要道。自唐代起，有就许多精英家族兴起于此，到了北宋时代，这里更是华北屈指可数的进士人才辈出的地区。[3]进入女真、蒙元统治时期后，③地区流传下来的史料也是最多的。出于这些原因，本章将③地区称为"汾水下游地区"，设定为本章的主要考察对象地区。

段氏所居的稷山县地处汾水下游地区，隶属于人口密集程度与平阳府（蒙元时代称为晋宁）、河中府（蒙元时代称为河津）

不相上下的绛州，位于汾水沿岸交通要地。本书第一部中也有提及，据《山右石刻丛编》卷二十二《段季良墓表》，段氏最早的先祖，是北宋时代定居于稷山县县城附近的"司理参军"段应规（以下关于稷山段氏族谱，可参见族谱图7）。段氏为稷山县大族，以至于后来段氏家族世代聚居的田庄村落被称为"司理庄"。[4]在应规第四世孙之辈以前，段氏就拥有以其收入充当学费的田地，并按照子孙的能力，分别让他们从事家产经营与科举考试。[5]《段季良墓表》还表明，段氏五世孙（北宋末）段整顺利进入太学，后来任知太平县事。[6]

这个五世孙段整，是自司理参军段应规以后，稷山段氏一族中首名踏上宦海官途的子孙。史料中虽未记载准确时间，但从辈分来看，段整进入太学的北宋末，应该正是实施三舍法的徽宗朝。段氏虽未出过科举及第之人，但实际上与爱宕元研究的临淄麻氏[7]一样，都出身于祖先为州县属官、本身拥有大土地的家族，可以说是北宋时期华北地区新兴官僚家族的一个典型。

然而不久以后北宋便濒临灭亡，段整的人生轨迹也从史料中消失。伴随着这次由荣光倏忽转变而来的挫折，段氏的金元时代就此拉开了序幕。

第二节　女真的征伐与金代段氏

靖康之变中，金军计划在攻陷太原后转向潞州、泽州，穿越太行山脉的狭窄道路抵达黄河北岸。在金军正式着手攻占华北之后的天会六年（1128年）二月，汾水下游地区主要都市河中府陷于其手，第二年二月，平阳府（晋宁军）也步其后尘。[8]不过

族谱图 7　稷山段氏族谱图

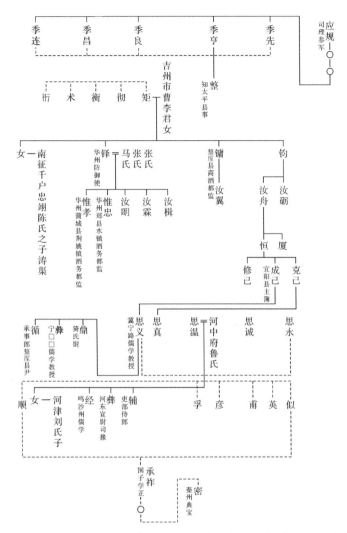

出处：据《山右石刻丛编》卷二十二《段铎墓表》《段季良墓表》《段矩碑》，《二妙集·二妙集序》《二妙集·河东段氏世德碑铭》，《国朝文类》卷五十六，同治《稷山县志》卷八《段氏阡表并铭》，《椠庵集》卷六《段思温先生墓志铭》，《吴文正公集》卷六十八《元赠奉议大夫骁骑尉河东县子段君墓表》，成化《山西通志》卷十五《赠太平尹西溪先生段君墓表》，乾隆《稷山县志》卷五《人物志》而作。

这之后该地区没有再发生大规模战事，汾水下游地区相对迅速地进入了女真的统治下。

在如此社会剧变中，稷山段氏从北宋亡国的挫折中振作起来，段整之后的段氏子孙也继续参加科举。上一节中提到的段整从弟、太学生段矩（1097—1133 年）的三子之中，钧和铎（1130—1201 年）声名闻于科场，在京师被称为"稷山二段"。[9] 虽然段钧英年早逝，但弟铎则于正隆三年（1158 年）以第五名的成绩登第，最后死于中奉大夫·华州防御使任上。铎的次兄铺及其子汝翼用铎之恩荫，任县商酒都监，铎五子之中，汝楫、汝霖、汝朙早夭，惟忠、惟孝任县商酒都监。

段铎之子一辈中无人科举登第，到其孙辈，尽管"皆业词赋，屡达廷试"[10]，仍未能进士及第。不过到了曾孙一辈，克己（1196—1254 年）与成己（1199—1279 年）于正大年间（1224—1231 年）先后登科。连出进士及第者三人，这在整个金代华北地区都属罕见的事例。

至于说到在中央政界的人脉，除了先后有李愈（《段季良墓表》《段矩碑》）、张万公（《段铎墓表》）等著名文人官僚为段氏家族成员撰写墓表，克己、成己兄弟还因词赋才能卓绝，被赵秉文赞誉为"二妙"[11]，与北宋时代的情况俨然不同。

大定（1161—1189 年）以后，在金国积极整顿、扩展科举和学校制度的政策下，汾水下游地区出现了许多像段氏一样由科举而繁荣的家族。仅在段氏居住地周边，就有与稷山相邻的绛州寄郭县下属正平县的李氏家族，族中子弟李愈几乎与段铎同时，即正隆五年（1160 年）年登词赋科之第。[12] 此外，那些尚无科举成绩的家族，也积极倡导族中子弟读书应举。例如，稷山县陈氏

代代务农，陈规却师从乡先生，进入州学，并于明昌五年（1194
年）进士及第，后升迁至中议大夫·中京副留守。[13] 在金代华北
地区，汾水下游地区本就为屈指可数的进士辈出地区，[14] 在洪洞
县，当地有识之士还专门合力建起了藏书楼，上至经史子，下至
类书、字学类书籍，尽皆搜罗齐全。[15] 该地区的士人层非但不逊
于北宋时，甚至可以说在金代出现了进一步扩大。而稷山段氏，
正是其中最成功的家族之一。

第三节 蒙元入侵与地方精英层的重组

1211 年蒙军入侵开始以后，汾水下游地区成为蒙金两国争
夺的对象，其间发生了多次军事冲突，最终于 13 世纪 20 年代中
期之前，由蒙古将其完全镇压。之后，许兀慎氏的塔察儿率军屯
驻于闻喜县，[16] 加上以其为首的大量军队，准备向四川、河南方
向出兵。[17]

在这期间，宋金以来的地方精英层出现了明显的衰落，金代
依靠子弟进士及第而繁荣的家族，大多消失在动乱之中。例如关
于上节提到的稷山陈氏在金末元初的情况，史料中有如下记载：

> （陈规）平昔著述谏稿，乱后所存无几，独其始终大节
> 表表，在人耳目者如此。配颍川郡君苏氏，先公卒，（继室）
> 赵氏没于乱。苏氏三子，男一人，汴至燕而亡。女二人，长
> 嫁宁氏子南容。次嫁燕人赵遵周，遵周卒，为女冠师。今葬
> 公者是也。二侄知柔、知刚，早以公荫仕，相次以没。[18]

本章探讨的汾水下游地区，即现在的晋南（临汾、运城）一带，分布着许多北宋时期以来的木构砖室墓葬，其中大多数的营造时间都在金末以前。[19] 例如稷山县马村的稷山金墓，共有十四个玄室，是晋南最大规模的宋金墓葬，而其最后一个玄室的营造时期也在金代后期。[20] 这直接表明，宋金以来该地区的地方精英层在蒙古大军入侵中受到了相当大的影响。

就这样，原有士人层趋向没落。而另一方面，应对动荡时事造成的混乱，或是顺应蒙元政权新制度而新兴的官僚家族也在史料中崭露头角。本节为求简洁明了，按照第一个为官之人的出仕方法，将现存史料中能够看到的蒙元时代汾水下游地区出现仕宦者的家族分为以下四种类型。而由科举实现出仕的例子，将在第五节中另行探讨。

类型 A　归降蒙古获得官职的家族

金末的军官，或统率地方武装势力集团的家族，大多数会选择归降蒙古，汾水下游地区也不例外。这些人被蒙古任以居住地周边的地方官职作为安抚，后来忽必烈政权规定禁止汉人军阀的民事官职世袭，他们便只能尝试作为军官参与远征南宋，或是以吏职、个人关系途径出仕，借以保持官职。出现在史料中的汾水下游地区的家族如下。

①靳氏（曲沃，《山右石刻丛编》卷二十六《绛阳军节度使靳公神道碑》，成化《山西通志》卷一百九十六《靳孝子墓碑》）

②史氏（河津，《二妙集·故河津镇西帅史公墓碣铭》）

③杨氏（翼城，乾隆《翼城县志》卷二十八《杨县尹墓表》）

④陈氏（河津，乾隆《韩城县志》卷十二《元韩城尹兼诸军奥鲁陈公墓塔铭》）

⑤张氏（石楼，《张忠文公文集》卷十八《晋宁张氏先茔碑铭有序》）

⑥徐氏（平阳，《山右石刻丛编》卷二十七《故河东南路提举常平仓事徐君墓碣铭并序》，《黄文献集》卷十上《御史中丞赠资政大夫中书右丞上护军追封平阳郡公谥文靖徐公神道碑》）

⑦程氏（洪洞，《秋涧集》卷五十六《平阳程氏先茔碑铭》）

⑧张氏（晋宁，《金华黄先生文集》卷三十八《嘉议大夫武昌路总管致仕张公墓志铭》）

⑨郑氏（石楼，《侨吴集》卷十一《石楼郑氏先德碑》）

上述家族中，④河津陈氏在陈千世归降蒙古，被任命为镇西帅之后，其四子分别任浮山令、河津令、河津诸军奥鲁、监河津课，皆为居住地周边的官职，属于此类型家族中的典型。不过，即便顺应时势地归降蒙古，也并不意味着能够保证家族在整个蒙元时代都富贵安泰。例如⑤石楼张氏，张大亨原本继承了金代任镇西副元帅的祖父之职，归降蒙古后被任命为石楼县尹，其子禄却未能承袭父职，在晋宁路吏任上早逝。关于张氏家族的史料得以留存，只是因为张禄的侄儿德聚出仕为詹事院掾时，得以侍奉尚在潜邸的爱育黎拔力八达，后者即位后，德聚迅速晋升，官至奉议大夫、礼部侍郎，这才委托张养浩执笔为张氏撰写墓志铭。

而且，即便归降蒙古，在归降之人死后，其子孙也未必能世袭其官职或权益。例如⑦洪洞程氏的程玉，其父在金末任摄行洪洞县令，程玉本人于壬午年（1222年）归降蒙古，随蒙军攻打陕西，后任总西京工匠。然而程玉早死，其家族也失去了到手的官职。不过，程玉的儿子程瑞后来进入昔烈门（Širemün）帐幕之下，在贵由、蒙哥朝担任襄汉地区的互市官。他于1259年参加进攻鄂州的战役并获得功绩，历任掌管忽必烈厨房的官职后，累进至武略将军、同知南阳府事，因此程氏事迹才被记入了先茔碑中。

其他顺利归降的家族中，除了济南张氏等大军阀以外，前途大多并不安稳，要想世代为官，就必须将精力倾注到吏员、个人关系的出仕途径上。⑥平阳徐氏便是其中代表性的成功例子。徐玉于己卯年（1219 年）归降蒙古，任元帅府都提控，后来官至河东南路提举常平仓事。其长子出家为道，后为平阳道官，次子德举以尚书省掾出仕，以太原路盐使司提举致仕。德举之子毅（1254—1314 年）弱冠之年受辟为□□掾，任同知檀州事之际被忽必烈所识，提拔为监察御史，累进至金枢密院事。后来更得爱育黎拔力八达知遇，后者即位后受任为江南行台侍御史，官至资善大夫·参议中书省事。毅之子宗义很可能以其父恩荫或是凭借其他关系出仕，通过史料可以确认的最后官职为亚中大夫·衡州路总管。

类型 B　由吏职出仕的家族

即便在金末战乱中错失良机，未能适时归降得官，13 世纪末以前，蒙元王朝的冗官问题还未到十分严重的地步，以吏员出仕完全可能达到中级以上的官职，因此吏职还是颇有前途的出仕途径之一。属于该类型的仅有一例，但正如上文所说，在属于其他类型的家族中，实际上以吏职出仕的方法也十分盛行。

①崔氏（绛州翼县，《申斋集》卷九《湘阴知州崔架之墓志铭》）

崔栋（1264—1334 年）弱冠之年便成为江西钞提举司·行泉府司理问所的吏员，历任抚州案牍、大都人匠都总管府留守司少府监知事·州同知之后，以奉议大夫·湘阴州知州致仕。其长子思诚以国子生身份官至承事郎·番禺县尹。

崔栋本人是以地方官衙吏员的职位出仕的，但本书第九章第一节中已经提到，若能以中央官衙吏员职位出仕，对于以后的晋升速度、人脉的形成更为有利。对于在蒙元时代初期未能与蒙古显贵构筑起个人关系的家族来说，以吏职出仕，是成为官员最基本的手段。进一步而言，从形态上来看，由相关寻求职位的活动而获得吏职的方式，与下列类型 C 关系密切。

类型 C　以个人关系而出仕的家族

这种类型也同样频繁出现于其他类型的家族中，更如第九章所述，是蒙元时代最为盛行的出仕方法之一。该类型在汾水下游地区共有 5 例。

①姚氏（稷山，《秋涧集》卷五十一《大元中奉大夫参知政事稷山姚氏先德碑铭》、《山右石刻丛编》卷三十四《姚忠肃公神道碑》、乾隆《直隶绛州志》卷十四《大都路总管姚公神道碑铭》）

②李氏（绛州月城塞，《道园类稿》卷四十五《河东李氏先茔碑》）

③杨氏（洪洞，《山右石刻丛编》卷三十七《赠平□阳万户翼千户杨公墓碑》）

④曹氏（平阳，《道园类稿》卷四十七《曹同知墓志铭》）

⑤陈氏（平阳，《雪楼集》卷二十一《故平阳路提举学校官陈先生墓碑》《故河东两路宣慰司参议陈公墓碑》、《松雪斋文集》卷九《故嘉议大夫浙东海右道肃政廉访使陈公碑》）

①稷山姚氏是凭借个人关系任官这一途径最早期的成功例子。这一家族最开始可能有族人在北宋时期任绛州观察判官，但

后来却始终无人出仕。进入蒙元时代以后，姚天福（？—1302年）受怀仁县推择为吏员，蒙哥朝时忽必烈偶然出访至怀仁，姚天福为他奉葡萄酒时，技艺引起忽必烈注意，由此进入了忽必烈的怯薛军。至元初年成为怀仁县丞，又受到丞相塔察儿的赏识，于至元五年（1268）年被擢为御史台架阁库管勾兼狱丞，后来更历任监察御史、各地按察使、肃政廉访使、行省参知政事等，官途亨通，最终官至通奉大夫·参知政事·行京尹事，其三子也都成功出仕。

稷山姚氏的出仕，契机来源于大汗之弟偶然巡访，而意欲构筑个人关系的人，通常如我们在第九章第二节中看到的，会上京寻求猎取官职之机。

④平阳曹氏的曹章，在中统初年游学京师，不知以何种途径获得了劝农知事之职。其子天锡任湖南宣慰使元帅府掾，后至承务郎·福州永福县尹。天锡长子宪（？—1343年）亦任广东帅府奏差，以武德将军·同知松江府事致仕。同时凭借个人关系和吏职两条途径，这个家族得以代代官僚辈出。曹宪长子祖仁由河东乡贡进士而至江东肃政廉访司令史，关于他的出仕，后文还会详细说明。另外，③洪洞杨氏直到14世纪初，都没有出过任何一个出仕之人，但杨温（1269—1347年）作为商人在江淮川蜀一带经商之后，与其二子一同上京，并选孙辈中"卓越者一人"，教授以"筮仕之方"，日日与"贵近"相交游。这种努力最终也获得了回报，其孙德明得以入"宿卫"，后因年资获任忠翊校尉、杭州上都翼千户。

与朝中官员的个人关系，在这些人出仕地方官衙的过程中应该起到了非常重要的作用。例如②绛州李氏，至元七年（1270年），李安生入籍定居闻喜，成为平阳达鲁花赤札剌儿（Jalayir）之"客"，其子英（1244—1288 年）被河东宣慰使任命为稷山税务大使，后转任绛州税务提领，卒于任上。在这个例子中，与平阳达鲁花赤的关系很可能在李英的仕途中产生了某种影响。李英生前曾在他人向州达鲁花赤借债时做过保证人，结果几乎损失了自己的全部财产。在如此困境中，英之子思敬在十二三岁时师从绛州贾茂之，后来选择了游学京师的道路。思敬的初衷应是获得高官青睐，凭借关系出仕，但最终也未能如愿。不过，延祐丙辰年（1316 年）陕西发生兵乱，[21] 思敬挂念母亲，毅然归乡，这一行为受到高度评价，他以孝廉被任命为河东肃政廉访司令史，后升迁至监察御史。这个事例也表现了当时的人为构筑个人关系，寻求更好的出仕机会而上京游学的倾向。

类型 D　任职于蒙古王侯位下、投下的家族

蒙元时代，安西王的权属之地（解州盐利等）散在汾水下游地区，[22] 因此该地区也有任职于安西王管理机构的例子。

①樊氏（临晋，《山右石刻丛编》卷三十一《樊氏先茔之记》）

该家族在金代以前没有出现过官吏，后来樊玉（1222—1289 年）在忽必烈朝受转运司之檄，被任以解州盐池的盐禁管理，具体官职名不详。或许是因为与盐池（安西王权属地之一）的这层关系，樊玉之子珪被安西王任命为吉州路人匠提举，并于延祐元年（1314 年）宣授为忠翊校尉·管领崇庆等处怯怜口民匠长官。

上述探讨与第九章的探讨结果完全一样，都说明了蒙元时代的出仕途径正迅速向着多样化发展。在这一结论的基础上，下一节将目光转回稷山段氏身上，集中考察在这种背景下，段氏一族如何保持其地位与名声。

第四节　蒙元时代的稷山段氏

　　稷山段氏的克己和成己兄弟，在金末进士及第，最终却没有仕宦于蒙元。克己死后，其子孙的教育由成己负责，其中就有人出仕（包括受辟召而拒绝之人）。克己次子思诚，于大德八年（1304年）年受承旨阎复推荐为任河中府儒学教授，思诚婉拒。第三子思温（1239—1288年）由安西王忙哥剌诏命辟为记室参军（王府正八品职位）[23]，却也婉言拒绝。成己之子思义（1241—1306年）于大德八年与思诚同受阎复推荐，就任冀宁路儒学教授，后来移居韩城，潜心钻研学问。思真（血缘关系不详）于大德八年出仕于国史院，可能是在此时结识了阎复，这才有了阎复亲访"河东文献故家"段氏，并推荐思诚与思义的插曲。从思义的卒年来看，他任官至多也不超过一年，很难想象他正式着手了本职工作，这个头衔可能更多的是为彰显名家之风而授予的近乎虚衔的名号。思诚辞官，或许也正是出于同样的原因。不过思温拒绝安西王忙哥剌之辟召的背景则无从查知。

　　克己、成己孙辈，有思温之子辅出仕为应奉翰林，后历任西台御史、南台御史、中台御史、金燕南河北道肃政廉访司事、国子司业、太常礼仪院判官等职。思义之子鼎、彝、循三人，以辅之恩荫分别任猗氏县尉、宁□□儒学教授、鏊屋县尹。曾孙一辈中，承祚入学于国子监，就任国子学正。继金代之后，蒙元时代的稷山段氏仍然官员辈出的背景，可列举如下要素。

　　A　从属蒙古的军阀、地方官的支持

　　克己、成己文集合集《二妙集》中，应和其诗文的大都身份不明，或是医者等人，而其中十分显眼的，是先后三次登场的"总

管李侯""万夫长李侯",即在金国受侵攻之初便归降蒙古,从
13 世纪 20 年代到 30 年代以平阳为据点的李氏兄弟李守忠、李
守贤(1189—1234 年,平阳知府)、李守正(河东南路兵马都元帅)。
像东平严氏、泽州段氏一样的蒙元华北统治初期的汉人军阀中,
许多人都曾致力于据点所在地的学术复兴,[24]平阳李氏兄弟也正
如《榘庵集》卷六《段思温先生墓志铭》中记载的"万户晋宁李
侯,迎菊轩(成己)辟馆授徒,学者四集",或如成化《山西通
志》卷十五《赠太平尹西溪先生段君墓表》中所说"国初,郡侯
李姓者迎菊轩,辟庠北廓,而遂为家",乃是稷山段氏兄弟,尤
其是成己的支持者。

在其他士人家族没落于战乱的风潮中之时,稷山段氏受到地
方统治者的支持和保护,这正是他们克服困境,保持"以儒学为
显姓""河东文献故家"地位的关键要素。一介布衣成己所撰写
的建筑物(祠庙、学校等)相关碑刻至今仍保留于当地,成己本
人更受朝廷推荐为平阳提举学校官,[25]包括后来克己第三子思温
被安西王忙哥剌辟为记室参军,这些迹象无一不表明稷山段氏在
汾水下游地区声名之盛、延续之久。

B 从词赋学向道学的转变

段氏在金代一直仅以词赋为业,而到成己之子一辈,开始出
现了向道学的转变。

> 先生虽已能读书,通大义,恒恐世学不嗣,感激或至泣
> 下。欲从菊轩卒业,重违温清。母夫人察其意,勉以好学为
> 段氏福。菊轩亦嘉其志,乐以启告。先生遂肆力于学,至忘
> 寝食。经史要义,必手籍之。始犹攻辞艺,至是尽弃去,求

> 古圣贤问学之本，究关洛考亭之传。……菊轩深器之，尝曰："是能世吾家者。"[26]

金代科举以词赋科为主流，金代以进士辈出而闻名的家族，也大多以词赋为传承之家学。[27]如上文所述，稷山段氏在金代也世代主攻词赋。但进入蒙元时代以后，词赋之学的实用价值骤减，未能适应新形势的家族逐渐失去了曾经的学问之家的声名，大多数从此没落。而此时段思温的转变与成己对之的理解，都帮助稷山段氏顺利克服了转变期的艰难。[28]

C　段思真出仕国史院以及阎复的推荐

上文提到，克己、成己下一辈的出仕，实际上全是得益于大德八年阎复的推荐。而推荐的契机，正在于该年段思真"隶籍翰林国史院"。其墓表中记载了如下内容：

> 大德八年，思真隶职国史院，承旨阎文公访河东文献故家。时遁庵（克己）有瑕已没，以芹溪（思诚）与先生（思义）并荐于朝，皆授校官。故芹溪得河中［府儒学教授］，先生得晋宁［路儒学教授］。[29]

虽然记载并不甚明确，但从前后文语境可以看出，思真出仕国史院与阎复亲访稷山一事之间，应有某种联系。不过，作为翰林国史院官员，段思真之名却不见于《元史》等所有史料，而且关于他后来经历的记录也都不明确，或许他作为翰林国史院的吏员出仕，最终却未能荣达。关于他出仕的契机，我们也无从得知，或许是上京求取官职成功，抑或是利用家族名声，得到了达官显贵的支持。

　　总之，让族中子弟进入中央官衙，以期与高官构筑起个人关系的方法，很可能在蒙元时代中期以后，对段氏一族的家运产生了很大的影响。另外，思诚、思真兄弟的下一辈中段辅的出仕，从同治《稷山县志》卷八《段氏阡表并铭》的记录"以文行，选应奉翰林"来看，应该是获得了某种举荐。段辅历任应奉翰林、西台御史、南台御史，于延祐三年（1316 年）十二月任监察御史，[30] 按照一任三年或一考三十个月的标准，其最初出仕的时期大约在 1307 年至 1308 年。从这个时间来看，我们有充分的理由认为，他的出仕与阎复有某种关系。

　　将上述对段氏成功背景的考察做一总结，可简单归纳如下。蒙元时代的史料中，段氏一族自金代起便以"学者"家族的声名受到极大赞誉，[31] 而实际上，段氏在金国灭亡、蒙元政权在华北的统治不断深化时，一一顺应时局，选择保身、出仕之路，这才得以接连培养出官员，保证了家族的世代存续。段辅飞黄腾达之后，下一代的承祚入学国子监，虽然最终未衣锦而还乡，但也算是作为学官顺利出仕了。

　　总体而言，金代多出登科子弟且进入蒙元时代也长盛不衰的家族，就笔者目前所见的例子而言，无一不是顺应了蒙元统治下新的行政、出仕制度。[32] 可想而知，那些没有顺应蒙元统治的机会或能力的金代士人家族，很难克服长达半个世纪的战乱、缺少稳固的中央政府之困境，从而保持地方精英的地位。

第五节　科举恢复及其影响

通过上一节及之前的内容，本章明确了金末元初的动乱与蒙元政权统治下新的出仕制度给地方精英层的存在形态带来的巨大影响。接下来本节将要考察的是这些情况对1313年科举重新举行这一结果造成的影响。

蒙元时代汾水下游地区的所有应举者，都与河东地区应举者一同赶赴太原参加了乡试，而其中合格名额仅为蒙古5人，色目4人，汉人7人。[33]与上文提到的其他途径相比，科举作为出仕途径的狭隘困难程度十分明显。

那么，参加科举的究竟都是什么样的人？关于这个问题，该时期史料中能够确认的汾水下游地区的进士及第事例如下。

①王士元　延祐二年（1315年）及第，临汾出身，《山右石刻丛编》卷三十七《庆寿寺佛像碑》、《至正集》卷四十一《晋宁路乡贤祠堂记》

②刘尚质　泰定四年（1327年）及第，曲沃出身，嘉靖《曲沃县志》卷三《人物志》、《元史》卷四十五《顺帝本纪》至正十八年五月是月条

③赵承禧　至顺元年（1330年）及第，晋宁（平阳）出身，《燕石集》卷十三《赵宗吉真赞》、《玩斋集》卷三《送赵宗吉赴河间太守》

④许寅　元统元年（1333年）及第，临汾出身，《元统元年进士录》、《青阳集》卷三《梯云庄记》、《秘书监志》卷九

⑤也先溥化　元统元年及第，太平出身，《元统元年进士录》

⑥野仙脱因　河东县出身，《元统元年进士录》

⑦靳荣　及第年不详，曲沃出身，成化《山西通志》卷一百九十六《靳孝子墓碑》

⑧孙抑　及第年不详，洪洞出身，《元史》卷一百九十八《孙抑传》

基于本章的问题意识，在这里首先应该考虑的，就是这些事例中各家族与金代士人层的关系，然而从上述所有事例中，都看不到任何金代以来的连续性。另外，一半的事例（①②③⑦）中，应举者的父祖辈都没有过仕宦之人，也看不出与高官或蒙古王侯有任何个人关系。也就是说，他们出身的家族都算不上具备出仕的有利条件。

至于他们为何会选择科举这条路，也没有史料直接说明。不过，从科举恢复之前就已经日益明显的冗官倾向来看，与其长年身处吏职，或是本身没有强有力的个人关系而游学于大都，希求有人慧眼识珠，倒不如将前途的赌注放在科举考试上，至少后者只要及第，便能够确保达到资品官。而且，即便父祖中有人仕宦为官，通常有承荫或承袭资格的也只有一人，次子及以下诸子若想要出仕，就必须另寻出路。例如，⑥野仙脱因虽有带武略将军之职的父亲，他本人却是次子。很可能斟酌各种情况之后，这个家族选择了让野仙脱因修习儒学。④许寅为军户出身，也有着同样的经历。

另外，⑤也先溥化出身于军户，曾祖父为□□使，祖父为州同知，然其父却未曾出仕。还有⑦靳荣出身于第三节中提到的类型A①曲沃靳氏，其曾祖父靳和（1198—1265年）于己卯（1219年）归降蒙古，为绛州守备，荣之子靳用为敦武校尉·荣河尹，后官至同知晋宁路总管府事，但从靳用的下一辈起，一族中再无人出仕，可见从靳荣一辈起，该家族就已经失去了由恩荫或个人关系等途径出仕的手段。对于这种家族来说，科举自然就会成为理所当然的选择。

科举的确是一个极大的难关，但正如第十章中指出的，一旦进士及第，立刻就能获得从六品至正八品（偶有例外为正九品）的职官，且之后若顺利升迁，完全可能位极人臣。而且，即便在考试中落第，乡试合格者或成绩优异者，往往能够被赐予以学校官为主的出仕机会；而会试落第者，还可以成为中央吏员或国子伴读。

如此一来，即便不能进士及第，只要能跻身会试，便至少保证了出仕的可能性，尽管所任的不过是低级官职。不过，早有研究指出，这种通过科举获得的任官机会，本身也应该被视为一种出仕途径。[34] 第三节中提到的平阳曹氏曹祖仁从"河东乡贡进士"（不知是指乡试合格，还是仅仅参加了乡试）被任命为江东肃政廉访司令史，也是这种类型的出仕的一个例子。

总体而言，对于那些没有合适的个人关系作为背景，却又希望出仕任官的人来说，科举虽然是一个大难题，却是很值得考虑的一个选择。不过，科举及第的名额毕竟太少，而且考虑到前几节中提到的情况，应该说，科举至多只是与吏员、推荐等途径并列的出仕途径之一，并非如金代那样，是令大多数士人心无旁骛的目标。

在这样的背景下，稷山段氏未有进士及第族人出现，不过上一节中也提到，段氏一族中有子弟进入国子监学习。第十章中曾提及的，若能在国子监中成为上舍生，且在内部选拔考试中合格，便可以免除乡试直接参加会试，而且上舍生还有其他任官途径，例如受到推荐而获任等等。段氏子弟的入学，应该也是考虑到了这种情况。有资格入学国子监的，须是七品官以上的子侄，或是获得三品以上朝官的推荐，而段氏恰好就有七品以上的官僚段辅。很明显，在这种情况下，比起参加乡试，入学国子监才是进士及第的捷径。可以说，稷山段氏也是这样逐渐顺应出仕途径的变迁的。

不过，完成国子监学业后就任国子学正的段承祚，后来以奉养老母为由辞官归乡。在他之后，段氏族人再无以吏职或个人关系出仕的迹象，史料中除了明代洪武年间自稷山县学训导就任秦州典宝的克己五世孙段密之外，[35] 再不见段氏族人的踪迹。对于承祚突然辞官归乡的原因，史料中没有只言片语提及。不过考虑到蒙元时代的恩荫条件，即五品以上官员一人只有一次机会，[36] 在阎复死后，段氏应该再无其他稳固有力的个人关系，很可能承祚得不到承荫资格，其后代失去了持续培养官员的基础，段氏一族也由此无力重振。

如上所述，在蒙元时代，如果没有与蒙古王侯或高官的个人关系作为背景，一个家族要持续培养出官员，任何一次失策都可能造成致命的失败。凭借个人关系出仕的途径在蒙元一朝盛行始终，而应举人数一直不能恢复到前代水平的原因之一，应该正是当时人面对现实情况，意图追求更为有利、更为安稳的出仕途经。

结语

本章中讨论的内容，可以总结如下。首先，从北宋至金代，汾水下游地区虽经历了女真人的入侵等战乱时期，但仍然保持了华北范围内屈指可数的进士及第者辈出的地位，可见其士人层的活跃。然而，随着金末元初战乱迭起，实行科举制度的金国统治崩溃，取而代之的蒙元王朝新制度带来了出仕途径的多样化，而未能顺应这一系列变化的大多数金代士人家族就此没落。随着蒙元政权对中国本部统治的深化，蒙元统治下的新兴地方精英们充分认识到不断变化的出仕途径的现实情况，以参与征伐南宋的军队、吏职或个人关系、效忠于位下或投下等多种途径谋求官位，希望家族世代官运不衰。而科举的恢复，对于华北地方精英层的影响应当说是有限的，比起金代鼎盛时期，积极应举的家族在数量上实在难以望其项背。在这样的背景中，金元两朝都能始终保持"以儒学为显姓"地位的稷山段氏，实际上也是正确地顺应了现实形势。

至于士人层连续性的问题，宋金时期的汾水下游地区，虽然科举应举人数始终处于不断增加中，以金代章宗朝为顶点，但随着蒙古大军的入侵，金代士人家族大多就此没落，在蒙元时代再也未能恢复原来的势力。金代与蒙元时代的士人层之间，存在着明显的断层。

不过，稷山段氏以传承儒学而声名远播，这就表明，士人层的断层并非儒学素养的权威性本身遭到否定的结果。甚至可以说，蒙元时代段氏的经历直接证明了，参加科举并非将儒学素养应用于现实的唯一途径。这就意味着，探讨该时代的士人层，科举制度的相对化是一个绕不开的课题。金代与蒙元时代的士人层之间的差异，不但存在于构成其家族的人员班底，更存在于对各种出仕途径的不同志向。这种情况与第一章和第八章中讨论的定襄县的例子，呈现出完全相同的趋势。换言之，保持儒学素养的士人层的存在方式，并不只等同于应举者层，而是随着多种出仕途径的出现，呈现出多样化的倾向。

为了更进一步、更具体地探讨"科举制度的相对化"的实质，下一章将把重点放在蒙元时代华北士人层身上，通过进一步厘清他们关于出仕的认识，考察他们怎样认识自身"吏员出身官僚"这一身份，以及南宋灭亡后，他们在与南方士人的交流中，怎样表现自己非科举出身的立场等相关问题。

注释

1　详见萧启庆：《元朝多族士人圈的形成初探》，《元朝史新论》，允晨文化实业公司，1999 年，原载《第二届宋史学术研讨会论文集》，中国文化大学，1996 年；《元代科举与菁英流动：以元统元年进士为中心》，《元朝史新论》，原载《汉学研究》第 51 号，1997 年。

2　《榘庵集》卷六《段思温先生墓志铭》："段氏世县晋宁之稷山，以儒学为显姓。"

3　贾志扬：《宋代科举》（*The Thorny Gates of Learning in Sung China: A Social History of Examination*），纽约州立大学出版社，1995 年，附录 3。

4　"降及前宋，则我司理参军出焉。参军讳应规，乡于绛之稷山，门族蕃大，连甍接闬，相望屹然，邑人号司理庄以别之。尔后埋光种德，疆畎相承，不替其绪者累叶矣。"

5　"四世孙季良，字公善，乃故赠中奉大夫武威郡侯矩之父也。故华州防御使铎之祖也。昆季五人，兄曰季先、季亨，弟曰季昌、季连，侄五人，彻、整、衡、术、衍，量材授事，各有所主，或私门干蛊，或黉宇治经，俾皆不失其性分。……故而已人有劝其仕进者，笑而不答，私谓所亲曰：'丈夫居世，岂能以太仓一粒为人所役哉。姑山之阳，汾水之曲，世有善田数顷许，足以香祭祀，奉甘旨，备岁时伏腊之礼，给子孙诗书之费。'"

6 "季亨之子整，与宾贡之书，升于太学。绛之距汴，不啻千里。始我往矣，琴书仆马，无不毕备。及至之日，津遗以时，俾忘倦游。整亦不负叔父之志，晓窗夜烛，克尽其业，为时闻人。……后以文艺擢知太平县事。"

7 爱宕元：《五代宋末的新兴官僚——以临淄麻氏为中心》（《五代宋末の新興官僚—臨淄の麻氏を中心として—》），《唐代地域社会史研究》（《唐代地域社会史研究》），同朋舍，1997年，原载《史林》第57卷第4号，1974年。

8 详见《金史》卷三《太宗本纪》天会六年至天会七年记载。

9 《山右石刻丛编》卷二十二《段铎墓表》："已与兄钧同游场屋，□□争先，振华发藻，难弟难兄矣。都人呼为稷山二段，其声价有如此者。"

10 《山右石刻丛编》卷二十二《段矩碑》："孙五人，曰厦、曰恒，尤为翘楚者，皆业词赋，屡达廷试。"

11 同治《稷山县志》卷八《段氏阡表并铭》："克己、成己之幼也，礼部尚书赵公秉文识之，目之曰二妙。"《檞庵集》卷六《段思温先生墓志铭》："初未奏名，既谒礼部赵公某，使诵所业赋，公嗟愕久之，起书'双飞'二大字以赠。"

12 《金史》卷九十六《李愈传》："李愈，字景韩，绛之正平人。业儒术，中正隆五年词赋进士第，调河南渑池主簿。"

13 《山右石刻丛编》卷二十五《陈规墓表》："曾大父某，

大父某，父密，皆畜德不耀，晦迹农亩。公贵，赠大父某官，父中议大夫。中议公娶梁氏，□生三子，长曰□，其季即公也。幼童迟不与余儿群，始知读书，月开日益，不烦戒饰。乡先生崔邦宪教以课试法，无几何时，进业出诸生右。始任戴冠，补州学生，提举学校田彦实以艺学闻天下，识公为远器，征登于门，俾诲其子。年廿有四，擢明昌五年进士第。"

14　详见本书第一部第三章第一节。

15　《金文最》卷二十八《藏书记》。

16　松田孝一：《河南淮北蒙古军万户府考》（《河南淮北蒙古軍萬戶府考》），《东洋学报》第 68 卷第 3 号，1987 年；堤一昭：《元代华北蒙古军团长的家族》（《元代華北のモンゴル軍團長の家系》），《史林》第 75 卷第 3 号，1992 年。

17　《甘水仙源录》卷六《棲真子李尊师墓碑》："时方进取，国制未定，戎马营屯星散汾晋间，劫攘财物，戕害人命者，在所有之，有司莫敢谁何。岁庚寅，太宗皇帝南伐……"

18　《山右石刻丛编》卷二十五《陈规墓表》[至元十一年（1274 年）立碑]。

19　详见山西省考古研究所编《平阳金墓砖雕》（山西人民出版社，1999 年）绪言。

20　山西省考古研究所：《山西稷山金墓发掘简报》，《文物》1983 年第 1 期，第 56 页。

21　关于此次兵乱，赤坂恒明在《和世瑓的西行与贝达尔系察合台家》[（《ホシラの西行とバイダル裔チャガタイ家》），《东洋史研究》第 67 卷第 4 号] 中对其经过进行了详细分析。

22　松田孝一：《元朝的分封制——以安西王的事例为中心》

（《元朝期の分封制—安西王の事例を中心として—》），《史学杂志》（《史学雑誌》）第88卷第8号，1979年，第64—69页。

23　宫纪子：《关于叡山文库藏〈事林广记〉写本》（《叡山文庫所蔵の『事林広記』写本について》），《史林》第91卷第3期，2008年，第26页。

24　陈高华：《大蒙古国时期的东平严氏》，选自《元史论丛》第6辑，1996年。

25　同治《稷山县志》卷八《段氏阡表并铭》："成己登至大进士第，主宜阳簿。及内附，朝廷特授平阳提举学校官，不起。"成化《山西通志》卷十五《赠太平尹西溪先生段君墓表》："世皇兴起斯文，玺书即家，拜平阳等路提举学校官，竟弗居职。"

26　《榘庵集》卷六《段思温先生墓志铭》。

27　参见本书第一部第四章第四节所列举的晋北士人家族事例。

28　王昌伟曾指出，在该时期的陕西（关中），至前代为止基于文学的"士"之观念，也出现了立足于"道学"的新"士"之概念的转变，而这显然与本节讨论的段氏的例子有关。参见王昌伟（Ong Chang Woei）：《中国历史上的关中士人：907—1911年》（ *Men of Letters Within the Passes: Guanzhong Literati in Chinese History, 907-1911* ），哈佛大学出版社，2008年，第129页。

29　成化《山西通志》卷十五《赠太平尹西溪先生段君墓表》。

30　《元史》卷二十七《英宗本纪一》："延祐三年十二月丁亥，立为皇太子，授金宝，开府置官属。监察御史段辅、太子詹事郭贯等首请近贤人择师傅，帝嘉纳之。"

31　同治《稷山县志》卷八《段氏阡表并铭》："嗟夫。昔宋失中原，文献坠地。盖为金者，百数十年，材名文艺之士相望乎其间，至明道正谊之学，则或鲜者矣。及其亡也，祸乱尤甚，斯民之生存无几，况学者乎。而河东段氏之学，独行乎救死扶伤之际，卓然一出于正。不惑于神怪，不画于浮近，有振俗立教之遗风焉。"

32　本章第三节中提到的类型 C ⑤平阳陈氏与稷山段氏一样，自北宋时期起就官僚辈出，而观察其各代子孙的出仕途径，也是北宋、金代依靠科举，蒙元时代依靠个人关系、吏职，同样是迅速顺应新形势、新制度的典型。

33　参见《元典章·礼部卷四·典章三十一·学校一》科举条制条。

34　植松正：《关于元代江南的地方官任用》（《元代江南の地方官任用について》），《元代江南政治社会史研究》，汲古书院，1997 年，原载《法制史研究》第 38 号，1989 年；李治安：《元代乡试与地域文化》，选自《元代文化研究 国际元代文化学术研讨会专辑》第一辑，北京师范大学出版社，2001 年。

35　同治《稷山县志》卷五《人物志·明》："段密，……克己五世孙。……洪武中任本县学训导，升秦州典宝。所著有《衡斋集》。"

36　《元史》卷八十三《选举志三十三·选举三·铨法中》。

第十四章

《运使复斋郭公言行录》的编纂与某蒙元时代吏员出身官僚的形象

前言

官与吏的关系，是考察蒙元时代中国本部知识人之际最重要的问题之一。当时即便是吏员，也有升迁为资品官（入流）的途径，而且，虽然如第九章所述，延祐年间科举恢复（1314年）之初，曾有一段时间里吏员入流被限制在从七品以下，但到了至治三年（1323年），任官上限提高到了四品，[1] 之后吏员向资品官的升迁，甚至官至高位的惯例一直持续到王朝末期。关于吏员的升迁途径以及他们在地方行政中的地位，先后有牧野修二、许凡、伊丽莎白·韦斯特（Elizabeth Endicott-West）做过探讨，已有了许多具体的见解。[2] 这种由吏员成为资品官的入流途径，渊源应该在于金国的制度，但从本书第一部第六章的考察可知，金代入流人数极少，官制上的重要性也并不明显。蒙元时代吏员向高官职位的升迁之所以能够稳定、持续，应该考虑到蒙元政权对实务能力的重视、科举制度长期缺席及其所带来的出仕途径多样化，以及恢复实施科举之后及第人数仍然偏少等背景要素。总之，在中国本部的历史中，吏员通常只被当作处理末端事务的小人物，甚至在大多数行政事务中不得不扮演恶人角色，与这种传统认识比较起来，蒙元时代的特殊性也就毋庸赘言了。

进一步来看，关于蒙元时代知识人的形象，更重要的一点是，虽然背景各不相同，但号称"以儒饰吏""儒吏兼通"，即出身于吏员而精通儒学学问的官僚在史料中频繁出现。[3] 从地方官衙吏员入流成为独当一面的人物，试图提升个人修养，以期更符合如今地位的想法，显然应该是这些人开始学习儒学经典的背景和动力。然而更为有趣的是，自幼浸淫于儒学，被当作士人层的人，往往也是以吏员身份出仕的。

当时，支持科举存续的潮流与受道学影响、对科举持批判态度的潮流呈现出对立趋势，安部健夫就曾从这种对立出发，探讨蒙元初期知识人的各种形象。[4] 自其之后，蒙元时代的知识人与到前代为止的"知识人几乎等同于应科举之人"之形象大不相同的观点影响甚广。近年来，更有樱井智美、宫纪子对通过著作出版审查进行保举等方法进行考察，详细探讨了科举以外的士人出仕途径。[5] 尽管如此，目前学界对"以儒饰吏"的官僚在政界的地位，以及知识人的自我认识、与周围的关系等问题，都尚未有过实证性的研究。

另一方面，蒙元灭亡南宋后，不久即着手对原南宋疆域内的保举、国子监及科举制度进行整顿和重新施行，提供以儒学修养为基础的出仕途径，而与之同时，原金国疆域则在金灭亡后半个世纪以上，除了不定期举行儒人认定考试以外，几乎没有与南宋相似的出仕途径整顿措施。在这种情况下，作为吏员出仕对于原金国疆域中的士人们来说意味着什么，我们尚无法给出确切答案。上述种种现状产生的原因，主要在于先行研究的考察对象大多囿于南人（原南宋疆域出身之人），对汉人（原金国疆域出身之人）士人的实际形态的探究尚显不足。

基于以上情况，本章将把重点放在福州路儒学教授徐东编《运使复斋郭公言行录》及其姊妹篇、编纂者不详的《编类运使复斋郭公敏行录》（以下各简称为《言行录》《敏行录》）这两部著作上。二者皆收录于各种丛书、目录中，然而至今为止并没有先行研究对其做过深入探讨。[6]《言行录》与《敏行录》是吏员出身的汉人官僚郭郁（1259 年左右—? ）在至顺二年（1331 年）从福建等处都运盐使任上离职之际，福州路学官等人为了称颂他在江南各地的治绩而编纂的，所收录者除了郭郁的行状以外，还有福建，以及浮梁州、高邮府、庆元府等地的僚属和士人所赠诗、书简，包括创建或重修官学、祠庙之际所作碑文等等，依次阅读这些文字，能帮助我们按时间顺序构建起郭郁的治绩、交游网，而后者实是明确"以儒饰吏"官僚的实际形象的珍贵信息。本章通过考察两书的编纂过程与内容，探讨在诗文及书简中被称为"以儒饰吏"的郭郁在官场的形象及其与周围人的关系，以期在一定程度上明确具备儒学修养的吏员出身汉人官僚在蒙元时代的定位。

第一节　《言行录》《敏行录》的流传过程

在考察《言行录》《敏行录》内容之前，本节首先将对其流传过程做一确认。位于北京的中国国家图书馆藏有《言行录》《敏行录》元至顺刻本，[7]共两册，都不分卷。第一册为《言行录》，之后载有《敏行录》的合册。《言行录》行款为 9 行 18 字，《敏行录》为 10 行 21 字。版框高 22.1cm，宽 13.4cm。[8]表 7 为《言行录》《敏行录》所载诗文一览，其中《言行录》除了郭郁的行状外，还收录了列举郭郁善政，并为他进一步升迁而请命的陈情表，包括郭郁本人关于设立义田的申请牒文，共 5 篇文章。《敏行录》中则收录了邓文原为贺郭郁赴任知浮梁州而作的序文，以及江南各地表彰郭郁政绩的诗、书简、碑文等共 367 首（件）。《言行录》末尾的《福建等处都转运使郭嘉议义田牒文》（序号 9）内容至第 1 册第 37 页，最后留有三行空白，后续《敏行录》则从第 38 页开头，与《编类运使复斋郭公敏行录》正文部分字体、大小相同，显示出两书的区别。此外，《言行录》和《敏行录》都有黄文仲、林兴祖的序，但如表 7 所示，第一册开头部分首先冠以《敏行录》序文，其后为《言行录》序文，再续以《言行录》正文、《敏行录》正文，明显为刊印错误。蒙元时代由中央和地方官衙主持或赞助出版的书本，有时会附有记录出版经过的公文，[9]《言行录》《敏行录》除了有刊行之际上呈的文书（序号 7、8）外，并无出自官衙的公文。从刊印上的粗滥，以及下一节中将要详细论述的出版动机来看，《言行录》《敏行录》应该不是官方出版物。

表 7　《言行录》《敏行录》所收诗文一览

序号	册数 / 页数	名称（括号内为假定名称）	日期	撰者
1	1/1a–5a	（文仲《敏行录》序文）	至顺辛未孟春之望	黄文仲
2	1/6a–8b	（兴祖《敏行录》序文）		林兴祖
3	1/9a–15b	（文仲《言行录》序文）	至顺二年上元日	黄文仲
4	1/16a–18b	（兴祖《言行录》序文）		林兴祖
5	1/19a–27b	（运使郭公复斋行状）		福州路儒学教授徐东
6	1/28a–31b	建安前进士张复奉题言行录后		建安前进士张复
7	1/32a–33a	福州路儒学陈御史台状		福州路儒学训导梁奎、黄源深、陈文绸、陈康、张英、陈环等
8	1/34a–35a	福州路儒学举状		福州路儒学耆儒蔡润等 20 余人
9	1/36a–37b	福建等处都转运盐使郭嘉议义田牒文		郭郁
10	1/38a–39a	国子司业邓善之选文卿知州浮梁任序	皇庆元年正月三日	邓文原
11	1/39b–40b	长篇		俞希圣、唐理、僧志胜
12	1/40b–43a	唐律		艮斋、汤炳龙、仇远等 14 人
13	1/43a–43b	五言律诗		胡维杓、僧可权

续表

序号	册数 / 页数	名称（括号内为假定名称）	日期	撰者
14	1/43b–45a	浮梁姚畴上知州郭侯德政序		姚畴
15	1/45b–50b	昌江百咏诗并序		
16	1/51a–52a	寿老致政嘉议郭公序	三月辛亥	胡长孺、舒叔献、张复亨
17	1/52a–52b	赵镇远寿诗序		赵镇远
18	1/52b–53a	古风		揭祐民、潘东明
19	1/53b–56a	律诗		俞希圣、林德芳等13 人
20	1/56a	寿词水调歌头		姚坚
21	1/56a–57a	寿诗后序		李鸣凤
22	1/57b–59b	寿知州郭公诗		章之才等 11 人
23	1/59b–60a	七言绝句		操贵持
24	1/61a–63b	艮斋先生酹倡诗		侯克中、吴迁等 11 人
25	1/64a–65b	昌江方希愿上复斋说	延祐甲寅	方希愿
26	1/66a–67a	浮梁州建学序	皇庆元年九月一日	前征东省提举儒学潘东明
27	1/67a–68b	浮梁桥诗并序		方玉父等 7 人
28	1/69a–70b	番阳伐章		
29	1/70b–71a	古体		周伯颜、徐天麟
30	1/71a–71b	唐律		徐省翁、吴旭
31	1/71b–72a	七言绝句		蔡儒贵
32	1/72a–72b	古词		朱友闻、方希愿

续表

序号	册数 / 页数	名称（括号内为假定名称）	日期	撰者
33	1/73a–76a	李天应上秦邮使君郭公善政颂并序	至治三年正月望前三日	李天应
34	1/76a–77b	高沙高方桂饯郭侯诗并序	至治癸亥正月上元日	高方桂
35	1/77b–78b	古体		秦邮郡庠冷掾刘克敬
36	1/78b–80a	唐律		申屠伯骐等7人
37	1/80a–80b	乐府太常引		刘忠
38	2/1a–3a	秣陵存耕陶璞饯郭侯浙漕之任	至治三年八月朔	陶璞
39	2/3a–3b	范良佐序	至治癸亥	鲍郎场盐司令范良佐
40	2/3b–6b	古体		儒人符子真等3人
41	2/7a–10b	唐律		前琼州军民安抚使王君济等15人
42	2/10b	续添古体		常圻
43	2/11a–12b	民谣十首		
44	2/13a–14a	刘道玄送江西宪使诗		刘道玄
45	2/14a–15a	任江西宪德政序	泰定二年六月癸卯	方君寿
46	2/15a–16a	骚体		苗子方
47	2/16a–18b	古体长篇		邓茂生等5人
48	2/18b–23a	律诗		岳天祐等22人

续表

序号	册数/页数	名称（括号内为假定名称）	日期	撰者
49	2/23b	五言律诗		王辰、郑尧心
50	2/23b–24b	七言绝句		晏咏通、戴熙
51	2/25a–27b	问民疾苦		德安县学儒生潘必大
52	2/27b–31a	唐律		陈宗文、王昭德
53	2/32a–32b	王泽民奉牍即事一首		王泽民
54	2/32b	亳人吕奉和金宪相公留题梅岭二绝		吕某
55	2/33a–36b	东湖去思		儒学副提举洪耕等11人
56	2/37a–45a	福建酬倡	庚午至日	郭郁、尚克和、黄文仲等13人
57	2/46a–48a	浮梁州重建庙学记	延祐元年三月朔	许师敬（篆盖）、卜天璋（立碑）、邓文原（撰并书）
58	2/48a–50a	南康县新建三皇庙记	泰定乙丑岁中秋良日	南安路总管府推官汪泽民
59	2/50a–51b	庆元路重修先圣庙记	泰定三年秋八月壬寅	邓文原（篆额）、李允中（书）、袁桷（撰）
60	2/51b–54a	庆元路士民去思碑	泰定四年十月望日	邓文原（篆额）、李允中（书）、曹愚（撰）
61	2/54a–56a	新建南台盐库之记	天历二年六月朔	张思明（篆额）、李允中（书）、黄文仲（撰）

续表

序号	册数 / 页数	名称（括号内为假定名称）	日期	撰者
62	2/56a–60b	福建等处都转运盐使复斋郭公爱思碑	至顺二年四月吉日	林定老（篆额）、林兴祖（书）、黄文仲（撰）
63	2/61a–62b	嘉兴叶知本书		叶知本
64	2/62b–63b	吉安王持福书		王持福
65	2/64a–65b	海盐州儒学教授陶璞启		陶璞
66	2/66a–66b	白鹿书院山长乐杞启		乐杞
67	2/66b–68a	临汝书院前山长郭增启		郭增
68	2/68a–69a	安成下士李廷杰启		李廷杰
69	2/69a–70a	医生临江杨叔清启		杨叔清
70	2/70a–71b	建安进士张复启		张复

《言行录》《敏行录》同时也收录于《宛委别藏》《适园丛书》《四明丛书》《续修四库全书》中，其中《续修四库全书》本为国家图书馆藏元至顺本的影印版。其他几个版本，除了《宛委别藏》本修正了上文提到的序文刊印错误以外，阙字、无法解读的内容与元至顺刻本完全一致，明显都是以元至顺刻本为底本的。[10]唯一附有收录、刊行经过的《适园丛书》本，末尾的张钧衡《郭公言行录跋》中，在简单介绍《言行录》《敏行录》的作者、内容，并描述了对郭郁政绩的感想之后，提到"阮文达公写以进呈书本，可传空格抬写，均出元刻，故悉仍其旧"。另外，《中国古籍善本书目》（上海古籍出版社，1991年）提到，当时除了"《运

使复斋郭公言行录》一卷，元徐东撰。《敏行录》一卷，元至顺刻本"以外，还著录有其他版本"《运使复斋郭公言行录》一卷，元徐东撰。《敏行录》一卷，清张蓉镜家影元抄本，清单学傅跋，缪荃孙跋"。该版本现存情况如何，我们无从知晓，但据傅增湘《藏园群书经眼录》卷四《史部二》所说，清张蓉镜家影元抄本《言行录》的行款为 9 行 18 字，《敏行录》为 10 行 20 字，附有单学傅与缪荃孙的跋文。这两篇跋文都被誊入傅增湘书中，其中道光十年孟秋的单学傅跋提到，"元运使郭郁，字文卿，号复斋，《言行录》一册、《敏行录》三册。芙川张兄得当时原刊本，选工影写，而略改徐东所编书例。实自来藏书家所未经著录本也"，认为该版本是张蓉镜（字芙川）由元刊本影印而成。宣统辛亥闰二月的缪荃孙跋则称，"复斋郭公《言行录》《敏行录》，昭文张芙川影元写本。此书阮文达公进呈后，间有传本"，认为张蓉镜影印的是元写本，而且还在其中提到了阮元进呈之事。

此处说到的"阮文达公进呈"，指的是嘉庆十二年（1807 年）十月二十七日，阮元结束了在江南的长年任职，同时恰逢为父服丧期满，赶赴北京，将自己在江南任上收集的四库全书未收书籍 60 种，连同《味余书室随笔》两册一同进呈给嘉庆帝之事。[11] 在这之后，阮元继续进呈未收书，前后共计上呈 173 种。明确肯定其中包括《言行录》《敏行录》，是因为后来阮元自己编纂的未收书目录《四库未收书目提要（擘经室外集）》卷二《史部》中收录了两书提要。若要考虑北京的中国国家图书馆藏元至顺刻本和张蓉镜家影元抄本所据版本的由来，可能性最高的应该就要数阮元进呈的四库未收书。嘉庆帝为之赐名《宛委别藏》，将之誊录并施以新的装订，上文提到的《言行录》和《敏行录》，正是宛委别藏本。后来，不知经过了怎样的曲折，张蓉镜或张钧衡，也有可能是编纂《四明丛书》的张寿镛，得到了《言行录》《敏行录》写本，抑或是得到影印元刻本的机会，总而言之，以上大致就是元至顺刻本、《宛委别藏》本、《适园丛书》本、《四明丛书》本之间的关系。

另外，钱大昕《元史艺文志》卷七《史部·传记类》中记录，"《运使复斋言行录》一卷存""《编类运使复斋敏行录》不分卷存"。[12]《十驾斋养新录》卷十三《复斋郭公言行录及敏行录》中提到，"黄荛圃买得《运使郭公言行录》及《编类运使郭公敏行》各一册"，虽可知他所据版本乃是吴门藏书家黄丕烈（字荛圃，1763—1825年）所购得的，但此版本与阮元所收集版本之间的关系，现在已无从考证。[13]

第二节　郭郁的生平与《言行录》《敏行录》

一、郭郁的出仕途径和任官经历

据郭郁之父天祐（1243—1318年）的神道碑，即收入《清容居士集》卷二十七的《有元故赠中宪大夫中书吏部侍郎骑都尉陈留郡伯郭公神道碑铭》，郭郁祖父诚在金末为避战乱，从汴梁封丘县吕村移居至大名，被"大帅"任命为千夫长，但对郭诚之前的郭氏一族的情况，神道碑中无片语提及。表8是根据《言行录》开头徐东所撰《运使郭公复斋行状》（序号5）所作的郭郁年谱。郭郁生于1259年，6岁开始读书，后来师从真定的侯克中学《易》，确切时间未知。19岁时，他"以儒雅"受江淮行省辟充为江淮行枢密院令史。在蒙元时代的史料中，例如"以儒起家，为保定校官"(《滋溪文稿》卷十三《礼部员外郎王君墓志铭》)或"以儒贡，历府、寺掾"(《中庵集》卷九《济南王氏先德碑铭》)等，同样的记叙多有出现，通常表明其人出仕途径为下列三种情况之一：①儒人、学校官出身；②由岁贡制度（经各路保举，儒人及路司吏数名选充为中央部令史的制度）出仕；③自身儒学修养受到高官或官衙高度评价而获得举荐。

就郭郁而言，史料中并无父祖或他本人在所谓"儒人选试"中合格的记载，他本人也未曾参加在华北举行的儒人认定考试，即至元十三年（1276年）选试（也有可能为参加后落第）。而以岁贡制出仕，让他能够充当枢密院令史的相关记录，也同样不见于史料。最有可能的是，因缘巧合之下，他得到了某个受江淮行省荐举的机会。他出仕的至元十二年（1275年）左右，正是随着侵攻南宋，江南地区行政官需求大幅增加、蒙元政权积极推进整顿吏员入流途径的时期，很可能举行了某些临时的岁贡或保举。

表8　郭郁年谱

年龄	时间	事迹
6	中统三年？	开始读书，稍后师从武林侯先生学习易学，号复斋
19	至元十二年？	以"儒雅"受江淮行省辟充为江淮行枢密院令史
39？	元贞元年	出仕"约二十年"后，就任河南行省令史。才能受到河南王、性斋右丞马公赏识
？	？	河南行省令史考满后，受河南王、马公推荐，转任本省幕官。受到中书答剌罕丞相赏识，任都省掾
49？	大德九年	敕授承务郎宣徽院都事

续表

年龄	时间	事迹
51？	大德十一年	任承德郎江浙行省都事
56？	皇庆元年	钦定宣命为奉议大夫知浮梁州
57？	皇庆二年	上奏建议以真德秀从祀宣圣庙
61？	延祐五年三月	任奉政大夫中书检校
61？	延祐五年八月	丧父丁忧。翰林复林元公主持丧仪
63？	延祐七年九月	任中顺大夫知高邮府
66？	至治三年正月	选授中宪大夫同知两浙都转运盐使司事
67？	泰定元年十月	以宪台上奏，受擢为亚中大夫佥江西湖东道肃政廉访司事
68？	泰定二年十月	除亚中大夫庆元路总管兼劝农事
70？	泰定四年十月	进授嘉议大夫福建等处都转运盐使。大父千户府君追赠亚中大夫广平路总管·轻车都尉太原郡侯；祖母林氏赠太原郡夫人；父嘉议府君赠嘉议大夫真定路总管·上轻车都尉太原郡侯；母李夫人赠太原郡夫人
74？	至顺二年春	黄文仲、林兴祖为《言行录》《敏行录》作序

总之，被选充为行枢密院令史这一首领官的郭郁，应当有在前期便早早入流的可能。然而事实上，郭郁在这之后几乎二十年都没有入流。关于他在这二十年里的行动以及他本人的想法，史料中无迹可寻。不过，当时吏员入流，任官地点通常都是地方官衙，不但有任期长、升迁慢的倾向，更缺少获得中央官衙的门路的机会，而后者正是保证较好迁转条件的基础。如此一来，与其有名无实地迅速入流，倒不如尽可能多地历任中央或地方高级官衙的吏职，借此构筑与高官的联系及在中央官衙中的人脉，这从长远来看更为有利。[14] 考虑到这种背景，郭郁任吏职长达二十年

的原因，很可能就是出于谋求更好的入流条件的想法。

后来，受到"贞吉河南王"和"性斋右丞马公"的支持，郭郁迎来了人生的转机。贞吉河南王即卜怜吉歹（Bürilgidei），为兀良合台（Uriyangqadai）之孙、阿术（Aju[r]）之子，继其祖父、父亲之后经略原南宋领土，元贞元年任河南行省左丞；性斋右丞马公即当时的河南行省右丞马绍。得到此二人的推荐，郭郁转任本省幕官，进而受中书答剌罕丞相哈剌合孙（Qaryasun）赏识，被擢为都省掾。大德九年（1305 年），郭郁以吏职入流，任承务郎宣徽院都事，大德十一年（1307 年）以承德郎江浙行省都事赴任杭州。后来他在中央历任都事、中书检校等文书行政方面的中坚官职，还在地方上历任知州，延祐七年（1320 年）为父丁忧完毕，自知高邮府之职起，辗转历任江南地方行政上的各大要职，于泰定四年（1327 年）就任为福建等处都转运盐使。考虑到当时吏员入流所花费的时间渐长、冗官问题日益明显等时代背景，[15]郭郁的升迁应该算是很顺利的了。

郭郁受到卜怜吉歹的厚爱，似乎已是众所周知之事，《福建等处都转运盐使复斋郭公爱思碑》（序号 62）就记载郭郁为"左相河南王性斋之客"。据《元史》卷一百三十一《囊加歹传》所说，卜怜吉歹在成宗铁穆耳死后，受答己皇太后之托，为拥护爱育黎拔力八达而尽心竭力。[16]后来爱育黎拔力八达即位，对卜怜吉歹信赖笃深，[17]皇庆元年（1312 年）受爱育黎拔力八达侧近儒臣之一的王约举荐，卜怜吉歹被封为河南王。[18]而通过上述《福建等处都转运盐使复斋郭公爱思碑》中提到的"泰定丁卯冬，朝廷命左相河南王性斋之客汴郭公为福建都转运使"可知，在爱育黎拔力八达死后，郭郁仍得以保持其势力。此外，《至正直记》

卷三《富户避籍》中则记载，"又荆溪、句容、金坛等处富户，有避良民之籍而安投河南王卜怜吉歹养老户计者。及其有势之时，可附可倚，颇称所欲。未几势去，复隶常调徭役，而养老钱仍旧不免"，[19] 可知其权势甚至已影响到江南。海山即位后，郭郁仍能顺利升迁，应该跟他在政权中枢的门路有关。

蒙元时代，尤其是在由冗官问题而造成的入流、升迁的停滞日益严重的 13 世纪末期以后，正如我们在第九章中所看到的，得到权臣、高官或是蒙古王侯的支持，对于获得中级以上官职之希望的实现是十分有利的。这种人际关系，在史料中常常被作为"侥幸""徼幸"加以批判，而实际上，若无卜怜吉歹的照拂，郭郁想要位至三品大员，显然是难上加难。从这个层面来说，郭郁也可以被看作是由"侥幸"而荣升的吏员出身官僚之中的一员。另外，郭郁有三个弟弟，二弟迪除了于泰定二年（1325 年）为钱谷官以外，生平不详，三弟厚为海道运粮万户府百户，四弟仁为江浙行省掾，都是与郭郁所辖范围相关的官职，[20] 不排除是由于长兄的周旋安排。而且，郭郁还曾以 500 贯购买了位于安丰路下蔡县西乡浊沟的熟地 800 余亩，向有司申请将之作为义田（序号 9《福建等处都转运盐使郭嘉议义田牒文》），此事与郭郁诸弟的任官一样，都是郭郁官运亨通带来了大名郭氏一族之繁荣的明证。

不过，这种来自高官的支持，当然会随着支持者的死亡或失势而消失，卜怜吉歹也不例外，正如上文中提到的《至正直记》中说的"未几势去"。《皇元风雅前集》卷二《挽卜怜吉歹河南王》，是忽必烈在位期间自越南陈朝亡命而来的陈益稷为卜怜吉歹所作的挽歌，而陈益稷本人死于天历二年（1329 年）。[21] 结合上文引用的《福建等处都转运盐使复斋郭公爱思碑》中"泰定丁卯冬"的记载，可知卜怜吉歹的死应该是在 1327 年到 1329 年之间。继他之后下一个保有河南王称号的人，已是蒙元时代末期的扩廓帖木儿（Küketemür），而且《元史·阿尤传》或《诸王表》中都找不到任何卜怜吉歹存在的痕迹，由此可以推测，卜怜吉歹死后，其地位权势皆被推翻，子孙亦未能继承任何权益。这一结果出现的背景，应该考虑到天历内乱所造成的权力结构的变化，这种变化直接带来了卜怜吉歹在江南的养老户计的没落，遗憾的是，仅凭现存史料无法推及其细节。总而言之，《言行录》《敏行录》编纂之时，郭郁正处在失去重要靠山的状态之中。

二、《言行录》《敏行录》的编纂背景

《言行录》《敏行录》中，共有两处内容提到了其编纂目的。其一是《建安前进士张复奉题言行录后》（序号 6）中的"是录也必纂，纂有续笔，以待他日欧宋云"，其二是《福州路儒学陈御史台状》（序号 7）中的"本路儒学教授徐东依朱文公撰宋名臣言行录例，采辑翰林元学士、袁学士、廉访马金事所作碑记，撮其切要，为郭公复斋言行录，……谨抄录在前。乞赐采择，特以上闻，宣付史馆，纪其勤劳，以示为人臣之法，则宠之清要"。当然，的确也有可能正如上述记载，郭郁实为才德兼备、广受景仰之人，很多僚属、民众由衷地希望他能青史留名，这才着手编纂两书。不过，就上一节所探讨的郭郁当时的情况而言，更应该考虑另一种可能性。

福建等处都转运盐使任期将满之时，郭郁已年逾古稀。按照当时的规定，除了集贤院、翰林院备咨问的老臣以外，三品以下官员皆在 70 岁致仕。[22] 面对这种现实，郭郁心中如何感慨，我

们不得而知。不过，若他曾在面临致仕之时，对相关规定稍加查看，想必应该知道下列诏书的存在：

> 大德九年六月，钦奉诏书内一款。致仕官员，……虽年七十以上，精力未衰，材识可取者，录用之。[23]

从现存史料中，我们无法确知这份诏书中的规定在多大程度上实行了，但至少没有记录明确表明其被废止或否定。若仍希望继续如今的职务，失去卜怜吉歹支持的郭郁，唯一的出路就是按照这份诏书的规定，上陈自己的"材识可取"，仍堪录用。

上文引用的《福州路儒学陈御史台状》（序号 7）中所说"以示为人臣之法，则宠之清要"，指的应该就是这种情况。此外，"福州路儒学耆儒"蔡润等二十余人（应为福州路学生）在盛赞郭郁才能、德望之后，直接进行了如下陈情：

> 方今齿德俱尊，精神亦壮。其清风峻节，以为缙绅之仪表。其大材伟器，可以为廊庙之栋梁。似此大贤久淹漕计，骎寻晚岁，未惬舆情。欲乞上闻省台，居擢重任，实付民望。[24]

《言行录》《敏行录》所载诗文的作者，大多是郭郁所赴任之地的官吏、学校官、学生、儒人等，即所谓社会声望较高的人，这一点对郭郁政绩的实际性给予了保证。再如《昌江百咏诗并序》（序号 15）及《民谣十首》（序号 43）等，显示非指定的大多数民众支持的诗文也随处登载，尤其强调郭郁集官民的支持景仰于一身的事实。

　　《言行录》《敏行录》中虽然没有直接表明郭郁参与编纂的叙述，但从其内容的细微之处，却仍可窥见郭郁本人参与的痕迹。例如《建安前进士张复奉题言行录后》（序号6）中，以双行注的形式，几乎全文引用了皇庆二年（1313年）郭郁建议将真德秀置于宣圣庙从祀的奏疏，这当然是郭郁提供原文的结果。归根结底，《言行录》和《敏行录》中收录的诗文，多是郭郁在各个任职地与人酬和之作，很难想象编纂之时是由福州路的学校官们自己去收集来的。上面提到的《昌江百咏诗并序》《民谣十首》当然也一样，很难相信是福州路学校官赶赴当地进行实地调查收集的结果。这即说明，《言行录》《敏行录》的编纂，本身就是非郭郁全面参与而不可成的事。

　　由此可见，关于《言行录》《敏行录》的编纂背景，可能性最高的就是，失去靠山、同时又面临致仕的郭郁，借此陈情以求进一步的升迁。郭郁为何如此执着于升迁，我们无从得知，不过从史料中留存下来的当时高官们的任官履历来看，三品地方官在任期满了以后，很可能被提拔为中央官衙的高官。也许郭郁始终有一个以执政朝堂、位极人臣的结果来为自己的官宦生涯画一个完美句号的梦想。他所做的，正是为这个还未放弃的梦想作最后一搏。不过，上文已经提到，《言行录》《敏行录》应该都非官方出版，两书编纂完成之后的郭郁的经历也无从查证。唯一可知的是，他的次子渥在泰定二年（1325年）曾是国子生，[25] 但除此之外也并无其他信息可考。

第三节　"以儒饰吏"——身为儒者的郭郁

一、师从侯克中

《言行录》《敏行录》对郭郁的称赞，大多表现为"以儒饰吏""博通经史""深通义易四书"等表述，而就史料来看，在学问上对郭郁影响最大的，要数真定侯克中（字正卿，号艮斋）。关于侯克中，除了《清容居士集》卷二十一《大易通义序》说他"精意读易，旁通曲会"[26]以外，没有其他较为系统完整的史料。不过，其诗集《艮斋诗集》十四卷中，收录了他与史格、雷膺、崔斌、徐琰、贾文备、高昉、胡祗遹、姚枢、姚燧、许熙载等人相应和的诗文，可以明确他与这些著名汉人官僚的交游关系。南宋灭亡后，他寓居苏州，从收录于诗集中的诗文亦可窥见他与胡祗遹、姚枢、姚燧、许熙载等人在苏杭一带交游的痕迹。[27]另外，《录鬼簿》卷上《侯正卿》一文中提到侯克中"真定人，号艮斋先生。作《授鞍和袖挽丝缰》，有'良夜迢迢露华冷'（黄钟）行于世"，可见他曾执笔编写杂剧。而贾仲明将此咏为"史侯心友艮先生"，显示了他与史格的亲密关系。在郭郁出仕这件事上，或许史格也曾出过一份力。

史料表明郭郁在出仕前曾从侯克中学《易》，其间号复斋，尽管我们现在已无法得知具体的讲义内容。提起"复斋"二字，不免令人联想起《复斋易说》的作者赵彦肃及陆九龄由六十四卦之一复卦而来的尊称和号。而朱熹送给黄仲本的《复斋记》（《晦庵先生朱文公集》卷七十八）也十分著名，后来郭郁在知浮梁州任上，也有人赠以文章，借朱熹之说来称赞郭郁的号以及政绩（序号 25《昌江方希愿上复斋说》）。郭郁以复斋为号，是出于什么样的目的，我们不得而知，但至少可以看出他对《易》的执着。实际上，他对于自己在易学上的自负，也可以从他后来在江南的行事之中窥见一斑。

二、中央政界中的交游

从 19 岁出仕，到受到卜怜吉歹赏识而屡受重用，这期间郭郁的境遇及想法都不甚明确。他的身影在史料中逐渐变得清晰，是在他就任都省掾以后。大德二年（1298 年），郭郁请翰林学士王恽为他作一篇赠给好友山西洪洞县处士王舜卿的序文（《秋涧先生大全集》卷四十三《洪洞县王舜卿敬亲堂诗卷序》），可知此时的他已经与中央政界的著名文人官僚有所来往。而且，这一时期，邓文原（1259—1328）曾对郭郁作过下列评价：

> 然余征诣京师，为词林属，留十年，汴梁郭文卿由中书掾佐宣徽幕，荐绅间往往言文卿雅尚儒术，其为吏持三尺法，而无舞智深文，以徼荣宠，且劝余与文卿友，而余竟不获一接言论以自快。及文卿再调都事江浙省，凡南来者，道文卿之善如京师时。前年冬，余还钱塘，居相邻，始得以暇日抵掌论说古今，酾酒酣谑，意欢甚。[28]

据他所说，在入流前后，郭郁在荐绅之间就被赞誉为身怀儒学素养的吏员。

大德十一年，海山即位，郭郁受命为江浙行省都事，他的交游关系也蓦然增辉不少。就在这一年，郭郁与袁桷（1266—1327年）交往频繁，袁桷甚至对郭郁之父天祐执弟子礼。[29] 而且上面引用的史料也证明了郭郁在至大三年（1310 年）与邓文原的交游关系。不仅如此，据《运使郭公复斋行状》（序号 5）所说，元明善（1269—1322 年）与郭郁乃是"莫逆"，甚至郭天祐的葬礼亦是由他亲自主持的。[30] 袁桷先后撰写了郭天祐的神道碑铭、侯克中《大易通义》序文、《庆元路重修先圣庙记》（序号 59）。邓文原则除了执笔上文提到的《送郭文卿赴浮梁知州序》，还撰写了《浮梁州重建庙学记》（序号 57），为《庆元路士民去思碑》（序号 60）篆额，足见这些交游关系一直持续。

　　郭郁与袁桷、邓文原、元明善等人的交游关系的形成，正如史料中所说，与郭郁自身的学识应是分不开的。不过，另一个契机也不可忽视，那就是郭郁本人是深受爱育黎拔力八达信任的卜怜吉歹之"客"，而袁桷、邓文原、元明善等人正是爱育黎拔力八达即位后跟随其左右的侧近儒臣。当然，官场中的势力起伏变化，并非决定交游关系的唯一要素，但须得注意，在这一点上郭郁与袁桷等人立场相似。可以说，郭郁的学识及其靠山的地位光环，为他在为官之初便赢来了中央政界的重要人脉，这无疑是他仕宦生涯中一个非常好的兆头。

三、赴任江南的郭郁

　　从《言行录》《敏行录》所收诗文作者的头衔来看，除了袁桷、邓文原以外，另有郭郁在任地区的学校官 28 人，上司、同僚、僚属 19 人，学生、儒人 5 人，其他 4 人。所谓"其他"，包括了为两书作序的黄文仲、林兴祖等当地出身的官僚。此外的大部分诗文作者都地位不详，不过应该皆为地方士人。这就表明，郭郁以在任地区的学校为中心，与地方知识人群体有着广泛接触。而他们彼此之间进行具体交流的机会，有如《福建酬倡》（序号 56）作成之时那样，到任时上司、僚属、学校官等汇聚一堂，行

欢迎之宴；也有如《王泽民奉牍即事一首》（序号 53）、《亳
人吕奉和金宪相公留题梅岭二绝》（序号 54）中的应酬一样，
众人各持诗题相聚酬唱。在南宋至蒙元时代的江南地区，州县学
是地方官获得地方精英层协助而施行管辖的场所，亦是地方士人
层权益的象征性存在，[31] 郭郁极有可能也将学校作为与地方知识
人层交流的场所，给予了高度重视。实际上，郭郁的主要政绩之
一，便是对浮梁州和庆元府的学校进行整顿，并为之购入了大量
藏书。[32]

　　就《言行录》《敏行录》所载诗文来看，相关交流中，郭郁
最为重视和强调的，就是易学相关学识，以及自己作为程朱之学
的笃实学徒之姿态。浮梁州在州学重修以后，"以易学导诸生"（《任
江西宪德政序》，序号 45），并"揭'复斋'二大字榜其燕寝"
（《昌江方希愿上复斋说》，序号 25）。此外，海盐州学教授
陶璞对于同知两浙都转运盐使司事在任中的郭郁，曾作过如下
叙述：

> 　　常称"朱文正公谓：'吾平生所学，只正心诚意四字。'
> 我岂可不如朱文公"，左琴右书，朝虀夕韲，家无私积。门
> 雀鼍午，惟熙熙然曰："吾床头易在足。"[33]

　　作为彰显道统之人，郭郁抱有十分强烈的自我认识，关于这
一点，从他在泰定元年（1324 年）上奏建议将宣扬复兴因庆元
伪学之禁而停滞的道统的中流砥柱真德秀与朱熹并尊，主张将其
作为宣圣庙从祀一事中也可以看出。[34]

　　正因对自身学统抱有强烈的感情，郭郁在庆元路总管任上，

曾计划出版侯克中的《大易通义》，并请袁桷为其作了序文。这部书未能流传下来，而其内容仅能从袁桷所作序文"于是精意读易，旁通曲会，参以己说，而名之曰通义"等只言片语中推测，或许是侯克中的易学之集大成者。据序文所说，侯克中此时已是年逾鲐背的高龄，因此可以肯定，出版计划及编辑事务应该都是由郭郁主导推进的。

鉴于郭郁的这些言行，《言行录》《敏行录》中也多有他对易学表现出卓越学识的描述，如《福建等处都转运盐使复斋郭公爱思碑》（序号 62）就提到他"好读书，尤长于易"。而最令人印象深刻的，是两书中每每提到郭郁才识时频繁使用的"汾阳""汾王""郭汾阳"（28 例）及"中书考""中书二十四考"（18 例）等用词。这本是指郭子仪及其著作《中书令考二十四》，而这里明显借用了朱熹在《易本义·周易上经》中赞赏郭子仪为"大人"之事，[35] 即是将郭郁比以同姓的郭子仪，暗示其钻研易学之精深。由此可知郭郁作为易学者的身份，在与他交游之人中间已形成共识。

不过，我们当然不能仅凭这些华美辞藻，就简单认为郭郁被江南士人完全接受。郭郁作为江浙行省都事赴任江南两年之后的至大二年（1309 年），镇江路前学录郭畀曾数次赴镇江路儒学张鹏翼（字中举，河南中牟人）处听他讲学，却在《云山日记》[36] 中称其内容"俨如北方道傍之小说者。斯文扫地一至于此，可胜叹哉，可胜叹哉"（至大二年七月一日条），"鄙里之谈不可闻，遂出"（至大二年九月一日条），痛加批评。这提醒我们，当时江南地区轻视北方人（汉人）学问素养的风潮，至少是部分存在的。实际上，在《问民疾苦》（序号 51）中，德安县学儒生潘必大在称赞郭郁政绩时就提到,"此诚北方学者未能或之先也"(引用自《孟子·滕文公上》),公然表明了对郭郁学问的高度评价,也暗示他对汉人学者的否定。在任职之地饲养食用"胡羊"的汉人郭郁,[37]恐怕也未能逃脱这种先入为主的观念。

此外值得注意的一点是,书中在比拟前人、称赞郭郁政绩之时,并未引用范仲淹或苏轼等进士出身的名人事迹,[38]而是引用《汉书·循吏传》(《李天应上秦邮使君郭公善政颂并序》,序号33);或是在批判垄断地方行政、导致时风堕落的"俗吏"之后,盛赞清廉高洁的郭郁被民众称为"父吏"来爱戴(《安成下士李廷杰启》,序号68)。从这一点就可以看出,无论赞誉与否,吏员出身这一事实总是存在于时人意识之中的。

另外,郭郁与江南士人在学术活动上的共同参与,除了《言行录》《敏行录》之外,从其他史料中也可以得到确认。这就是郭郁在延祐丙辰年(1316年),为以《四书通》而著名的胡炳文(1250—1333年)所作的《易本义通释》序文。不过此书形式尚不完整,以致胡炳文后来一直为此后悔,而此书的初版,一开始便是在知浮梁州任上的郭郁主持刊行的。[39]当时,胡炳文受郭郁邀请来到浮梁州,在这里与同受郭郁招待的吴迁(浮梁人,字仲迁,号可堂)围绕《易》之四象发生争论,[40]可以想见,《易本义通释》的刊行计划,或许正是在这样的交游中成形的。与胡炳文发生争论的吴迁,师从黄榦的弟子饶鲁,并著有《吴氏易学启蒙》,乃是浮梁州宿儒,受郭郁之聘执教于浮梁州学。[41]饶鲁正是胡炳文在《四书通》等著作中攻击的学者之一,胡吴二人的争执,从某种意义上说也是当然之事。另外值得一提的是,作《经礼补逸》《春秋胡传附录纂疏》,后来受明朝之召,参与编纂《元史》的汪克宽（1304—1372 年），此时正好从祁门赶赴浮梁州，师从吴迁。[42]

就是这样，虽然不曾有亲笔著作，郭郁仍置身于学术交流之前沿，并利用其地位，不时为学术讨论、出版等事业提供支持和后援。这种姿态为他赢得了江南文人们的好感，例如为郭郁之父天祐七十大寿作《寿老致政嘉议郭公序》（序号 16）时，其至连以挑剔而出名的胡长孺（1249—1323 年）[43]都亲自参与执笔；汤炳龙、仇远等南宋以来宿儒，主要活动范围远在郭郁管辖之外，却也在《言行录》《敏行录》中留下了诗文。当然，与邓文原、袁桷、元明善等的交流，应该也在很大程度上帮助郭郁获得了江南文人的信赖。频繁转任的地方官，通常很难在一个固定的地区扩展较为密切的交际网，但郭郁在离任浮梁知州以后，仍于各任职之地与当地文人进行同样的交游，这从《言行录》《敏行录》所载他任同知两浙转运盐司事时的"公余辍暇，亲琴书，雁行抱牍皆用儒"（《古体》，序号 40）等记录都可以窥见一二。离开浮梁之后，他似乎不再有与如胡炳文一样的大人物邂逅之机，但《言行录》《敏行录》两书中收录诗文的数量之多，已经清楚显示了郭郁在各任职地的交际之广。

此外，按理说袁桷、邓文原、元明善等著名文人，才更应该是《言行录》《敏行录》序文撰写的最佳人选，可惜两书编纂之时，这些人都已经去世。若编纂再早十年，能得袁桷等人执笔序文，《言行录》《敏行录》最终的命运可能会全然不同。从这个角度说，晚年的郭郁，也失去了他在交际网中原有的地位。

结语

作为与郭郁同时代人，也是《张文忠公雪庄归田类稿》及《三事忠告》等著作的作者张养浩（济南章丘人，1269—1329 年），是 14 世纪前期中国本部最著名的汉人官僚之一，其出仕、升迁的途径与郭郁有共通之处。张养浩祖父曾是四川行省宣使，父为布衣，而张养浩本人在学问上并无卓著成就，却因得到当时的平章政事卜灰木（Buqum）引荐，被擢为礼部令史，后来更为当时尚是皇太子的爱育黎拔力八达所识。后者即位后，张养浩历任中央要职，尤其得益于担任知贡举时的实绩，以及上述著作的名声，死后得谥"文忠"。[44]

值得注意的是，张养浩与志在汉人官僚最高位却壮志未酬，连著作也未曾留下的郭郁相比，最大的差异在于，张养浩在出仕之初便被任命为中央官衙的令史，以及直接得到爱育黎拔力八达的赏识信任，受任太子文学等"清要"之职，尤为重要的是，张养浩凭借的是身为文人的能力，而非基本以支持者的地位、出仕后的经历才干为指标的吏员出仕形式。郭郁本人若有卓越的学识，再加之寻得足够强大的靠山，或许也能够享有与张养浩一样的地位与名声。关于这一点，正如历来先学所指出的，蒙元时代的"官"与"吏"之间的隔阂其实非常小。而且就算郭郁、张养浩都曾经向往凭借儒学素养出仕的途径，在他们还是青年之时，儒人选定考试就已经结束，关于学识的认定考察，以及需要相应个人关系才能获得学校官职位，都已不是易事，身负儒学素养而追求荣达的人才最终却流于以吏员身份出仕，也实在是无奈之中的理所当然。[45] 考虑到这样的时代背景，就不难理解，那些抱有身为道学之徒的强烈自我意识，以易学为纽带，积极与著名文人官僚、江南士人交游的吏员出身汉人官僚的出现，其实也是自然而然的。南宋灭亡后，元朝立即着手整顿南宋旧疆的保举制度，其后隔了整整一辈人，南人士人层才亲身经历了科举考试的恢复，他们与蒙元时代汉人士人层之间当然存在着不小的差异，尤其是出仕形式的差异。我们在讨论这种差异之时，上述吏员出身官僚的时代背景是不可忽视的。在长达150年的南北对峙局面消失的情况下，要考察当时中国本部的文化交流，不仅应该着眼于著名文人、儒者的事例，更需要注意的是，像郭郁这样的事例，更能够体现出普通的交流的形态。

不过，另一方面，在整个蒙元时代始终存在着一种观点，将吏员出身之人，包括由州县吏员入流之人，与学校官或岁贡儒人等明确凭借儒学素养出仕之人置于对立，并对其荣达大加批判。[46] 尤其是翰林院、集贤院、儒学提举司等官衙所主持的保举制度，以及科举和国子监制度确立、整顿之后，凭借儒学素养而出仕的道路已然十分平坦，对吏员出身之人进行全盘否定的见解，也就更频繁地出现在史料中。例如第三节中举出的邓文原对时任都省掾的郭郁的评价"其为吏持三尺法，而无舞智深文，以徼荣宠"，其实反映过来说，也反映了这种广泛的否定性认识。而这并非受翰林院、集贤院召集的江南文人独有的视点，例如本书第一部第七章末尾提到的许有壬，也曾有"愚在政府，仲舒实掾曹，未尝吏之"（《至正集》卷六十二《故亚中大夫福州路总管兼管内劝农事李公墓志铭》）的发言，由此反映出的吏员观，与邓文原其实也无甚差别。此外，13世纪末以后，由于冗官现象的加剧，出身于吏员之人的升迁速度随之呈现钝化趋势，或者是即便寻得有力靠山获得荣升，也如郭郁一样，终究受到其靠山命运的左右，地位显得十分脆弱。而进入明代以后，无论州县还是中央官衙，吏员出身者一概被作为导致蒙元丧失中国本部的祸端，大受鞭挞。

蒙元时代中国本部出仕途径的多样化，终结了前代为止的唯进士独尊的状态，催生了出身背景各异的官僚在不同程度上以儒学为共通的价值观而并存的情况。"以儒饰吏""儒吏兼通"这一说法，也是呼应具备儒学素养的吏员的出现而出现的，是表明该时代具体情况的一个指标。《言行录》《敏行录》中记载的郭郁的生平，无疑是反映当时知识人交杂变动的经历和地位的宝贵材料。

注释

1　许凡：《元代吏制研究》，劳动人事出版社，1987 年，第 52—55 页。

2　牧野修二：《元代勾当官体系研究》（《元代勾当官の体系的研究》），大明馆，1979 年；许凡：《元代吏制研究》；伊丽莎白·韦斯特（Elizabeth Endicott-West）：《中国的蒙元统治：元代地方行政》（*Mongolian Rule in China: Local Administration in the Yuan China*），哈佛大学出版社，1989 年。

3　"以儒饰吏"的赞赏，并非蒙元时代才出现的用词，南宋时期史料如《后村先生大全集》卷二十三《张尚书集序》中就有"莆田使君，公之孙也。词学充宗，儒雅饰吏，既修泮宫，刊艾轩集，迺取家集，而并传焉"之语，主要用在以恩荫出仕的人身上。

4　安部健夫：《元代知识人与科举》（《元代知識人と科挙》），

《元代史研究》（《元代史の研究》），创文社，1972 年，原载《史林》第 42 卷第 6 号，1959 年。

5　樱井智美：《元代集贤院的设立》（《元代集賢院の設立》），《史林》第 83 卷第 3 号，2000 年；宫纪子：《程复心〈四书章图〉出版始末考——大元帝国统治下江南文人的保举》（《程復心〈四書章図〉出版始末攷—大元ウルス治下における江南文人の保挙—》），《蒙元时代的出版文化》（《モンゴル時代の出版文化》），名古屋大学出版社，2005 年，原载《内亚语言研究》（《内陸アジア言語の研究》）第 16 号，2001 年。

6　近年来，张国旺对其版本及传世过程进行了详细探讨，笔者管见所及，这是唯一的先行研究。见张国旺：《〈运使复斋郭公言行录〉和〈编类运使复斋郭公敏行录〉的版本与价值》，《元史论丛》第 11 辑，天津古籍出版社，2009 年。

7　《北京图书馆古籍珍本丛刊 21》中收录有至顺刻本缩印版，《中华再造善本》中则收录了更为鲜明清楚的图印版。此外，在对元至顺刻本进行调查时，北京图书馆出版社的高柯立对笔者给予了鼎力协助，在此对其致以真挚的谢意。

8　张国旺：《〈运使复斋郭公言行录〉和〈编类运使复斋郭公敏行录〉的版本与价值》，第 404 页。

9　宫纪子：《程复心〈四书章图〉出版始末考——大元帝国统治下江南文人的保举》。

10　《宛委别藏》本中多有清代改窜而造成的错讹之处，详见张国旺《〈运使复斋郭公言行录〉和〈编类运使复斋郭公敏行录〉的版本与价值》，第 404 页。

11　《雷塘庵主弟子记》卷三嘉庆十二年丁卯十月二十七

日条。

12 《敏行录》未明记编纂者，但考虑到《言行录》为福州路儒学的学官们所编，《敏行录》也为"徐东编"的可能性很高。

13 张国旺《〈运使复斋郭公言行录〉和〈编类运使复斋郭公敏行录〉的版本与价值》第 403—405 页部分，也进行了与本节相同的考察。

14 以上见牧野修二：《元代勾当官体系研究》，第 167—179 页。

15 牧野修二：《元代勾当官体系研究》，第 196—201 页。

16 "成宗崩，昭圣元献太后与仁宗在怀州，太后召囊加歹、不怜吉歹、脱因不花、八思台等谕之曰：'今宫车晏驾，皇后欲立安西王阿难答，尔等当毋忘世祖、裕宗在天之灵，尽力奉二皇子。'囊加歹顿首曰：'臣等虽碎身，不能仰报两朝之恩，愿效死力。'"

17 《元史》卷一百三十七《察罕传》："（仁宗）顾李孟曰：'知止不辱，今见其人。朕始以答刺罕、不怜吉台、囊加台等言用之，诚多所益。……'"

18 《元史》卷一百七十八《王约传》："皇庆改元元日，诏中书省曰：'汴省王右丞可即召之。'约以三月一日至，召见慰劳，特拜集贤大学士，推恩三世，赠谥树碑。约首奏：'河南行省丞相卜怜吉台，勋阀旧臣，不宜久外。'召至，封河南王。"

19 关于这条史料的解释及其意义，可详见植松正：《关于元代赐田的一点考察——以其返还动向为线索》（《元代の赐田についての一考察—その返还の动向を手がかりとして—》），《元代江南政治社会史研究》，汲古书院，1997 年，原载《柳

田节子先生古稀纪念 中国传统社会与家族》（《柳田節子先生古稀記念 中国の伝統社会と家族》），汲古书院，1993 年，第174—177 页。

20 《清容居士集》卷二十七《有元故赠中宪大夫中书吏部侍郎骑都尉陈留郡伯郭公神道碑铭》："公男四。长亚中；次迪，尝为钱谷官；厚，海道运粮万户府百户；仁，以黄陂主簿，今为江浙行省掾。"

21 《元史》卷三十四《文宗本纪三》，至顺元年八月戊戌条："益稷在世祖时自其国来归，遂授以国王，即居于汉阳府。天历二年卒。"

22 详见《元典章·典章十一·吏部卷五·致仕》"年过七十依例致仕"，"致仕升散官一等"等。

23 《元典章·典章十一·吏部卷五·致仕》"致仕家贫给半俸"。

24 《福州路儒学举状》（序号 8）。

25 《清容居士集》卷二十七《有元故赠中宪大夫中书吏部侍郎骑都尉陈留郡伯郭公神道碑铭》："子三，澍、渥，国子生，寿，早卒。"

26 "先生幼丧明，聆群儿诵书，不终日，能悉记其所授。稍长，习词章，自谓不学可造诣。既而悔曰：吾明于心刊华食，实莫首于理。理以载道，原易以求，则为得之。于是精意读易，旁通曲会，参以己说，而名之曰通义。"

27 见《艮斋诗集》卷五、卷六所收《予客姑苏王御史持李鹏举书至知检讨太常以诗答之》《与诸相宴西湖》等诗文。

28 《巴西集》卷上《送郭文卿赴浮梁知州序》（序号

10）。

29 《清容居士集》卷二十七《有元故赠中宪大夫中书吏部侍郎骑都尉陈留郡伯郭公神道碑铭》。

30 "延祐五年，……八月，丁父嘉议府君忧。始，翰林复初元公号一世儒宗，少所许可，惟与公莫逆。尝思公之先君子嘉议府君有隐德，时相过住，辄拜床下。殁之日，元公躬治葬事，慰赙铭祭，情极恳，至敬有余也。"

31 方诚峰：《统会之地：县学与宋末元初嘉定地方社会的秩序》，《新史学》第16卷第3期，2005年；熊慧岚：《宋代苏州州学的财务经营与权益维护——兼论州学功能与教授职责的扩增》，《台大历史学报》第45期，2010年。

32 见《巴西集·浮梁州重建庙学记》（序号57），《清容居士集》卷十八《庆元路重修先圣庙记》（序号59）。

33 《秣陵存耕陶璞饯郭侯浙漕之任》（序号38）。

34 《建安前进士张复奉题言行录后》（序号6）所引："晦庵朱子集厥大成，一时横遭禁锢，罕能传习。又得西山真文忠公，发扬推阐，公论开明，所著《大学衍义》一书，君德治道，多所裨益。……是二儒者，时虽不同，其传绍道统，则一而已。……朝廷永锡善类，同列从祀，其于民化诚非少补云。"

35 《周易本义·周易上经》："夫大人者，与天地合其德，与日月合其明，与四时合其序，与鬼神合其吉凶。……回纥谓郭子仪曰：'卜者言此行当见一大人而还。'其占盖与此合。若子仪者，虽未及乎夫子之所论，然其至公无我，亦可谓当时之大人矣。"

36 关于《云山日记》，可参见李玠奭：《从郭畀的〈云山日记〉看十四世纪初江浙行省的社会状况（其一）》，《元史论丛》九，中国广播电视出版社，2004 年。

37　《昌江百咏诗并序》（序号 15）："市民犬毙使君羊，不学前官责倍偿，赦彼惭颜怀厚德，易牛仁术笑齐王。"之下有双行注"市民有犬，尝毙前任官羊而倍偿。至是，又毙知州胡羊。民愿偿之，公但令勿畜此犬而已。"

38　受朱熹《名臣言行录》等影响，在南宋时期的江南地区，将范仲淹作为地方官理想形象的认识已然深入人心。参见小二田章：《从"名臣"到"名地方官"：由范仲淹知杭州之政绩所见的"名地方官形象"的形成》（《「名臣」から「名地方官」へ━范仲淹の知杭州治績に見る「名地方官像」の形成》），《早稻田大学文学研究科纪要 第四分册（早稲田大学文学研究科紀要 第四分冊）》第 53 号，2007 年。

39　《云峰集》卷一《与草庐吴先生书》："本义通释，则郭文卿守浮梁时，为刊其半，出之太早，炳文今悔之无及。"

40　《云峰集》卷一《答敬存胡先生初翁书》："并浮梁策问，必出吴可堂之手。十年前，郭文卿为守时，曾相聘至彼，可堂谓'左揲挂一，右亦挂一'。炳文答之曰：'如此，则不是象二，自是象四矣。'可堂坚守其说，不肯改其僻也。"

41　《经义考》卷四十四《易四十三》："吴氏易学启蒙，佚。黄虞稷曰：'迁字仲迁，浮梁人。从饶双峰学。皇庆间，浮梁知州郭郁延之为师，以训学者。'"乾隆《江西通志》卷六十三《名宦七·饶州府·元》："郭郁，字文卿，大梁人。皇庆间浮梁令，……自比赵广汉，聘吴仲迁为弟子师。"

42　《新安文献志》卷七十二《环谷汪先生克宽行状》：

"至壬戌春，处士君同先生往饶之浮梁，拜可堂吴先生仲迁于州学。……及以所为文印可于吴先生，曰：'读书明理蕲体，诸身文章，异时可不学而能也。'先生既得吴先生之训，遂笃志圣贤之学。"

43　《遂昌杂录》："金华三胡先生，……次汲仲，石塘人也。……客于杭居，贫甚，以古文倡。人求记碣序赞，稍不顺理，虽百金不作也。"

44　详见《牧庵集》卷二十六《朝列大夫飞骑尉清河郡伯张君先墓碣》、《文献集》卷十上《故陕西诸道行御史台御史中丞赠摅诚宣惠功臣荣禄大夫陕西等处行中书省平章政事柱国追封滨国公谥文忠张公祠堂碑》，及《元史》卷一百七十五《张养浩传》。

45　《至正集》卷七十五《吏员》："钦奉圣旨节该，'汉儿吏道，从七品以上休委付者。教授、秀才并职官内取的令史，依旧例委付者。'……但科举未行之时，以吏取人，实学之士亦未免由此而进，一概限之，不无同滞。"

46　见《中庵集》卷十一《先府君迁祔表》，《西岩集》卷十三《议科举》。

第十五章

北方民族的儒学研习及其诱因
—— 以隶属华北屯驻军的家族事例为中心

前言

　　众所周知，蒙元时代的华北地区居住着众多北方民族，在原本就长期处于北方民族与本地居民杂居、混合状态的华北社会的历史中，这一时期也显得尤为多元化。关于蒙元时代华北地区的多元化社会，历来的研究一般有两种视角：一是站在移居华北的北方民族的立场，考察其社会风俗的变迁及其给华北地区原有的社会形态带来的影响；二是站在华北社会，尤其是"汉人""汉文化"的立场，考察北方民族的变化以及他们适应当地社会的过程。后者往往强调"汉人""汉文化"的优越性，而前者则首先着眼于北方民族的独立性及其对"汉人""汉文化"的影响。

　　上述两种观点可以说截然相反，但都涉及一个前提——与本书第一部第四章所考察的金代女真人一样，移居华北的北方民族也表现出对当地原有的语言、文化、习俗的接受，即所谓"汉化""华化"（sinicization）现象。无论从哪种观点出发，要考察蒙元时代的华北社会都绕不开一个重要的问题，就是应该如何理解、如何定位这种所谓汉化现象。关于蒙元时代华北地区北方民族的汉化问题，陈垣的专著《元西域人华化考》[1]可谓先驱，后来则有先学关注制度、文化、语言、习俗等各方面，[2]成果颇丰。其中备受关注的，便是最具"汉化"象征性的特点——由儒学研习带来的儒家理念、价值观、世界观的改变。

关于明清时期儒学研习的前提、契机，先行研究已有厚重积淀，而本书绪论部分也曾提及。儒学素养作为一种传统而且能带来实际利益的知识，促使关于儒学经典的复杂烦琐的学习成为富人阶级世代相传的习惯；另一方面，作为获得官职（科举及第）的手段，儒学的权威性也被一般民众广泛承认。在此背景下，在经济上有富余的家庭不断培养子弟学习，这种社会风气保证了儒学研习的跨时代普遍性。

而反过来看，蒙元时代的北方民族又是如何看待儒学研习的意义的？关于蒙元时代北方民族的儒化，继上述陈垣的研究之后，还有本书绪论中也曾提及的20世纪80年代以来萧启庆倾注心血的研究，近年来更有马建春对相关史料的详尽收集和细致整理。[3]在这些成果中，萧启庆对蒙元时代的蒙古、色目士人的形成作了下列时代划分：①萌芽期（1206—1259年），只有少数蒙古、色目人研习汉学；②成长期（1260—1294年），随着国子学的设立及武官向文官的转换，蒙古、色目上层家庭开始研习汉学；③壮大期（1295—1332年），研习汉学的蒙古、色目人大幅增加；④发展期（1333—1368年），蒙古、色目士人不断增加，与汉族士人共同形成多族士人圈。其中，进入成长期以后，儒学研习增加的背景主要在于仁宗爱育黎拔力八达一朝恢复科举制度带来的刺激，促使希求由科举晋升的蒙古、色目子弟勤于钻研儒学。[4]
此外他还指出，已知父祖为蒙古或色目进士的人之中，约七成为
父祖曾任官者，而关于这些官僚家庭子弟选择科举考试的背景，
则须注意到，按照蒙元时代恩荫制度的相关规定，每名官员的恩
荫名额只有一人。[5] 基于本书至此为止的讨论，笔者认为这一结
论较为可信。萧启庆否定了儒学研习即等同于汉化的一般观点，
并指出，在蒙古、色目人研习汉学的例子中，也未必能看到他们
改变自身固有传统文化、语言或自我认知的现象。在此基础上，
他将这种儒学研习的倾向定义为"士人化"（literatization）。[6]

　　不过，在笔者看来，萧启庆关于士人形成的时代划分虽然恰
当，但若考虑到当时科举作为出仕途径之一作用十分有限的现实
情况，那么关于儒学研习的契机，也自当基于详细分析另行讨论。
而且，萧启庆尽管指出了华北地区进士及第者的曾经任官的父祖
中，大部分所任的都是军官，但却没有对此进行深入考察。基于
以上种种情况，本章将利用与蒙元时代屯驻于河南开州濮阳县的
探马赤军人家族相关文章的集成《述善集》，[7] 探究该文集中出
现的唐兀台（Tangyutai）一家选择儒学研习的原因，对比同时代
屯驻于华北地区的其他北方民族家庭的事例，明确在元朝的中国
本部统治进程中他们所面对的现实，进一步考察这些背景原因与
现实情况在上文所述的问题意识中应怎样定位。

　　本章将所谓"儒学研习"定义为"通过学习四书五经等基础
性儒家经典，研习并理解儒学价值观，提高儒学素养"的概念，
其中并不包括高度哲学思维的素养及研究。另外，尽管可能涉及
更细致的争议，但在本章内容中，不将吏学的修习视作"儒学
研习"。[8]

第一节　濮阳唐兀家的来历

濮阳唐兀氏家族，最初作为探马赤军[9]移居河南，世代隶属于屯驻军（从地区来看，应为山东河北蒙古军都万户府），居住在濮阳。陈高华已有研究论及其详情。[10]本章中使用的《述善集》为焦进文、杨富学校订的《元代西夏遗民文献〈述善集〉校注》（甘肃人民出版社，2001 年）。

族谱图 8 是据史料作成的唐兀氏族谱。关于各族人的详细经历，可参见上述陈高华的研究。另外，关于本章的讨论内容，有以下几点需要注意。

A　这一家族在早期便参加了蒙古对中国本部的征战，天历内乱（1328 年）中也有两名族人出征并战绩卓然，但却没有人作为军官升迁至百户长以上职位。

B　移居濮阳后的第四代（14 世纪初）中，出现了通过入学国子监（崇喜），或是"攻习儒书及蒙古文字（八思巴文字），深通农务，晓知水利"（卜兰台）而出仕的族人，第六代更有国子生伯颜不花（Bayanbuqa）。

C　第三代以后（13 世纪末以后），以各种途径获得官位的，有如经由国子监的崇喜、通晓儒书及蒙古文字的卜兰台、天历内乱中以战功晋升的搭哈出（Tayaču）、元末在饥荒中劝粜的野仙普花（Esenbuqa）和伯颜不花，以及元末战乱中平乱有功的冀安等六例。这表明，在蒙元时代末期战乱频仍的情况发生之前，除去偶然因素（敉平内乱的战功、饥荒之际的劝粜），以儒学研习而获得官职的倾向有所增加。

D 至正十三年（1353 年），唐兀台家于居所近旁创建书院，至正十八年（1358 年）获赐名号"崇义书院"。其前身乃是设立于至治癸亥年（1323 年）的家塾。

E 从开始学习儒学的一代起，便开始使用文字，营建乡社，接受当地固有习俗。不过，这并不意味着他们放弃了原有的语言（西夏语、蒙古语）和习俗。

对于濮阳唐兀氏，既有先行研究主要有如下认识。首先，焦进文、杨富学在上文提到的《元代西夏遗民文献〈述善集〉校注》的序言中，将之总括为"具体记录了西夏遗民汉化的进程"。陈高华则指出，随着定居和从事农业，探马赤军户也出现了儒学化趋势。元统元年进士的蒙古色目榜中，有 4 人为分布于山东河北蒙古军都万户府的探马赤军户出身，所占比例很高。上述几点都表明，这一带的军户受儒学影响很大。[11] 另外，萧启庆虽然明确指出不应该简单断言唐兀家"汉化"了，但他也认为唐兀家开始研习儒学的契机在于定居以及从事农业经营。[12]

以上先行研究都强调了唐兀家族的儒学学习过程，但关于其开始的契机，则或未曾加以关注，或仅出于推测。不过，这些先行研究多是为对《述善集》进行史料介绍而作的，重点有所侧重，也是理所当然。而若要进一步深入考察，将《述善集》与相关史料进行对比和探讨，则是不可或缺的重要环节。因此，笔者就目前管见所及，收集了几个与濮阳唐兀氏一样，蒙元时代定居于华北地区的屯驻军家族[13] 的事例，在下一节中将对他们的动向加以分析。

族谱图 8　濮阳唐兀氏族谱

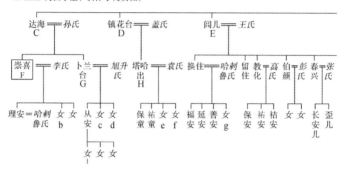

※ □ 为国子生，斜体字为女性。

第二节　其他屯驻军家族的动向

就目前所见相关史料的情况而言，蒙元时代华北地区屯驻军家族的事例一共有 30 例。关于各个事例的概况及史料出典，可参见表 9。

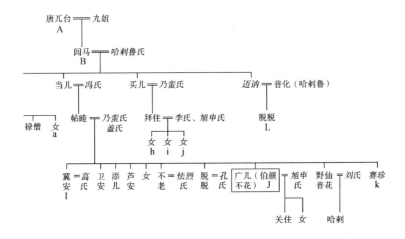

注：人名下的字母，分别对应以下官职、婚姻对象。

【官职头衔等】

A.弹压　B.隶属左翊蒙古侍卫亲军。敦武校尉·塔塔里军民万户府百户（由卜兰台所让）　C.渐丁军百夫长　D.敦武校尉·本府百户（因塔哈出功绩得授）　E.本卫令史　F.国子生→敦武校尉·本卫百户　G.敦武校尉·塔塔里军民万户府百户（由祖父闾马所让）H.塔塔里军民万户府百户　I.固始县达鲁花　J.国子生→济南路金乡县务司提领　K.长芦盐运司司令　L.军民万户府百户

【婚姻对象】

a.朵烈团（蒙古氏）　b.阳律（旭申氏）　c.武德将军·武卫亲军千户所达鲁花长安　d.保住（哈剌鲁氏）　e.山东河北蒙古军都万户府左手万户府镇抚宝宝　f.左翊蒙古侍卫亲军千户关住　g.儒士间间　h.保住（哈剌鲁氏）　i.保童（哈剌鲁氏）　j.乃蛮氏　k.兰阳县务司副使旭申氏添孙　l.国子生燕山忠显

表 9　屯驻军家族的事例

序号	史料所见最早族人	居住地	出身种族	出处
1	秃孙（Tusun）	？	钦察	《元史》卷一百三十三《昔都儿传》
2	忒木勒哥（Temürge）	太原	塔塔尔	《元史》卷一百三十五《塔海帖木儿传》
3	海速（Qaisu）	？	乃蛮	《元史》卷一百三十五《和尚传》
4	布都纳	解州	巴尔赤	《元史》卷一百三十七《察罕传》，《雪楼集》卷十八《大元河东郡公布都公神道碑铭》《河东郡公布都公夫人李氏墓碑》
5	也里里伯	汝州梁县	康里	《元史》卷一百三十五《塔里赤传》，同治《宝丰县志》卷十八《大元赠辅国上将军浙东道宣慰司护军临汝郡公神道碑铭》
6	八黑马	汝州	哈剌鲁	池内功：《河南地区元代非汉族诸军人家族》（《河南における元代非漢族軍人の家系》，元朝的政治、刻等史料的综合分析而进行的蒙古帝国，经济体系基础研究》（《碑刻等史料の綜合的分析による元朝の政治・経済システムの基盤的研究》），平成十二年度科学研究费补助金基础研究(B)(1) 研究成果报告书（研究课题号：12410096）第21页所载《大元武略将军管军千户所达鲁花赤鲁公碑》

续表

序号	史料所见最早族人	居住地	出身种族	出处
7	也先不花（Esenbuqa）	？	乃蛮	《吴文正公集》卷三十四《故武义将军临江万户府上千户所达鲁花赤也先不花墓表》
8	马哥	清州白马	蒙古	《吴文正公集》卷三十五《故奉议大夫安定州达鲁花赤秃忽赤墓表》
9	库春（Kūčū）	曹州定陶	？	《牧庵集》卷十七《百夫长赠中大夫上轻车都尉曹南郡侯坤都岱公神道碑》
10	完者拔都（Öljeibatu）	高邮	钦察	《元史》卷一百二十三《完者拔都传》、《雪楼集》卷六《林国武宣公神道碑》
11	朝坤	浚州	？	《雪楼集》卷十六《南剑路总管府判官忠都君墓志铭》
12	爱伯	曹州济阴	巴牙㖆	《元史》卷一百二十三《也速䚟儿传》、《雪楼集》卷十七《故昭勇大将军钦察亲军都指挥使巴约㖆公墓碑》
13	昔里吉思（Sirigis）	闻喜→伊川	克烈	《雪楼集》卷二十二《故驱军军总管克烈君碑铭》、成化《河南总志》卷十四《敕赐伊川书院碑》
14	八合	汝州郏城	康里	《巴西集》卷上《故荣禄大夫平章政事巩国武惠公神道碑铭》、《危太朴文续集》卷八《云南诸路行中书省右丞赠荣禄大夫平章政事追封巩国公谥武惠鲁公家传》

续表

序号	史料所见最早族人	居住地	出身种族	出处
15	至殉丹	阳谷	若达哩台氏	《申斋集》卷八《大元宣武将军韶州路达鲁花赤爱不哥蔡儿公神道碑》
16	阿鲁（Arur）	大名清丰	回鹘	《清容居士集》卷二十六《资善大夫资国院使赠资政大夫江浙等处行中书省左丞上护军顺义郡公谥贞惠玉吕伯里公神道碑铭并序》
17	济古尔（Čigür）	燕山	图伯特	《畏斋集》卷六《故中奉大夫浙东道宣慰都元帅兼鄞县翼上万户府将哲图公行状》
18	珪赤	鄞城	党项	《道园类稿》卷四十四《平江路达鲁花赤黄头公墓碑》
19	哈八秃（Qabatu）	许州	哈剌鲁	《滋溪文稿》卷二十一《元故赠处长葛县君张氏墓志铭》
20	忽珊（Qošan）	广平曲周	蒙古酏温台氏	《至正集》卷五十六《赠金太常礼仪院事慕克笃笃公神道碑铭》、卷五十七《故通议大夫江西等处榷茶都转运使万公神道碑铭并序》
21	赤老温（Čilaγun）	南阳枵县	速勒都思	《黄文献集》卷九上《明威将军管军上千户所达鲁花赤迹黄公墓志铭》
22	欹温	陈州	乃蛮	《金华黄先生文集》卷二十八《答禄乃蛮氏先茔碑》
23	哈石霸都儿（Qašibaγatur）	黎阳山下	党项	《吴文正公集》卷三十三《元故潜州达鲁花赤赠中议大夫河中府知府上骑都尉追封魏郡伯墓碑》

续表

序号	史料所见最早族人	居住地	出身种族	出处
24	哈剌察儿（Qaračar）	?	巴牙惕	《元史》卷一百三十四《和尚传》、《台州金石录》卷十二《台州路重建天妃庙碑》、《东维子文集》卷二十四《字元卿墓铭》
25	赫思	昌邑	党项	道光《巨野县志》卷二十《武略将军济宁路总管府达鲁花赤先茔神道碑》
26	扎忽儿（Jaqur）	潍州	?	《民国昌乐县志续志》卷十七《脱脱木儿先茔之记》
27	聂秃剌	北海	塔塔尔	《民国昌乐县志续志》卷十七《右都威卫管军百户太纳先茔之碑》
28	阿鲁乃（Aruγnai）	中牟	乃蛮	上表引池内论文第 41 页《大元故荣禄大夫河南江北等处行中书省平章政事追封勤忠宣力功臣谥康定关公神道碑铭有序》
29	伯颜（Bayan）	濮阳	哈剌鲁	《元史》卷一百九十《伯颜传》、《正德大名府志》卷十《伯颜宗道传》
30	阔阔台（Köketei）	沈丘	回鹘	《元史》卷一百四十一《察罕帖木儿传》

按照各家族的经历，可以将这 30 个事例作以下 5 种分类。需强调的是，出过屯驻"军团"（研究者一般将元帅府或都万户府等负责统辖分布较广的屯驻部队的军事单位统称为军团）的军团长或行省高官的军团长家族，[14] 不在本节讨论范围之内。

A 类　事例 1、2、4—16、18—20、22、24

因在李璮之乱、南宋征伐、乃颜之乱等 13 世纪后期各大战役中立下的军功，被授予可在任官地进行迁转和考课升迁的镇抚、千户以上的军官职位，[15] 或同时获得行省等处的民事官职位，进入 14 世纪以后仍有不少子孙仕途安定的家族。

B 类　事例 26—30

在 13 世纪后期的各战役中未能凭借军功立身，即便保有官职，也基本上都只是不可迁转，代代皆滞留于同一屯驻地的百户以下低级官职的家族。

C 类　事例 25

直属于蒙古王侯（投下领主），在其领内迁转或世袭官职的家族。

D 类　事例 17、21、23

蒙哥在位以前就曾有过战功，13 世纪后期的各战役发生之时，已经获得了镇抚、千户以上官职的家族。

E 类　事例 3

14 世纪以后凭借战功而获得镇抚、千户以上官职的家庭。

观察这些事例可知，正如我们在第九章中看到的，对于蒙元时代屯驻于华北的大部分军人家族来说，13 世纪后期的蒙古帝国扩张战争可以说是他们作为军人获得官职或升迁的最后一次机会。此外，A 类、E 类中，带来升迁（获得镇抚、千户以上的军官职位或流内民事官职位）机会的战争可归纳如下。

· 李璮之乱（1262 年）……18

· 征伐南宋（1259—1279 年）……1、2、4、5、7、8、9、10、11、12、13、14、16、19、22、23

· 乃颜之乱（1287 年）……6、20

· 天历内乱（1328 年）……3

· 不明……15

显而易见，"渡江"（征伐南宋）时的功绩，对军人家族后来的命运产生了重大影响。另外，就现存史料而言，虽然可以看出 A 类在数量上明显比 B 类多，但我们需要考虑到这本是较为成功的家族委托著名文人（姚燧、程钜夫、吴澄、袁桷、虞集等人）为其族人撰写墓志铭，而这些文人的文集流传于后世之背景。而实际上，正如第九章第一节中曾经提及的，B 类家族的事例（其中绝大多数都是以碑刻形式传承下来，多为根植于地方社会的记叙）在当时才是更为普通的多数。

第三节　13 世纪末至 14 世纪初屯驻军家族所面临的混乱

我们在上一节中已经看到，未能顺应时势、建立军功的屯驻军家族，在一连的战争结束后，立即陷入了军役体制的混乱中。关于这场军役体制的混乱，史料中有以下两点详细记录：

①［大德七年（1303 年），千奴］上疏言："蒙古军在山东、河南者，往戍甘肃，跋涉万里，装橐鞍马之资，皆其自办，每行必鬻田产，甚则卖妻子。戍者未归，代者当发，

前后相仍，困苦日甚。今边陲无事，而虚殚兵力，诚为非计，请以近甘肃之兵戍之。而山东、河南前戍者，官为出钱，赎其田产妻子，庶使少有瘳也。"诏从之。[16]

②[大德五年（1301年）至至大元年（1308年）间]中书省据枢密院呈："蒙古都万户府呈：'照得蒙古汉军分戍江南，全籍各家驱丁，供给一切军需。今往往逃匿寺观，为道为僧，或于局院佣工，或为客旅负贩，纵有败获，鼓众夺去。……如今这几年频出征，其间里军人每气力消乏了呵，把人口媳妇孩儿每典卖了。避怕呵，躲闪着的也有。使长出军呵，媳妇孩儿每根底欺负着，多逃了有。军人每气力很消乏了也。'……"[17]

史料反映，13世纪后半期至14世纪初，隶属于屯驻军的一般军户经济基础弱化，给整个军制都带来了不良影响。[18]不仅如此，上一节以及第九章第一节也已论及，若非在征伐南宋的战役中以军功保证获得千户以上的职位，即便代代作为军官以世袭出仕，也很有可能永远无法获得任何升迁机会。

观察上表中的各个事例，例如潍州北海的聂秃剌家（塔塔尔，序号27），现存史料中能够追溯的最早的祖先聂秃剌，曾参加征伐金国的战争，于蒙元时代初期移居北海。聂秃剌长子忽必纳（Qubina）承袭父职，受任为镇抚，负责山东南部至淮东一带的警逻，至元十八年（1281年）敕授为敦武校尉·左都威卫管军百户。忽必纳长子太纳（Tainal，1253—1325年）于元贞年间也承袭父职，任忠显校尉·左都威卫管军百户。而太纳之子阿忽歹（Aqudai，1267—1326年）也以同样的世袭方式，敕授为敦武校尉·管军百户，其子驴儿也在泰定四年（1327 年）承袭父职，敕授为忠翊校尉·管军百户。[19] 这个家族正是 13 世纪 80 年代以后再未从事军事征伐，世世代代在同一屯驻地重复世袭同一官职的例子。

不过，聂秃剌家至少承袭了武阶官，而就整个屯驻军群体来看，连阶官也未曾得到的一般兵卒家庭占了大部分。参与了《金史》编纂的蒙元时代末期著名学者、至正十八年（1358 年）于彰德南方的堡垒中坚城固守，被来自东昌的沙刘二所率乱军杀害的哈剌鲁氏伯颜（Bayan，字宗道，1291—1358 年），其出身家族就于己未年（1259 年）参加南宋征伐，后来隶属山东河北蒙古军籍，定居濮阳（序号 29）。然而其父祖中无一人曾获得官职，很明显世代都不过以一介兵卒之身服役于军中。[20]

如上所述，13 世纪末至 14 世纪初军役体制的混乱，造成了蒙古征服南宋之后各屯驻军家族之间日益显著的差距。而着眼于儒学研习的北方民族家庭中的大多数，便正是以此时为契机，开始儒学研习的。

第四节　屯驻军家族中儒学研习风潮的扩大

关于屯驻军家族的史料中，尽管数量不多，但仍有明确记载了坚定笃学之念、潜心儒学研习的例子，如河南鸣皋的昔里吉思家（克烈，序号 13）。

> 大德二年，（勖实带）以足疾匀闲，大肆于学。手不释卷，与中书右丞陈君天祥、翰林学士姚君燧、卢君挚、侍御史赵君简诸老游，名声籍甚。[21]

关于这个事例，成化《河南总志》中还有更详细的记载。

> 伊川鸣皋镇炮手军总管勖实带，读《易传》，读《遗书》，坚苦刻励，而有得焉，乃更名曰士希。[22]

史料中的主人公勖实带（Qušidai，1256—1311 年），祖先昔里吉思（Sirigis）曾作为炮手军千户参与对金作战，其子元都（Öndü）也世袭了炮手军千户。勖实带乃元都之子，曾跟随丞相伯颜参加对南宋的征伐，以军功升为武德将军·本军总管，自南宋征伐中归来之后，在屯驻地创建了伊川书院。大德二年（1298年），因患足疾而居家，自此开始了儒学的研习，据说曾著有名为《伊东拙稿》的诗集。

　　这个例子的特殊之处在于，勖实带是晚年隐退之后才开始研习儒学，与"诸老"的交游也显然并非出于猎取官职的目的，也就是说，从他身上看不到儒学研习的任何功利性动机。像他这种情况的儒学研习，从其开始的契机及研习深度来看，应该是拥有相应的资产和地位（炮手军总管为从三品武阶官）以及闲暇时间才能成为可能的"修养"，而不能作为屯驻家族儒学研习的一般契机。而对于不像他这样有经济、时间上的富余，且直接受到军役体制弊病带来的冲击的一般兵卒、低级军官家庭来说，儒学研习的作用正如史料所说：

> （间马）虽幼在戎行，然好学向义，勤于稼穑。尝言："宁得子孙贤，莫求家道富。"常厚礼学师，以教子孙。[23]

这个例子出自濮阳唐兀家（屯驻华北后）第二代族人间马，他认为为保家族兴盛，应当将精力和资本投入到下一代的文化教育中（在科举制度恢复以前，专业的文书处理能力也是吏员选任不可或缺的条件[24]）。我们无法确知间马的话是否的确反映了现实，但可以肯定的是，至少在这份记录成文的至正十六年（1356年），濮阳唐兀氏族人对自己家族研习儒学的背景是这样认识的。而这种言行，在上述经济基础弱化、升迁机会减少的混乱局势中，才更应该是屯驻军家族较为普遍的儒学研习之契机。

此外，还有史料特别记录了北方民族受汉人族亲（主要是母亲、祖母）的影响，开始研习儒学的例子。许州长葛的哈八秃（Qabatu）家（序号19）就是其中典型。

> 初，皇庆科举诏下，哈喇台甫十余岁，县君呼而教之曰："我昔居父母家，岁时亲戚小儿来者，吾亲必祝之曰'长大作状元'。自我为汝家妇，恒在军旅，久不闻是言矣。幸今朝廷开设贡举，汝能读书登高科，吾复何恨。"于是悉资给之，俾从师受业。[25]

不过，这位"县君"（黄州黄冈县五峰山张氏，1255—1340年）的垂训，明显是在皇庆元年（1312年）恢复科举之诏命颁布之后，其目的在于激励子孙进士及第（亦即获得高位官职）。值得注意的是，第九章第一节中也曾提及，蒙元时代无论官职高低，官员恩荫名额都只有一人。对于保有千户以上中高级官职的屯驻军家族中的次子及以下诸子、庶子来说，若无足够有力的个人关系（根脚），儒学研习则是一个非常有吸引力的选择。

作为屯驻军家族中儒学研习之风盛行的一个标准，笔者在这里引用萧启庆对《元统元年进士录》的研究作一说明。萧氏指出，蒙古进士中，其出身户计明确可知的 11 人全部出身于军户，而同样户计明确的色目进士 8 人中，军户出身的有 6 人。即便是"仕宦"之家，其实大多也为军官。这即是说，蒙古、色目（尤其是蒙古）进士科应举之人中的大部分，都出自中低级军人家族。[26]

有名的蒙古、色目进士中，也有不少例子表明，若不能在科举中及第，随时都会有沦落为一般庶民的可能性。蒙元时代从云中移居至金陵，又从金陵移居至澧阳的伯帖木儿家，出身于蒙古聂古台氏，祖先名为伯帖木儿（Beitemür），经历不详。这一家族的子孙阿屯那演（Atonnoyan）"以侍卫近臣受知先朝"，但不幸未能出仕便早逝。其子火者（Qoǰa）任扬州路泰兴县达鲁花，火者之子阿散（Hasan）也随之赴任江南，定居于金陵。后来，阿散移居至湖北澧阳，终其一生未曾仕宦。阿散的独子忽都达而（Qutuγdar，1296—1349 年）年少时游学于湖湘一带，在延祐四年（1317 年）湖广乡试中名列第一。延祐五年（1318 年），他以廷试第一的成绩进士及第，出仕为承务郎·秘书监著作郎，死时官至嘉议大夫·婺州路总管。而忽都达而的独子捏古思（Nigesü），也在至正七年（1347 年）山东乡试中名列第二，以特恩补清州儒学正，后以父荫擢为忠显校尉·平江路同知吴江州事。[27] 此外还有东瓯的蒙古歹家，该家族是世代居住于"银夏之域"的党项家族，后来归顺蒙古。其家祖蒙古歹（Mongγuldai）曾为千户，子探马赤（Tammači）不知以何种途径就任为罗源县达鲁花。后来探马赤之子僧家奴"试吏东瓯，遂为编伍"，在这种情况下，其子昂吉（Anggi）从师研习儒学，后于至正七年（1347

年）丙科进士及第，出任池州录事。[28]

在依靠战功晋升的可能性骤减的情况下，对于如屯驻军家族这样与蒙古政权上层高官没有特殊关系，也没有机会游学京师的外来家族来说，儒学研习是可能提高其社会地位的为数不多的手段之一。换言之，越是属于中低级军官层的家族，其儒学研习的动机应该就越强烈。

第五节　濮阳唐兀家的儒学研习及其背景

在上一节考察的基础上，再将目光转回唐兀家的例子，我们会发现，其家族拥有大量耕地，经济上比较富裕。[29]而他们延请学师、开设家塾，投入相当的资本，培养出两名国子生，又是基于怎样的判断所做的决定？

第九章中提到，蒙元时代的国子监在成宗铁穆耳朝开始全面整顿，而其时正是上节讨论的军役体制开始陷入混乱的时期。整顿后的国子监作为与科举相关联的出仕途径，受到诸多关注。一般来说，国子生都是从七品以上朝官的子孙中选拔，但若得三品以上朝官的推荐，且自己负担月额 15 两的学费和生活费，则也可作为陪堂生参加授课。国子监内部考试中成绩优异的学生可获得参加科举会试的机会，名额共 120 人。此外还有岁贡等出仕途径，也可以通过诸衙门的推荐而出仕。

而濮阳唐兀家族中并没有七品以上朝官，因此族中的两个国子生，要么是跟朝中官员有某个个人关系，要么是抓住了上京游学的机会，作为陪堂生进入国子监。从结果而言，崇喜虽升为国子上舍生，最终却不过由枢密院奏请，选充为本来隶属的左翊蒙古侍卫亲军内的百户；而广儿则是在饥荒之际因劝粜有功而得以出仕，很难将之看成是通过国子监而出仕的。

不过，从以儒学研习而出仕的过程来看，崇喜其实离成功只差一步之遥。从陪堂生成为上舍生的崇喜，就参加科举或出仕的可能性这一点而言，相较那些必须突破低录取率乡试的一般应举者具有很明显的优势。另外还有一点不能忽视的是，看《述善集》所载的序文、题跋或诗文的作者，就可知他在国子监学习期间构筑起的人脉（国子助教·翰林侍读学士·知制诰张以宁，礼部尚书潘迪，金山南道肃政廉访司事张桢等）。与这些官员的关系，足以保证唐兀氏下一代族人想要进入国子监时，能够获得推荐。也即是说，崇喜自身虽然未能荣任高官，却为后代确保了通过儒学研习而出仕的重要基础，这或许正是第六代子孙中的广儿入学国子监的背景。至于崇喜执着于创建崇义书院的原因，我们还应该考虑到，在求取儒学提举司等官衙的推荐，或是试图跻身中央之时，学问上的名声有着非常重大的意义。[30]

总之，在屯驻军家族都陷于凭借战功而升迁的机会骤减，以及军役制度混乱的漩涡之时，濮阳唐兀氏一族，可以说是巧妙利用时宜，将资产投入到儒学研习之中，并借此跻身上层的新兴家族的一个典型。

结语

关于本章中探讨的问题，结论可以总结如下。首先，对于蒙元时代屯驻于中国本部的军人家族来说，若非开始屯驻时已有一定的官职，或与投下领主有着特殊的关系，则13世纪后期的帝国扩张战争可以说是他们作为军人获得官职以及升迁的最后机会。而抓住这个机会获得相应官职的人毕竟只是少数，剩下的大部分屯驻军家族，则不得不面临战争终结之后日益显著的屯驻军经济基础弱化，以及获得官职的机会、升迁机会减少的现实，只能代代世袭低级军职。在这样的背景下，经过了14世纪初期开始的整顿，科举及国子监制度为这些家族提供了为数不多的获得官职、维持和扩大家产及提升社会地位的机会。而这正是屯驻军家族之中儒学研习蔚然成风的主要契机。仅从蒙古、色目进士的经历来看，屯驻军家族试图让子孙通过儒学研习而出仕的倾向相当明显。积极利用国子监等新设机构，以期获得官职，并持续为后代子孙的仕途打下基础的濮阳唐兀家，则是屯驻军家族中通过儒学研习而崛起的新兴家族之典型。

　　14世纪初，由于军役体制的混乱、凭借军功出仕及晋升机会的骤减，以及吏员出仕过程日益复杂、冗长，蒙元时代前期占主流地位的出仕途径逐渐显现出颓势。而对于那些既无个人关系，也无恩荫机会，更无游学京师猎取官职之资本的人来说，作为新的出仕途径出现的科举、国子监制度，能够让他们的能力受到基于儒学修养这一明确标准的客观评价，并给他们带来迅速晋升、获得高位官职的可能性，甚至可以说是使之成为可能的唯一途径。

　　而这种情况应该也同样存在于文官家族中。由于冗官问题日益严重，以及恩荫名额受限，对于文官来说，科举更是获得官位、提升社会地位的有效途径。[31] 就这一点来说，本书第二部第十章中讨论的应举者群体的动向，与本章所探讨的北方民族家庭的动向几乎完全一致。

　　不过，与女真人的例子一样，我们不能对儒学研习风潮的扩大作过高评价。表 9 中列举的屯驻军家族中，研习儒学的例子不过占极少数，就是一个明证。而且正如第十一章所探讨的，蒙元时代参加科举的人数，较之前代本来就有明显的减少。究其原因，需要有相当的经济上、时间上的富余才能专注的儒学研习，并非谁都可以实践；另外，在吏员、个人关系等其他出仕途径也同时存在的情况下，科举不过只是其中的一个选择而已。

总而言之，蒙元时代华北地区北方民族的儒学研习，多数时候并非自然而然地积累而成的现象，而是在原有社会结构或官员任用制度发生变化的背景下，考虑到自己家族的未来而采取的一种明显的、有计划的行为。蒙元时代的这种构图，虽然在时代和诸多制度上都与金代女真人社会有各种差异，但本质上却是相同的。

注释

1　陈垣：《元西域人华化考》，《国立北京大学 国学季刊》第 1 卷第 4 期，1923 年。本章中笔者参照的是陈垣（陈智超导读）：《元西域人华化考》，上海古籍出版社，2000 年。

2　此外，最近论及外来文化给"汉人""汉文化"带来影响的研究也已有一定积累，触及了对至今为止仅单向关注"汉化"的研究倾向的批判，以及文化接触的双向性质。详见堤一昭：《李璮之乱后的汉人军阀——以济南张氏为例》（《李璮の乱後の漢人軍閥—済南張氏の事例—》），《史林》第 78 卷第 6 号，1995 年；柏清韵（Bettine Birge）：《宋元时代的女性、财产与儒家的抵制》[*Women, Property and Confucian Reaction in Sung and Yüan China (960-1368)*]，剑桥大学出版社（纽约），2002 年；

达第斯（John W. Dardess）：《蒙元重要吗？北宋至明初中国的疆域、权力与知识人层》（ "Did the Mongols matter? Territory, Power, and the Intelligentsia in China from the Northern Song to the Early Ming"），选自史乐民（Paul Jakov Smith）、万志英（Richard von Glahn）编：《中国历史上的宋元明转型》（*The Song-Yuan-Ming Transition in Chinese History*），哈佛大学出版社，2003 年；杉山正明：《蒙古帝国与大元兀鲁思》（《モンゴル帝国と大元ウルス》），京都大学出版会，2004 年。

3　马建春：《元代东迁西域族类辑述》，《元史及民族史研究集刊》第 16 辑，2003 年；《元代东迁西域人及其文化研究》，民族出版社，2003 年。

4　萧启庆：《元朝多族士人圈的形成初探》，第 211—213 页；《元代蒙古色目进士背景的分析》，《元代的族群文化与科举》，联经出版事业公司，2008 年，原载《汉学研究》第 18 卷第 1 期，2000 年，第 59—60 页。

5　萧启庆：《元代蒙古色目进士背景的分析》，第 123—124 页。

6　萧启庆：《论元代蒙古、色目人的汉化与士人化》，《元代的族群文化与科举》，联经出版事业公司，2008 年。原载汪荣祖、林冠群主编：《胡人汉化与汉人胡化》，台湾中正大学台湾人文研究中心，2006 年，第 57—58 页。

7　关于《述善集》，舩田善之《新出史料〈述善集〉介绍——新刊相关书籍三册》（《新出史料『述善集』紹介—新刊の関連書三冊—》）（《史滴》第 24 号，2002 年）对其内容构成及史料价值都进行了详细论述。

8　在宋代和金代，成为吏员所必需的首先是法律知识，而儒学素养则未必受到重视。也正因如此，才出现第七章中论及的金代吏与儒的区别受到进一步强调，甚至产生了两者服饰上的区别。然而在进入重视行政方面实务能力的蒙元时代以后，这种情况开始发生变化，到了13世纪后半期，吏成为儒的重要补充（"以吏饰儒""以儒饰吏""儒吏兼济"），史料中甚至出现了对科举的实用性提出怀疑的意见（《紫山集》卷十二《议选举法上执政书》、《墙东类稿》卷三《儒学吏治》等）。濮阳唐兀台家第四代卜兰台出任百夫长之际，其关于农业和水利方面的知识，也与"儒书"的研习并列，被大书特书，而这也正是出于当时的儒学素养与实务能力并重的习惯。不过，在当时普通的吏员培养过程中，吏员们到底进行了多大程度上的儒学研习，现在已不可知。当然，在学习读写的过程中，被认为在蒙元时代已相当普及的《蒙求》《孝经》《论语》，以及《资治通鉴》等教材［宫纪子：《蒙元时代的出版文化》（《モンゴル時代の出版文化》），名古屋大学出版会，2005年］的使用应该十分广泛，就确立儒家体系世界观这一点来说，学习的机会应该足够充分。

9　关于探马赤军，详见松田孝一：《宋元军制史上的探马赤问题》［《宋元軍制史上の探馬赤（タンマチ）問題》］，《宋元时代史的基本问题》（《宋元時代史の基本問題》），汲古书院，1995年。

10　陈高华：《〈述善集〉两篇碑传所见元代探马赤军户》，《庆祝何兹全先生九十岁论文集》，北京师范大学出版社，2002年。

11　同本章注10。

12　萧启庆：《论元代蒙古、色目人的汉化与士人化》，第

77—80 页。

13　蒙元时代屯驻于华北地区的蒙古军队，大致可以分为①侍卫亲军等中央直辖军、②来自探马赤军的地方屯驻军、③蒙古王侯于各汗国所拥有的军队等三种。本章为求论述的便利，对这三种分类不加区分，统称为屯驻军，其麾下的军人家族则为屯驻军家族。由其各自所属之间的差别而造成的屯驻军内部的差异，详情参见本节的分析。

14　详见堤一昭：《元代华北的蒙古军团长的家族》（《元代華北のモンゴル軍団長の家系》），《史林》第 75 卷第 3 号，1992 年。

15　《元史》卷三十二《选举志二·铨法上》："（至元）二十一年，诏：'万户、千户、百户分上中下三等，定立条格，通行迁转。以三年为满，理算资考，升加品级。若年老病故者，令其子弟依例荫叙。'是年，以旧制父子相继，管领元军，不设蒙古军官，故定立资考，三年为满，通行迁转。后各翼大小军官俱设蒙古军官，又兼调遣征进，俱已离翼，难与民官一体迁转荫叙，合将万户、千户、镇抚自奏准日为始，以三年为满，通行迁转。百户以下不拘此例。"

16　《元史》卷一百三十四《和尚传附千奴传》。

17　《元典章·兵部卷二·典章三十四·军駆》拘刷在逃军駆条。

18　萧启庆：《元朝军事体制》（*The Military Establishment of the Yuan Dynasty*），哈佛大学出版社，1978 年；松田孝一：《河南淮北蒙古军万户府考》（《河南淮北蒙古軍万戸府考》），《东洋学报》（《東洋学報》）第 68 卷第 3 号，1987 年。

19　民国《昌乐县续志》卷十七《右都威卫管军百户太纳先茔之碑》。

20　《元史》卷一百九十《伯颜传》，正德《大名府志》卷十《伯颜宗道传》。

21　《雪楼集》卷二十二《故礮手军总管克烈君碑铭》。

22　成化《河南总志》卷十四《敕赐伊川书院碑》。

23　《述善集》卷三《大元赠敦武校尉军民万户府百夫长唐兀公碑铭并序》。

24　史料中的"学师"的聘用，究竟是指以儒学研习为目标，还是旨在吏学（处理事务的实务能力）的精通，无法明确判别。这一聘用若是实施于13世纪末，从时间上来看，培养子孙以吏员身份出仕的可能性也很高。总之，根据《述善集》所载相关史料，学师的聘用可以看作后来的家塾建立，以及再后来的书院建立的渊源。因此，或许唐兀家一开始是为吏学训练而聘用学师，后来才渐渐转向了以儒学研习为目的。

25　《滋溪文稿》卷二十一《元故赠长葛县君张氏墓志铭》。

26　萧启庆：《元代科举与菁英流动：以元统元年进士为中心》，《元朝史新论》，允晨文化实业公司，1999年，原载《汉学研究》第5卷第1号，1997年，第148—150页；《元代蒙古色目进士背景的分析》，第131—133页。

27　《金华黄先生文集》卷二十七《嘉议大夫婺州路总管兼管内劝农事捏古𫘴公神道碑》。

28　《丹崖集》卷八《故福建等处行中书省检校官高君墓志铭》。

29　详见陈高华：《〈述善集〉两篇碑传所见元代探马赤军

户》，第 121 页。

30   樱井智美：《元代集贤院的设立》（《元代集賢院の設立》），《史林》第 83 卷第 3 号，2000 年；宫纪子：《程复心〈四书章图〉出版始末考——大元帝国统治下江南文人的保举》（《程復心〈四書章図〉出版始末攷—大元ウルス治下における江南文人の保挙—》），《蒙元时代的出版文化》（《モンゴル時代の出版文化》），名古屋大学出版社，2005 年，原载《内亚语言研究》（《内陸アジア言語の研究》）第 16 号，2001 年。

31   关于文官家族的应举，详见萧启庆《元代蒙古色目进士背景的分析》。

结　论

各章考察内容总结

绪论中提出的几个问题，即科举制度在女真、蒙古统治下的华北地区是如何运作的，对此人们的反应如何，而这在中国本部的历史上又有何意义，本书通过考察，给出了相关回答。首先，各章考察所得的结果，可以通过纵观金元时期的形式总结如下。

辽、北宋相继灭亡之初，女真将科举作为控制华北社会的手段之一加以重视，继续实施北宋靖康元年（1126 年）未能完成的省试，通过积极举行科举考试的方式，实现了对地方精英层的迅速掌控，确保了较为安定的官员选拔途径，成功显示出自身政权的正统性，获得了多方面的成效。在探讨金代科举的意义这个问题上，女真政权的这种态度是非常重要的。另一方面，受金初期战乱的影响，北宋时期科举及第者相对较多的河南、京兆府一带逐渐式微，而及第者的出生地开始向战祸较少的河北、山西、燕云地区集中，这些地区的优势地位终金一朝得以维持。

直至 12 世纪 50 年代中期，金国未对士人层采取任何直接干

涉的政策，因而华北各地区的及第人数以金初战乱造成破坏的程
度不同而出现明显差异。不过，自 12 世纪 60 年代初起，金国开
始着手振兴州府官学，提高官学生的待遇，整顿会试合格者的出
仕途径等，华北各地之间的差距也因此渐渐缩小。需要注意的是，
在这个过程中，在自辽、北宋时期起应举态度就相对消极的地区，
也能看到及第者的出现或增加。到章宗朝，官学已普及至华北的
大部分州县，这种现象就更加明显。这即说明，始于北宋时代的
华北士人层的增加，在女真政权以掌握地方社会的动向、掌握较
为安定的官僚选任途径为目的的科举和学校政策下得以继续，甚
至呈现进一步增加的趋势。

　　例如，8 世纪末以来居住于晋北、向历代王朝提供骑兵的沙
陀、粟特系突厥后裔，在处于辽、北宋统治下时，并未对科举表
现出较多的兴趣，实际上也始终流离于科举制度之外。然而受女
真统治以来，晋北作为军事力量提供地区的意义逐渐消减，面对
这种情况，为获得官职、确保社会地位，有一些家族在几代人之
后逐渐开始探索通过科举出仕的道路。就这样，金代华北地区的
科举应举人数年年增加，到 13 世纪初的章宗朝，包括策论进士
在内，已多达 37500 人。

　　不过，与南宋统治下的江南地区不同，他们似乎并无徭役、
刑法上的特权优待，而且应举人数也并无急剧增加的迹象。这反
映出金国试图将士人层彻底掌握在自己稳固的统治之下。而金国
的这种姿态，与战时实行大规模签军的政策，以及对祠典的严格
管理如出一辙。受到中央政府强有力的统制，是与同时期的南方
明显不同的、金代华北社会及士人层的一大特征。

　　在此背景下，主要以猛安谋克的形式移居于华北的女真人集

团，尤其是移居后的第二代及其后代，在语言和生活习惯上都有一定程度的汉化。不过，直至金代后期，女真人也始终维持着他们特有的社会结构，移居后的猛安谋克也始终保持着与华北地方社会明显不同的面貌。在海陵王南征以及随之而来的一系列动乱之后，猛安谋克内部的屯田政策遇到瓶颈，人口压力也日益增加。在这种情况下，经过整顿的女真学和女真进士科，自然成为那些不属于世袭官僚或高位官僚的社会中下层女真人寻求生活安定与安身立命的重要途径。不过，女真儒士中的大部分，仅仅是因为应举或是进入女真学，才表现出明显的存在感，并未对女真社会结构产生影响，亦几乎不曾同化于当地原有士人层之中。迄今为止，金代积极接受儒家文化的女真人（"女真儒士"）的增加，一直被模糊地看作不可避免的汉化的结果，而实际上，这种增加绝不是自然而然的，而是为了顺应社会情况的变化而做出的非常现实的选择。于是，金代华北地区就出现了社会基础与性质各不相同的两种士人层并存的情况，这种状态一直持续到作为女真社会基础的猛安谋克被蒙古入侵这一外在原因彻底颠覆。而两者之间的鸿沟一旦被外力消除，加之作为女真儒士存在基础的独有社会结构已然崩溃，女真儒士很快便湮没于人数上占绝对优势的普通士人层中。此外，女真人之中虽然的确掀起了研习儒学的风潮，但从数量上来看，所占比例不过是全体女真人中的一小部分，不能对其影响做过高的估计。

此外，金代设有针对吏员的例行选拔考试，从州、府级官衙升迁至中央官衙时，必须经过考试，很可能县级官衙的吏员升迁至州、府级官衙时也有同样流程。考试合格的地方吏员，完全有可能晋升至高位官职。不过，通过考试任用吏员的名额本身极少，比起后来的蒙元时代地方吏员向中央的升迁，金代的升迁之路可谓十分坎坷。而且在金代，人们对于吏的较为消极的认识，与前代相比也几乎没有变化。吏与士、儒完全无法相提并论，更有甚者，某一时期还出现了从服饰上将之加以区别的政策。在金代官员选任制度中，科举始终占主流地位。

纵观女真统治下的华北地区，从北宋后期起，在科举中取得成绩这一点上，华北难望南方之项背，就连应举积极性亦明显不如南方。但随着女真的科举和学校制度得到整顿，应举人数持续增加，"参加科举"这一行为首次几乎普及整个华北地区。也即是说，华北地区的科举制度，是在进入女真统治下之后才终于渗透于整个社会的。不过，这种普及本质上不过是女真强有力的统治带来的结果，如南宋统治下的江南那样应举人数急速增加、士人在徭役和刑法上享受优待也逐渐成为习惯的现象，在华北则从未出现。

而金代之后的蒙元时代，关于科举的情况则比之前历代都更为复杂。皇庆二年（1313 年）之前科举停止实施，华北地区约有三代人从未经历过科举，其间形成了吏员出身等多种不由科举而晋升的出仕途径，且各自随着政治、社会情况的变动而兴衰波动。蒙元时代初期，从军和吏员出身是主要的出仕途径，但随着南宋灭亡，蒙元政权的领土扩张战争趋于停滞，这使得获得军功的机会急剧减少，从军作为可能飞黄腾达的出仕途径的作用，事实上几乎已经消失。而吏员出身的途径，虽因忽必烈在位时期开始的吏员迁转过程的整顿，以及灭亡南宋后冗官、冗吏问题的日益显著，带来地方吏员入流资品官所需时间越来越长的问题，但终蒙元一朝，仍然始终是最主要的出仕途径。此外，更执着于迅速跻身高位的人，通过游学京师猎取官职，或与蒙古王侯攀上个人关系，也可以实现自己的愿望。而已经出仕的吏员，若能得到来自王侯或高官的青睐，也可不必再受日益漫长的迁转过程之束缚，迅速就任高位官职。

在这种情况下，汾水下游地区自金代以来一直试图以科举保持其社会地位的士人层，大部分都因未能克服金末元初战乱带来的动荡，未能及时应对蒙元政权统治下出仕途径的剧变，就此走向没落。而在蒙元统治下崛起的地方精英群体，则顺应蒙元政权在推进中国本部统治的过程中不断变化的出仕情况，或从军参与征伐南宋，或求取吏职、利用个人关系，或效忠于蒙古王侯的位下、投下领，尝试了多种任官途径。如此背景下的科举制度的恢复，其影响必然有限，而那些积极参加科举的家族，数量也远不及金代应举人数全盛之时。身处不断变化的社会，自金至元始终保持着"以儒学为显姓"地位的稷山段氏，看似是凭借家学的传承，实际上却是得益于准确应对了出仕途径变化的各种情况，以及蒙元统治下学术风潮的变化。金代士人家族怎样才能在蒙元统治下保证家声的存续，稷山段氏以他们的努力，对这个问题作了详细的解答。

科举毕竟是一条新的可能迅速晋升至高官的出仕途径，其恢复应该仍带来了一定的冲击。不过，国家并未试图增加本来就极少的及第人数，而经由国子监参加科举的途径虽然更为有利，却也因此引来多方觊觎，竞争趋向白热化。另外，争取到蒙古王侯或高官的赏识，始终是获得荣升的捷径，而中央官衙的吏员只要能力获得认可，找到举足轻重的靠山，便有足够的可能晋升至高官。正因如此，渴盼着以好条件出仕的人，若非执着于进士及第这种任官形式，显然就没有必要拘泥于科举。

　　而这种情况从应举人数上也可以窥见一斑。虽只是笔者概算后的推测，但延祐恢复科举后，蒙元统治下的华北地区应举人数最多不过 23000 人，比起金代明显减少。

　　与金代不同的是，吏员出身或是凭借个人关系出仕的官吏，也颇有身为儒者的傲气，与著名文人交游亦非罕事。其实，科举制度恢复以前，除了参加选试被认定为儒人，或通过学识的审查、合适的个人关系而得以任官的人以外，仅凭儒学素养是很难获得出仕机会的，原本属于士人层的多数人才，都选择了以吏员出身的形式出仕。出仕途径的多样化，产生了拥有各种出身和背景的官僚共存的情况，他们的志向与动机不同，却都以儒学为共同的价值观，而这种共存与金代进士及第者在"文人官僚"中一家独大的情况截然不同。不过需要注意，把"官"与"吏"之间界线划分清楚的认识仍然根深蒂固，因而其共存的基础亦自有其复杂之处。

　　关于蒙元时代华北的史料中，被称为"士人""士子""儒士"的人物屡屡出现，这些都是对包括文人官僚或儒人、官学生在内的具备儒学素养之人的总称。而由国家赋予儒人差役免除以及刑法上的特殊待遇的情况，则是与金代士人层大不相同之处。这意味着华北与江南之间形成了对照。在南宋统治下的江南地区，针对士人的优待惯例逐渐确立，是作为王朝对应举者急剧增加这一社会变动所采取的对策；而在华北地区，与之类似的人群的首次出现，则是蒙元政权新制度的结果。此外，各地的官学中，除了义务规定隶属与修学的儒人以外，也允许非儒户出身者入学，但后者基本没有徭役免除或刑法上的特别待遇的特权，即便偶有特例，也并非广泛适用的惯例，而且就现存史料而言，也很难认定身怀儒学素养而非儒人、非官学生的人可能享受某种优待或特权。也就是说，像金代那样的士人层凌驾于成规、获享特权的情况，在蒙元统治下的华北社会中并不存在。虽然有时会有一些官学生被赋予徭役免除的特权，但那不过是以振兴学校为目的的地方官所授恩惠，实属特例。可以说，这些特权的赋予，与科举制度的渗透、士人层的增加无关，并未超出国家统治方针的框架，与南宋统治下的情况完全相反。

另外，蒙元时代屯驻于华北地区的军人家族之中，自 13 世纪末起，开始出现研习儒学的例子。其背景在于，随着征服战争的结束，若非开始屯驻时已经拥有相应的官职，或是与蒙古王侯有着特殊个人关系，作为军人，在 13 世纪后期很难再获得官职或升迁机会，而且由于屯驻体制的混乱，经济基础本身正在变得越来越脆弱。在这样的情况下，参加科举或进入国子监，是获得官职、维持并扩大家产及提升社会地位的一个机会。与金代女真人一样，蒙元时代曾经的军人家族子孙的儒学研习，也是他们应对社会变化、看清自身及家族未来之后的选择。不过，与金代女真人的情况一样，我们也不应对研习儒学给北方民族集团带来的影响做过大的估计。

总而言之，在多元化的金元时期华北地区，面对曾经保证其生活安定和升迁机会的军事制度、社会结构的变化甚至崩溃，儒学素养的研习、科举制度的渗透，可以说为北方民族创造了维持社会地位以及获得官职的机会。金元时期华北地区北方民族中士人层的出现，在历来的研究中多被作为"汉化"的典型表现，但跻身士人层，实则需要大量经济上、时间上的富余，其动机未必只是对汉文化的憧憬或是文化先进性等抽象概念便可以说明的，我们不能忽视那些对他们来说已经近在咫尺的社会、制度变化所带来的影响。从这个角度来看，可以说科举和儒学研习作为多民族杂居的华北地区的社会统合系统的一部分，发挥着重要作用。不过毫无疑问，科举只不过是众多选择中的一个，并不意味着北方民族集团被既有汉文化完全吸收、同化。女真人中研习儒学的尚且只是一部分，更遑论出仕途径日益多样化的蒙元时代，儒学研习当然不过是备选之一。

综合考察蒙元时代的情况，我们可以看到，由于蒙元统治下出仕制度的多样化，在科举重要性大大减退的同时，时人对应举的积极性也显著降低。想要更加高效地代代为官，就必须争取加强与蒙古王侯或高官的个人关系（当然，在南宋，与当权者的个人关系也是升迁过程中的重要因素之一，但在蒙元统治下，个人关系被公认为是就任、升迁的理由，成为更加"正式"的出仕资格，即蒙古的出仕概念"根脚"的重要表现），或适当顺应当时出仕途径的变化，而这种倾向则带来了作为官僚世家的地方精英层的多样化。坦白地说，开始于北宋、辽代的科举应试群体的扩大，在蒙元时代戛然而止，而在作为官僚世家的地方精英层中，发生了使他们更顺应蒙元统治下的官吏任用制度的重组。正如历来研究也曾多次强调的那样，蒙元统治作为中国本部历史上的转折点或分水岭，我们应当重新认识其重要性。

12—14 世纪的中国本部中金元时期华北士人层的定位

从上述总结中可以看出，即便同为"士人"，12—14 世纪中国本部南北方地方知识人层的肖像，其实也存在着相当大的差别。二者之间最大的不同在于，华北地区没有发生过南宋那样的应举人数大幅增加的现象，在蒙元时代甚至出现明显的减少。其实从北宋后期起，应举层的中心本来就已经移到了江南、福建、四川；而在同时期的华北，应举者最为集中的燕云十六州中的大都市及其周围，即河北西部、山西南部、京兆府周边，人数远不及南方；至于在陕西、山西的宋辽、宋夏边境周围，参加科举本身并无甚吸引力，甚至可以说毫无吸引力。在金国和在南宋，科举于社会中的渗透程度从一开始就有着霄壤之别，而蒙元时代的情况，则将这种地域之间的差距拉得更大。

为了参加科举，经济方面的投资是不可或缺的教育成本，考虑到这一点，就不能忽视，东南沿海地区与华北地区的经济差距也应是应举人数差距悬殊的根本原因之一。不过与此同时，本书各章中也曾反复强调，在南宋社会，对科举的参与俨然已成为社会地位的指标，这一点也是非常重要的背景。这即是说，在南方地区，地方上的地位或秩序与科举制度直接相关，而在华北，应举这一行为本身并不能保证任何利益，因此二者参加科举的动机本来就大不相同。

而这种差别的根源，应该追溯到女真、蒙元的统治体制与南宋的差异。南宋从靖康之变的残局中振作，在努力寻求高效统治的实践之中逐渐发现，与其将地方精英层置于严格的控制之下，不如承认其势力的存在并为我所用，因而形成了将之有效利用于统治中的方针。对士人层加以优待的习惯，也根植于王朝的这种态度中。而与之相对，女真、蒙元两政权都不以与南宋相似的统治体制为目标。女真对于地方社会的控制是十分积极的，而蒙元虽然在金末元初的战乱时期采取了利用汉人军阀间接统治华北的体制，但忽必烈朝即明确否定了这些地方势力，此后除了蒙元末期以外，史料中再也找不到王朝容忍地方势力独大的痕迹。而且，正如前文所述，蒙元政权从未将儒学素养作为评价官员资质的绝对标准，因此自然也就没有理由赋予具备儒学素养的一介布衣以优待特权。

不过即便如此，在金代，科举仍是官员选任的主要途径，因此与南宋一样，可以认为士人层中大多数都是以科举及第为终极目标的。而蒙元统治下出仕途径的多样化，却是华北地区应举积极性相对较低的决定性要素。蒙元时期的士人层已然不是应举人的同义词，而且尽管儒学素养仍然有着较高的价值，但除此以外，实务会计能力、武艺、语言技能或医学、天文学知识等，作为以吏员、从军、个人关系等出仕途径的重要才能，同样受到高度评价。从视科举为出仕之王道的观点来看，这种多样化的情况或许可以说是官员任用制度的混乱或堕落。但不能忽视的是，这种多条出仕途径并存的情况长年得以维系，且很多人都非常积极地参与其中。与其把这种情况的出现单纯地看作出仕制度的紊乱，倒不如说这反映了蒙元时代更尊重各种务实性知识的倾向，恐怕后者才更接近当时的实际状况。另一方面，站在以尽可能排除人情要素为准则的科举制度的角度来看，谋求出仕之际注重个人关系的态度，亦是一种不公正，但这对于重视"根脚"，给予代代相传的家族特别信任的蒙元政权来说，这种看法却是极其正确的。

就这一点而言，哪怕王朝存续的时间不如历朝历代，蒙元时代也并非仅仅是一个科举制度衰落的黑暗时代，我们更应该认识到它见证了新的出仕制度的出现及其带来社会结构变化的一面。

金代与蒙元时代之间，无疑存在着相当大的社会变革。

　　总体来说，科举制度在地方社会中起到保持社会地位的重要作用，成为王朝与社会之间纽带的南方式社会结构，在华北地区终究没有出现。而比起南宋统治下的士人层，金元时期华北地区的士人层则处于更为强有力的中央政府控制之下。换言之，女真、蒙元统治下的华北社会与南宋统治下的南方社会，在科举制度方面演绎出了完全不同的历史过程。在南方士人层作为南方社会领导层的地位形成的同时，北方则形成了其独有的"另一种士人层"。[1]

对后世华北社会的影响

　　关于"唐宋变革"，在中国史上绝不能以南方为中心单线理解，以由外向内的形式穿插其中的北方民族统治，使得北方形成了一种与南方明显不同的社会结构。这个结论与宋元明转型论所主张的不应过于强调江南地区所受的蒙元政权统治的影响，[2]以及植松正指出的蒙元政权在江南统治的脆弱性[3]形成了鲜明的对照。

　　若不计较语病问题，就科举制度与士人层的关系这一点而言，可以说华北曾存在一个异质的"中国社会"。在此基础上，我们再回顾一次本书绪论中提到过的顾炎武《日知录》卷十七《北卷》中的描述。

　　　　夫北人自宋时即云：京东西、河北、河东、陕西五路举人，拙于文辞声律。况又更金元兵革之乱，文学一事，不及南人久矣。今南人教小学，先令属对，犹是唐宋以来相传旧

法。北人全不为此。故求其习比偶调平仄者，千室之邑几无
一二人。而八股之外，一无所通者，比比也。愚幼时，四书
本经俱读全注，后见庸师窳生，欲速其成，多为删抹。而北
方则有全不读者。

　　这种情况出现的背景，理应考虑到明清时代华北与江南之间
教育资本积累和经济状况的差距。不过，若要进一步追溯其渊源，
明代以前华北的情况，即对科举制度接受的程度远不如江南，应
举群体的规模也相差悬殊，换言之即是社会结构的差异，亦是不
可忽视的重要原因。在华北，"传承唐宋以来旧法"的应举群体，
以及作为这一群体支撑力量的社会基础，都未能广泛延续。顾炎
武的结论可以说是历史的必然，但仅从"南人"的立场出发，以
相同语境来讲述华北的历史，则未免太缺乏公平性。他在淡然提
起"金元兵革之乱"时，从未考虑过其中复杂的历史进程。
　　在明清时期的华北，关于金元时期的历史叙述本身就非常低
调。这当然是元末明初战乱以及明初移民政策而导致的记忆混乱、
明代的正统观、对直接威胁明政权的蒙古及女真诸部的厌恶情绪
等诸多复杂要素所导致的结果，但明清时代居住在华北的人对于
他们生活在金元时期的祖先的了解也极其有限，不只是野史、小
说，当时在华北编纂的家谱、族谱、地方志等类别的记录，关于
明初以前的记载也少有可信之处。
　　这些家谱、族谱中，大部分都将家族来历上溯至唐宋时期，
而关于金元时期，则只是简单记载族人姓名，比较详细的也不过
是同时记录下（号称）就任官名。[4] 同样地，地方志中关于金元
时期的部分也几乎都是极其简洁的记叙，而且所载信息错误极多，

往往出现将金代与元代的事例相互错记，或是在没有实施科举的时期出现进士，甚至有堂而皇之地记载根本不存在的官名的现象。此外，地方志《选举》一项所记金元时期进士的事例，有不少从当时的及第人数来看明显过多的，而其中大多（尤其是没有任何注明，而仅仅记载了名字的事例）恐怕都并非基于真凭实据，而是对明清时期该地区名门望族的家谱、族谱的援引。而华北地区流传至今的"洪洞大槐树传说"等各种始祖移居传说，通常也都是以明初为始的。[5]

另一方面，自明代起，科举制度重新恢复了作为正统出仕途径的地位，加之学校制度的整顿与发展，最迟不过 16 世纪后期，华北地区也出现除了官学生，以及具备儒学修养的人（士人）也可享受刑法上特权的情况，可见与江南同样的习惯已然影响到了华北。[6] 从结果来说，自江南建国的明朝将形成于江南的体系导入了华北，由于国家制度的支撑，这种体系在华北扎下根来。而作为江南出身的人对于"落后地区"的看法，顾炎武发表的言论也是再自然不过的。

把这种现象单纯称为在文化上较为落后的地区接受先进地区的文化，或许并不为过，然而这终究只是从江南的视点出发的看法。科举制度的渗透程度，当然并非衡量"文化"这一概念的最高标准。就研习儒学这一点来说，在蒙元时代的华北，其社会地位也未曾动摇，始终有许多人孜孜向学，只不过他们并非只以应举为目标。而这在明代以后的士人看来，或许正是受异族统治影响的异常选择。

于是，在明清时期的华北，曾经处于女真、蒙元统治下的社会状况的记忆，就这样被避讳、被轻视、被误记，踪影逐渐淡去。

从某种意义上说，现在关于金元时期华北社会的研究成果贫乏的趋势，其实在明清时期就已萌芽。然而，与同时期南方士人层不同的另一"士人层"，实实在在地存在于金元时期的华北，这是延续至明清时期乃至近现代华北社会的摇篮，绝不该被淡忘。

注释

1　萧启庆曾从蒙元政权在中国本部的政治统合出发，论及南北之间有过文化上的统合，并认为在这之前，南方社会趋于向"近世"发展，华北社会、经济则由于残酷的征服战争以及女真、蒙元统治的影响，不断向"中古"时期倒退，但受来自南方的文化的影响，以"唐宋变革"为基础的士人文化在华北地区也得以发展（萧启庆：《中国近世前期南北发展的歧异与统合》，《元代的族群文化与科举》，联经出版公司，2008年，第21—22页）。萧氏所定义的"士人文化"，即是书院的扩张与道学的普及，这些在蒙元时代的华北也并不少见，确实是众所周知的事实。不过，仅凭此便认为南北有"文化上的统合"，却似乎有些过于草率。至少就本书讨论所得的结论而言，在经历了蒙元时代的统合之后，华北士人层仍与南方有着相当大的差别，而这正是明清时代南北士人层之间差别的渊源。

2　史乐民（Paul Jakov Smith）、万志英（Richard von Glahn）编《中国历史上的宋元明转型》（*The Song-Yuan-Ming Transition in Chinese History*），哈佛大学出版社，2003年。

3　植松正：《元代江南政治社会史研究》，汲古书院，1997年。

4　截至目前，学界尚无关于华北地区家谱、族谱的综合性研究成果。与明清时期华北的家谱、族谱相关的实例研究，有常建华：《明清时期的山西洪洞韩氏——以洪洞韩氏家谱为中心》，《徽州谱牒：家族与社会》国际学术研讨会报告，2005 年 10 月 21 日于安徽大学徽学研究中心；《明清时代华北地区的宗族组织化——以山西洪洞晋氏为例》（《明清時代における華北地域の宗族の組織化について—山西洪洞晋氏を例として—》），《大阪市立大学东洋史论丛》第 15 号，2006 年；《元代的谱名与地区分布》，《吉林大学史学集刊》2008 年第 6 期。

　　5　其中一例是张青的《洪洞大槐树移民志》（山西古籍出版社，2000 年）。关于这些以明初华北为舞台的传说，可详见陈学霖（Hok-Lam Chan）：《旧北京建城的传说》（*Legends of the Building Old Peking*），香港中文大学出版社，2008 年。

　　6　滨岛敦俊：《明末华北地方士人像——从张肯堂〈嵒辞〉所见》（《明末華北の地方士人像—張肯堂『嵒辞』に見る—》），《宋—清代法律与地域社会》（《宋—清代の法と地域社会》），东洋文库，2006 年。不过，直至这一时期，华北士人层在数量上也明显不及南方，而在争端调停等方面，宗族的存在感也十分淡薄，华北社会与南方社会之间仍存在着明显的差异。